ATESTIGUANDO EL FIN

LAS
SETENTA SEMANAS
DE
DANIEL
Y EL
DECRETO FINAL
QUE TODOS SE PERDIERON

CHRISTIAN WIDENER

El investigador de renombre internacional que resolvió el enigma de la ubicación del templo en Jerusalén ha hecho otro descubrimiento alucinante...

ATESTIGUANDO EL FIN
Los Setenta Semanas de Daniel y el Decreto Final que Todos se Perdieron

Derechos de autor © 2023 por End Times Berean, LLC.
Todos los derechos reservados.

Publicado por End Times Berean, Rapid City, South Dakota
Visita la página web de End Times Berean en: www.EndTimesBerean.com

Portada diseñada por Issac Hopkins.

Diagramas, gráficos, obras de arte y fotografías del autor.
Todas las demás imágenes se acreditan en el texto.

Las referencias a los números de Strong para palabras griegas y hebreas provienen de: James Strong. *Nueva Concordancia Strong Exhaustiva de la Biblia.* Grupo Nelson, 2002. Disponible en linea en: https://bibliaparalela.com/strongs.htm

Traducido por Lili Viola del libro publicado originalmente en inglés como:
WITNESSING THE END: Daniel's Seventy Sevens and the Final Decree Everyone Missed.

Ninguna parte de este libro puede ser reproducida o transmitida de ninguna forma o por ningún medio, electrónico o mecánico, incluidas las fotocopias, las grabaciones o cualquier otro sistema de almacenamiento y recuperación de información existente ahora o en el futuro, sin el permiso por escrito del autor, EXCEPTO PARA FINES RELIGIOSOS Y EDUCATIVOS, y según lo dispuesto por la ley de derechos de autor de los Estados Unidos de América.

Debido a la naturaleza dinámica de Internet, las direcciones web o los enlaces contenidos en este libro pueden haber cambiado desde la publicación y es posible que ya no sean válidos.

A MENOS QUE SE INDIQUE LO CONTRARIO, las citas bíblicas usadas han sido tomadas de la versión Reina Valera Contemporánea (RCV) © 2009, 2011 por Sociedades Bíblicas Unidas.

Las citas bíblicas indicadas con "NVI" son de la Nueva Versión Internacional (NVI), La Santa Biblia, Nueva Versión Internacional® NVI® Copyright © 1999 por Biblica, Inc.® Usado con permiso. Todos los derechos reservados en todo el mundo.

Las citas bíblicas indicadas con "NTV" son de la Santa Biblia, Nueva Traducción Viviente, © Tyndale House Foundation, 2010. Todos los derechos reservados.

Las citas bíblicas indicadas con "RVR1995" son de la versión Reina-Valera 1995 (RVR1995) © 1995 por Sociedades Bíblicas Unidas.

Las citas bíblicas indicadas con "NBLA" son de la Nueva Biblia de las Américas™ NBLA™ Copyright © 2005 por The Lockman Foundation

ISBN: 979-8-9855806-3-1

Dedicación

A LOS SANTOS ATESTIGUANDO ESTOS ÚLTIMOS DÍAS—Que este libro los guíe y los consuele a través de las pruebas y dificultades que se avecinan.

A mi familia y amigos, gracias por sus consejos y ayuda en este esfuerzo, por su aliento y por escucharme pacientemente explicar muchas de estas ideas a lo largo de los años. Y a Aquel a quien se debe toda alabanza y gloria, el Hijo del Dios viviente, Jesucristo, que sea una ofrenda fragante, un sacrificio que Dios acepta con agrado.

Pido que el Dios de nuestro Señor Jesucristo, el Padre glorioso, les dé el Espíritu de sabiduría y de revelación, para que lo conozcan mejor. Pido también que les sean iluminados los ojos del corazón para que sepan a qué esperanza él los ha llamado, cuál es la riqueza de su gloriosa herencia entre los santos, y cuán incomparable es la grandeza de su poder a favor de los que creemos. — **Efesios 1:17-19a** NVI

(Imagen de portada) *El Apocalipsis de Juan el Evangelista escribiendo en la isla de Patmos* por Hans Memling, de "Retablo de San Juan," aceite sobre roble, c. 1479, Museo Memling, Brujas, Bélgica.

TABLA DE CONTENIDO

Introducción 1
1: Cómo Jesús y sus Discípulos Interpretaron la Profecía 11
    Citar el Significado—No las Palabras Exactas 12
    Las Imágenes Similares Suelen Estar Relacionadas 16
    Detenerse en Medio de Una Frase 22
    Profecías de Diferentes Profetas Pueden Ser Combinadas 23
    Una Profecía Puede Estar Escondida en Otra 25
    Las Profecías Pueden Tener Múltiples Cumplimientos 27
    Los Múltiples Cumplimientos Se Pueden Cumplir de Diferentes Maneras 30
    Las Profecías Generalmente Deben Entenderse Literalmente 31
    La Revelación Profética Verdadera Debe Tener Múltiples Testigos 36
    La Profecía No es Fácil, Pero es Confiable 37

2: La Profecía Y La Iglesia Antenicena 39
    Adhiérete al Premilenialismo 39
    Lo Que Creían los Primeros Cristianos 41
    Justino Mártir Creía en el Premilenialismo 42
    Ireneo Creía en el Premilenialismo 43
    Hipólito Creía en el Premilenialismo 44
    La Epístola de Bernabé es Premilenial 45
    Tertuliano Creía en el Premilenialismo 46
    No Olvides a Commodianus, Victorino y Lactancio 46
    El Auge del Amilenialismo en la Iglesia 47
    Ireneo Creía en las Dispensaciones y el Rapto 48
    Clemente de Roma Acerca del Rapto 49
    La Sabiduría la Reivindican sus Hijos 50
    Debes Estudiar Profecía Para Entenderla 52

3: Reconociendo las Señales 55
Se Requiere Fe Para Reconocer la Profecía 56
No Reconocieron la Primera Visita de Cristo 59
Muchos Serán Tomados Desprevenidos por la
Segunda Venida de Cristo 61
Cambiando Nuestro Enfoque 62
Velando por Su Regreso 64

4: La Mayor Señal: La Fundación del Estado de Israel 69
El Holocausto Profetizado 70
Israel Renacido en un Día 73
La Fundación del Estado de Israel 74
Una Nación Bajo un Rey 76
La Restauración de Israel A Pesar de Sus Prácticas Corruptas 78
El Orden del Retorno 80
La Destrucción Permanente de Sodoma y Gomorra 82
La Tierra una Desolación Continua 82
Los Lugares Desolados Reconstruidos y Productivos 86
La División y Restauración de Jerusalén 87
Los Vecinos de Israel Contra Ella 90
Jerusalén, una Copa de Vértigo 100
Destrucción de Asentamientos Judíos 101
El Pueblo Judío Conservaría su Identidad 102
Israel como una Nación Fuerte 102
La Restauración del Idioma Hebreo 103
El Siclo 104
La Restauración del Sanedrín Judío y los Artefactos
del Templo 105
La Reconstrucción de los Muros de Jerusalén y el Sellado
de la Puerta Oriental 108
Profanaciones en el Monte del Templo 109
La Lección de la Higuera 113
El Error de Balaam y La Teología del Reemplazo 114
La Mayor Señal de Nuestra Generación 119

5: Setenta Semanas han sido Decretadas 121
La Profecía 122
490 Años y Seis Misiones 123
El Decreto para Restaurar y Reconstruir a Jerusalén 124

Un Análisis Crítico de la Hipótesis del Año Profético de
360 Días 130
En Defensa del Tercer Decreto 134
El Comienzo de los Ministerios de Jesús y Juan el Bautista 136
La Fecha de la Crucifixión 140
¿Por Qué Hubo Siete Semanas y Sesenta y Dos Semanas? 144
El Significado de Será Muerto y no Tendrá Nada 145
¿Se Cumplieron las Setenta Semanas Cuando Jesús fue
Crucificado en el Año 33 d.C.? 152
Dos Apariciones Prometidas 154
El Decreto para Reconstruir a Jerusalén que Todos
se Perdieron 156
¡Los Decretos están Tallados en Piedra! 157
Una Brecha Antes de la Semana Setenta no Tiene Sentido 162
Confirmación para un Segundo Período de Setenta Semanas ... 163
La Confirmación del Pacto con los Muchos 164
¿Ha Comenzado la Cuenta Regresiva de Otras
Setenta Semanas? 166

6: El Rapto 171

Distinguiendo las Diferentes Posturas acerca del Rapto 172
Dios No Nos ha Destinado para la Ira 175
El Retorno Corporal de Cristo y la Recolección de los Elegidos ... 176
Conectando Mateo 24 con 1 y 2 Tesalonicenses 177
Conectando Mateo 24 con los Primeros Seis Sellos
del Apocalipsis 185
Nadie Sabe el Día ni la Hora 200
La Doctrina de la Inminencia 202
¿Pablo Realmente Tenía el Evangelio de Mateo como
Referencia? 205
Preguntas No Resueltas que deben Mantenernos Alertas 207

7: Más Razones para Anticipar que Su Regreso está Cerca ... 215

Los Días de Noé 218
Señales en los Cielos y en la Tierra 221
El Incremento de la Homosexualidad 224
Los Anticristos Engañadores y los Falsos Mesías 227
Los Medios Globales 231
El Evangelismo Mundial 232

La Persecución de los Santos.. 234
El Comercio Internacional.. 235
Las Aerolíneas Comerciales y la Era de la Información............ 236
La Aparición de las Armas Nucleares..................................... 238
El Retorno a la Torre de Babel.. 239
El Tiempo ~~está Cerca~~ Ha Llegado.. 242

8: La Edad de la Tierra y el Milenio 245
¿Literal o Figurativo? 245
Mil Años es como un Día y la Semana de la Creación 247
La Edad de la Tierra o el Número de Años desde Adán 249
El Cálculo de los Números... 250
Los Días de la Creación y la Historia Humana 257
Otra Razón para Creer que Estamos en el Fin de los Días 261

9: El Año del Jubileo 265
El Significado Profético del Jubileo.. 266
Las Escrituras Nos Revelan Específicos Años del Jubileo 269
Contando los Años Jubilares desde Génesis 273
El Regreso de Cristo Después de Cuarenta Jubileos 276
Determinando el Año del Jubileo 277
¿Había Cincuenta o Cuarenta y Nueve Años en un
Ciclo de Jubileo? 281
El Comienzo del Año Nuevo, la Siembra y la Cosecha........... 284
Entonces, ¿Por qué dijo Dios que Nisán era el primer mes?..... 287
Setenta Años Sabáticos y la Destrucción de Jerusalén 289
Resumen de Conclusiones sobre el Año del Jubileo 293

10: Con la Mira Puesta en Israel–El Reloj Profético de Dios ... 299
La Guerra de Gog y Magog.. 301
El Tratado de Paz de Daniel 9 308
Restablecimiento de la Oración y los Sacrificios
en el Monte del Templo 312
Reconstruyendo el Templo... 317
Las Dos Alas de la Gran Águila.. 322
Las Siete Fiestas de Israel... 330

11: La Tribulación y el Hombre de Pecado 341
El Jinete del Caballo Blanco 342

El Jinete del Caballo Rojo 347
El Jinete del Caballo Negro 350
El Jinete del Caballo Pálido 352
La Cronología de los Sellos 355
El Anticristo y las Dos Bestias 357
El Misterio del Cuerno Pequeño 362
El Número de la Bestia 364
El Que Detiene y el Gran Engaño 368
La Marca de la Bestia 370
La Gran Babilonia 376
¿Es América la Gran Babilonia? 382
La Gran Apostasía y las Falsas Enseñanzas en la Iglesia 384

12: No Te Preocupes, Él está en Control 393

De Pie en la Tormenta 393
Viviendo Sin Preocupaciones 395
No Ames al Mundo 399
El Siervo Fiel y Prudente 400
¡Maranata! 401
¿Cómo Puedo Ser Salvo? 402

Epílogo 405

Un Centinela sobre el Muro 407
¿Qué Pasa si Esto no es Realmente el Fin? 409

Postfacio 413

Acerca del Autor 417

¿Ahora que? 421

Un Ángel Poderoso está Sobre la Tierra y Sobre el Mar, por Benjamin West, pintura al óleo, 1797.

Y jurando por el que vive por los siglos de los siglos, por el mismo que creó el cielo, la tierra y el mar, y todo lo que hay en ellos, dijo: **"¡Se acabó el tiempo!"**

— **Apocalipsis 10:6**

Comenzando la Septuagésima Semana por Elena Widener

Introducción

Este libro te ayudará a comprender la profecía bíblica. No es un estudio exagerado y esotérico de la escatología (la parte de la teología que se ocupa de los últimos días). Es una guía práctica que te enseñará cómo conectar los puntos y reconocer lo que Dios ha estado haciendo para cumplir sus grandes y preciosas promesas ante nuestros ojos. En mi primer libro, **El Templo Revelado**,[1] pensé que tratar de resolver siglos de debate sobre la antigua ubicación del templo judío, como un extraño a la arqueología bíblica, era atrevido. Y supongo que en muchos sentidos lo fué, pero este libro es atrevido en un nivel completamente nuevo. Esta vez escribo para decirle al mundo que las profecías bíblicas no solo se han hecho realidad en los tiempos modernos, sino que también revelan que el Fin de los Días ha llegado finalmente. De cierta manera, me siento como Daniel quien consideró las profecías de Jeremías y contó los años que habían sido declarados por el Señor para la restauración de Jerusalén.

---

[1] Este libro es publicado solamente en inglés como, *The Temple Revealed: The True Location of the Jewish Temple Hidden in Plain Sight* (End Times Berean, 2020).

> *... de su reinado yo, Daniel, logré entender en los escritos el número de años que el Señor había anunciado al profeta Jeremías: la desolación de Jerusalén habría de durar setenta años. Volví entonces mi rostro a mi Dios y Señor, para pedir su ayuda con oración y ruego. Me puse a ayunar, y me cubrí de cilicio y de ceniza.* — Daniel 9:2-3

Asimismo, Daniel reveló una declaración divina de los años a contar, que sin duda apuntaba al inicio del ministerio de Jesús y su muerte sustitutiva en la cruz. Pero a diferencia de la profecía de Jeremías que terminó con un decreto para restaurar a Jerusalén, la de Daniel comienza con uno.[2] Una poesía divina. Pero aquí está la noticia de última hora. Creo que hay otra declaración divina, una que determina el tiempo del fin, y está incrustada en el mismo pasaje profético de Daniel, lo que la convierte en una doble profecía, por así decirlo. Tengo buenas razones para sospechar esto. Se basan en evidencia que, en mi opinión, va más allá de la coincidencia que sería ridículo no tomarlos en serio, y requiere un replanteamiento importante de la profecía de Daniel. Verá, hubo otro decreto para restaurar y reconstruir a Jerusalén. Uno que, incluso hoy, está tallado en piedra pero que de alguna manera se perdió. Y a menos que cerremos los ojos y lo llamemos casualidad, la conclusión más obvia es que una vez más ha comenzado una cuenta divina: un reloj de arena gigante cuya arena se ha estado drenando silenciosamente durante siglos. Pero lo que debe despertarnos de nuestro sueño es que en el 2020 se acabó el reloj de arena y comenzó uno mucho más pequeño. Uno que solo funcionará durante siete años...

Sin embargo, ninguna fecha en el futuro puede ser declarada definitivamente porque no somos Dios. Solo podemos observar eventos e inferir tiempos de lo que Dios nos ha dicho, y sabemos que somos falibles. El ejemplo de Daniel nos enseña que debemos buscar estas cosas y esperar que Dios siempre haga lo que dijo que hará, pero con humildad, sabiendo que podemos equivocarnos. Note que Daniel, cuando vio que el número de años de la

---

[2] Ver Jeremías 29:10, 2 Crónicas 36:22-23, y Daniel 9:1-2 & 25.

desolación de Jerusalén se había cumplido, lo primero que hizo fue buscar al Señor en oración. Esto nos muestra que Daniel no se apoyó en su propio entendimiento, sino que reconoció que es el Señor quien determina cuándo ha llegado el momento correcto, no nosotros. Aunque podamos pensar que lo descubrimos, primero debemos consultar con Él. Y en este caso, el Señor afirmó que Daniel había entendido correctamente lo que le había revelado a Jeremías. En lugar de demostrar una prohibición contra el establecimiento de fechas, este ejemplo de la vida de Daniel nos enseña a seguir buscando los tiempos señalados con cautela y confianza, sabiendo que Dios siempre cumplirá su palabra.

Al igual que con mi primer libro, no apresuré la publicación de estas ideas. He estado trabajando en ellas durante más de una década, probándolas, investigando todo y observando. Luego, en el 2020, el mundo comenzó a cambiar y muchas de las cosas que había estado observando y buscando comenzaron a aclararse. Pero aun así trabajé y observé. Finalmente, en el 2021, sentí en mi espíritu que ahora era el momento de escribir. Era hora de hacer sonar la alarma.

Lo que descubrirás en las siguientes páginas es fascinante. Cualesquiera que sean las ideas preconcebidas que tengas sobre el significado de profecías bíblicas específicas, te garantizo que algunas de ellas serán cuestionadas en este libro; sin embargo, todo lo que estoy presentando es desde un punto de vista literal y premilenial. Y para dejar esto claro desde el principio, no tengo revelaciones especiales directamente de Dios a través de sueños o visiones para compartir contigo, solo la Palabra de Dios y escritos históricos y eventos documentados que he descubierto en mi investigación, con la ayuda de la gracia y la sabiduría del Espíritu Santo que mora en mí, como lo hace con todos los verdaderos seguidores de Jesucristo.

Ahora sobre el diseño del libro. El material más explosivo se encuentra en el capítulo 5, *Setenta Semanas han sido Decretadas*. Mucha gente querrá saltar directamente a ese capítulo, y si quieres estás bienvenido a hacerlo. Sin embargo, aquí está el problema. He compartido estas ideas informalmente muchas veces, y he visto que son difíciles de entender de inmediato. A las personas a menudo les falta algo de información de fondo que les impide ver el panorama completo. [*Es como intentar saltarse los primeros cuatro capítulos de un libro de Cálculo. Debe primero familiarizarse con los capítulos precedentes antes de estar listo para el quinto.*]

Lo que he hecho para ayudar a abordar ese problema es comenzar desde el principio con dos capítulos sobre cómo creo que debe interpretarse la profecía y por qué. De modo que, en el capítulo 1, veremos cómo Jesús y sus discípulos interpretaron las escrituras del Antiguo Testamento para nosotros. Esto ayudará a establecer reglas básicas para tomar decisiones sobre si un evento actual puede considerarse un cumplimiento de las Escrituras o no. Es que, todos podemos ser culpables de usar nuestro propio criterio lógico para la interpretación de la profecía, tratando de decidir qué es lo correcto a nuestros propios ojos.

Ustedes no harán allí lo que ahora hacemos aquí, donde cada uno hace lo que mejor le parece. **– Deuteronomio 12:8** NVI

Pero tenemos muchos ejemplos de cómo Dios quiere que entendamos y apliquemos la profecía en las Escrituras mismas, y ellas deben ser nuestra autoridad gobernante. Los primeros padres de la iglesia también compartieron sus pensamientos con nosotros en numerosos escritos. Después de revisar algunos de ellos en el capítulo 2, creo que estarás de acuerdo en que lo que sugiero es consistente con las primeras expresiones de las expectativas proféticas de la iglesia, lo que nos ayuda a confirmar que estamos preservando el patrón de la sana doctrina.

Retén la forma de las sanas palabras que oíste de mí, en la fe y en el amor que es en Cristo Jesús. Guarda el buen depósito por el Espíritu Santo que habita en nosotros. **– 2 Timoteo 1:13-14**

Sin embargo, estos primeros dos capítulos serán un desafío para aquellos que son nuevos en el estudio de la Biblia. Si sería el cumplimiento de la profecía te encuentras atascado en los detalles, intenta saltar al capítulo 3. Luego, cuando hayas terminado el libro y comiences a preguntarte si todo esto realmente podría ser cierto, puedes volver a esos otros capítulos. Al comprender completamente la base de cómo llegué a estas conclusiones, estarás mejor equipado para confiar y tomar acción de acuerdo a sus implicaciones.

El siguiente problema que he visto es que las personas pueden sentirse muy cómodas haciendo inferencias y predicciones sobre cómo Dios algún día cumplirá su palabra en el futuro, teóricamente. Sin embargo, pueden evitar aplicar esa comprensión a la actualidad por temor a equivocarse. Se podría comparar a un estudiante que dice sentirse muy bien con el material que se le ha pedido que aprenda, hasta que llega el momento del exámen. O puede ser que un evento en el presente no sea lo que uno se esperaba, y no encaja con lo que uno había decidido de antemano sería el cumplimiento de la profecía. De cualquier manera, muchos evitan reconocer los eventos presentes como cumplimientos de la profecía. Este es el tema del capítulo 3.

En el capítulo 4, hago dos cosas que ayudarán a preparar el escenario para el capítulo 5. Primero, una de las razones principales para creer que estamos viviendo en la última generación se basa en comprender el significado profético del regreso de Israel a su tierra como una señal para las naciones. En segundo lugar, al examinar las numerosas profecías que ya se han cumplido con respecto a Israel aprendemos qué esperar de la profecía en los tiempos modernos. En esta manera podemos calibrar nuestras mentes para saber cómo Dios quiere que entendamos y apliquemos la profecía para poder reconocer más fácilmente los cumplimientos futuros de su Palabra.

El capítulo 5 es el clímax del libro. Muchos creen que ahora estamos viviendo en los últimos días antes del regreso prometido de

Jesucristo para redimir a sus santos y juzgar al mundo por su pecado. Después de terminar este capítulo, creo que no solo estarás de acuerdo, sino que también comprenderás exactamente dónde estamos en la línea de tiempo bíblica de los últimos días. Pero hablando de la venida de Cristo para redimir a sus santos y reunir a sus elegidos, en el capítulo 6 abordaré lo que creo que las Escrituras enseñan sobre el rapto y su cronología.

En el capítulo 7, vuelvo a reconocer las profecías que se han cumplido en la actualidad y cubro aún más razones para creer que verdaderamente hemos llegado al tiempo señalado para el regreso de Cristo. Luego, en el capítulo 8, hablaremos sobre la edad de la tierra y la enseñanza escatológica más antigua de la iglesia primitiva de que existe una relación entre la semana de la creación y el fin del mundo. Después de eso, veremos el modelo profético del Año del Jubileo en el capítulo 9. Sin embargo, no es hasta los capítulos 10 y 11 que realmente comenzaremos a dirigir la mirada a lo que la Biblia nos dice que está a la vuelta de la esquina, pero no ha sucedido todavía. En esos capítulos, daré el lujo de especular sobre lo que podamos esperar que suceda. Finalmente, el capítulo 12 concluye con mis opiniones y consejos sobre cómo enfrentar los días venideros.

Algunas de las cosas que descubrí en la investigación para este libro tienen implicaciones ominosas. Hay varios pasajes proféticos que creo que podrían llevar a una persona razonable a concluir que es posible que ya estemos en el período final de siete años del que habló Daniel, generalmente conocido como la tribulación. Muchas de las profecías sobre los últimos días son descripciones relativamente generales y no se prestan a discernir fechas específicas. Simplemente nos dan una idea de cómo será el fin del mundo. Sin embargo, comparto algunas que al leerlas pueden sugerir ciertas fechas o intervalos de fechas. Las encontrarás en el capítulo 4 (en la parábola de la higuera), en el capítulo 5 (en las setenta semanas de Daniel), en el capítulo 8 (en los días de la Creación y la edad de la tierra), y en el capítulo 9 (en el modelo profético del Año del

Jubileo). Pero en lugar de rehuirlas, las abordo tomando mi posición de fé en la confiabilidad de la Biblia. Creo que las profecías nos han sido dadas para ser conocidas y entendidas en el tiempo oportuno, para que cuando veamos las cosas que Dios dijo, creamos.

Y les he dicho esto ahora, antes de que suceda, para que cuando suceda, ustedes crean. — **Juan 14:29**

En verdad, nada hace el Señor omnipotente sin antes revelar sus designios a sus siervos los profetas. — **Amós 3:7** NVI

Yo anuncio el fin desde el principio; desde los tiempos antiguos, lo que está por venir. Yo digo: Mi propósito se cumplirá, y haré todo lo que deseo. — **Isaías 46:10** NVI

Cuando Dios dijo que nos diría lo que sucederá de antemano, lo decía en serio. Y cuando tu termines se leer este libro, después de haber considerado todo lo que tengo para compartir, creo que tu estarás de acuerdo en que la hora está avanzada y que es mejor estar prevenido que desprevenido y no preparado. Una alarma que suena cuando el enemigo ya está a las puertas no es una advertencia en absoluto. Sin embargo, algunos todavía pueden ver lo que estoy compartiendo como un intento de establecer fechas y predecir el futuro... pero eso no es lo que estoy haciendo. Estoy tomando la Palabra de Dios en serio y conectando los puntos entre lo que nos dijo que debemos "saber y entender" y los eventos actuales que han sucedido en los tiempos modernos. Dios es quien determina todo en su tiempo; pero él nos ha dado fechas y la cuenta del tiempo en las Escrituras porque quiere que pongamos atención. Dios quiere que estudiemos su Palabra, que busquemos lo que ha escondido allí hasta el momento adecuado, para que cuando los eventos comiencen a suceder, los reconozcamos.

Gloria de Dios es ocultar un asunto, y gloria de los reyes el investigarlo. — **Proverbios 25:2** NVI

Este libro está lleno de evidencia de que ahora estamos presenciando el final, la culminación de la historia humana antes del regreso de Cristo, basado en hechos reales que se comparan directamente con las Escrituras. Para cuando termines este libro, te sorprenderás de que hayan sucedido tantas cosas que cumplen con las Escrituras con tan poca fanfarria, o pensarás que he reunido una de las listas más grandes de coincidencias ambiguas que jamás hayas visto. Espero que concluyas lo primero y no lo segundo; pero si has dado un vistazo a la Tabla de Contenido, es posible que ya tengas una opinión. Sin embargo, sin estudiar la evidencia por ti mismo, no sabrás realmente. No se puede juzgar la evidencia sin primero escucharla. Y en este libro, vas a encontrar mucha evidencia. Algunos pueden encontrar el estilo un poco académico [¡*Yo era profesor universitario después de todo!*]; pero he tratado de escribir esto no solo para aquellos que quieren saber la verdad, sino también para los que quieren investigar y verificar lo que digo. También descubrirás muchas ideas únicas sobre las profecías de los últimos tiempos que no encontrarás en ningún otro lugar.

Y una vez que lo hayas escuchado todo, espero que esto te inspire a querer estar listo para el novio (*Mateo 25:1-13*), porque él viene. Como nos advirtió Johnny Cash en su canción: "Escuchen las palabras escritas desde hace mucho..." para que podamos estar listos cuando él venga.[3]

---

[3] Johnny Cash. "Cuando El Hombre Venga Por Acá (The Man Comes Around)," *American Recordings*, Publicada en Mayo 24, 2002.

Él respondió: "Vamos, Daniel; estas palabras están cerradas y selladas hasta el tiempo del fin. Muchos serán limpiados, emblanquecidos y purificados, pero los impíos procederán con impiedad, y ninguno de ellos entenderá esto, pero los entendidos si lo comprenderán."
— **Daniel 12:9-10**

10 || ATESTIGUANDO EL FIN

En la Aldea de Emaús—Lucas 24:13-35 por Heinrich Hofmann, en Thomas Kempis. *Imitation of Christ* (Philadelphia: A.J. Holman & Company, 1893): 304.

1

CÓMO JESÚS Y SUS DISCÍPULOS INTERPRETARON LA PROFECÍA

NO TODOS LOS CRISTIANOS ESTÁN DE ACUERDO en cuanto a los métodos apropiados para interpretar la profecía bíblica; y durante los últimos dos milenios desde que Jesucristo ascendió de regreso al cielo, múltiples propuestas han sido hechas. Sin embargo, la única manera de abordar la profecía es siguiendo los ejemplos en las Escrituras de cómo Jesús y sus discípulos interpretaron y aplicaron la profecía. Después de haber hecho esto, se puede analizar cómo los primeros padres de la iglesia interpretaron los textos proféticos (veremos eso en el capítulo 2). La interpretación profética se trata de entender lo que Dios ha revelado y lo que él quiere que sepamos acerca del futuro.

Muchos no están dispuestos a leer la profecía como lo hicieron Jesús y sus discípulos. E incluso si lo intentan, a menudo lo hacen mal. Una de las razones puede ser que no han estudiado lo suficiente cómo se cita y aplica la profecía en el Nuevo Testamento. Es fácil buscar versículos y frases que respaldan su propio punto de vista, mientras se ignoran los versículos que dicen lo contrario. [*He hecho todo lo posible para no caer en este mismo error al escribir este libro.*] Este problema no se limita únicamente a la interpretación profética, sino también a la interpretación dentro de la teología general Cristiana. Pero si eso es cierto, entonces, ¿cómo aprendemos a leer la profecía correctamente y evitamos cometer errores al interpretarla? Bueno, comencemos observando cómo se usó en el Nuevo Testamento.

Citar el Significado—No las Palabras Exactas

Allí se estableció en una ciudad llamada Nazaret, para que se cumpliera lo que fue dicho por los profetas, que el niño habría de ser llamado nazareno.
— **Mateo 2:23**

Cuando leemos este versículo en el Nuevo Testamento, estamos seguros de que era una profecía acerca de Jesús. Y, sin embargo, sabemos que la mayoría de los judíos del primer siglo no asociaban Nazaret con alguna profecía mesiánica como es evidenciado por la pregunta en el Juan 1:46; "*—¡Nazaret! —exclamó Natanael—. ¿Acaso puede salir algo bueno de Nazaret?*" Y, de hecho, no hay un versículo equivalente en el Antiguo Testamento que pueda compararse directamente con la cita en Mateo. ¿Qué hacemos con eso? ¿Concluiremos que Mateo citó mal el Antiguo Testamento, o peor aún, que se lo inventó? No, no lo creo. Esto nos presenta con un principio de interpretación y aplicación de la profecía bíblica. Por medio del evangelio de Mateo, Dios nos enseña a buscar el significado de un pasaje y no a colgarnos en las palabras exactas.

Ahora, admito que esto puede ser difícil. Pero creo que es la única manera racional de entender cómo Mateo pudo atribuir esa frase a profecía cuando no se haya explícitamente en la Biblia. Veamos cómo podemos comenzar a analizar y entender un pasaje difícil como este. La resolución se encuentra al buscar la palabra raíz en hebreo para nazareno, *netser* (Strong's H5342), la cual significa "vástago". Y para complicar más las cosas, hay más de una palabra para "vástago" en hebreo. Y existen varios sinónimos de *netser*. La palabra hebrea *tsemach* (Strong's H6780), significa brote, retoño o rama, y *choter* (Strong's H2415), significa rama, ramita o vara. Además, *yowneq* (Strong's H3126), significa retoño o hijuelo (de un árbol que ha sido talado y que está brotando), y *sheresh* (Strong's H8328), significa raíz de un árbol o vid (una rama en la tierra). En total, hay muchos ejemplos en los cuales las palabras como retoño, o renuevo son asociadas con el Mesías. A medida que lees los siguientes versículos, observa cómo la idea de una rama se relaciona a las esperanzas mesiánicas.

Ese día, el renuevo (tsemach) del Señor será de gloria y hermosura, y el fruto de la tierra será de honra y grandeza para los sobrevivientes de Israel. — **Isaías 4:2**

"Vienen días —afirma el Señor—, en que de la simiente de David haré surgir un vástago (tsemach) justo; él reinará con sabiduría en el país, y practicará el derecho y la justicia. — **Jeremías 23:5** NVI

"Escucha, Josué, sumo sacerdote, y que lo oigan tus compañeros, que se sientan en tu presencia y que son un buen presagio: Estoy por traer a mi siervo, estoy por traer al Renuevo (tsemach). ¡Mira, Josué, la Piedra que ante ti he puesto! Hay en ella siete ojos, y en ella pondré una inscripción. ¡En un solo día borraré el pecado de esta tierra!"—afirma el Señor Todopoderoso—. — **Zacarías 3:8-9** NVI

Todos en tu pueblo serán personas justas, y para siempre heredarán la tierra. Para gloria mía, serán renuevos (netser) de mi propio campo, ¡la obra de mis manos! — **Isaías 60:21**

La idea de la rama también se ve en la imagen de un tierno brote (*yowneq*), e Isaías sigue conectando la idea de una rama con expectativas mesiánicas. Lo vemos ambas, en la promesa del rey conquistador en Isaías 11 y en el siervo sufriente en Isaías 53. Ambos pasajes también conectan la imagen con raíces (*sheresh*), como cuando un tronco en la tierra parece estar muerto, pero en realidad está muy vivo.

Una vara (choter) saldrá del tronco de Isaí; un vástago (netser) retoñará de sus raíces (sheresh). Sobre él reposará el espíritu del Señor; el espíritu de sabiduría y de inteligencia; el espíritu de consejo y de poder, el espíritu de conocimiento y de temor del Señor. Su deleite será temer al Señor. No juzgará según las apariencias, ni dictará sentencia según los rumores. Defenderá los derechos de los pobres, y dictará sentencias justas en favor de la gente humilde del país. Su boca será la vara que hiera la tierra; sus labios serán el ventarrón que mate al impío. La justicia y la fidelidad serán el cinto que ceñirá su cintura.

— **Isaías 11:1-5**

Crecerá ante él como un renuevo (yowneq), como raíz (sheresh) en tierra seca. No tendrá una apariencia atractiva, ni una hermosura impresionante. Lo veremos, pero sin atractivo alguno para que más lo deseemos.

— **Isaías 53:2**

La idea del Retoño, en un sentido mesiánico con su asociación con Judá (la tribu de David) y un juicio futuro, se ve incluso crípticamente en la bendición de Jacob (Israel) sobre su hijo, Judá (*Génesis 49*). En esta bendición vemos una combinación de profecías mesiánicas.

El cetro no se apartará de Judá, ni de entre sus pies el bastón de mando, hasta que llegue el verdadero rey, quien merece la obediencia de los

pueblos. Judá amarra su asno a la vid, y la cría de su asno a la mejor cepa (soreq); lava su ropa en vino; su manto, en la sangre de las uvas.
— **Génesis 49:10-11** NVI

Primero, se ve la promesa de que reyes vendrían de la línea de Judá y que ellos gobernarían desde la tierra de Judá. Y que, antes de que caiga ese reinado, vendrá el que algún día gobernará las naciones. Consecuentemente había una expectativa de que el Mesías aparecería antes que se terminase el gobierno judío sobre Judá, lo cual se cumplió al nacer Jesucristo antes del final de la dinastía herodiana.[4] La promesa del rey Mesías está conectada visualmente con un asno y un pollino (*Zacarías 9:9*) y con "la mejor cepa" *soreq* (Strong's H8321), que significa la rama fuerte en una vid escogida. Es otro

---

[4] Uno podría cuestionar si la dinastía herodiana realmente se puede asociar con Judá, argumentando que Herodes era un gobernante extranjero. El judaísmo de Herodes el Grande fue muy debatido, incluso durante su vida; pero los escritos de Josefo confirman que Herodes descendía por sangre de los asmoneos, que gobernaron antes que él y se sabía que descendían del linaje de Judá. Flavio Josefo, en *Antigüedades de los Judíos*, incluye una genealogía desarticulada de Herodes el Grande, entregando el árbol genealógico de Herodes en pedazos. [Eleazar (Auran) Mattias era el hermano de Judas Macabeo, que eran hijos de Matatías, el hijo de Juan, el hijo de Simeón, el hijo de Asamoneo (b. 12, c. 6, s. 1). Jasón era hijo de Eleazar (b. 12, c. 10, s. 6). Antípater I era hijo de Jasón (n. 13, c. 5, s. 8). Herodes, el rey de los judíos, era hijo de Antípatro II, también llamado Antipas, que era hijo de Antípatro I (b. 14, c. 1, s. 3).] Josefo también dice que Nicolatis de Damasco testificó que Herodes el padre Antipater "era del linaje de los principales judíos que salieron de Babilonia a Judea", pero luego dice ambiguamente que la afirmación era para complacer a Herodes. A continuación, Josefo alega que el gobierno de los asmoneos cesó con la muerte de Antígono: "...y vino a Herodes, hijo de Antipater, que no era más que de una familia vulgar, y de no eminente extracción, pero que era sujeto a otros reyes. Y esto es lo que la historia nos dice que fue el final de la familia Asamonea (b. 14, c. 16, s. 4)." En esta cita, Josefo no niega que Herodes fuera un pariente consanguíneo. Está llamando a Herodes un descendiente mestizo y un usurpador. Josefo no ve a Herodes como un legítimo heredero del trono, lo cual debe ser la razón por la que dice que el linaje asmoneo terminó con la ascensión de Herodes, a pesar de que estaba relacionado con ellos.

sinónimo de *netser*.⁵ Y por último, la visión relata el juicio divino al final del mundo al decir que, *"lava su ropa en vino; su manto, en la sangre de las uvas"*. Este pasaje en Génesis 49 nos brinda una visión tanto de la primera venida de Cristo como de su regreso prometido cuando Jesús viene con su ropa *"teñida de sangre (Apocalipsis 19:13)"*.

Al considerar todas estas imágenes proféticas juntas, es mucho más fácil ver cómo Mateo pudo afirmar que los profetas declararon; "Será llamado nazareno", aún sin que haya un pasaje en el Antiguo Testamento que diga esas palabras precisas. En ese sentido, el nombre Nazareno significaría un hombre de la rama (davídica), así como un hombre del pueblo de Nazaret (el lugar de la rama). Algunos pueden ver esto como una exageración; pero es esencial ver este tipo de conexiones si uno realmente quiere entender no solo los cumplimientos proféticos en el pasado sino también en el presente. Y específicamente, es importante reconocer que Dios usa sinónimos indistintamente. Por lo tanto, ni siquiera tiene que ser la misma palabra si significa lo mismo, lo que nos lleva al siguiente principio para la interpretación profética.

Las Imágenes Similares Suelen Estar Relacionadas

Hay un principio judío bien conocido para la interpretación llamado *getzerah shawah*, o el relato de pasajes basados en palabras similares o descripciones gráficas. También se conoce como analogía verbal o pasajes paralelos. En la profecía, esto significa que imágenes similares de eventos se utilizan para conectar diferentes pasajes bíblicos. Es muy importante entender este principio porque se nos es usado indirectamente a través de profecías cumplidas en el Nuevo Testamento, como vimos previamente en el ejemplo de la rama. Una forma sencilla de visualizar esta idea es imaginar una

---

⁵ Imagínese si mostrara todas estas palabras como imágenes de lo que representan en una clase de niños de primaria. ¿Serían capaces de reconocer lo que todas estas palabras tienen en común? Creo que sí.

COMO JESÚS Y SUS DISCÍPULOS INTERPRETARON LA PROFECÍA || 17

baraja de cartas. Cuando encuentras cartas pares con el mismo valor, sabes que estas van juntas. Hay muchos ejemplos en la Biblia que podrían ilustrar esta idea; pero la descripción *"un hijo de hombre"* (usada con poca frecuencia en el Antiguo Testamento pero a menudo en el Nuevo Testamento) es un excelente ejemplo. La asociación mesiánica principal para este título en el Antiguo Testamento se haya en el libro de Daniel.

Cuatro de un Tipo por Elena Widener

Mientras tenía yo esta visión durante la noche, vi que en las nubes del cielo venía alguien semejante a un hijo de hombre, el cual se acercó al Anciano entrado en años, y hasta se le pidió acercarse más a él.
— Daniel 7:13

En la visión se nos dice que había uno "como un hijo de hombre". Por sí misma, la expresión literalmente solo significa un hombre humano. Y de hecho, el título se usa extensamente en el libro de Ezequiel, cuando Dios se dirige al profeta, como *"un hijo de hombre"*. Sin embargo, el hijo de hombre en la visión de Daniel fue visto "viniendo con las nubes del cielo", dándole a esta persona de apariencia humana las cualidades de Dios. La referencia al cabalgar sobre las nubes, o al estar rodeado por las nubes, nos dice que el referente es un ser divino.

No hay Dios como el Dios de Jesurún, que cabalga sobre las nubes de los cielos para venir, con su grandeza, en tu ayuda.
— Deuteronomio 33:26

El Señor marcha en la tempestad y en el torbellino; las nubes son el polvo que levantan sus pies. —Nahúm 1:3b

Te cubres de luz como con un manto; extiendes los cielos como un velo. Afirmas sobre las aguas tus altos aposentos y haces de las nubes tus carros de guerra. ¡Tú cabalgas en las alas del viento! Haces de los vientos tus mensajeros, y de las llamas de fuego tus servidores.
— **Salmos 104:2-4** NVI

Sobre la bóveda podía verse el contorno de un trono, el cual parecía ser de zafiro, y sobre el contorno del trono podía verse sentado a alguien parecido a un hombre. Vi también algo parecido al bronce refulgente, y en su interior y a su alrededor había algo parecido a un fuego; tanto de lo que parecían ser sus lomos para arriba, como de sus lomos para abajo, vi algo parecido al fuego, y esto estaba rodeado de un resplandor. Ese resplandor que lo rodeaba se parecía al arco iris, cuando aparece en las nubes después de un día lluvioso. Ésta fue la visión que tuve de lo que parecía ser la gloria del Señor. Al verla, me incliné sobre mi rostro, y oí la voz de alguien que hablaba.
— **Ezequiel 1:26-28**

También leemos en Salmos 80 que Dios levantaría un hijo de hombre para sí mismo. Este pasaje establece Israel como una vid escogida en la tierra, y el contexto general es el establecimiento, el juicio y la restauración de Israel. Sin embargo, en el versículo 17, vemos una imagen que considero tener un doble sentido el cual se aplica al Mesías prometido de Dios, Jesucristo, el Hijo de Hombre.

Sea tu mano sobre el varón de tu diestra, sobre el hijo de hombre que para ti afirmaste. — **Salmo 80:17** RVR1995

Cuando todos estos pasajes se examinan cuidadosamente, la idea de un "Hijo del Hombre" divino, que es el Hijo de Dios, sentado a su diestra y cabalgando sobre las nubes, se ve en todas estas escrituras, aunque las descripciones no son idénticas. Para hacer estas conexiones, uno debe reconocer la analogía verbal, no las palabras exactas. Algunos pueden tener dificultad con eso; pero sabemos que estas conexiones fueron bien entendidas por los principales sacerdotes y maestros de la ley debido a la reacción registrada en Marcos 14. Jesús fue interrogado por los sumos sacerdotes preguntándole si era el Mesías, *"el Hijo del Bendito"*. Él les respondió que él era el Hijo del Hombre que vendría sobre las nubes del cielo; el hecho de que el sumo sacerdote rasgó sus vestiduras después de que Jesús dijo eso, indica que el sacerdote entendió muy bien lo que estaba afirmado Jesús.

Pero Jesús guardó silencio, y no contestó nada, así que el sumo sacerdote le volvió a preguntar: "¿Eres tú el Cristo, el Hijo del Bendito?" Jesús le respondió: "Yo soy. Y ustedes verán al Hijo del Hombre sentado a la derecha del Poderoso, y venir en las nubes del cielo." El sumo sacerdote se rasgó entonces sus vestiduras, y dijo: "¿Qué necesidad tenemos de más testigos?" — **Marcos 14:61-63**

El Nuevo Testamento es muy claro en que Jesucristo es el cumplimiento de las profecías del Hijo del Hombre dadas en el Antiguo Testamento (ver *Mateo 24:30* y *Apocalipsis 1:12-20*). Jesús *"Es la imagen misma de lo que Dios es"* (*Hebreos 1:3*). Esto significa que, aunque Jesús se hizo carne y tomó forma de hombre, siempre ha sido la imagen visible de Dios, que es invisible. De hecho, Jesús es la imagen de Dios que existía antes de la creación del hombre, en cuya imagen fue dicho: *"Hagamos al hombre a nuestra imagen, conforme a nuestra semejanza (Génesis 1:26)"*. Jesús afirmó esto al decirles a los judíos que existió antes de Abraham (*Juan 8:58*).

Entonces dijo Dios: "¡Hagamos al hombre a nuestra imagen y semejanza! ¡Que domine en toda la tierra sobre los peces del mar, sobre las aves de los cielos y las bestias, y sobre todo animal que repta sobre

la tierra!" Y Dios creó al hombre a su imagen. Lo creó a imagen de Dios. Hombre y mujer los creó.
— **Génesis 1:26-27**

Jesús les dijo: "De cierto, de cierto les digo: Antes de que Abrahán fuera, yo soy."
— **Juan 8:58**

Él es el resplandor de la gloria de Dios. Es la imagen misma de lo que Dios es. Él es quien sustenta todas las cosas con la palabra de su poder. Después de llevar a cabo la purificación de nuestros pecados por medio de sí mismo, se sentó a la derecha de la Majestad, en las alturas.
— **Hebreos 1:3**

Para poder entender quién es el Hijo del Hombre, tal cómo lo fue revelado en el Antiguo y el Nuevo Testamento, es sumamente importante hacer estas conexiones. Sin hacer conexiones por analogía similar, es posible no captar la plenitud de la imagen. Además, cuando una imagen se presenta en un lugar inesperado, es importante considerar la posibilidad que haya asociación. Por ejemplo, la imagen de un hijo del hombre sentado sobre las nubes en el capítulo 14 de Apocalipsis nos hará cuestionar nuestro entendimiento acerca de cuándo Dios reunirá sus elegidos, o pondrá en duda la cronología de la visión con respecto a los juicios circundantes. La única otra posibilidad es simplemente ignorar las similitudes obvias entre los pasajes paralelos bíblicos que acabamos de enumerar aquí y pretender que no puede haber asociación entre este pasaje y Mateo 24:30 o 1 Tesalonicenses 4:16-17, por ejemplo.

Miré, y vi aparecer una nube blanca. Sobre esa nube estaba sentado alguien que parecía ser el Hijo del Hombre. Llevaba en la cabeza una corona de oro, y en la mano tenía una hoz afilada. En ese momento, otro ángel salió del templo; y con fuerte voz le gritó al que estaba sentado sobre la nube: "¡Usa tu hoz, y levanta la cosecha! ¡Ha llegado la hora de cosechar, pues la cosecha de la tierra ya está madura!" El que estaba sentado sobre la nube lanzó su hoz sobre la tierra, y la cosecha de la tierra fue levantada. — Apocalipsis 14:14-16

Yo sospecho que hay una larga pausa de tiempo (entre seis meses y dos años y medio) entre el versículo 16 y el próximo; pero no se nos dice eso específicamente en el texto. De hecho, ni siquiera se nos dice lo que sucede con los cosechados en los versículos 14-16. Solo al conectar ese pasaje con pasajes anteriores podemos tener una idea de quiénes son y cuál puede ser su destino. Sin embargo, sabemos lo que sucede con los recolectados en la segunda cosecha. Nadie querrá estar en esa…

Y un ángel más salió del altar, el cual tenía poder sobre el fuego. Con fuerte voz llamó al ángel que tenía la hoz afilada, y le dijo: "Usa tu afilada hoz, y vendimia los racimos de la tierra, porque sus uvas ya están maduras." El ángel lanzó su hoz sobre la tierra y vendimió su viña, y luego echó las uvas en el gran lagar de la ira de Dios. Y se exprimieron las uvas en el lagar, fuera de la ciudad, y la sangre que salió del lagar les llegó a los caballos hasta los frenos, a una distancia de mil seiscientos estadios. — Apocalipsis 14:18-20

Subsecuentemente, poder conectar pasajes similares por analogía, usando el principio de *getzerah shawah*, es otra manera importante de comprender la profecía como lo hicieron Jesús y sus discípulos. Sin embargo, debo señalar aquí que hay dos errores principales que se pueden cometer usando este principio. El primero es no reconocer la analogía, y por lo tanto no ver la conexión con otros pasajes. El segundo es asociar incorrectamente pasajes que son similares pero que no están realmente relacionados. Ambos son errores exegéticos o errores de interpretación. Desearía que hubiera una manera fácil de distinguir cuándo se cometen ese tipo de errores. Lo que hago yo, en la práctica, es ver el panorama completo y tomar nota de las implicaciones de afirmar o negar las asociaciones. Luego trato de discernir cuál está más en línea con el resto de las Escrituras y lo que conozco acerca de Dios. Pero en general, creo que la carga de la prueba corresponde en negar asociaciones de pasajes similares, no en afirmarlas.

Detenerse en Medio de Una Frase

Otro ejemplo de cómo debe entenderse la profecía se encuentra en Lucas 4:16-21. Se relata que, Jesús entró en la sinagoga el día de reposo y leyó un pasaje de Isaías. No existían las divisiones de capítulos y versículos que tenemos ahora, pero él leyó de lo que ahora conocemos cómo el capítulo 61.

Jesús fue a Nazaret, donde se había criado, y en el día de reposo entró en la sinagoga, como era su costumbre, y se levantó a leer las Escrituras. Se le dio el libro del profeta Isaías, y al abrirlo encontró el texto que dice: "El Espíritu del Señor está sobre mí. Me ha ungido para proclamar buenas noticias a los pobres; me ha enviado a proclamar libertad a los cautivos, a dar vista a los ciegos, a poner en libertad a los oprimidos y a proclamar el año de la buena voluntad del Señor." Enrolló luego el libro, se lo dio al asistente, y se sentó. Todos en la sinagoga lo miraban fijamente. Entonces él comenzó a decirles: "Hoy se ha cumplido esta Escritura delante de ustedes." **– Lucas 4:16-21**

Jesús simplemente paró en medio de la frase. Ni siquiera terminó de leer la porción del pasaje en las Escrituras que le correspondía a ese día. Simplemente paró a la mitad del versículo 2, omitiendo "y el día de la venganza del Dios nuestro", el cual profetizaba su segunda venida, no la primera. Lo que esto significa es que una profecía no termina donde termina un pasaje o una frase, pero donde se cumple la profecía. Esto significa que la profecía no termina al final de un pasaje o una frase, sino cuando se cumpla.

Es cierto que esto crea un precedente que puede causar confusión; pero una vez que el principio es reconocido, se puede usar para calibrar cómo vemos la profecía. Si no entendemos y aplicamos bien este principio, podemos llegar a imponer restricciones innecesarias a nuestra interpretación de la profecía, y equivocarnos invariablemente.

Profecías de Diferentes Profetas Pueden Ser Combinadas

Esta idea se puede comprobar en el texto que se encuentra en Mateo 27. Se relata que Judas traicionó a Jesús por treinta monedas de plata; pero luego se llena de remordimiento e intenta devolver las treinta piezas de plata a los principales sacerdotes. Ellos no aceptan la plata, así que Judas tira las monedas a sus pies, sale y se ahorca. Después de la muerte de Judas, la plata se usa para comprar el campo del alfarero, como lugar de sepultura para los extranjeros.

Así se cumplió lo dicho por el profeta Jeremías: "Y tomaron las treinta monedas de plata, que es el precio estimado por los hijos de Israel, y las usaron para comprar el campo del alfarero, como me ordenó el Señor." — **Mateo 27:9-10**

Esta profecía se atribuye únicamente a Jeremías y, sin embargo, también incluye una parte importante que se encuentra en Zacarías. En estos pasajes, la idea de comprar un campo con plata en obediencia al mandato del Señor es la narrativa principal. Los pasajes en cuestión son los siguientes:

Con esto reconocí que ésta era palabra del Señor, y compré el terreno de mi primo Janamel, el cual estaba en Anatot, y le pagué por él diecisiete monedas de plata. — **Jeremías 32:8b-9**

Señor mi Dios, a pesar de que la ciudad caerá en manos de los babilonios, tú me has dicho: "Cómprate el campo al contado en presencia de testigos". — **Jeremías 32:25** NVI

Así que les dije: "Si les parece bien, páguenme lo que consideren que merezco; pero solo si quieren". Entonces ellos valuaron mi pago en treinta piezas de plata. Luego el Señor me dijo: "Arrójalas al alfarero", ¡esta magnífica cantidad con que me valuaron! Así que tomé las treinta monedas y las lancé al alfarero en el templo del Señor.

— Zacarías 11:12-13 NTV

En estas referencias tenemos el mandato del Señor de comprar el campo, y tenemos el precio del terreno de diecisiete monedas de plata (siclos). A primera vista, diecisiete monedas no suenan como treinta piezas de plata, pero aquí es donde resultan útiles un poco de historia y algo de matemáticas ayuda. El medio siclo, o una pequeña pieza de plata, era la moneda de plata oficial para el uso del templo. En el antiguo Israel, el siclo tenía diversos valores dependiendo de su peso y existían también diversos estándares de peso, así que es difícil saber exactamente el valor de cada moneda de plata o de cada siclo. Sin embargo, existen recursos a los que podemos recurrir para hacer una buena estimación.[6] En la época de Jeremías, se cree que el siclo rondaba los 12,9 gramos; pero en el primer siglo se estaba usando el siclo de Tiro que pesaba alrededor de 14,3 gramos. Se usaban medio siclos para el impuesto del templo, por lo que una "pieza de plata" estándar habría tenido la mitad del valor de un siclo de Jeremías.[7] Usando esos cálculos, los diecisiete siclos de Jeremías equivaldrían a treinta piezas de plata (es decir, treinta medio siclos de Tiro) en el primer siglo.[8] Sin embargo, los pasajes de Jeremías no nos dan la referencia al campo del alfarero. Esa información adicional proviene de Zacarías. Por lo

---

[6] "Siclo," en *Encyclopaedia Judaica* (Keter Publishing House, 1972), 1347-8.
[7] Los siclos de Tiro en el primer siglo pesaban un promedio de 14,3 gramos y medio siclo 7,15 gramos. Esto se apoya al observar los pesos de los siclos y medio siclos reales del primer siglo. Para ver ejemplos, consulte: www.forumancientcoins.com/numiswiki/view.asp?key=tyrian%20shekels.
[8] Diecisiete siclos por 12,9 gramos cada uno es igual a 219 gramos. Dividiendo 219 gramos de plata por 7,15 gramos por medio siclo de Tiro, obtienes 30,6 piezas de plata (30 si descartas el resto).

tanto, recibimos la instrucción principal de Jeremías, pero hay detalles adicionales en el relato de Zacarías. Este ejemplo nos enseña que las revelaciones de diferentes profetas se pueden combinar en una sola narración  profética, como conectando las piezas de un rompecabezas.

Una Profecía Puede Estar Escondida en Otra

Todos ustedes me abandonarán —les dijo Jesús—, porque está escrito: "Heriré al pastor, y se dispersarán las ovejas". — **Marcos 14:27**

Esto cita solo una porción de Zacarías 13:7. La mayor parte del pasaje no se puede aplicar a la traición de Cristo en el Huerto de Getsemaní. Solo esta parte podía ser aplicada proféticamente a ese momento en Marcos 14:27. Veamos el pasaje completo y observemos cuántos eventos y cuántas profecías diferentes se combinan.

⁴ En aquel día los profetas se avergonzarán de sus visiones proféticas. Ya no engañarán a nadie vistiéndose con mantos de piel, ⁵ sino que cada cual dirá: "Yo no soy profeta, sino agricultor. Desde mi juventud, la tierra ha sido mi ocupación". ⁶ Y, si alguien le pregunta: "¿Por qué tienes esas heridas en las manos?", él responderá: "Son las heridas que me hicieron en casa de mis amigos".
⁷ ¡Despierta, espada, contra mi pastor, contra el hombre en quien confío! —afirma el Señor Todopoderoso—. Hiere al pastor para que se dispersen las ovejas y vuelva yo mi mano contra los corderitos. ⁸ Las dos terceras partes del país serán abatidas y

perecerán; solo una tercera parte quedará con vida—afirma el Señor—.⁹ Pero a esa parte restante la pasaré por el fuego; la refinaré como se refina la plata, la probaré como se prueba el oro. Entonces ellos me invocarán y yo les responderé. Yo diré: "Ellos son mi pueblo", y ellos dirán: "El Señor es nuestro Dios". — **Zacarías 13:4-9** NVI

Fíjese cómo, a medida que estudiamos la profecía, surgen múltiples eventos proféticos. Es como si estuviéramos viendo un collage. En el versículo 4, creo que estamos mirando hacia atrás a la era futura mesiánica, pero el versículo 6 mira hacia la traición de Cristo en la Santa Cena. El versículo 7 es una visión de Cristo en el huerto de Getsemaní con sus discípulos cuando fue traicionado. Pero, en el versículo 8 saltamos al año 70 d.C. y a la destrucción del templo. Después, el versículo 9 parece señalar la redención de Israel al regresar el Señor. Esto puede ser muy confuso, a menos que entendamos que a veces las profecías pueden ser como un plato de cena de Acción de Gracias con pavo, puré de papas, salsa, salsa de arándanos y maíz, etc., todo en el mismo plato. Cada uno de los platos es parte de la comida, pero no todos se conectan necesariamente de la forma en que pensamos que deberían hacerlo.

Cena de Acción de Gracias por Elena Widener

¡Alégrate mucho, hija de Sión! ¡Grita de alegría, hija de Jerusalén! Mira, tu rey viene hacia ti, justo, Salvador y humilde. Viene montado en un asno, en un pollino, cría de asna. — **Zacarías 9:9** NVI

He aquí otro ejemplo. Zacarías 9:9 se destaca del resto del capítulo. En Zacarías 9, los versículos 1-8 se tratan de cómo Dios juzga a los enemigos de Israel, y los versículos 10-17 hablan de la restauración de Israel en los últimos días y la era mesiánica. Pero este único versículo, que profetiza la entrada triunfal de Cristo en Jerusalén el 10 de Nisán antes de su crucifixión, está intercalado entre ellos; "*como manzanas de oro en canasta de plata*" (Proverbios 25:11 NTV).[9] Lo reconocemos fácilmente al compararlo con el relato de la entrada triunfal de Jesús en Jerusalén que se encuentra en Mateo 21:1-11, que se nos dice que fue el cumplimiento de la profecía.

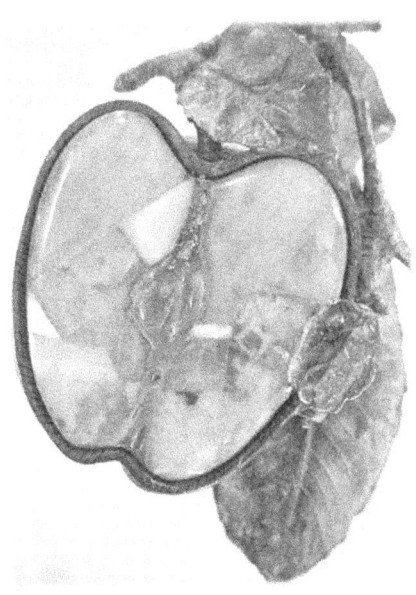

De estas escrituras aprendemos que, para los pasajes proféticos, el contexto no es necesariamente la clave para descifrar una profecía. Se requiere una comprensión de la idea que se está comunicando y luego reconocer si esa idea es parte del contexto o no. Como analogía veamos el ejemplo de la roca: cómo determinamos si la roca es preciosa en su totalidad (el lapislázuli), o si solo en parte (un cristal de esmeralda incrustado en calcitas y piritas). Y al igual que en la geología, es necesario estudiar para poder distinguir lo precioso de lo mundano.

Las Profecías Pueden Tener Múltiples Cumplimientos

Otro principio importante es que las profecías pueden tener múltiples cumplimientos a lo largo del tiempo, como piedras que

---

[9] Pierre André Leclercq, "Box an Apple," CC BY-SA 4.0, *https://commons.wikimedia.org/wiki/File:Box_an_apple.-_Ambre_des_Mines_de_ Kaliningrad_(2008).JPG*

saltan sobre el agua. Y como una piedra que salta, pueden tener solo un cumplimiento o dos (por ejemplo, uno cercano y uno lejano), o pueden cumplirse varias veces a lo largo del tiempo. Un ciclo que se repite una y otra vez hasta el último chapoteo al final.

Todo esto sucedió para que se cumpliera lo que el Señor dijo por medio del profeta: "Una virgen concebirá y dará a luz un hijo, y le pondrás por nombre Emanuel, que significa: 'Dios está con nosotros.'"
— **Mateo 1:22-23**

Un buen ejemplo de una profecía con dos claros cumplimientos es la profecía de la virgen que concebiría y daría a luz un hijo. Este es uno de los versículos proféticos fundamentales de nuestra fe: el nacimiento virginal. Sin embargo, cuando leemos el pasaje en Isaías, vemos que la profecía sobre el nacimiento de Cristo estaba insertada en una profecía mucho más cercana dada a Acaz. El Señor le dice a Acaz que le pida una señal, pero él no está dispuesto a hacerlo, así que Dios le dice cuál será la señal.

Pues ahora el Señor mismo les dará una señal: La joven (alma) concebirá, y dará a luz un hijo, y le pondrá por nombre Emanuel. Comerá mantequilla y miel hasta que sepa desechar lo malo y escoger lo bueno. Ciertamente, antes de que el niño sepa desechar lo malo y escoger lo bueno, el país de estos dos reyes a quienes tú temes quedará abandonado. El Señor hará que vengan sobre ti, sobre tu pueblo y sobre la casa de tu padre, días como nunca vinieron desde el día en que Efraín se apartó de Judá para unirse al rey de Asiria. — **Isaías 7:14-17**

Sin la referencia específica en Mateo para afirmar que Isaías 7:14 era una profecía sobre el nacimiento de Jesús el Mesías, fácilmente se podría pasar por alto. Podría haber sido entendido como completamente histórico, incluso en el primer siglo; razonando que era simplemente una parte del mensaje de Dios a Acaz sobre una señal para sus días. ¿Por qué? Porque la parte central de la profecía tenía que ser algo que se cumplió de alguna manera en esos días. No sabemos exactamente quién sería, pero una mujer joven probablemente dio a luz a un niño llamado Emanuel, que significa "Dios con nosotros", antes de que Israel fuera invadido y conquistado por los asirios. El bebé no era el mesías prometido, era la señal prometida que indicaba que pronto Israel sería invadido.[10] La palabra para joven, *alma* (Strong's – H5959), en la profecía de Isaías significa literalmente una mujer joven soltera. Por lo tanto, no hay conflicto en entender que una mujer así podría dar a luz. Sin embargo, el hombre que la dejó embarazada tendría que casarse con ella (*Deuteronomio 22:28-29*), pagar el dote (*Éxodo 22:16-17*) o

---

[10] Acaz murió en el año tercero de Oseas hijo de Ela rey de Israel, y su hijo Ezequías comenzó a reinar (*2 Reyes 18:1*). Tres años después, Samaria, la capital de Israel, fue invadida por los asirios, y luego de un sitio de tres años, fueron derrotados y exiliados (*2 Reyes 17:5-6*), por lo que seis años después de la muerte de Acaz, la primera expresión de la profecía se cumplió. La señal para Acaz fue que nacería un niño llamado Emanuel, y antes de que tuviera la edad suficiente para elegir entre el bien y el mal (entre los 3 y los 7 años de edad), los dos reyes que él temía serían destruidos. Entonces, Acaz no pudo haber visto el cumplimiento completo de la profecía de Isaías, pero ciertamente pudo haber visto el nacimiento del niño y entonces habría sabido que las palabras de Isaías pronto se cumplirían. Dado que Acaz murió cuando tenía solo 36 años (*2 Reyes 16:2*), quizás Acaz engendró un hijo con una joven soltera antes de morir (y ella llamó al niño Emanuel). O tal vez algo similar sucedió en la casa de Acaz antes de morir, para que reconociera que la palabra del Señor se había cumplido. También es posible que solo Ezequías viera el cumplimiento de la profecía, no Acaz. Algunos argumentarían en contra de la posibilidad de un doble cumplimiento aquí diciendo que solo debe ser una profecía de doble referencia, pero no veo ninguna base objetiva para descartar los dobles cumplimientos [ref.: Arnold Fruchtenbaum. *The Footsteps of the Messiah* (Ariel Ministries, 2004) : 5-6.].

divorciarse de ella en secreto (*Deuteronomio 24:1*).[11] Era un hecho en esos días que una mujer joven soltera era virgen. Tan pronto como se supiera que había estado con un hombre, ya no se la habría llamado *alma*. Por lo tanto, "virgen" y "joven" eran sinónimos.

Los Múltiples Cumplimientos Se Pueden Cumplir de Diferentes Maneras

El ejemplo anterior también resalta otro principio importante. El mismo versículo (*Isaías 7:14*) anterior puede cumplirse de una manera en un momento, y de una manera diferente en un tiempo futuro. En otras palabras, la primera vez, la profecía se cumplió cuando un hombre dejó embarazada a una mujer joven de forma natural. La segunda vez, se esperaba el nacimiento de Jesús, cuando una joven llamada María quedó embarazada de manera sobrenatural por el Espíritu Santo. Ambos cumplimientos fueron verdaderos, pero no fueron idénticos. Solo tenían que cumplir con la descripción general de la profecía, la cual era que una mujer joven soltera quedaría embarazada.

Hay otra parte de esta profecía con doble cumplimiento: llamarán su nombre "Emanuel". La primera vez, parece que este puede haber sido el nombre real del bebé. La segunda vez, no era el prenombre del niño, ese fue Jesús, pero como la representación física exacta del Dios invisible (*Hebreos 1:3*), Jesús fue literalmente "Dios con nosotros". Por lo tanto, el nombre Emanuel presagiaba la deidad de Cristo. Y ese aspecto del nombre en la profecía fue específico para la vida de Jesús. Por lo tanto, incluso en los ecos proféticos, puede haber diferencias, sin violar la integridad de la interpretación.

---

[11] La única excepción posible a esas tres posibilidades de la Torá sería si ese hombre fuera el rey. En ese caso, ella podría haber sido hecha una concubina.

Las Profecías Generalmente Deben Entenderse Literalmente

Queda un principio más de interpretación que podemos aprender de las profecías del nacimiento de Cristo. En la aplicación de los pasajes anteriores, el otro punto principal que resalta es que los cumplimientos que se observaron y registraron en el Nuevo Testamento fueron literales. Cuando examinamos el relato en el primer capítulo de Mateo y leemos que María quedó embarazada, entendemos claramente que María quedó embarazada del Espíritu Santo, sin haber conocido nunca antes a un hombre. Esto es claro debido al contexto en el relato de Mateo.

Ahora, habiendo examinado la profecía original en Isaías 7, entendemos por qué muchos han tratado de argumentar que la palabra virgen solo significaba una mujer joven soltera, en lugar de una mujer que nunca había tenido relaciones íntimas con un hombre. La razón sería negar la deidad de Cristo, si Jesús hubiera nacido naturalmente de la unión de un hombre y una mujer. El argumento es que en hebreo hay una palabra específica para una mujer que nunca ha tenido relaciones sexuales con un hombre, *bethulah* (Strong's H1330); pero Isaías no usó esa palabra, por lo tanto, eso no fue lo que Isaías quiso decir. Pero ahora que hemos visto que la misma escritura puede tener múltiples cumplimientos de diferentes maneras, sabemos por qué Dios no le dijo a Isaías que escribiera *bethulah* en lugar de *alma*. ¿Ya lo has adivinado? Porque solo uno de los cumplimientos futuros podría ser una *bethulah*, pero ambos podrían ser un *alma*.[12]

El nacimiento de Jesucristo fue así: María, la madre de Jesús, estaba comprometida con José, pero antes de unirse como esposos se encontró que ella había concebido del Espíritu Santo. José, su marido, era un hombre justo y quiso dejarla secretamente, pues no quería denigrarla.

---

[12] Ambas podían ser mujeres jóvenes solteras y vírgenes antes de quedar embarazadas, pero solo una de ellas permaneció verdaderamente virgen.

Mientras José reflexionaba al respecto, un ángel del Señor se le apareció en sueños y le dijo: "José, hijo de David, no temas recibir a María, tu mujer, porque su hijo ha sido concebido por el Espíritu Santo. María tendrá un hijo, a quien pondrás por nombre JESÚS, porque él salvará a su pueblo de sus pecados." Todo esto sucedió para que se cumpliera lo que el Señor dijo por medio del profeta: "Una virgen concebirá y dará a luz un hijo, y le pondrás por nombre Emanuel, que significa: 'Dios está con nosotros.'" Cuando José despertó del sueño, hizo lo que el ángel del Señor le había mandado y recibió a su mujer, pero no la conoció hasta que dio a luz a su hijo primogénito. Y le puso por nombre JESÚS. — **Mateo 1:18-25**

Estas profecías, y el resto de las profecías mesiánicas sobre el nacimiento y la vida de Jesucristo en el primer siglo, se cumplieron literalmente. No eran metáforas. No eran alegorías ingeniosas. Eran señales y eventos literales que realmente sucedieron. Ya que tenemos estos ejemplos, también debemos esperar que las futuras profecías se cumplan de la misma manera. Especialmente cuando consideramos las palabras de los ángeles, en la ascensión de Cristo al cielo, diciéndonos que Jesús regresaría literalmente de la misma manera que lo habían visto partir.

Después de haber dicho esto, ellos lo vieron elevarse y ser recibido por una nube, que lo ocultó de sus ojos. Mientras miraban al cielo y veían cómo él se alejaba, dos varones vestidos de blanco se pusieron junto a ellos y les dijeron: "Varones galileos, ¿por qué están mirando al cielo? Este mismo Jesús, que ustedes han visto irse al cielo, vendrá de la misma manera que lo vieron desaparecer." — **Hechos 1:9-11**

Además, el significado simple no puede ser eclipsado por inferencias interpretativas secundarias que se basan en las percepciones especiales de alguien para comprender el verdadero significado. En otras palabras, no se puede inventar una interpretación figurativa del texto que contradiga o niegue su significado claro. Cuando la gente hace eso, destruye la sensibilidad del texto, y queda abierto a toda interpretación privada. Pedro afirmó que "ninguna Escritura es de interpretación privada" (*2 Pedro 1:20*) y dijo que el verdadero autor de cualquier libro de la Biblia es el Espíritu Santo. En consecuencia, el significado claro de las Escrituras, que todos pueden leer, siempre debe prevalecer sobre los argumentos que se basan en "argumentos que suenan bien" (*Colosenses 2:4*), sabiduría terrenal (*Santiago 3:15*), o inferencias sobre lo que el autor puede haber estado pensando o sintiendo, lo que habría sabido, etc. Por supuesto, este principio no se aplica a pasajes obviamente figurativos, donde dentro del texto está claramente definido, ya sea explícitamente o por contexto, que el significado es solo metafórico. Esto sería como cuando Jesús le habló en parábolas a la gente; o en Apocalipsis 17:7 cuando el ángel le explica a Juan la imagen de la mujer sentada sobre la Bestia.

Además, incluso en casos obviamente figurativos, una comprensión metafórica correcta no puede contradecir el sentido de la imagen que se utiliza para hacer la metáfora. Por ejemplo, en Hechos 10:9-17, leemos que Pedro vio una visión de un lienzo que bajaba del cielo lleno de toda clase de animales, tanto limpios como inmundos. En el pasaje, se nos dice específicamente que a Pedro se le estaba mostrando una visión. Entonces, esperamos que pueda ser figurativo. Pero en la visión, a Pedro se le dice que mate y coma. Al principio, él se niega, pero Dios le dice que no llame a nada impuro que Dios ha hecho limpio. También se nos dice que Pedro se maravilló del significado de la visión. A continuación, leemos que la visión se dio para ayudar a Pedro a comprender que los gentiles también fueron purificados por la fe en Cristo y que recibirían el Espíritu Santo, tal como lo habían recibido ellos (*Hechos 10:34-35, 45*).

Ahora, aquí está el principio en acción. Algunos argumentan que dado que se nos dice específicamente que la visión se aplica a los gentiles, podemos excluir la interpretación literal de que todos los animales ahora están limpios y se pueden comer. En otras palabras, quieren decir que la expresión literal de la visión no es verdadera (que todos los alimentos ahora son limpios y se pueden comer), pero la interpretación figurativa del sueño es verdadera (que los gentiles ahora son limpios junto con los judíos creyentes). Esto no puede ser. Solo si la analogía en la visión es verdadera, la cosa que representa también puede ser verdadera, lo que significa que ambas son verdaderas. Dios ahora ha limpiado todos los alimentos, y ha aceptado a los gentiles y los ha limpiado también. Marcos confirma esta interpretación de la visión de Pedro al explicar la parábola de Jesús sobre lo que nos contamina, al preguntar si somos contaminados por algo que viene de fuera del cuerpo o por lo que ya está dentro de si.

Jesús les dijo: "¿Tampoco ustedes pueden entender esto? ¿Acaso no entienden que nada que venga de afuera y entre en alguien puede contaminarlo? Porque eso no entra en su corazón, sino en su vientre, y al final va a parar en la letrina." Con esto Jesús estaba diciendo que todos los alimentos son limpios. **– Marcos 7:18-19**

A medida que uno examina los relatos de los Evangelios, vemos una tras otra profecía cumplida literalmente. Aparte de las parábolas, cada caso en el que se nos dice que las Escrituras se cumplieron ocurre en un sentido literal. Examinemos algunos de los cumplimientos proféticos más directos y obvios. Por ejemplo, en Mateo 8:17 hay una referencia directa a Isaías 53:4, pero es de la traducción griega de la Septuaginta, por lo que está redactado de manera un poco diferente, pero significa lo mismo.[13]

Esto, para que se cumpliera lo dicho por el profeta Isaías: "Él mismo tomó nuestras enfermedades, y llevó nuestras dolencias." **– Mateo 8:17**

---

[13] Si buscas las dos palabras hebreas, la palabra para dolor (*holi* - Strong's H2483) significa enfermedad y dolencia y la palabra para sufrimiento (*makob* - Strong's H4341) significa dolor y sufrimiento, como en una dolencia o aflicción..

Con todo, él llevará sobre sí nuestros males, y sufrirá nuestros dolores.
— **Isaías 53:4a**

Y he aquí otro ejemplo. No será más que una cita parcial, pero es totalmente literal. No había ninguna razón racional y legítima para que los fariseos odiaran a Jesús. Lo odiaban por su propio pecado y su orgullo.

Pero esto sucede para que se cumpla lo que está escrito en la ley de ellos: "Me odiaron sin motivo".
— **Juan 15:25** NVI

Son más los que me odian sin motivo, que los cabellos de mi cabeza. Son muy poderosos mis enemigos, los que sin razón quieren destruirme. ¿Acaso he de pagar lo que no he robado?
— **Salmos 69:4**

Otro cumplimiento literal de una profecía se encuentra en un salmo que describe a algunas personas dividiendo la ropa del salmista y echando suertes sobre su túnica. Vemos el cumplimiento preciso literal al ser crucificado Cristo en Juan capítulo 19.

Cuando los soldados crucificaron a Jesús, tomaron su manto y lo partieron en cuatro partes, una para cada uno de ellos. Tomaron también la túnica, la cual no tenía costura, sino que era de una sola pieza, tejida de arriba abajo. —No la dividamos —se dijeron unos a otros—. Echemos suertes para ver a quién le toca. Y así lo hicieron los soldados. Esto sucedió para que se cumpliera la Escritura que dice: "Se repartieron entre ellos mi manto, y sobre mi ropa echaron suertes".
— **Juan 19:23-24** NVI

Se reparten entre ellos mis vestidos y sobre mi ropa echan suertes.
— **Salmos 22:18** NVI

El punto es que, aunque estos son solo algunos ejemplos, cada cumplimiento profético en el Nuevo Testamento fue literal. En consecuencia, cualquier punto de vista de la profecía que rechace el cumplimiento literal de las profecías con respecto a la segunda venida de Cristo al final de la era, argumentando que las profecías pasadas fueron literales, pero las de los últimos días serán figurativas, debe ser rechazado.

La Revelación Profética Verdadera Debe Tener Múltiples Testigos

No condenes a nadie por algún crimen o delito basado en el testimonio de un solo testigo. **Los hechos del caso deben ser establecidos por el testimonio de dos o tres testigos.**

— **Deuteronomio 19:15** NTV (énfasis añadido)

Este último puede ser obvio, casi lo omito porque es muy fundamental en mi pensamiento, pero es un principio clave que hay que tener en cuenta. El contexto de Deuteronomio 19:15 se trata simplemente de condenar a las personas acusadas de malas acciones, pero hay un principio general establecido basado en eso, que se aplica a un contexto mucho más amplio. La aplicación específica del principio es que condenar a alguien por un delito requiere dos o más testigos, pero el principio general es que los asuntos importantes deben establecerse con múltiples testigos.

En el contexto de la profecía (y la teología en general), la lección es que todas las doctrinas o interpretaciones importantes deben establecerse usando más de una referencia bíblica (es decir, dos o más testigos). Los testimonios se pueden dividir entre el Antiguo Testamento y el Nuevo Testamento, o encontrarse en los escritos de dos profetas, discípulos, o libros diferentes, etc., pero es necesario que haya más de uno. Es cierto que un testigo puede ser muy claro y el otro más vago y más velado, pero eso es permitido. [*"En el Antiguo Testamento se oculta lo Nuevo, y en el Nuevo Testamento se manifiesta lo Antiguo." — San Agustín.*[14]] Lo importante es que ambos pasajes apoyen claramente la idea o interpretación propuesta. Esta regla no hace que una idea sea infalible porque nuestro razonamiento aún puede tener fallas, pero puede ayudarnos a evitar cometer errores de interpretación.

La Profecía No es Fácil, Pero es Confiable

Hay mucha plática técnica aquí sobre las diferentes formas de entender la profecía; pero sin establecer estas sutilezas, puede ser fácil rechazar los verdaderos cumplimientos porque no coinciden con las expectativas de uno. Naturalmente, queremos que las interpretaciones proféticas sean fáciles, directas, incontrovertibles e inconfundibles. Pero cuando examinamos los cumplimientos proféticos que se certifican en el Nuevo Testamento, vemos que no siempre es tan sencillo. ¡Y hemos visto menos del diez por ciento de las profecías! No estoy tratando de sacudir la fe de nadie aquí en la confiabilidad de la palabra profética de Dios. Estoy tratando de deshacerme de una visión rígida y legalista de la profecía, una que supone que los cumplimientos literales deben ocurrir exactamente de la manera en que se imaginan, con una precisión perfecta y ordenada, sin importar cómo se defina eso.

Además, contamos con la muy confiable palabra profética, a la cual ustedes hacen bien en atender, que es como una antorcha que alumbra en la oscuridad, hasta que aclare el día y el lucero de la mañana salga en el corazón de ustedes. Pero antes que nada deben entender esto: Ninguna profecía de la Escritura es de interpretación privada, porque la profecía nunca estuvo bajo el control de la voluntad humana, sino que los santos hombres de Dios hablaron bajo el control del Espíritu Santo. **– 2 Pedro 1:19-21**

---

[14] St. Augustine. *Quaestiones in Heptateuchum*, VII, 2.73. Tomado de: Allan Fitzgerald et al. (eds.) *Augustine Through the Ages: An Encyclopedia* (Wm. B. Eerdmans' Pub., 1999): 144.

Quintus Florens Tertullian (padre de la iglesia alrededor de 160-220 d.C.) por André Thevet, grabado en madera, Lyon, Francia, 1584.

2

La Profecía y La Iglesia Antenicena

Durante los últimos dos mil años, la iglesia ha propuesto y adoptado una multitud de métodos para entender la profecía bíblica; particularmente a medida que pasaba el tiempo y el regreso de Cristo se retrasaba más allá de todas las expectativas. Pero si queremos comprender cómo los primeros cristianos entendieron la profecía, entonces debemos estudiar los escritos de los padres de la iglesia antenicena, los escritos de la iglesia primitiva antes del Concilio de Nicea en el año 325 d.C.

Adhiérete al Premilenialismo

En los escritos de los primeros padres de la iglesia, encontramos un punto de vista que se describe modernamente como "premilenialismo histórico". Este punto de vista se puede encontrar en los escritos de: Justin Martyr (c. 100-165), Ireneo (c. 120-202), Tertuliano (c. 145-220), Hipólito (c. 170-236), Commodianus (c. 240), y Lactancio (c. 260-330). La mayoría de los eruditos reconocen que estos primeros cristianos claramente creían en el premilenialismo, la idea de que Cristo regresaría a la tierra y reinaría por mil años literales al final de la era de los gentiles (*Lucas 21:24*).

A mi modo de ver, saber que todas las profecías pasadas con respecto al primer advenimiento de Jesús se cumplieron literalmente y que los primeros padres de la iglesia también tenían un punto de vista premilenial resuelve el debate. No encuentro ninguna razón convincente para sostener un punto de vista posmilenial o amilenial, uno que cree que el milenio no es un milenio literal, sino una alusión metafórica a la era actual de la iglesia que ya lleva casi dos milenios. Hay algunas diferencias entre el posmilenialismo y el amilenialismo con respecto a si la iglesia conquistará y convertirá gradualmente al mundo, o si Cristo simplemente regresará en poder y gloria para destruir a los malvados; pero de cualquier manera, ambos creen que Cristo regresará algún día después de la presente era de la iglesia para establecer un cielo nuevo y una tierra nueva.[15]

Mi desdén por el punto de vista amilenial puede parecer injusto para algunos, como si estuviera tratando de reclamar la victoria sin el duelo. Pero he encontrado que hay una forma de incredulidad con respecto a la profecía que genera y apoya el amilenialismo y el posmilenialismo. En consecuencia, intentar discutirlo punto por punto parece infructuoso. Como verá en este capítulo, el amilenialismo es el segundo enfoque más antiguo para tratar de comprender los escritos proféticos de los últimos tiempos en la Biblia, y se ha debatido sin cesar desde entonces. En lugar de abrir esa lata de gusanos, parece más sabio simplemente presentar la evidencia para

---

[15] Una vez hubo mayores diferencias entre el posmilenialismo y el amilenialismo. Ambos suponen que los sellos, las trompetas y al menos las seis primeras copas del Apocalipsis ya están metafóricamente sobre nosotros (preterismo), y ahora estamos esperando el regreso de Cristo para crear un cielo nuevo y una tierra nueva, siguiendo "edad de la iglesia milenaria" presente e indefinida. Ambos también niegan una posición literal de la mayoría de las profecías de los últimos días.

respaldar el hecho de que una perspectiva literal y premilenial fue el punto de vista escatológico original sostenido por los primeros y más confiables padres de la iglesia en la era entre 100-250 d.C.

Lo Que Creían los Primeros Cristianos

Si el único asunto en juego fuera entender la naturaleza literal y futura del reinado de Cristo de mil años sobre la tierra, entonces tal vez el asunto sería menos contencioso. Pero ese no es el único asunto debatido con respecto a las creencias proféticas de la iglesia primitiva. El otro tema que se discute es el momento del regreso de Cristo con respecto al rapto de la Iglesia. Se argumenta que los primeros cristianos nunca mencionan la idea de un rapto secreto. Más bien, parecen haber entendido que la recolección de los santos por parte de Cristo ocurrirá al final de la tribulación. En consecuencia, la teología de los primeros cristianos con respecto al fin del mundo (su escatología) se describe modernamente como premilenialismo histórico o post-tribulacional.

Se ha argumentado que la escatología basada en el rapto (en cualquier momento antes del final de la tribulación) es una invención moderna y una herejía que se desarrolló dentro de la iglesia en el siglo XIX.[16] El premilenialismo contemporáneo a menudo se etiqueta como premilenialismo dispensacional y se dice que es completamente diferente al premilenialismo histórico. Ciertamente, las doctrinas sobre el rapto han proliferado en los últimos dos siglos; sin embargo, este es un tema completamente separado, que abordaré en el capítulo 6. Pero permíteme explicar el error que se comete al hacer distinciones especiales dentro del premilenialismo para argumentar que cualquier expresión moderna del mismo es una nueva herejía. Primero, tales proponentes ignoran el hecho de que no hubo una posición posmilenial hasta probablemente los siglos XVI o XVII. En segundo lugar, aunque el amilenialismo es mucho más antiguo que eso, no fue sino hasta el tercer siglo (pero

---

[16] www.biblicaleschatology.org/2008/12/04/the-history-of-the-rapture/

sobre todo en el cuarto) que comenzó a crecer el apoyo para una comprensión alegórica del libro de Apocalipsis, en los escritos de la iglesia primitiva.

Consecuentemente, ninguno de esos dos puntos de vista tiene un testimonio histórico ininterrumpido que se remonta a los primeros padres de la iglesia y, sin embargo, notablemente, el premilenialismo sí lo tiene. Contrariamente a los otros puntos de vista, la idea premilenial no es nueva, es el marco interpretativo escatológico más antiguo que tenemos. Una mirada rápida a algunas citas de algunos de los primeros y más confiables padres de la iglesia antenicena sobre el tema debe ayudar a aclarar esta pregunta.

Justino Mártir Creía en el Premilenialismo

Por ejemplo, Justino Mártir (c. 114-165 d.C.) en su diálogo con Trifón el judío afirmó que habrá un reinado de mil años de Cristo desde Jerusalén. Él confiaba en que las visiones de Ezequiel e Isaías aún no se habían cumplido pero algún día se cumplirían. Y esto fue en la época en que el emperador Adriano y su sucesor, Titus Aelius Hadrianus Antoninus Pius, transformaron Jerusalén en Aelia Capitolina (circa 132-161 d.C.) tratando de paganizar la ciudad.

> Pero yo y otros, que somos cristianos rectos en todos los puntos, estamos seguros de que habrá una resurrección de los muertos, y mil años en Jerusalén, que entonces será edificada, adornada y ensanchada, [como] los profetas Ezequiel e Isaías y otros declaran. – **Justino Mártir** [17]

---

[17] A. Cleveland Coxe, Alexander Roberts, and James Donaldson. *Ante-Nicene Fathers: The Writings of the Fathers Down to A.D. 325 (Padres antenicenos: los escritos de los padres hasta el 325 d.C.)*, Vol. 1, "Justin Martyr: Dialogue with Trypho (Justino Mártir: Diálogo con Trifón)" (Hendrickson Pub., 1995): 239.

Ireneo Creía en el Premilenialismo

Ireneo (c. 120-202), un padre de la iglesia muy respetado y discípulo de Policarpo (quien fué discípulo del apóstol Juan), también era claramente un premilenialista, una evaluación que algunos cuestionan porque él no abordó específicamente el tema del reinado de los santos en la tierra por mil años. Sin embargo, él dijo que "el día del Señor es como mil años". Esto suena como si estuviera equiparando el día del Señor con mil años, no cualquier día, lo que significaría que el tiempo del juicio de Dios en la Gran Tribulación y la segunda venida de Cristo (conocido como "el día del Señor") también incluirá su reinado de mil años sobre la Tierra en el milenio.[18] También declaró que los seis días de la creación representan seis mil años del gobierno del hombre sobre la Tierra, y luego Dios descansó el séptimo día, lo que implica que la analogía se aplica también al milenio. E Ireneo nos da otro dato interesante. Si bien sabemos que Jesús declaró que habría una gran apostasía en los últimos días, Ireneo también ve toda la historia humana, después de la caída del hombre, como una apostasía extendida. Y creo que es una forma precisa de describirlo.

> [Él da esto] como un resumen de toda esa apostasía, que ha tenido lugar durante seis mil años. Porque en tantos días como este mundo fue hecho, en tantos miles de años será concluido. Y por esta razón dice la Escritura: "Fueron, pues, acabados el cielo y la tierra, y todo su ornato. Y Dios terminó en el sexto día las obras que había hecho; y Dios descansó en el séptimo día de todas Sus obras." Este es un relato de las cosas creadas anteriormente, así como también es una profecía de lo que ha de venir. Porque el

---

[18] Es cierto que solo podemos inferir lo que quiso decir con esa declaración. Sin embargo, al combinar la conocida frase "Día del Señor", que está fuertemente asociada con Dios ejecutando su juicio sobre la humanidad, y mil años, que estaba asociada con el reinado milenial de Cristo, parece estar conectando esos eventos.

día del Señor es como mil años; y en seis días se completaron las cosas creadas; es evidente, por tanto, que llegarán a su fin en el año seis mil. – **Irenaeus,** *Contra las Herejías* [19]

Hipólito Creía en el Premilenialismo

Hipólito (c. 170-236) también fue un premilenialista. Siguió a Ireneo al reconocer que el tiempo del hombre para gobernar la tierra duraría seis mil años, seguido por un reinado de mil años de Cristo y la Iglesia. También es más explícito al asociar el último descanso sabático de mil años con el futuro reino de los santos, cuando reinarán con Cristo en la tierra.

> Porque como los tiempos son anotados desde la fundación del mundo, y contados desde Adán, nos presentan claramente el asunto de que trata nuestra investigación. Porque la primera aparición de nuestro Señor en la carne fue en Belén, bajo Augusto, en el año 5.500 y él padeció en el año treinta y tres. Y deben cumplirse 6.000 años, para que venga el Sábado, el reposo, el día santo "en el cual Dios descansó de todas Sus obras". Porque el sábado es tipo y emblema del futuro reino de los santos, cuando "reinarán con Cristo", cuando él venga del cielo, como dice Juan en su Apocalipsis: porque "un día para el Señor es como mil años". Así pues, puesto que en seis días Dios hizo todas las cosas, se entiende que deben cumplirse 6.000 años. – **Hipólito de Roma** [20]

---

[19] Coxe. *Ante-Nicene Fathers*, "Ireneo Contra las Herejías (Irenaeus, Against Heresies), b. 5 (XXVIII)," v. 1, 557.
[20] Ibid., "Hipólito: Fragmentos de Comentarios (Hippolytus, Fragments from Commentaries)," v. 5, 179.

En esta cita, Hipólito afirma que la edad de la tierra debe contarse desde Adán y que la tierra tendrá seis mil años cuando Cristo regrese por segunda vez. Desafortunadamente, también vemos que Hipólito se equivocó en su cálculo de que la edad de la tierra era de 5.500 años al nacimiento de Cristo. Aunque su presunción sobre la edad de la tierra era errónea, también informó que Cristo fue crucificado en el año 33 d.C., una fecha que habría sido mucho más fácil para él saber con certeza (hablaremos de esto más en el capítulo 5). Y finalmente, podemos inferir directamente que Hipólito esperaba que el reinado de mil años de Cristo en la tierra fuera 1.000 años literales, completando el modelo sabático de seis días de trabajo y un día de descanso. Esto significa que Hipólito también creía en una forma de premilenialismo.

La Epístola de Bernabé es Premilenial

> Por tanto, hijos míos, en seis días, es decir, en seis mil años, todo se acabará. "Y descansó el séptimo día". Esto significa: cuando Su Hijo, viniendo [otra vez], destruya el tiempo del impío, y juzgue al impío, y cambie el sol, la luna y las estrellas, entonces verdaderamente descansará en el séptimo día. – **Epístola de Bernabé** [21]

Es posible que la primera expresión de la idea de que el mundo tendría seis mil años en el segundo advenimiento de Cristo proviene de la Epístola de Bernabé (c. 100). Esta carta no es parte del canon bíblico; y aunque Clemente de Alejandría (c. 150-215 d.C.) y Orígenes (c. 184-253) sostuvieron que el escritor de esta carta fue Bernabé que acompañaba a Pablo, ninguno de los primeros padres de la iglesia menciona la carta.[22] En la época de Eusebio, finalmente quedó fuera del canon oficial de la iglesia, pero aún se conservó y

---

[21] Ibid., 146.
[22] Ibid., "Epístola de Bernabé," v. 1, 133-5.

se leyó. Sin embargo, el hecho de que esta idea surgiera tan temprano, y que tanto Ireneo como Hipólito también aceptaran la idea, le da mucha credibilidad a la propuesta.

Tertuliano Creía en el Premilenialismo

También se puede encontrar que otro padre de la iglesia primitiva, Tertuliano (c. 145-220), creía en una comprensión literal de los mil años mencionados en el Apocalipsis de Juan. Él confiesa que el reino de Cristo "nos es prometido en la tierra" y afirma que será por mil años en Jerusalén.

> Pero sí confesamos que se nos promete un reino sobre la tierra, aunque antes del cielo, sólo que en otro estado de existencia; puesto que será después de la resurrección por mil años en la ciudad de Jerusalén divinamente edificada.–
> **Tertuliano, Contra Marción** [23]

No Olvides a Commodianus, Victorino y Lactancio

Me he concentrado en los primeros testimonios anteriores, pero la tradición también continuó con fuerza en los siglos tercero y cuarto. Uno puede señalar el testimonio de Commodianus (c. 240), un obispo del norte de África, quien también sostuvo la visión de un reinado literal de Cristo de mil años.[24] Luego está Victorino, obispo de Petau (Ptuj, Eslovenia), quien fue martirizado en el año 304 d.C. De manera similar, afirmó un reinado milenario de Cristo de mil años.[25] Y Lactancio (c. 260-330), que también era de África y se convirtió en consejero del emperador Constantino, también sostuvo la opinión de que habría un verdadero y literal reinado de

---

[23] Ibid., "Tertuliano, Contra Marción," v. 3, 342.
[24] Ibid., "Instrucciones de Comodiono," v. 4, 211 & 218.
[25] Ibid., "Victorino: Sobre la creación del mundo," v. 7, 342.

Cristo de mil años en la tierra.²⁶ Confío en que esta revisión de los primeros padres de la iglesia sea suficiente para sustentar que la mayoría tenía un punto de vista premilenial.

El Auge del Amilenialismo en la Iglesia

Sin embargo, para evitar dar la impresión de que hubo un acuerdo unánime de los primeros padres de la iglesia sobre el tema del premilenialismo versus el amilenialismo, uno comienza a encontrar voces disidentes a partir del tercer siglo. La idea fue cuestionada por Dionisio de Alejandría (c. 200-265). Él argumentó en contra de la naturaleza literal del libro de Apocalipsis, e incluso argumentó en contra de su autoría por parte del Apóstol Juan. Para mí, eso coloca inmediatamente a Dionisio en la categoría de testigo poco confiable. Dionisio era un seguidor de Orígenes (c. 185-254), quien era un gigante de la fe en ese momento pero también era culpable de muchas ideas controvertidas.²⁷ Orígenes es a menudo llamado el padre de la interpretación alegórica y Teófilo de Alejandría lo denunció como la "hidra de todas las herejías" en el año 400 d.C.²⁸ Muchas de las herejías posteriores y las falsas doctrinas surgieron de Orígenes o de sus estudiantes, como Dionisio, quien continuó desarrollándolas. Esto incluyó el crecimiento del amilenialismo en los siglos que siguieron al Concilio de Nicea cuando el cristianismo comenzó a florecer como la religión dominante del imperio romano.

---

26 Ibid., "Lactancio: Los Institutos Divinos," v. 7, 217-8.
27 Por ejemplo, cuando era joven, Orígenes se castró a sí mismo para ser más virtuoso y obedecer el mandato de Jesús en Mateo 19:12 con respecto a los eunucos. La palabra griega en ese pasaje, *eunouchizō* (Strong's G2134) podría interpretarse como una autocastración literal, pero más obviamente significaba permanecer soltero y célibe, como Pablo decidió ser. Tal comportamiento extremo ayuda a explicar cómo Orígenes mostró simultáneamente su intenso amor y devoción por nuestro Salvador, pero también mostró poco juicio en muchas de sus posiciones doctrinales.
28 Friedrich Kempf. *The Church in the Age of Feudalism* (Burnes & Oates, 1980): 126.

Sin embargo, no estoy en contra de las interpretaciones alegóricas que apoyan o aumentan nuestra comprensión literal de los textos bíblicos. Hay muchos ejemplos de esto en el Antiguo Testamento, como la relación de Booz y Rut como metáfora del amor que Dios tiene por Israel, así como del que tiene Cristo por la Iglesia. Sin embargo, dar a entender o afirmar que la historia de Rut y Booz es simplemente una historia que se nos ha dado para enseñar algunos principios superiores, pero que no fue un evento literal e histórico, sería cruzar la línea hacia la herejía. Las enseñanzas falsas comenzaron a desarrollarse incluso en los días de los Apóstoles, como advirtió Pablo en Hechos 20:28-30, hablando de lobos feroces que "distorsionarían la verdad" después de su partida. En consecuencia, los argumentos que se desarrollaron siguiendo a Orígenes para una interpretación puramente alegórica del Apocalipsis de Juan y otras escrituras proféticas, no preservan un registro verdadero de sana doctrina cristiana.

Yo les ruego que piensen en ustedes mismos, y que velen por el rebaño sobre el cual el Espíritu Santo los ha puesto como obispos, para que cuiden de la iglesia del Señor, que el ganó por su propia sangre. Yo sé bien que después de mi partida vendrán lobos rapaces, que no perdonarán al rebaño. Aun entre ustedes mismos, algunos se levantarán y con sus mentiras arrastrarán tras de sí a los discípulos.

— Hechos 20:28-30

Ireneo Creía en las Dispensaciones y el Rapto

También se ha argumentado que el premilenialismo dispensacional y la creencia en el rapto no eran ideas de la iglesia primitiva. Sin embargo, Ireneo habló a favor de reconocer las dispensaciones de Dios. También habló sobre el momento del rapto, o el repentino "arrebatamiento" de la iglesia antes del tiempo de "tribulación cual no la ha habido desde el principio", haciendo una clara referencia a Mateo 24:21. Por lo tanto, las afirmaciones de que tanto la idea del rapto como el reconocimiento de distintas dispensaciones no eran conceptos en la iglesia primitiva no me parecen sostenibles. Es cierto que los primeros padres de la iglesia no escribieron sobre un rapto pretribulacional, como se describe en la actualidad, pero ese es un punto completamente diferente. Uno no puede argumentar en contra de un rapto pretribulacional y luego reclamar la victoria sobre el premilenialismo.

> Por tanto, puesto que las opiniones de ciertas [personas ortodoxas] se derivan de discursos heréticos, ignoran las dispensaciones de Dios y el misterio de la resurrección de los justos, y del reino [terrenal] que es el comienzo de la incorrupción, por cuyo reino los que son dignos se acostumbran gradualmente a participar de la naturaleza divina.[29]
>
> Y por lo tanto, cuando al final la Iglesia sea arrebatada repentinamente de esto, se dice: "Habrá tribulación cual no la ha habido desde el principio, ni la habrá". Porque esta es la última contienda de los justos, en la cual, cuando vencen, son coronados con la incorrupción.
>
> – **Ireneo**, *Contra las Herejías*[30]

Clemente de Roma Acerca del Rapto

Al final, una revisión exhaustiva de la escatología de la iglesia primitiva revela que simplemente esperaban el regreso literal del Señor a la tierra en Jerusalén, como leemos en Clemente I de Roma (c. 30-100 d.C.). La escatología no estaba muy desarrollada en ese momento, al menos en las expresiones que han llegado hasta nuestros días, pero claramente sus expectativas eran de un regreso real y literal de Cristo a la tierra, "a su templo".

---

[29] Ibid., "Ireneo, Contra las Herejías," v. 1, 561.
[30] Ibid., 558.

> En verdad, pronto y de repente se cumplirá Su voluntad, como también da testimonio la Escritura, que dice: "Pronto vendrá, y no tardará"; y "De repente vendrá el Señor a Su templo, el Santo, a quien buscáis". — **Clemente de Roma**[31]

También podemos encontrar que muy temprano en la historia de la iglesia, algunos cristianos, como Dionisio, tuvieron dificultad con una comprensión literal del libro de Apocalipsis y los profetas del Antiguo Testamento. Esa lucha continúa dentro de la iglesia hasta el día de hoy. El amilenialismo, como sistema para comprender lo que ha estado sucediendo en la era moderna para cumplir las profecías tanto del Antiguo como del Nuevo Testamento sobre los últimos días, está en bancarrota. Simplemente no puede hacer frente a la plétora de eventos literales que discutiremos en los capítulos siguientes. Pero el hecho de que haya sido debatido por la iglesia desde al menos los siglos tercero y cuarto, significa que no será posible resolver rápidamente el asunto aquí.

Ojalá, este breve resumen sobre los puntos de vista de la iglesia primitiva sea de ayuda para algunos. Para aquellos que todavía están luchando con preguntas sobre un punto de vista amilenial, solo puedo decirles que espero que continúen leyendo el resto del libro y luego reevalúen si quieren mantener una posición más literal o más alegórica de la profecía, porque a eso es lo que realmente se reduce.

La Sabiduría la Reivindican sus Hijos

La forma correcta de interpretar la profecía ha estado en discusión desde los días de la iglesia primitiva, e incluso mucho antes, como se registra en muchos pasajes tanto en el Antiguo como en el Nuevo Testamento. Debemos tener cuidado de que las palabras de Jesús a los fariseos y los intérpretes de la ley, quien *"rechazaron el propósito*

---

[31] Ibid., "La Primera Epístola de Clemente," v. 1, 11.

de Dios respecto de sí mismos" (*Lucas 7:30*), no se apliquen también a nosotros en esta era moderna.

El Señor agregó: "¿Con qué compararé a la gente de esta generación? ¿A qué puedo compararlos? Son como los niños que se sientan en la plaza y se gritan unos a otros: 'Tocamos la flauta, y ustedes no bailaron; entonamos cantos fúnebres, y ustedes no lloraron.' Porque vino Juan el Bautista, que no comía pan ni bebía vino, y ustedes decían: 'Tiene un demonio.' Luego vino el Hijo del Hombre, que come y bebe, y ustedes dicen: 'Este hombre es un glotón y un borracho, amigo de cobradores de impuestos y de pecadores.' Pero a la sabiduría la reivindican sus hijos."* — **Lucas 7:31-35**

Otra forma de decir, "*la sabiduría la reivindican sus hijos*" es "la verdad se demostrará al final". Yo alegaría que los cumplimientos actuales de profecía bíblica están demostrando una interpretación literal de las Escrituras, justo ante nuestros ojos. Y cuando Jesús nos da la imagen de los niños diciendo: "*Tocamos la flauta, y ustedes no bailaron*", parece una imagen de adultos que esperan que Dios haga las cosas de acuerdo con sus propias suposiciones y deseos. Pero Dios hará lo que él quiera. Él no baila con nuestra melodía. Más bien, nosotros debemos bailar al son de Dios.

La otra imagen descriptiva o narrativa que vemos es que ante el cumplimiento de la profecía, los fariseos y maestros de la ley la criticaron y rechazaron. En lugar de reconocer y aceptar que las enseñanzas de Jesús eran de Dios, las llamaron malvadas. De la misma manera, ¿cuál es nuestra respuesta a los cumplimientos de la Palabra de Dios que estamos presenciando actualmente? ¿Cómo evitamos cometer el mismo error y responder como lo hicieron los fariseos en su incredulidad? Después de leer este libro, examinando los cumplimientos proféticos presentados aquí, espero que vea que "la sabiduría en verdad se justifica por todos sus hijos", y que el método apropiado para la interpretación de la profecía es comprobado cuando se cumple.

Debes Estudiar Profecía Para Entenderla

El punto final que quiero resaltar en este capítulo es sobre cuán crucial es dedicar tiempo a estudiar las profecías del Antiguo y Nuevo Testamento. Uno no puede reconocer el cumplimiento de una profecía de la que no es consciente. Sin un conocimiento profundo de la Biblia, es muy difícil mantener familiaridad de todas las profecías a las que debemos poner atención, son tantas que es difícil tenerlas a todas en mente. Hay tantas profecías en las que pensar y observar. Por lo tanto, es importante que sigamos estudiandolas y que permitamos que el Espíritu Santo nos hable a través de ellas.

De hecho, comúnmente se estima que hasta un tercio de la Biblia es profecía. Si eso es correcto, entonces del total de 31.103 versículos en la Biblia, ¡habría más de diez mil versículos proféticos! J. Barton Payne, *Encyclopedia of Biblical Prophecy*, sitúa el número en 8.352 versículos proféticos.[32] Creo que él subestima el número (algunos de los pasajes que he resaltado en este libro no están referenciados en su enciclopedia, por ejemplo); pero de cualquier manera, ¡eso es mucho para estudiar! La única manera de tener en cuenta tantos versículos es pasar mucho tiempo leyendo y pensando en las Escrituras. También debería ayudarnos a

---

[32] Para más detalles, véase [Payne, J. Barton. *Encyclopedia of Biblical Prophecy: The Complete Guide to Scriptural Predictions and Their Fulfillment* (Harper & Row Publishers, 1973): 674-5.] Payne enumera un total de 1.817 profecías separadas en el Antiguo y Nuevo Testamento, que se describen en 8.352 versículos. Dividir ese número por 31.103 versículos bíblicos en total significaría que la Biblia es solo un veintisiete por ciento de profecía. Pero Payne tiene una visión de la profecía menos literal y menos futurista que yo. Teniendo en cuenta que todavía puede haber muchas más profecías que se perdieron en su enciclopedia (algunas de las cuales se analizan en este libro), un tercio todavía parece una buena estimación general.

mantenernos humildes, sabiendo que nadie puede resolver todo antes de que suceda. Conscientes de las Escrituras, debemos observar el mundo que nos rodea y estar preparados para reconocer cuándo y cómo se cumplen.

[*¡Gran trabajo! ¡Has terminado los dos primeros capítulos! Eso fueron muchas cosas profundas en las que pensar, pero te ha preparado para entender cómo resolver algunos acertijos proféticos realmente desafiantes.*]

En el próximo capítulo, comenzaré a exponer algunos principios sobre cómo podemos poner en práctica esas lecciones y comenzar a conectar los puntos entre lo que dice la Biblia y lo que hemos estado presenciando a nuestro alrededor.

Tu palabra es una lámpara a mis pies; ¡es la luz que ilumina mi camino! — **Salmos 119:105**

El Cometa de 1618 Sobre Augsburgo por Elias Ehinger, c. 1618-1653.

3

Reconociendo las Señales

Cuando leemos sobre los tiempos de los israelitas, de Jesús y los siguientes relatos de los Apóstoles, hay muchos ejemplos en donde Dios cumplió su palabra profética; y, sin embargo, un gran número de personas en ese día no lo apercibió. Encuentro eso sorprendente. Y sin embargo, ¿no es eso lo que predijo Isaías?

¿Quién ha creído nuestro mensaje? ¿A quién ha revelado el Señor su brazo poderoso?
— **Isaías 53:1 NTV**

Algunos se verán tentados a leer Isaías 53:1 únicamente en el contexto del resto del capítulo. Lo aplicarán solo a la descripción del mesías sufriente, expresado como el fracaso de una gran parte de Israel en reconocer a Jesús como el Mesías, pero creo que este versículo tiene un contexto mucho más amplio. Analicemos la primera pregunta, "*¿Quién ha creído nuestro mensaje?*" Otra forma de decir eso es: "¿Quién ha creído a mis profetas?" En ese sentido, la pregunta no puede limitarse a referirse solamente a Isaías, como si todos los demás profetas fueron creídos completamete. En otras palabras, a través de Isaías, Dios pregunta quién ha creído en sus profecías. La implicación es que no muchos creen verdaderamente o completamente en la Palabra profética de Dios.

La siguiente pregunta es: "*¿A quién ha revelado el Señor su brazo poderoso?*" El brazo del Señor es la acción de Dios en el mundo cumpliendo sus promesas. Dicho de otra manera, Dios está preguntando, "¿Quién ha visto su mano obrar en el mundo para cumplir su Palabra?" Consecuentemente, una comprensión literal y amplia de este versículo es que Dios está preguntando quién ha creído en sus profecías y quién lo ha reconocido cuando Él cumple su Palabra.

Se Requiere Fe Para Reconocer la Profecía

Una cosa es leer Isaías 53:1 y aplicarlo al pueblo judío que vivía en la época de Jesús, pero tiene un impacto mucho mayor si aplicamos esto a todos los que viven en la tierra, incluidos nosotros mismos. ¿Por qué? Porque hay una deficiencia en la iglesia de hoy en cuanto a entender la profecía. Primero, existe un analfabetismo bíblico con respecto a lo que se ha dicho: la mayoría de las personas no lo han estudiado lo suficiente por su cuenta para saber todo lo que Dios ha profetizado. En segundo lugar, no existe un consenso general en la iglesia sobre cómo debe interpretarse. Sin un lente interpretativo común, no hay forma de llegar a un entendimiento común de la palabra profética de Dios, por lo que cada hombre, iglesia o denominación interpreta las Escrituras como mejor le parezca. En tercer lugar, incluso cuando suceden cosas que parecen cumplir las Escrituras, muchos dudan en proclamar que se ha producido un cumplimiento. Esto es especialmente difícil cuando la descripción de la profecía no es clara o existen múltiples interpretaciones potenciales de la misma.

La consecuencia de esto es que la gente tiende a no estar segura de cuándo se ha cumplido la profecía; pero al mismo tiempo, pueden estar muy seguros de cómo imaginan que se cumplirá una profecía en el futuro. Esto es al revés. Deberíamos estar seguros cuando la profecía se cumple porque ha sucedido. Podemos comparar directamente los eventos con las Escrituras y deberíamos poder juzgar si un evento coincide con la profecía o no. Por el contrario, deberíamos reservar cierta incertidumbre con respecto a cómo exactamente Dios cumplirá su Palabra en el futuro, porque Dios puede hacer las cosas de una manera que ni siquiera pudiéramos imaginar en este momento. Sin embargo, cuando Dios actúa para que su Palabra se cumpla, debemos saber que es "el brazo del Señor" que lo ha hecho.

¿Llega el desastre a una ciudad sin que el Señor lo haya planeado?
– Amós 3:6b

El componente que falta para poder reconocer los cumplimientos de la palabra profética de Dios es la fe. Sin fe es imposible agradar a Dios (*Hebreos 11:6*). Y yo diría que es igualmente imposible reconocer cuando la mano de Dios está trabajando. Pablo nos dice que la profecía es una señal para los creyentes, no para los incrédulos (*1 Corintios 14:22*). ¿Que significa eso? Significa que debes creer y tener fe para ver y comprender la profecía. Pablo también nos dice que se supone que la profecía debe ser revelada y dada a conocer para ayudar a llevar a las personas a la fe en Dios (*Romanos 16:26*). ¿Cómo podemos hacer eso como creyentes si no estamos estudiando y haciendo uso de los escritos proféticos? ¿No deberíamos tenerlos como luces y guías para las naciones, creyendo que son algo completamente confiable (*2 Pedro 1:19*)? Pero algunos han tratado las profecías con desdén ignorándolas o minimizando su relevancia (*1 Tesalonicenses 5:19-21*). A menudo, la razón por la que lo hacen es porque no creen que las interpretaciones proféticas son confiables.

Sin fe es imposible agradar a Dios, porque es necesario que el que se acerca a Dios crea que él existe, y que sabe recompensar a quienes lo buscan. **—Hebreos 11:6**

Las lenguas son una señal para los incrédulos, pero no para los creyentes; en cambio, la profecía no es una señal para los incrédulos, sino para los creyentes. **— 1 Corintios 14:22**

…según la revelación del misterio que se ha mantenido oculto desde tiempos eternos, pero que ahora ha sido revelado por medio de las Escrituras de los profetas, y que de acuerdo al mandamiento del Dios eterno se ha dado a conocer a todas las naciones para que obedezcan a la fe. **— Romanos 16:25b-26**

No apaguen el Espíritu, no desprecien las profecías, sométanlo todo a prueba, aférrense a lo bueno. **— 1 Tesalonicenses 5:19-21 NVI**

Considere estos testimonios bíblicos sobre la importancia de aceptar la profecía por fe. Son una luz para nosotros en tiempos oscuros. Debemos usar la sabiduría para entenderlos y poner todo a prueba, pero no podemos abandonarlos. Debemos estar dispuestos a ejercer nuestra fe en el reconocimiento de que Dios cumple su Palabra. Observar eventos mundiales que coinciden con los pronunciamientos proféticos y, sin embargo, permanecer en la incredulidad parecería ser el resultado de una falta de fe o, de otra manera, una falta de diligencia para investigar el asunto.

Pero deseamos que cada uno de ustedes muestre el mismo entusiasmo hasta el fin, para la plena realización de su esperanza y para que no se hagan perezosos, sino que sigan el ejemplo de quienes por medio de la fe y la paciencia heredan las promesas. **— Hebreos 6:11-12**

No Reconocieron la Primera Visita de Cristo

Cuando Jesús se acercó a Jerusalén desde el Monte de los Olivos, lloró por la ciudad porque no reconocieron el tiempo señalado de su visita. Había numerosas profecías que indicaban no solo que Jesús era el Mesías, sino también que el momento de su llegada estaba cerca en el primer siglo. Los Reyes Magos del Oriente reconocieron el tiempo señalado (*Mateo 2:1-9*), al igual que Simeón de Jerusalén y Ana la profetisa (*Lucas 2:22-38*) y muchos otros. Pero los fariseos y los maestros de la ley en gran medida no lo reconocieron. Su falta de reconocimiento de los tiempos y la llegada del Mesías llevó a la destrucción de Jerusalén y el Segundo Templo. Lucas 19 registra las palabras de Jesús antes de su entrada triunfal en Jerusalén, pocos días antes de su crucifixión. Su declaración plantea un par de preguntas. Primero, "¿Cómo se les pasó por alto que él era el Mesías?" Y segundo, "Si hubo un tiempo señalado para su primera venida y no lo reconocieron, ¿podríamos no apercibir el tiempo señalado para su regreso prometido?"

Ya cerca de la ciudad, Jesús lloró al verla, y dijo: "¡Ah, si por lo menos hoy pudieras saber lo que te puede traer paz! Pero eso ahora está oculto a tus ojos. Porque van a venir sobre ti días, cuando tus enemigos levantarán un cerco a tu alrededor, y te sitiarán. Y te destruirán por completo, a ti y a tus hijos dentro de ti, y no dejarán en ti piedra sobre piedra, por cuanto no te diste cuenta del momento en que Dios vino a visitarte."
— **Lucas 19: 41-44**

Comencemos con la primera pregunta. Había muchas maneras en que deberían haber reconocido el tiempo señalado. Se podría argumentar que sus milagros deberían haber bastado para testificar el hecho de que él era el Mesías. Era un hijo de David, nacido en Belén de una virgen, huyó a Egipto, creció en Nazaret, ministró en Galilea, fue precedido y afirmado por Juan el Bautista, y acababa de atravesar la Puerta Oriental hacia El Monte del Templo en un burro, todo en cumplimiento de diferentes profecías bíblicas.[33] También apareció en el tiempo señalado: 483 años (sesenta y nueve veces siete) después de un edicto de Artajerjes para restaurar y reconstruir a Jerusalén, de acuerdo con la profecía de Daniel de las setenta semanas.[34]

Finalmente, y lo más importante, Jesús les dijo directamente a los fariseos y a los maestros de la ley que él era el Mesías, el Hijo de Dios enviado por su Padre (*Juan 10:22-40*). Entonces, hubo señales y revelaciones directas que les pasaron por alto o que se negaron a reconocer. Las profecías se cumplieron delante de sus narices, pero no las vieron o simplemente no pudieron creerlas. Y como resultado, sufrieron el pronunciamiento de Jesús en Lucas 19, cuando treinta y siete años después el templo y toda Jerusalén fueron destruidos en el año 70 d.C.

Sin embargo, no podemos simplemente culpar a los líderes religiosos por no ver lo que estaba justo frente a ellos. Jesús también dijo algunas cosas a los discípulos que ellos tampoco podían entender. Por ejemplo, les dijo directamente que lo iban a matar y que resucitaría tres días después (*Marcos 9:9-10, 31-32*).

Cuando bajaban del monte, Jesús les ordenó que no contaran a nadie lo que habían visto, hasta que el Hijo del Hombre resucitara de entre los muertos. Y se guardaron para sí lo que fue dicho, discutiendo entre sí qué significaría eso de resucitar de entre los muertos.— **Marcos 9:9-10 NBLA**

...porque estaba enseñando a sus discípulos. Les decía: "El Hijo del Hombre será entregado a los poderes de este mundo, y lo matarán. Pero, después de muerto, al tercer día resucitará." Ellos no entendieron lo que Jesús quiso decir con esto, pero tuvieron miedo de preguntárselo.
— **Marcos 9:31-32**

---

[33] Isaías 11:1, Miqueas 5:2 e Isaías 7:14, Oseas 11:1, Isaías 9:1-2, Juan 1:29, Ezequiel 44:1-2 y Zacarías 9:9
[34] Tengo más que decir sobre ese tema en el capítulo 5.

Jesús usó un lenguaje muy sencillo y, sin embargo, los discípulos no podían comprender lo que quería decir. ¿Pero como puede ser eso? ¿Por qué no les quedó claro lo que dijo? Los discípulos simplemente no podían imaginar cómo las palabras literales que Jesús les estaba diciendo podrían ser ciertas y, por lo tanto, razonaron que debían significar algo más. No es que no lo escucharan o no entendieran sus palabras. Marcos escribió que los discípulos *"guardaron para sí lo que fue dicho, discutiendo entre sí qué significaría eso."* Cuando una persona racional y veraz hace una declaración fantástica, es lógico suponer que fue una metáfora o una hipérbole. Un ejemplo sería: "El corredor *voló* por la pista." Sin embargo, surge un problema cuando se entiende erróneamente que una declaración literal está fuera del ámbito de las posibilidades.[35] Cuando eso sucede, puede hacer que malinterpretemos las declaraciones más simples. Dado que esto les sucedió tanto a los fariseos como a los discípulos, nosotros también debemos estar en guardia para no cometer errores similares al interpretar la profecía.

Muchos Serán Tomados Desprevenidos por la Segunda Venida de Cristo

Esto nos lleva de vuelta a la segunda pregunta: si hubo un tiempo señalado para su primera venida y no lo reconocieron, ¿podríamos perder también el tiempo señalado para su regreso prometido? Y la respuesta obvia es, sí, podríamos. Para evitar cometer el mismo error, necesitamos conocer las señales específicas a las que la Biblia nos dice que debemos estar atentos, y necesitamos fe para creer en ellas. Jesús prometió regresar (*Juan 14*), y dio muchas señales de su regreso (*Mateo 24* y *Lucas 21*). También nos dijo que estuviéramos atentos para que reconociéramos que había llegado el momento y no nos tomara por sorpresa.

---

[35] Por ejemplo, que el reinado milenial de Cristo será literalmente por mil años.

"Pero tengan cuidado de que su corazón no se recargue de glotonería y embriaguez, ni de las preocupaciones de esta vida, para que aquel día no les sobrevenga de repente. Porque caerá como un lazo sobre todos los que habitan la faz de la tierra. Por lo tanto, manténganse siempre atentos, y oren para que se les considere dignos de escapar de todo lo que habrá de suceder, y de presentarse ante el Hijo del Hombre."

— **Lucas 21:34-36**

De repente, cuando la gente diga: "Paz y seguridad", les sobrevendrá la destrucción, como le llegan a la mujer encinta los dolores, y no escaparán. **Pero ustedes, hermanos, no viven en tinieblas, como para que ese día los sorprenda como un ladrón**, *sino que todos ustedes son hijos de la luz e hijos del día. No somos de la noche ni de la oscuridad.* — **1 Tesalonicenses 5:3-5** (énfasis añadido)

Hubo consecuencias muy graves por no reconocer el tiempo de la primera visita de Jesús. Las Escrituras nos enseñan que el regreso de Cristo sorprenderá *"como un ladrón"* a las personas que están en la oscuridad con sus corazones cargados de glotonería, embriaguez y las preocupaciones de la vida y no están atentos. En consecuencia, debemos estar siempre atentos y orando para que podamos *"escapar de todo lo que habrá por suceder"* y presentarnos ante el Hijo de Hombre cuando venga. Sin embargo, creo que podemos estar bastante seguros por estos versículos de que aquellos que esperan su aparición no serán tomados por sorpresa. También podemos estar seguros de que será aún más desastroso no reconocer las señales de la segunda aparición de Jesús de lo que fue en su primera aparición.

Cambiando Nuestro Enfoque

Hay un cambio increíblemente importante en nuestro enfoque para examinar la profecía que debe tener lugar cuando estamos considerando cómo analizarla para el futuro en lugar de reconocer su cumplimiento en el presente o en el pasado. Este concepto es similar a entender que cuando juegas al fútbol Americano y el balón está bajo tu control, juegas a la ofensiva, pero cuando pierdes el balón, debes cambiar tu alineación y jugar a la defensiva. De manera metafórica y paralela, debes hacer algo similar al estudiar la profecía.

Por ejemplo, al examinar la profecía y considerar las posibilidades futuras de su cumplimiento, debemos pensar ampliamente en todas esas posibilidades y reconocer que incluso nuestra mejor imaginación puede ser incapaz de proporcionar el significado verdadero o completo. Eso es como jugar a la ofensiva. Pero cuando miramos la profecía y la comparamos con cosas que ya sucedieron, debemos adoptar un enfoque diferente. Ya no te preocupas por todas las posibilidades, sino que examinas si el evento ocurrido puede ser razonablemente descrito por la profecía o no. Eso es como jugar a la defensiva. En consecuencia, cuando miramos al pasado, no deberíamos facilmente dejar de identificar un alineamiento claro de eventos con el texto profético basado en la existencia de cualquier número de significados alternativos posibles o sugeridos de la profecía, a menos que obviamente no esté completamente cumplida por los eventos pasados. En ese caso, debemos reconocer sólo un cumplimiento parcial o un cumplimiento intermedio, sin negar la expectativa de otro cumplimiento más completo en el futuro.

Aquí hay un ejemplo de a lo que me refiero. Un hombre recibe un mensaje de su pastor de que alguien de su iglesia vendrá a traerle comida porque su familia está enferma. En ese momento, el hombre puede imaginarse libremente quién precisamente de su iglesia podría venir a visitarlo, y de preguntarse qué tipo de comida podría traer. Luego, un colega del trabajo trae una caja de naranjas y las deja en la casa del enfermo. ¿Fue esta la comida prometida por un miembro de la iglesia? No. Fué algo similar, pero el colega no era de su iglesia y una caja de naranjas, aunque representan comida, no son una comida completa. Por lo tanto, él continúa esperando y preguntándose. Él sospecha que la comida la traerán los Jackson, quienes son bien conocidos por brindar ese servicio a las personas enfermas de la iglesia. Se imagina que será la famosa piccata de pollo de la Sra. Jackson. Entonces suena el timbre. Y es una persona distinta. Es un hombre que reconoce de la iglesia, pero ni siquiera sabe su nombre. El hombre amablemente deja una gran bolsa de comida caliente, pasta por el olor. Luego le desea lo mejor al enfermo y se va. Ahora, en este punto, que el enfermo continúe esperando que la Sra. Jackson aparezca con su piccata de pollo, es simplemente una tontería. Porque ya no se trata de imaginar quién y qué podría presentarse, se trata de evaluar si alguien de la iglesia se presentó con una comida o no. De la misma manera, debemos evitar dejar de reconocer que una profecía se ha cumplido cuando se cumplen las condiciones establecidas, independientemente de si era lo que nosotros esperábamos.

Dios quiere que reconozcamos cuando él cumple sus promesas. Sabemos que este es su corazón cuando leemos pasajes como este en Isaías. Se aplica específicamente a la gente que reconoce la mano del Señor cuando restaura la tierra, pero también es obviamente una declaración general que se puede aplicar al cumplimiento de todas las promesas de Dios. De lo contrario, los hombres estarían tentados a concluir ya sea que fue hecho por su propio esfuerzo o que sucedió por accidente, cuestionando si Dios es verdaderamente soberano sobre los asuntos de los hombres.

[Refiriéndose a la restauración de Israel] ... y esto, para que todos vean y sepan, y se den cuenta y entiendan, que esto lo ha hecho la mano del Señor; que el Santo de Israel lo ha creado. – **Isaías 41:20**

Velando por Su Regreso

De nuevo, la Biblia enseña claramente que debemos esperar con expectación la segunda venida literal de Jesucristo a la tierra en algún momento futuro. Debemos estar atentos a las señales de su regreso para saber cuándo está cerca. Jesús nos advirtió que si no lo hacemos, podemos ser tomados por sorpresa y asignados a un lugar con los hipócritas e incrédulos, donde habrá *"llanto y rechinar de dientes"*.

"Por tanto, estén atentos, porque no saben a qué hora va a venir su Señor… Pero si aquel siervo malo dice en su corazón: "Mi señor tarda en venir", y comienza a golpear a sus consiervos, y aun a comer y a beber con los borrachos, el señor de aquel siervo vendrá en el día menos pensado, y a una hora que nadie sabe, y lo castigará duramente, y le hará correr la misma suerte de los hipócritas. Allí habrá llanto y rechinar de dientes." — Mateo 24:42,48-51

"Así que ustedes deben mantenerse despiertos, porque no saben cuándo vendrá el señor de la casa, si al caer la tarde, o a la medianoche, o cuando cante el gallo, o al amanecer; no sea que venga cuando menos lo esperen, y los encuentre dormidos. Esto que les digo a ustedes, se lo digo a todos: '¡Manténganse despiertos!'" — Marcos 13:35-37

Sin embargo, a pesar de que la mayoría conoce estas advertencias para observar, parece que, a menudo, cuando comienzo una conversación sobre la profecía bíblica, con alguien que aún no es un observador de la profecía, escucho algo como: "Pero, sabes, Jesús vendrá justo como un ladrón en la noche, así que realmente no podemos saber cuándo regresará". A lo cual, generalmente quiero responder: "Estás en un error, porque no conoces las Escrituras…". Pero aunque Jesús hizo declaraciones como esa a los fariseos, no parece que podamos salirnos con la nuestra hablando así en estos días, por lo que en general soy mucho más diplomático. Sin embargo, cuando las personas citan la referencia al ladrón en la noche, generalmente ignoran las palabras de Pablo en 2 Tesalonicenses 5:5 de que *"los hijos de la luz e hijos del día"* NO serían tomados por sorpresa. La forma más obvia y de sentido común de entender las palabras de Pablo es que solo aquellos que no estén atentos como Jesús mandó serán tomados por sorpresa. De la misma manera, sabemos que Noé no fue sorprendido por el diluvio. Dios le dijo con mucha anticipación. Noé incluso tuvo que construir el arca primero; pero todos los que no estaban en el arca fueron tomados por sorpresa.

Por lo tanto, nuevamente vemos que la única forma lógica de no ser sorprendidos por el juicio que se avecina, *"como un ladrón en la noche"* (*2 Pedro 3:10*), es estar atentos a las señales de los tiempos de las cuales Jesús, los profetas y los Apóstoles nos advirtieron en la Biblia. Y si tú has estado observando, entonces ya sabes que actualmente estamos viendo eventos en el mundo que coinciden muy de cerca con las condiciones sobre las que nos advirtieron. La señal principal fue la fundación del Estado de Israel, de lo cual hablaremos en el próximo capítulo.

Habiendo sido advertidos, no podemos darnos el lujo de ignorar señales tan obvias. Si bien cada generación cristiana ha anhelado ver el regreso de nuestro Señor y salvador Jesucristo, y algunos incluso han predicho falsamente fechas pasadas para su regreso, ninguna generación cristiana ha visto la preponderancia de las cosas que estamos presenciando hoy, excepto aquellos que vivieron en el tiempo de Cristo. Sin embargo, cuando miramos hacia adelante, es como si estuviéramos mirando a través de una ventana de vidrio oscuro, donde no todo está perfectamente claro.

Ahora vemos por espejo, oscuramente; pero entonces veremos cara a cara. Ahora conozco en parte, pero entonces conoceré como fui conocido. — 1 Corintios 13:12 RVR1995

Sabemos que los eventos que se describen en la Biblia son eventos reales que sucederán en el curso de la historia humana, y que todo lo que Dios ha declarado algún día sucederá. Aunque puede venir en partes o etapas, y puede tener un cumplimiento temprano y un cumplimiento de los últimos días, etc. En consecuencia, debemos mantener una mente abierta de que Dios pueda cumplir literalmente una profecía de una manera que nosotros no podemos imaginar o adivinar de antemano. Debemos recordar que lo que Dios dice en su Palabra es infalible, pero nuestras nociones e interpretaciones preconcebidas del texto no lo son. Por lo tanto, debemos velar con humildad. Sin embargo, cuando reconocemos que Dios ha cumplido su Palabra, también debemos gritarlo con valentía.

[*Y quiero hacer una pausa aquí y decir: "¡Buen trabajo! Has superado algunos conceptos difíciles y ahora estás listo para profundizar más".*] Espero que estés preparado para quedar impresionado por la cantidad de profecías que se han cumplido en estos últimos días. Es realmente maravilloso considerar que Dios nos ha elegido para estar vivos en la tierra en este momento para presenciar la culminación de todas sus promesas. En el próximo capítulo, veremos por qué el retorno de Israel es la señal más grande que indica cuán tarde es realmente la hora.

De la misma manera, cuando ustedes vean que todo esto sucede, sepan que la hora ya está cerca, y que está a la puerta. — **Marcos 13:29**

Una foto de la bandera de Israel ondeando en el Muro Occidental del Monte del Templo en Jerusalén (tomada el 16 de enero de 2020).

4

La Mayor Señal: La Fundación del Estado de Israel

La mayoría de los profetas del Antiguo Testamento escribieron acerca de un tiempo cuando el Mesías restauraría todas las cosas al pueblo judío y lo regresaría a su tierra. Probablemente la señal más grande de que el mundo ha entrado en los últimos días es la fundación del Estado de Israel en 1948. Desde entonces, la gente se ha estado preguntando si esto es un cumplimiento legítimo de la profecía bíblica o simplemente una coincidencia interesante. La fundación del Estado de Israel nos obliga a responder algunas preguntas importantes. Primero, ¿las promesas de Dios hechas en el Antiguo Testamento a los israelitas son aplicables al pueblo judío que vive en Israel hoy? Segundo, ¿hemos visto el cumplimiento de las profecías de los últimos días en esta generación, y si es así, significa eso que ahora estamos en la última fase de los últimos días? Para encontrar las respuestas a esas preguntas, debemos examinar cómo los eventos actuales se ajustan a los escenarios predichos para el retorno de Israel.

El Holocausto Profetizado

Recuerdo haber visto por primera vez imágenes de las víctimas del Holocausto cuando estaba en la escuela secundaria. Fue horrible e impactante. Me ayudó a comprender lo que es la maldad y por qué es tan importante enfrentarla. Cuando las noticias e imágenes de los horrores del Holocausto finalmente salieron a la luz después de la guerra, el mundo fue impactado... conmovido.[36]

Al meditar sobre esos hechos, pensé que una tragedia tan severa para el pueblo judío debió haber sido anunciada a través de los profetas. Escudriñando las Escrituras, creo que efectivamente lo fue. David profetizó acerca de un tiempo de gran tribulación que conduciría al tiempo señalado para mostrar favor a Sión. Su descripción incluye el sufrimiento y el dolor, ser no más que piel y huesos, objeto de burlas, cuyo nombre es usado como una maldición, arrojado a un lado, colocado entre ruinas, desvanecido, y aún cuyos huesos son quemados. No creo que se requiera demasiada imaginación para visualizar estrellas doradas, guetos, campos de concentración o los campos de exterminio con sus cámaras de gas y hornos, al leer estas descripciones.

---

[36] Foto de Joseph LoCascio. "Prisioneros muertos: campo de concentración de la Segunda Guerra Mundial". 30 de abril de 1945, CC BY-SA 3.0. Lamentablemente, suponemos que el horror del Holocausto será superado bajo el gobierno del anticristo durante la Gran Tribulación.

Porque mis días han sido consumidos en humo, Y como brasero han sido quemados mis huesos. Mi corazón ha sido herido como la hierba y se ha secado, Y hasta me olvido de comer mi pan. A causa de la intensidad de mi gemido, mis huesos se pegan a la piel. Me parezco al pelícano del desierto; como el búho de las soledades he llegado a ser. No puedo dormir; soy cual pájaro solitario sobre un tejado. Mis enemigos me han afrentado todo el día; los que me escarnecen han usado mi nombre como maldición. Porque he comido cenizas por pan, y con lágrimas he mezclado mi bebida, a causa de Tu indignación y de Tu enojo; pues Tú me has levantado y me has rechazado. Mis días son como sombra que se alarga; y yo me seco como la hierba. — **Salmos 102:3-11** NBLA

Parecería completamente sin esperanza, excepto por el ultimo versículo 13, *"ahora es el momento en que prometiste ayudar."* El tiempo señalado para restaurar a Israel había llegado. A consecuencia de esta tragedia indescriptible, Dios cambió el corazón del mundo y llevó a Israel una vez más a su propia tierra.

Te levantarás y tendrás misericordia de Jerusalén; ya es tiempo de tener compasión de ella, ahora es el momento en que prometiste ayudar. — **Salmos 102:13** NTV

Puede ser tentador para algunos cristianos pensar que los judíos trajeron todo ese sufrimiento sobre ellos mismos porque Dios los rechazó por su dureza de corazón; pero Dios ha librado repetidamente a su pueblo a través de tribulaciones y dolores de parto para salvarlos porque Él los ama. Recuerda la liberación de Noé. Si crees que Noé estuvo en un crucero de placer durante un año mientras la tierra estaba siendo destruida por el agua, es posible que tengas una idea equivocada de cómo fue ser salvado a través de un inundación global.

Job también fue un predicador de justicia en su época; y, sin embargo, Dios lo hizo pasar por algunas pruebas terribles para que

Job lo conociera aún mejor y sirviera como un ejemplo para las generaciones futuras de aquellos que temen a Dios. En los días de Moisés, nuevamente el pueblo de Israel fue librado a través de grandes calamidades. Luego, en los tiempos de los jueces, el pueblo de Dios también fue librado de angustias. Los días de Ester y los Macabeos fueron igualmente tales ocasiones. Cada vez, las dificultades acercaron más el pueblo de Dios a él y fueron un ejemplo de paciencia y perseverancia bajo la tribulación, esperando y confiando en la liberación de Dios.

Aunque todavía no florece la higuera, ni hay uvas en los viñedos, ni hay tampoco aceitunas en los olivos, ni los campos han rendido sus cosechas; aunque no hay ovejas en los rediles ni vacas en los corrales, yo me alegro por ti, Señor; ¡me regocijo en ti, Dios de mi salvación!
— **Habacuc 3:17-18**

Hay un ejemplo más del cumplimiento del Salmo 102 que Dios tomó sobre sí mismo. Se puede ver en el juicio de Dios pidiéndole a Abraham que ofreciera a su hijo como sacrificio, pero en cambio, Dios mismo proveyó el sacrificio (*Génesis 22:13*). Vuelve a leer las palabras iniciales del Salmo 102 e imagínalas aplicadas a nuestro salvador, Jesucristo, el cordero de Dios que quita el pecado del mundo.[37] Dios envió a su Hijo, como el Mesías de Israel, para sufrir y morir, según los profetas, en el momento preciso, en el tiempo señalado.[38]

Cuando éramos totalmente incapaces de salvarnos, Cristo vino en el momento preciso y murió por nosotros, pecadores. — **Romanos 5:6** NTV

---

[37] Si no ve los paralelos con el sufrimiento de Cristo en la cruz, lea también Isaías 53, que nos da una sorprendente descripción profética de la crucifixión de Cristo. Describe una imagen de sufrimiento extremo; sería difícil decir entre las dos descripciones (*Isaías 53* versus *Salmo 102*) cual es peor.

[38] Tendré más que decir sobre los tiempos señalados de Cristo en el capítulo 5 sobre las setenta semanas de Daniel.

Recuerda, puede haber más de un cumplimiento de una profecía dada. Es una demostración del poder y la omnisciencia de Dios que puede hacer una proclamación con múltiples cumplimientos a lo largo de los siglos, como una piedra que salta varias veces en él agua. Antes de que el Salmo 102 señalara el Holocausto de los tiempos modernos, primero señaló el momento en que Dios enviaría a su único hijo, quien enfrentaría una prueba aún más severa que la que él sabía que enfrentaría el pueblo judío diecinueve siglos después. El propósito de ambas pruebas era la liberación final de su pueblo y de las naciones. Y esto también será cierto de los dolores de parto que sufrirán aquellos que "*se mantienen fieles al testimonio de Jesús*" (*Apocalipsis 12:17*) durante la Gran Tribulación. <u>Y, sin embargo, una vez más, el gran sufrimiento dará paso a la salvación.</u> El Salmo 102 termina con una promesa de restauración. Dios renovará toda la creación, como si cambiara ropa vieja.[39]

Ellos [los cielos y la tierra] perecerán, pero tú permaneces. Todos ellos se desgastarán como un vestido. Y como ropa los cambiarás, y los dejarás de lado. — Salmos 102:26

Israel Renacido en un Día

En una ola de apoyo por la comunidad mundial, el momento señalado finalmente llegó en 1948. A pesar del horror indescriptible del Holocausto, abrió la puerta para una de las obras de Dios más asombrosas que el mundo jamás haya visto: la reunión de los exiliados y la restauración de la nación de Israel. Las naciones soberanas independientes no fueron formadas por acuerdos internacionales en los días de Isaías. La independencia se ganaba a punta de espada, a través de duras batallas. Y, sin embargo, Isaías predijo lo que vemos.

---

[39] Las futuras implicaciones proféticas de este versículo se confirman en Hebreos 1:10-12.

El 29 de noviembre de 1947, la Asamblea General de la ONU votó a favor de la Resolución 181, adoptando un plan para permitir la partición del Mandato Británico en dos estados, uno judío y el otro árabe.[40] El histórico día llegó el 14 de mayo de 1948, cuando el pueblo judío que vivía bajo el Mandato Británico de Palestina declaró oficialmente su independencia y la nación de Israel renació. No había existido una nación judía independiente durante casi dos mil años. Pero tal como predijo Isaías, Israel fue declarado un nuevo estado soberano… en un solo día. El tiempo señalado había llegado.

"¿Quién supo de algo semejante? ¿Quién vio alguna vez tal cosa? ¿Puede un país concebirse en un solo día? ¿Acaso una nación puede nacer de repente? ¡Pues Sión dio a luz sus hijos antes de tener dolores!"
– Isaías 66:8

La Fundación del Estado de Israel

Repetidamente en el Antiguo Testamento, Dios prometió que, aunque esparciría a su pueblo por las naciones como castigo por su pecado por haberlo abandonado, pero también los reuniría. Hay una cantidad abrumadora de versículos, pasajes e incluso capítulos enteros, dedicados al regreso de las tribus de Israel a su tierra. Éstos son solo algunos de ellos.

Levantará un estandarte contra las naciones, y de los cuatro confines de la tierra juntará a los desterrados de Israel y a los esparcidos de Judá.
– Isaías 11:12

Y diles también: "Así ha dicho Dios el Señor: Yo volveré a recogerlos de entre los pueblos y naciones por las que estén esparcidos, y les daré la tierra de Israel."
– Ezequiel 11:17

---

[40] José Kaminer Tauber. "Historia de una votación: 29 de noviembre de 1947," *Enlace*, 29 de noviembre, 2011, https://www.enlacejudio.com/2011/11/29/historia-de-una-votacion-29-de-noviembre-de-1947/

LA MAYOR SEÑAL: LA FUNDACIÓN DEL ESTADO DE ISRAEL || 75

"También con enojo, extenderé mi mano fuerte y mi brazo poderoso, y te traeré de regreso desde los territorios por donde fuiste esparcido."
— **Ezequiel 20:34** NTV

Así dice el Señor omnipotente: "Cuando yo reúna al pueblo de Israel de entre las naciones donde se encuentra disperso, le mostraré mi santidad en presencia de todas las naciones. Entonces Israel vivirá en su propio país, el mismo que le di a mi siervo Jacob."
— **Ezequiel 28:25** NVI

"Yo los recogeré de todas las naciones y países, y los traeré de vuelta a su tierra."
— **Ezequiel 36:24**

"La gente comprará campos por dinero, firmarán y sellarán escrituras y llamarán a testigos, en la tierra de Benjamín, en los alrededores de Jerusalén, en las ciudades de Judá, en las ciudades de la región montañosa, en las ciudades de la llanura y en las ciudades del Neguev, porque restauraré su bienestar", declara el Señor. — **Jeremías 32:44** NBLA

Uno de los desafíos con respecto a estos pasajes no es si se cumplieron en 1948, sino si ya se habían cumplido con el regreso de Judá de la Primera Diáspora, cuando Israel fue dispersado por los asirios y Judá por los babilonios. Primero, ya hemos establecido que las profecías se pueden cumplir más de una vez. En segundo lugar, Isaías mencionó específicamente que reuniría al remanente de Israel por segunda vez, y que esta vez serían reunidos de los cuatro confines de la tierra. Isaías también mencionó varias naciones por nombre, todas las cuales han experimentado un gran éxodo de su población judía regresando a Israel. Incluso Oseas nos dice que esta reunión final es una de las principales señales de la última fase de los "últimos días". Escribió que los israelitas estarían sin rey ni sacrificios ni sumo sacerdote (aludido por la mención de las piedras sagradas y el efod), por mucho tiempo, pero después volverían temblando. Al mirar hacia atrás en la historia, esto es exactamente lo que sucedió.[41]

En ese día, el Señor extenderá su mano por segunda vez para traer de regreso al remanente de su pueblo: los que queden en Asiria y el norte de Egipto; en el sur de Egipto, Etiopía y Elam; en Babilonia, Hamat y todas las tierras costeras distantes. Levantará bandera en medio de las naciones y reunirá a los desterrados de Israel. Juntará al pueblo disperso de Judá desde los confines de la tierra. — **Isaías 11:11-12 NTV**

Porque por muchos días los israelitas quedarán sin rey y sin príncipe, sin sacrificio y sin pilar sagrado, sin efod y sin ídolos domésticos. Después los israelitas volverán y buscarán al Señor su Dios y a David su rey; y acudirán temblorosos al Señor y a Su bondad en los últimos días. — **Oseas 3:4-5 NBLA**

Una Nación Bajo un Rey

Otro factor distintivo de la primera reunión es que estaba compuesta principalmente por las tribus de Judá y Leví, mientras que Ezequiel escribió que la reunión de los últimos días incluiría a toda la casa de Israel. Los registros del templo fueron destruidos en el año 70 d.C., pero el análisis de ADN y las tradiciones orales transmitidas de generación en generación indican que las tribus perdidas de Israel han regresado. Uno solo puede especular sobre si los representantes de todas las tribus ya han regresado, pero la cantidad de judíos que están regresando de por todo el mundo, incluso de lugares como India y Etiopía, es razonable suponer que sí.[42]

---

[41] Nadav Safran. *Israel—the embattled ally* (Harvard Press, 2009): 84-94.
[42] "¿Quiénes son las 'Tribus Perdidas de Israel'?" *Jewish Voice*, Febrero 12, 2018, www.jewishvoice.org/read/blog/who-are-lost-tribes-israel

"En cuanto a ustedes, casa de Israel", así dice el Señor Dios, "Vaya cada uno a servir a sus ídolos; pero más tarde ciertamente me escucharán y no profanarán más Mi santo nombre con sus ofrendas y con sus ídolos. Porque en Mi santo monte, en el alto monte de Israel", declara el Señor Dios, "allí me servirá toda la casa de Israel, toda ella, en esta tierra. Allí los aceptaré y allí reclamaré sus ofrendas y las primicias de sus dones con todas sus cosas sagradas. Como aroma agradable los aceptaré, cuando los haya sacado de entre los pueblos y los haya recogido de las tierras donde están dispersos. Mostraré Mi santidad entre ustedes a la vista de las naciones. Y ustedes sabrán que Yo soy el Señor, cuando los traiga a la tierra de Israel, a la tierra que juré dar a sus padres." — **Ezequiel 20:39-42** NBLA

Más tarde, Ezequiel profetizó específicamente que cuando Judá e Israel regresaran a la tierra, se unirían en una sola nación; para nunca más ser dividida en dos naciones diferentes. Modernamente, la mayoría de los judíos han perdido la confirmación de sus afiliaciones tribales. Las conexiones asociadas a porciones geográficas específicas de tierra, por tribu, también se han perdido por completo. En consecuencia, ya no hay ni siquiera una base para dividir a Israel en dos reinos.

Les dirás que yo, su Señor y Dios, he dicho: "Fíjense bien: he tomado la rama que está en la mano de Efraín, y que representa a José y a sus compañeros, las tribus de Israel, y voy a juntarla con la rama que representa a Judá, para que en mi mano formen una sola rama." Las ramas sobre las cuales escribiste los nombres, las sostendrás en tu mano para que puedan verlas, y entonces les dirás que yo, su Señor y Dios, he dicho: "Fíjense bien: voy a sacar a los hijos de Israel de las naciones a las que fueron llevados; voy a recogerlos de todas partes, y los traeré a su tierra. Allí, en su tierra, y en los montes de Israel, haré de ellos una nación, y tendrán un solo rey, y nunca más serán dos naciones ni volverán a dividirse en dos reinos." — **Ezequiel 37:19-22**

Esto también presenta una buena razón para poner en duda que tan sabia es la llamada "Solución de dos Estados", que tiene como objetivo dividir permanentemente la tierra de Israel entre los judíos y los árabes palestinos, cuando consideramos que Dios dijo, *"y nunca más serán dos naciones ni volverán a dividirse en dos reinos"*...

La Restauración de Israel A Pesar de Sus Prácticas Corruptas

Ezequiel también escribió que los israelitas regresarían a su tierra a pesar de su "mala conducta y sus obras corruptas". Según un estudio realizado en el 2009, casi la mitad (46 por ciento) de los judíos israelíes eran seculares.[43] Esto significa que, aunque participaban en algunas de las fiestas religiosas (como los no cristianos que celebran la Navidad porque es una tradición cultural), no eran judíos observantes. Tampoco creían en el "Mundo Venidero" ni en el Mesías.[44] Aún así, alrededor del 80 por ciento de todos los judíos dijeron que creen que hay un Dios; sin embargo, solo el 40 por ciento dijo que observa la práctica religiosa meticulosamente o en gran medida. Cada vez que Dios no es el objeto principal de adoración en la vida de una persona, entonces hay un ídolo ocupando ese lugar. Por lo tanto, podemos ver que la primera parte de esta profecía está completa. Israel fue restaurado a su tierra, aunque no todos han regresado al Señor. Ahora estamos esperando la segunda parte, cuando se arrepienten y aborrezcan sus acciones pasadas.

"Y, cuando yo los lleve a la tierra de Israel, al país que con la mano en alto había jurado a sus antepasados que les daría, entonces reconocerán que yo soy el Señor. Allí se acordarán de su conducta y de todas sus acciones con las que se contaminaron, y sentirán asco de sí mismos por todas las maldades que cometieron. Pueblo de Israel, cuando yo

---

[43] Asher Arian. *A Portrait of Israeli Jews: Beliefs, Observance, and Values of Israeli Jews, 2009* (Jerusalem: Israeli Democracy Institute, 2012): 30. [Por internet en: https:// en.idi.org.il/ media/5439/guttmanavichaireport2012_engfinal.pdf]
[44] Ibid, 49.

actúe en favor de ustedes, en honor a mi nombre y no según su mala conducta y sus obras corruptas, entonces ustedes reconocerán que yo soy el Señor. Yo, el Señor omnipotente, lo afirmo". — **Ezequiel 20:42-44** NVI

Y como lo profetizó Ezequiel, Dios está pasando por alto su pecado hasta que los lleve al arrepentimiento. Pablo afirma el futuro arrepentimiento de los judíos en el libro de Romanos, diciendo que Dios "apartará la impiedad de Jacob". La impiedad se ve claramente en el Israel de hoy, donde aproximadamente la mitad de la población se describiría a sí misma como atea o agnóstica. En el Israel moderno, una relación con Dios y la aplicación de su Palabra no es un factor determinante en la vida de la mayoría de sus ciudadanos. Sin embargo, para ser justos, Estados Unidos es muy similar, excepto que sustituye el judaísmo por el cristianismo, por supuesto.[45] De hecho, el secularismo ha estado creciendo desde finales del siglo XIX, y experimentó un tremendo crecimiento en todo el mundo a finales del siglo XX y siguientes.[46]

Hermanos, quiero que entiendan este misterio para que no se vuelvan presuntuosos. Parte de Israel se ha endurecido, y así permanecerá hasta que haya entrado la totalidad de los gentiles. De esta manera todo Israel será salvo, como está escrito: "El redentor vendrá de Sión y apartará de Jacob la impiedad. Y este será mi pacto con ellos cuando perdone sus pecados." — **Romanos 11:25-27** NVI

Necesitamos que Cristo regrese y aleje la impiedad no solo de Israel, sino también del mundo entero. Dios ha estado esperando que entre el "pleno número de gentiles", pero no se olvidará de su

---

[45] "Casi la mitad de los evangélicos de EE.UU. creen que Dios acepta la adoración de todas las religiones." *BITE*, Septiembre 15, 2020, https://biteproject.com/estado-teologia-ligonier-2020/

[46] Steven Kettell. " Laicismo y Religión." *Oxford Research Encyclopedia of Politics.* Enero 25, 2019, https://oxfordre.com/politics/view/10.1093/acrefore/9780190228637.001.0001/acrefore-9780190228637-e-898

pueblo. Y eso no es solo una promesa en el Nuevo Testamento. Zacarías también profetizó que los judíos volverían a Dios y recibirían a Cristo como el Mesías, a quien traspasaron. El espíritu de gracia y súplica de Dios les permitirá comprender cómo Jesús cumplió todas las escrituras mesiánicas. Y cuando lo hagan, su arrepentimiento y su fe serán también una luz y una señal para los gentiles. La pregunta es: "¿Cuándo sucederán estas cosas?" Las Escrituras no nos lo dicen con precisión, pero las referencias al llanto y a Meguido en la última línea sugieren que estamos hablando de un tiempo en medio de la tribulación. Pero alabado sea Dios porque muchos judíos ya han llegado a conocer a Jesús como el Mesías. Según fuentes judías, utilizando datos de 2008, su mejor estimación fue que al menos 500.000 judíos ya creían en Jesús.[47] Y, por supuesto, Jesús, sus discípulos y todos los primeros santos eran judíos. Dios nunca ha dejado de llamar a su pueblo a sí mismo.

Sobre la casa de David y sobre los habitantes de Jerusalén derramaré un espíritu de buena voluntad y de oración, y volverán los ojos a mí y llorarán por el hombre a quien traspasaron, como se llora y se guarda luto por el hijo primero y único. Cuando llegue ese día, habrá gran duelo en Jerusalén, como el duelo que hubo en Hadad Rimón, en el valle de Meguido.
— Zacarías 12:10-11

Él dice: "Poco es para mí que sólo seas mi siervo para levantar las tribus de Jacob y restaurar el resto de Israel; también te he dado por luz de las naciones, para que seas mi salvación hasta lo último de la tierra."
— Isaías 49:6 RVR1995

El Orden del Retorno

La Biblia incluso predice el orden del retorno de los judíos a su tierra. Tanto Isaías como David predijeron que los primeros en

---

[47] "Estadísticas," *Jews for Judaism*, https://jewsforjudaism.ca/statistics/

LA MAYOR SEÑAL: LA FUNDACIÓN DEL ESTADO DE ISRAEL || 81

regresar vendrían del este y del oeste, luego del norte y finalmente del sur. Tras la creación del Estado de Israel, llegó una ola masiva de 684,000 inmigrantes judíos.[48] Como estaba previsto, gran parte de esos primeros inmigrantes procedían principalmente de países orientales al este de Jerusalén. Eran sionistas en su perspectiva, y vieron su regreso a Israel como el cumplimiento de la "Reunión de los exiliados" en Tierra Santa.[49] Muchos judíos de Europa occidental también se unieron a esta primera ola de inmigración. En general, eran seculares y tenían razones más prácticas para emigrar a Israel: huían del antisemitismo y buscaban un lugar más seguro para vivir tras una guerra mundial devastadora. Luego, después de la Guerra de los Seis Días, hubo otro gran movimiento de judíos a la tierra de Israel. Esta vez la mayoría eran de Rusia en el norte.[50] La cuarta gran migración de judíos provino de Etiopía en el sur, tal como se predijo.[51] Por supuesto, todas las olas de inmigración incluyeron una proporción de personas de todo el mundo, pero estas profecías describieron la composición principal de estas migraciones históricas, en el orden revelado que se encuentra tanto en Isaías como en los Salmos.

No temas, porque yo estoy contigo; del oriente traeré tu descendencia y del occidente te recogeré. Diré al norte: "¡Da acá!", y al sur: "¡No los retengas; trae de lejos a mis hijos, y a mis hijas de los confines de la tierra..."
— **Isaías 43:5-6** RVR1995

Díganlo los redimidos de Jehová, los que ha redimido del poder del enemigo y los ha congregado de las tierras, del oriente y del occidente, del norte y del sur.
— **Salmos 107:2-3** RVR1995

---

[48] Safran. *Israel—the embattled ally*, 89.
[49] Ibid, p. 92.
[50] Ibid, p. 94.
[51] Louis Rapoport. *The Lost Jews: Last of the Ethiopian Falashas* (Stein & Day, 1983): 185-217.

La Destrucción Permanente de Sodoma y Gomorra

Será como cuando yo destruí a Sodoma y Gomorra, y a sus ciudades vecinas: nunca nadie volverá a habitarla.—Palabra del Señor.

– Jeremías 50:40

En la tierra del antiguo Israel, se cree que se descubrió el sitio de Sodoma y Gomorra. Los investigadores modernos postulan que la destrucción podría haber sido causada por la explosión en el aire de un meteorito masivo,[52] pero la Biblia nos da una explicación de lo que realmente sucedió que es aún más espectacular. Sin embargo, lo que encontraron es evidencia de una destrucción masiva por fuego de toda la llanura. El área está cerca del Mar Muerto, y hasta el día de hoy es un páramo donde nadie vive, como profetizó Jeremías cuando dijo que Babilonia sería destruida como Sodoma y Gomorra. Algunos pueden ver esto como un cumplimiento trivial, pero haber declarado hace miles de años que un lugar sería un páramo para siempre, y que aún ahora siga siendo un páramo cuatro mil años después, me parece bastante impresionante.

La Tierra una Desolación Continua

Ezequiel predijo que no solo habría un regreso de los judíos a la Tierra Santa en los últimos días, sino también que cuando regresaran, sería a una tierra que había sido una desolación continua hasta ese momento. Es una profecía impactante, considerando que Israel fue una vez una tierra muy fértil. Sin embargo, rápidamente se convirtió en un desierto después de la destrucción de Jerusalén, y permaneció así durante casi dos milenios. También vemos que este es un versículo más que promete reunir a los exiliados.

---

[52] Ted E. Bunch, et al. " Una explosión en el aire del tamaño de Tunguska destruyó Tall el-Hammam, una ciudad de la Edad del Bronce Medio en el valle del Jordán, cerca del Mar Muerto." *Scientific Reports*, v. 11, n. 1 (2021): 1-64.

LA MAYOR SEÑAL: LA FUNDACIÓN DEL ESTADO DE ISRAEL || 83

Después de muchos días recibirás órdenes; al fin de los años vendrás a la tierra recuperada de la espada, cuyos habitantes han sido recogidos de muchas naciones[a] en los montes de Israel, que habían sido una desolación continua. Este pueblo fue sacado de entre las naciones y habitan seguros todos ellos. — **Ezequiel 38:8** NBLA

Está bien documentado que Palestina fue una desolación continua hasta el momento de la fundación del Estado de Israel. De hecho, Mark Twain, en su visita a la Tierra Santa en 1867, dijo esto:

> De todos los lugares que hay para un paisaje sombrío, creo que Palestina debe ser el principal. Las colinas son yermas. Los valles son desiertos antiestéticos bordeados por una vegetación débil que tiene una expresión de tristeza y abatimiento... Es una tierra sin esperanza, lúgubre y desconsolada... Palestina está sentada en cilicio y cenizas... Donde Sodoma y Gomorra levantaron sus cúpulas y torres, solemnemente el mar inunda ahora la llanura, en cuyas aguas amargas no existe nada viviente, sobre cuya superficie sin olas el aire abrasador cuelga inmóvil y muerto... Nazaret está desamparada; por aquel vado del Jordán por donde las huestes de Israel entraron en la Tierra Prometida con cantos de júbilo, sólo se encuentra un sórdido campamento de fantásticos beduinos del desierto; Jericó, la maldita, yace hoy como una ruina enmohecida, tal como la dejó el milagro de Josué hace más de tres mil años; Belén y Betania, en su pobreza y su humillación, ya no tienen nada en ellas que recuerde que una vez conocieron el alto honor de la presencia del líder; el lugar sagrado donde los pastores velaban sus rebaños por la noche, y donde los ángeles cantaban Paz en la tierra, buena voluntad para los hombres, no está habitado por ninguna criatura viviente, ni bendecido por ninguna característica

agradable a la vista. La renombrada Jerusalén misma, el nombre más majestuoso de la historia, ha perdido toda su antigua grandeza y se ha convertido en un pueblo pobre; las riquezas de Salomón ya no están allí para atraer la admiración de las reinas visitantes del Oriente; el maravilloso templo que era el orgullo y la gloria de Israel, ha desaparecido... Cafarnaúm es una ruina sin forma... Betsaida y Corazín han desaparecido de la tierra, y los "lugares desiertos" alrededor de ellos donde miles de hombres una vez escucharon la voz del líder y comieron el pan milagroso, duermen en el silencio de una soledad habitada sólo por aves rapaces y zorros al acecho. Palestina está desolada y es desagradable. **– Mark Twain** [53]

Mark Twain no era famoso por tener una fe ardiente y fanática en Dios y las Escrituras; pero en su relato de su visita a la Tierra Santa, su fe en los acontecimientos de la Escritura se expresa en su reconocimiento de los lugares donde ocurrieron los eventos bíblicos. Por ejemplo, señaló que "Jericó, la maldita, yace hoy como una ruina enmohecida, tal como la dejó el milagro de Josué hace más de tres mil años". Esto demuestra que Twain creía en los milagros de la Biblia. Twain se refiere a Jesucristo como el líder, pero con reverencia. Y Twain demostró indirectamente que entendía la profecía de Cristo con respecto a Betsaida y Corazín, cuando comentó que esas dos ciudades habían "desaparecido de la tierra", una alusión al pronunciamiento de Jesús en Mateo 11:21-23. Pero las descripciones de Twain confirman la mala condición de la tierra antes de que los judíos regresaran como nación (como fue profetizado); sin embargo, es obvio que ya no se puede llamar tierra yerma a la tierra de Israel. Una vez más, se ha reconstruido y está floreciendo.

---

[53] Mark Twain. *The Innocents Abroad, trad. del Autor* (Collins , 1869): 606-8.

LA MAYOR SEÑAL: LA FUNDACIÓN DEL ESTADO DE ISRAEL

"¡Ay de ti, Corazín! ¡Ay de ti, Betsaida! Porque si en Tiro y en Sidón se hubieran hecho los milagros que se han hecho en ustedes, hace tiempo que en cilicio y cubiertas de ceniza ellas habrían mostrado su arrepentimiento. Por tanto les digo que, en el día del juicio, el castigo para Tiro y para Sidón será más tolerable que para ustedes. Y tú, Cafarnaún, que te elevas hasta el cielo, hasta el Hades caerás abatida. Porque si en Sodoma se hubieran hecho los milagros que se han hecho en ti, hasta el día de hoy habría permanecido." — **Mateo 11:21-23**

El Señor reconstruye a Jerusalén, y hace volver a los israelitas desterrados.
— **Salmos 147:2**

Vista mirando al suroeste hacia Jerusalén, alrededor de 1898.[54]

Vista mirando al suroeste hacia Jerusalén en 2011.[55]

---

[54] "Paisaje urbano de Jerusalén." *G. Eric and Edith Matson Photograph Collection* (tomado entre 1898 y 1946), https://hdl.loc.gov/loc.pnp/matpc.08440
[55] "Ciudad Vieja, Jerusalén," *Estado de Israel*. Diciembre 12, 2011, CC BY-SA 2.0, https://commons.wikimedia.org/wiki/File:Jerusalem_Old_City_(8118442767).jpg

Los Lugares Desolados Reconstruidos y Productivos

Desde que los judíos comenzaron a regresar a Israel en el siglo XIX, y especialmente desde la creación del Estado judío en 1948, las tierras que una vez fueron infértiles y desoladas ahora están llenas de fincas, huertos, plantaciones y pastos para el ganado. Con solo un tamaño del estado de Vermont en los Estados Unidos, Israel exporta frutas y verduras de alta calidad a todo el mundo. Son líderes mundiales en agricultura e irrigación moderna.

Se acerca el tiempo cuando los descendientes de Jacob echarán raíces; ¡Israel brotará y florecerá, y llenará de fruto el mundo entero!
— **Isaías 27:6** NTV

El desierto y la soledad se alegrarán; el yermo se regocijará y florecerá como la rosa.
— **Isaías 35:1**

Las ruinas antiguas serán reconstruidas, los asolamientos de antaño serán levantados, las ciudades en ruinas serán reparadas, junto con los escombros de tiempos pasados.
— **Isaías 61:4**

Yo volveré a reconstruirte, virginal Jerusalén. Y serás reconstruida, y te adornarán con panderos para que dances con alegría. Los que plantan viñas las plantarán en los montes de Samaria, y disfrutarán de sus uvas.
— **Jeremías 31:4-5**

El cumplimiento final de hacer prosperar a Israel también debe incluir claramente el reino milenario; y sin embargo, tan pronto como Israel volvió a ser una nación, el cumplimiento de estos versículos comenzó a verse en la tierra de Israel. Leemos que Dios intencionalmente quiso que esto fuera una señal para las naciones. Quería que todos supieran que fue obra del brazo fuerte del Señor, que hace todo lo que dice que hará.

"Entonces las naciones que hayan quedado a su alrededor sabrán que yo reconstruí lo que fue derribado y planté lo que estaba desolado. Yo, el Señor, lo he dicho y lo haré." — Ezequiel 36:36

La División y Restauración de Jerusalén

En 1948, Israel fue invadida por Egipto desde el sur, Jordania por el este y Siria y Líbano por el norte, pocos días después de que Israel declarara su independencia. Esto comenzó la Guerra de Independencia de Israel (o la Guerra Árabe Israelí de 1948). Cuando los vecinos de Israel la invadieron, su intención declarada era poner fin de inmediato al Estado judío recién declarado. Aunque los israelíes no tenían un ejército permanente y estaban muy superados en número, obtuvieron la victoria contra todas las adversidades.[56] Sin embargo, podría decirse que la batalla más feroz de la guerra se libró con Jordania por Jerusalén. Al final del mismo, la línea del armisticio dividía la ciudad por la mitad entre la Ciudad Vieja y la Ciudad Nueva. Cuando cayó el Barrio Judío en la Ciudad Vieja, muchos fueron asesinados, otros fueron llevados al cautiverio jordano y el resto fue deportado a la Ciudad Nueva. Sus casas fueron saqueadas e incendiadas, y las sinagogas fueron destruidas.[57] Y como suele suceder en tiempos de guerra, algunas de las mujeres cautivas también fueron violadas.[58] Cuando finalmente se hizo la paz bajo

---

[56] "Against All Odds–Israel Survives (Contra viento y marea–Israel sobrevive)," *Questar Entertainment*, 2011. On YouTube, https://youtu.be/SsN5bqVzX34

[57] Teddy Kollek and Moshe Pearlman, *Jerusalem: A History of Forty Centuries* (Random House, 1968): 250–52.

[58] Shimon Re'em. *Mujeres prisioneras de guerra en la Guerra de Independencia de Israel [en Ingles]* (National Midrasha for Underground and Zionism Studies, 2010) en Lilach Rosenberg-Friedman. "Captivity and Gender: The Experience of Female Prisoners of War during Israel's War of Independence." *Nashim: A Journal of Jewish Women's Studies & Gender Issues*, no. 33 (2018): 64–89, https://doi.org/10.2979/ nashim.33.1.04. El objetivo del artículo parece ser minimizar la severidad percibida del trato que recibieron las mujeres durante ese tiempo al argumentar que en realidad no fue tan malo. De todos modos, confirma que sucedió.

el Acuerdo de Armisticio de 1949, Jerusalén fue dividida por la mitad por primera vez en sus cuatro mil años de historia.

Movilizaré a todas las naciones para que peleen contra ti. Te conquistarán, saquearán tus casas y violarán a tus mujeres. La mitad de tus habitantes irá al exilio, pero el resto del pueblo se quedará contigo.
— **Zacarías 14:2** NVI

A menudo se pasa por alto el cumplimiento moderno de esta profecía. Este versículo habla claramente de dividir a Jerusalén por la mitad antes del regreso de Jesucristo a la tierra en poder y gloria. Muchos ven esto como un evento futuro,[59] ¡pero los eventos descritos en el versículo 2 literalmente sucedieron en 1948-1949! La devastación de esa época se puede ver en esta foto tomada cerca de la Torre de David después del armisticio.[60] Así, podemos comparar eventos históricos directamente con el relato bíblico. Y cuando lo hacemos, es muy difícil ignorar la precisión de la predicción. El hecho de que eventos que coinciden con la descripción de Zacarías ya hayan ocurrido en la historia reciente no debe escapar a nuestra atención.

---

[59] Comúnmente se piensa que este versículo se refiere a algo que solo ocurrirá en la Guerra de Gog-Magog, o en la abominación desoladora cuando el anticristo comience a reinar, o al final de la Gran Tribulación que conduce a la batalla de Armagedón.
[60] Foto de una Jerusalén dividida y devastada. De las exhibiciones del Museo Ammunition Hill, Imágenes históricas de Jerusalén, alrededor de 1948-50. https://commons.wikimedia.org/wiki/File:Divided_Jerusalem_P1010016.JPG

Además, el versículo 3 describe con precisión las victorias militares que ha tenido Israel desde entonces. Las victorias milagrosas que Israel ha experimentado constituyen un argumento muy sólido de que Dios realmente ha estado luchando por ellos. Esto ha sido evidenciado por la sobrevivencia de Israel en la Guerra de Independencia y en todas sus guerras desde entonces. Lo más notable es que Israel ganó inequívocamente tanto la Guerra de los Seis Días en 1967 como la Guerra de Yom Kippur en 1973, donde las probabilidades ciertamente no estaban a su favor.

Entonces saldrá el Señor y peleará contra aquellas naciones, como cuando pelea en el día de la batalla. — **Zacarías 14:3** NVI

Por lo tanto, debemos considerar que estos eventos pueden haberse cumplido ya en la historia moderna y que ahora estamos viviendo en los días entre los versículos 3 y 4. En los versículos 4 y 5 vemos una imagen de Jesús parado en el Monte de los Olivos que está dividido en dos, por lo que sabemos que esos eventos obviamente aún están por venir.

Cuando llegue ese día, el Señor plantará sus pies sobre el monte de los Olivos, que está al oriente, frente a Jerusalén; y el monte de los Olivos se partirá en dos, hacia el oriente y hacia el occidente, con lo que se formará un valle muy grande, y una mitad del monte caerá hacia el norte, y la otra mitad hacia el sur. Entonces ustedes huirán a los montes por el valle, porque el valle se extenderá por los montes hasta Azal. Huirán como lo hicieron en los días de Uzías, el rey de Judá, por causa del terremoto. Entonces vendrá el Señor mi Dios, con todos los santos.
— **Zacarías 14:4-5**

La frase "cuando llegue ese día", al comienzo del versículo 4, puede sonar como si estuviera hablando del mismo día que en los versículos 2 y 3; sin embargo, la referencia podría aplicarse fácilmente solo a la guerra final de una serie de batallas, que son el tema del versículo 3. En otras palabras, si entendemos que el versículo 3 es una larga serie de batallas, donde Dios libera victoriosamente a Israel de cada una de ellas, entonces los eventos del versículo 2 (la división de Jerusalén) no tienen que ocurrir al mismo tiempo que los versículos 4 y 5. De hecho, dudo que incluso los eventos futuros descritos en los dos últimos versículos sucedan al mismo tiempo (Jesús de pie en el Monte de los Olivos, judíos huyendo al desierto y Jesús regresando con sus santos para derrotar al anticristo).[61] Cuando lo analizas de cerca, hay demasiados detalles distintos como para imaginar que todo podría suceder en una sucesión tan rápida. Por lo tanto, se entiende mejor como una imagen de los últimos días, no como una declaración de que todo sucederá en veinticuatro horas. Dado que la ciudad realmente se dividió por la mitad, por primera vez en los cuatro mil años de historia de Jerusalén, creo que es razonable concluir que 1948-1949 ya vio el cumplimiento de esa parte de la profecía, y podemos afirmar con confianza que el versículo 2 se ha cumplido y que el versículo 3 todavía está en progreso.

Los Vecinos de Israel Contra Ella

Los vecinos de Israel tienen una larga historia de estar en conflicto con ella; pero ¿quién hubiera pensado que después de 2.500 años la situación no cambiaría? Durante la mayor parte de la historia de Israel, las naciones que la han rodeado generalmente han sido sus enemigos declarados. Durante breves períodos de tiempo, ha habido relaciones pacíficas con algunas de esas naciones; pero a lo largo de los siglos en el Medio Oriente ha habido guerras perpetuas entre judíos y árabes. El profeta Jeremías dio una lista exhaustiva de los enemigos de Israel, profetizando que en los últimos días Dios haría que las naciones vecinas bebieran la copa de su ira.[62] Sabemos

---

[61] Expondré más sobre esto en el capítulo 10.
[62] Algunos pueden ver a Jeremías 25:15-29 como puramente histórico, pero debido a las imágenes similares en Apocalipsis 16:19 e Isaías 29:8-9, uno puede suponer que esta profecía de Jeremías también está mirando hacia los últimos días. La profecía dice que será un tiempo en que Dios enviará una espada sobre todos los que viven en la tierra, es decir, los últimos días.

por la historia antigua que esta lista incluye prácticamente todas las naciones que rodeaban a Israel en el siglo VI a.C. cuando Jeremías estaba profetizando. Pero Jeremías también dice que los reyes de "las costas al otro lado del mar" estarán allí, los reyes del norte "cerca y lejos", y de hecho "todos los reinos sobre la faz de la tierra".

*Así que tomé la copa del enojo del Señor e hice que todas las naciones bebieran de ella, cada nación a la que el Señor me envió. Fui a **Jerusalén** y a las **otras ciudades de Judá**, y sus reyes y funcionarios bebieron de la copa. Desde ese día hasta ahora ellos han sido una ruina desolada, un objeto de horror, desprecio y maldición. Le di la copa al faraón, rey de **Egipto**, a sus asistentes, a sus funcionarios y a todo su pueblo, junto con todos los extranjeros que vivían en esa tierra. También se la di a todos los reyes de la tierra de **Uz**, a los reyes de las ciudades filisteas de **Ascalón**, **Gaza** y **Ecrón**, y a lo que queda de **Asdod**. Después les di la copa a las naciones de **Edom**, **Moab** y **Amón**, a los reyes de **Tiro** y **Sidón**, y a los reyes de **las regiones al otro lado del mar**. Se la di a **Dedán**, a **Tema**, a **Buz** y a **la gente** que vive en **lugares remotos**. Se la di a los reyes de **Arabia**, a los reyes de las **tribus nómadas del desierto** y a los reyes de **Zimri**, **Elam** y **Media**. Se la di a los reyes de **los países del norte, lejanos y cercanos**, uno tras otro, es decir, a **todos los reinos del mundo**. Finalmente, el mismo rey de **Babilonia** bebió de la copa del enojo del Señor. Entonces el Señor me dijo: "Ahora diles: 'Esto dice el Señor de los Ejércitos Celestiales, Dios de Israel: Beban de la copa de mi enojo. Emborráchense y vomiten; caigan para nunca más levantarse, porque envío guerras terribles contra ustedes'". Ahora bien, si se niegan a aceptar la copa, diles: "El Señor de los Ejércitos Celestiales dice: 'No les queda más que beberla. He comenzado a castigar a Jerusalén, la ciudad que lleva mi nombre. ¿Acaso los dejaría a ustedes sin castigo? No, no escaparán del desastre. **Enviaré guerra contra todas las naciones de la tierra**. ¡Yo, el Señor de los Ejércitos Celestiales, he hablado!'".* — Jeremías 25:17-29 NTV (énfasis añadido)

El renacimiento de Israel como nación inmediatamente reavivó esa saga, y ha sido un problema desde entonces. Solo mirando a las naciones de la Liga Árabe, hay un total de dieciséis miembros de la liga árabe que se han negado a normalizar los lazos con Israel o incluso a reconocer su existencia.[63] Se espera que más naciones árabes hagan las paces con Israel y se unan a los Acuerdos de Abraham, pero es poco probable que todas lo hagan. Además, las naciones musulmanas no árabes, como Turquía, Siria, Irán, Afganistán y Pakistán, que de manera similar se han negado a reconocer a Israel, tampoco demuestran estar listas para hacer un trato de paz con Israel en el corto plazo. Sin embargo, gracias a Dios hay algunos países que han hecho las paces con Israel. La primera nación árabe en firmar un tratado de paz con Israel fue Egipto en 1973. Le siguió Jordania en 1994. Ambas naciones eran enemigos acérrimos antes de los tratados y habían participado en ataques no provocados contra Israel. Luego, sorprendentemente, a partir de 2020, más naciones comenzaron a hacer las paces con Israel bajo los Acuerdos de Abraham. Los Emiratos Árabes Unidos y Baréin fueron los primeros en proceder, seguidos de Marruecos y Sudán. Y si bien ese fue un paso asombroso hacia una nueva era de paz en el Medio Oriente, las décadas que siguieron a la fundación de Israel simplemente demostraron que nada había cambiado mucho en el Medio Oriente entre judíos y árabes, excepto por los nombres de las naciones y las tecnologías disponibles.

Luego, cuando miramos más allá de las naciones circundantes, también vemos que la mayor parte del mundo se ha vuelto contra Israel. Por parte de las Naciones Unidas, ha habido constantemente más resoluciones que condenan a Israel que a cualquier otro país del mundo, tres veces más en el 2020.[64] Y aunque son claramente unilaterales contra Israel, generalmente son aprobadas por

---

[63] Son Argelia, Comoras, Djibouti, Irak, Kuwait, Líbano, Libia, Mauritania, Omán, Palestina, Qatar, Arabia Saudita, Somalia, Siria, Túnez y Yemen.
[64] "Israel más condenado por la ONU en 2020: tres veces más que otras naciones." *Al-Jazeera*, December 24, 2020, www.aljazeera.com/news/2020/12/24/un-condemns-israel-most-in-2020-almost-three-times-rest-of-world

alrededor del 80 por ciento de los 193 países miembros (estados miembros, como los llama la ONU) cuando van a votar.[65] Después de dos mil años, la profecía de Jeremías no solo estaba en lo correcto acerca los vecinos de Israel, sino también acerca de cómo reaccionarían las naciones del mundo ante ella. Estados Unidos ha sido el único país, constantemente, que se ha interpuesto en el camino para vetar estas resoluciones corruptas, y creo que los Estados Unidos ha sido bendecido por ello (*Génesis 12:3*).

Bendeciré a los que te bendigan, y maldeciré a los que te maldigan; y en ti serán benditas todas las familias de la tierra. — Génesis 12:3

Ataques desde Gaza y Líbano

Hay otra profecía que creo que previó los ataques contra Israel en los tiempos modernos desde Gaza y el Líbano. Nuevamente, son los nombres antiguos los que se usan, pero los eventos en nuestros días siguen el escenario descrito por Joel.

¿Qué tengo yo que ver con ustedes, Tiro y Sidón, y con todo el territorio de Filistea? ¿Acaso quieren vengarse de mí? Porque, si ustedes se vengan de mí, ¡muy pronto haré que su merecido recaiga sobre su cabeza! Porque ustedes se llevaron mi plata y mi oro, y todas mis cosas bellas y hermosas, y las metieron en sus templos. Además, a los hijos de Judá y de Jerusalén los vendieron a los griegos, para alejarlos de su tierra. Por eso yo los traeré de ese país donde los vendieron, y a ustedes le daré su merecido: venderé sus hijos y sus hijas a los hijos de Judá, y ellos los venderán a los sabeos, que son una nación lejana; porque yo, el Señor, lo he dicho. — Joel 3:4-8

---

[65] "Resoluciones de la Asamblea General de la ONU de 2018 que señalan a Israel: textos, votos, análisis," *UN Watch*, November 15, 2018, https://unwatch.org/2018-un-general-assembly-resolutions-singling-israel-texts-votes-analysis/

A primera vista, esta profecía puede parecer no estar relacionada con la actualidad, pero un vistazo rápido a un mapa (abajo) puede ilustrar lo que se describe.

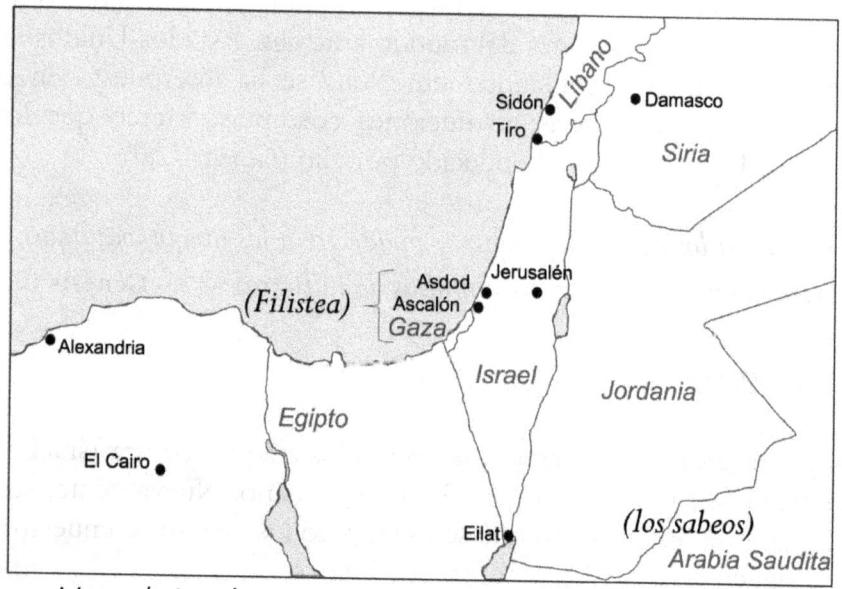

Mapa de Israel que muestra Filistea, Tiro, Sidón, y los sabeos

Tiro y Sidón se encuentran en el actual Líbano, desde donde Hezbolá ha estado atacando a Israel. Filistea era el área que ocupa la mayor parte de la Franja de Gaza en la actualidad, desde donde Hamás ha estado atacando a Israel. Además, los sabeos eran de Arabia, lo que entonces podría entenderse como que los árabes se apoderarían de las áreas de Gaza y el Líbano y las utilizarían como bases para atacar a Israel. Aunque Hamás y Hezbolá han continuado con sus ataques periódicos contra el Estado de Israel durante décadas, han sido repelidos y sometidos una y otra vez. Cada vez, la destrucción que planearon se vuelve "sobre sus propias cabezas", como declaró Joel. En muchos casos, los cohetes que han disparado incluso han vuelto a caer en su propio territorio. [66] Cuando

---

[66] Sharon Wrobel. "Cohetes fallidos de Hamás que se quedan cortos en Gaza mataron a 17 civiles en incidentes del lunes antes de los ataques aéreos de las FDI, dice un funcionario de seguridad." *Algemeiner*, May 13, 2021,

consideras cuanto esta profecía de casi tres mil años concuerda con la situación actual, ciertamente parece una profecía cumplida.

Ataques desde Jordania

¿Predijo también la Biblia los ataques modernos de Jordania contra el país de Israel? Creo que sí. Abdías escribió una profecía acerca de Edom, un antiguo reino que se encontraba mayormente dentro del área que actualmente conocemos cómo Jordania. Creo que él demostró ser asombrosamente preciso al predecir la invasión jordana de Israel en 1948 y sus continuos conflictos con Israel hasta 1967 e incluso más allá, hasta el día de hoy bajo "una paz fría". [67]

¹⁰ Por la violencia contra tu hermano Jacob, te cubrirá la vergüenza, y serás cortado para siempre. ¹¹ El día que te pusiste a un lado, el día en que extraños se llevaban su riqueza, y extranjeros entraban por su puerta y sobre Jerusalén echaban suertes, tú también eras como uno de ellos. ¹² No te alegres en el día de tu hermano, en el día de su exterminio. No te alegres de los hijos de Judá en el día de su destrucción. Sí, no te jactes en el día de su angustia. ¹³ No entres por la puerta de Mi pueblo en el día de su ruina. Sí, no te alegres tú de su desgracia en el día de su ruina; no te apoderes de sus riquezas en el día de su ruina. ¹⁴ No aceches en la encrucijada para exterminar a sus fugitivos, y no entregues a sus sobrevivientes en el día de su angustia. ¹⁵ Porque se acerca el día del Señor sobre todas las naciones. Como tú has hecho, te será hecho; tus acciones recaerán sobre tu cabeza. ¹⁶ Como ustedes bebieron en Mi santo monte, así beberán continuamente todas las naciones. Beberán y tragarán, y serán como si no hubieran sido. — **Abdías 1:10-16** NBLA

---

www.algemeiner.com/2021/05/13/failed-hamas-rockets-falling-short-in-gaza-killed-17-civilians-in-monday-incidents-before-idf-airstrikes-says-security-official/
[67] Sheldon Kirshner. "Israel's Cold Peace with Jordan." *Times of Israel*, October 28, 2019, https://blogs.timesofisrael.com/israels-cold-peace-with-jordan/

Si bien algunos pueden sentir que este pasaje es tan claro como el barro, hay varias declaraciones claves que creo que conectan este pasaje con los eventos modernos. Describe al pueblo de Edom: 1) cometiendo actos de violencia contra su hermano Jacob, 2) conspirando con otras naciones contra Israel,[68] 3) jactándose en la desgracia de Israel, 4) entrando por sus puertas [los portales de la ciudad vieja de Jerusalén], 5) acechando a los israelitas en el camino, y 6) bebiendo en [ocupando] el santo monte de Dios.

Para comprender mejor cómo este pasaje refleja los acontecimientos modernos, es útil revisar la historia del conflicto entre Jordania e Israel desde 1948 hasta 1967, y la relación entre estos dos países después de 1967. Primero, Jordania desempeñó un papel fundamental en la primera invasión de Israel en 1948. A ellos se les unieron Egipto, Siria e Irak, junto con voluntarios de otras tres naciones árabes. Después de esa guerra, Jordania siguió siendo un enemigo de Israel desde 1948 hasta 1967. También han controlado la "sagrada colina" de Dios (el Monte del Templo) desde 1948, con solo una breve interrupción de unos diez días después de la Guerra de los Seis Días.[69] No solo eso, sino que si bien Jordania e Israel tienen un tratado de paz entre ellos desde 1994, esta paz se ha mantenido durante la mayor parte del tiempo como una paz fría. Jordania continua criticando a Israel en casi todos los temas relacionados con el Monte del Templo y su política con respecto a los palestinos. La idea central del mensaje de Dios a Edom es que Él no está complacido con lo que le han hecho a su pueblo Israel. Creo que las palabras de Abdías siguen siendo una potente advertencia para el Reino de Jordania en la actualidad. Dios nuevamente

---

[68] La frase hebrea es *yom amad neged*. Los traductores a menudo traducen esto como "el día que te pusiste a un lado". Pero la palabra neged (Strong's H5048) también significa estar como una contraparte de, un compañero de, en paralelo con. Por lo tanto, en lugar de "ponerse a un lado", en este caso creo que el sentido correcto es colaborador, co-conspirador o cómplice.

[69] Yossi Klein Halevi, "La asombrosa concesión israelí de 1967," Trad. desde *The Atlantic*, 28 de junio de 2017, https://fdra.blogspot.com/2017/06/g6d-la-increible-concesion-de-israel.html

ha prometido devolver las malas acciones de los enemigos de Israel sobre sus propias cabezas.

Pero en el monte Sión quedará un remanente, y será lugar santo, y la casa de Jacob volverá a tomar sus posesiones. — **Abdías 1:17** NBLA

Y curiosamente, la siguiente línea de la profecía (*Abdías 1:17*) también podría leerse en el sentido de que Israel recuperaría el Monte del Templo, porque dice que el Monte Sion sería entregado y santificado, y *"la casa de Jacob volverá a tomar sus posesiones."* Quizás, esto también sucedió (al menos en parte) el 7 de junio de 1967, cuando Israel retomó la parte Este de Jerusalén, la Ciudad Vieja y el Monte del Templo.[70] Después de casi diecinueve años, Jerusalén Este y Oeste se reunieron. Jacob una vez más poseyó su herencia. Sin embargo, podría decirse que este versículo todavía mira parcialmente hacia el futuro, ya que el Monte Sión (presumiblemente la sagrada colina de Dios y el Monte del Templo) aún no ha sido santificado y todavía está bajo el control del Waqf musulmán; pero sabemos que algún día si lo será. También leemos que las tierras de Moab y Amón estarán juntas en los últimos días. Ambas tierras antiguas están contenidas en el país de Jordania. Sofonías profetizó que lanzarían insultos contra el pueblo de Israel y que, como resultado, su tierra se convertiría en un desierto. Jordania ha permanecido en un estado general de paz con Israel desde 1967, y diplomáticamente desde 1994, pero no han cesado en su retórica contra Israel, o en sus condenas de sus acciones en cada oportunidad.[71]

---

[70] "La Guerra de los Seis Días: La Liberación del Monte del Templo y el Muro Occidental (7 de junio de 1967)," *Jewish Virtual Library*, www.jewishvirtuallibrary.org/the-liberation-of-the-temple-mount-and-western-wall-june-1967

[71] Dror Zeevi. "Israel y Jordania: una paz en ruinas." *Crown Center for Middle East Studies*, 133 (2020): 1-7, www.brandeis.edu/crown/publications/middle-east-briefs/pdfs/101-200/meb133.pdf.

Han llegado a mis oídos las ofensas de Moab y los insultos con que los hijos de Amón han deshonrado a mi pueblo. Sé que se han engrandecido sobre su territorio. Por lo tanto, vivo yo, que a Moab le pasará lo que a Sodoma, y a los hijos de Amón lo que a Gomorra. Será un campo de ortigas y de minas de sal, ¡de perenne destrucción! El remanente de mi pueblo los saqueará, y tomará posesión de sus territorios.—Palabra del Señor de los ejércitos, Dios de Israel. Esto les sobrevendrá por causa de su soberbia, por insultar y engrandecerse en contra del pueblo del Señor de los ejércitos. Las acciones del Señor contra ellos serán terribles, porque destruirá a todos los dioses de la tierra, y todas las naciones se inclinarán ante él, allí donde se encuentren. **— Sofonías 2:8-11**

ATAQUES DESDE EGIPTO

Joel también profetizó que Egipto volvería a atacar a Israel en los últimos días. Y la participación de Egipto con Jordania también está implícita en la profecía porque se enumeran juntos. También en la profecía, se nos dice que su castigo se observará en los días en que "una fuente fluirá de la casa del Señor". Esto significa que los ataques tanto de Egipto como de Jordania sucedieron antes de este tiempo, que sabemos que se refiere al milenio. Así, entendemos que estos juicios contra Egipto y Jordania serán por los pecados contra Dios e Israel que se cometieron en los días de la tribulación o antes.

En aquel día las montañas destilarán vino dulce, y de los montes fluirá leche. El agua llenará los arroyos de Judá, y del templo del Señor brotará una fuente que regará el árido valle de las acacias. Sin embargo, Egipto se convertirá en tierra baldía, y Edom, en un desierto porque atacaron al pueblo de Judá y mataron a gente inocente en la tierra de ellos. Judá, en cambio, se llenará de gente para siempre y Jerusalén perdurará a través de todas las generaciones. Perdonaré los crímenes de mi pueblo que todavía no he perdonado; y yo, el Señor, haré mi hogar en Jerusalén con mi pueblo. **— Joel 3:18-21** NTV

Ataques desde Siria

También leemos sobre los ataques desde Damasco (Siria) en los últimos días. Amós profetizó que trillarían a Galaad "con trillos de hierro". En Yom Kippur en 1973, Siria invadió los Altos del Golán.[72] Trayendo una fuerza de 1.400 tanques y 1.000 piezas de artillería. Cuando uno considera la descripción de Amós, no es difícil ver las posibles similitudes con un tanque sirio T62 (foto a continuación). En la antigüedad, las áreas de su invasión a Israel a través de los Altos del Golán habrían incluido Basán en el lado norte y Galaad en el extremo sur.

Un tanque sirio T62 de la invasión de los Altos del Golán de 1973.[73]

Así ha dicho el Señor: Por tres pecados de Damasco, y por el cuarto, no revocaré su castigo. Por haber trillado a Galaad con trillos de hierro, le prenderé fuego a la casa de Jazael, y éste consumirá los palacios de Ben Adad. Quebraré los cerrojos de Damasco, destruiré a los habitantes de Bicat Avén y a los gobernadores de Bet Edén, y el pueblo de Siria será llevado a Quir.—Palabra del Señor. **– Amós 1:3-5**

Siria ha estado bajo fuerte presión y ha sido debilitada desde su derrota ante Israel, aún más después de la Guerra Civil Siria en el 2011. Más de seis millones de sirios huyeron de su país como

---

72 Mark Shiffer. "Valley of Tears: The Yom Kippur War." *War History*, April 3, 2019, https://warhistoryonline.com/instant-articles/valley-of-tears.html
73 "Tanque T62 sirio destruido después de la guerra de Yom-Kippur cerca de Ortal," c. 1973, CC BY 2.5, https://commons.wikimedia.org

refugiados y otros casi siete millones fueron desplazados dentro de Siria. Según algunas fuentes, para el 2021 había más de trece millones de sirios que necesitaban urgentemente ayuda humanitaria.[74] El presidente Bashar al-Assad también ha tenido dificultades para mantener control total sobre su nación, y aunque en el 2021 comenzó a mostrar signos de que podría reafirmar el control sobre su país, su gobierno aún está en peligro.[75] Jugadores mucho más grandes (como Rusia, Irán y Turquía) están rivalizando por una medida de control sobre Siria; así que en su estado actual, la amenaza de que el cetro podría pasar pronto de la dinastía Assad sigue siendo real. Esto significa que aunque ciertamente hemos visto el cumplimiento de la mayor parte de este pasaje, aún pueden quedar algunos juicios por venir.

Jerusalén, una Copa de Vértigo

Zacarías también profetizó que Jerusalén sería el centro de atención (de mala manera) en los últimos días y da una fuerte advertencia a cualquiera que vaya contra el pueblo de Dios o su ciudad Jerusalén. ¿Quién creería que más de 2500 años después de que se escribieron esas palabras, en este mundo tecnológico moderno de ocho billones de personas, Jerusalén seguiría siendo la ciudad que todo el mundo tiene en la mira? ¡Lo digo en serio! ¿Esto no pudo haberse predicho sin revelación divina, ¿no lo cree?

Haré que Jerusalén sea como una bebida embriagante que causa que las naciones vecinas se tambaleen cuando envíen a sus ejércitos para sitiar a Jerusalén y a Judá. En aquel día yo convertiré a Jerusalén en una roca inamovible. Todas las naciones se reunirán en contra de ella para tratar de moverla, pero solo se herirán a sí mismas. — **Zacarías 12:2-3** NTV

---

[74] "Emergencia en Siria ," Alto Comisionado de las Naciones Unidas para los Refugiados (ACNUR), www.acnur.org/emergencia-en-siria.html
[75] "Siria de Al-Asad vuelve a la escena mundial tras derrotar a EEUU." traducido de *Newsweek*, octubre 13, 2021, www.hispantv.com/noticias/siria/500473/eeuu-regresa-asad-escena-mundial

LA MAYOR SEÑAL: LA FUNDACIÓN DEL ESTADO DE ISRAEL

Algunos podrían asociar este versículo con la destrucción de Jerusalén en el año 70 d.C., pero hay un detalle importante que no encaja. Dios dice: "Haré de Jerusalén una roca inmovible para todas las naciones". Debido a que no fue "inmovible" cuando los ejércitos romanos la sitiaron, esto debe referirse a los últimos días. Y si este versículo trata sobre la protección de Jerusalén en los últimos días, entonces debería hacerte preguntarte: "¿Podrá el anticristo algún día realmente conquistar Jerusalén, aún en la tribulación?" [*No tengo una respuesta para eso, es solo una pregunta para hacerlo a uno pensar*]. A menudo es asumido, pero hay versículos sobre el juicio y la salvación para Israel y Jerusalén a lo largo de las Escrituras. Comprender el significado completo y la cronología de cada uno de los escritos antes de que sucedan no es algo que podamos saber con certeza, pero al menos sabemos a qué debemos estar atentos.

Destrucción de Asentamientos Judíos

A las mujeres de mi pueblo las echan de sus preciadas casas, y a sus niños los despojan para siempre del honor que les di. — **Miqueas 2:9** NVI

Esto dice el Señor Soberano: ¡basta ya, príncipes de Israel! Abandonen la violencia y la opresión, y hagan lo que es justo y correcto. Dejen de estafar a mi pueblo y de robarle su tierra. No los desalojen de sus casas, dice el Señor Soberano. — **Ezequiel 45:9** NTV

El gobierno israelí ha destruido cientos de viviendas en asentamientos y ha expulsado por la fuerza a miles de judíos de sus hogares en Gaza, Judea y Samaria.[76] Sin embargo, dejando de lado las cuestiones de legalidad, las familias en los asentamientos fueron desalojadas a la fuerza y los militares demolieron sus casas. Muchos de los residentes se resistieron a los desalojos forzados por el

---

[76] Mordechai Sones. "15 años después: el plan operativo completo de expulsión de Gaza de las FDI." (articulo en inglés) *Israel National News*, 7-30-20, www.israelnationalnews.com/News/News.aspx/284468

gobierno porque sentían que los desalojos eran ilegales y estaban en contra de la voluntad de Dios.[77] En general, estoy de acuerdo con los colonos judíos; según estas profecías, creo que Dios también lo estaría.

El Pueblo Judío Conservaría su Identidad

Aunque los esparcí entre los pueblos, aun en los países más lejanos se acordarán de mí; y volverán con los hijos con quienes vivieron.

— Zacarías 10:9

Ningún otro pueblo en la historia ha preservado su identidad, costumbres, creencias e idioma después de haber sido conquistado y completamente alejado de su tierra natal durante más de unos pocos siglos. En todos los casos, dentro de unas pocas generaciones, el pueblo conquistado o exiliado ha perdido su identidad. Incluso si conservan algunos aspectos de su herencia y cultura, como los gitanos que se encuentran en toda Europa, ya no pueden rastrear sus orígenes hasta sus comienzos. Los judíos, sin embargo, son únicos en ese sentido y han sido milagrosamente preservados durante más de 2000 años en el exilio.[78]

Israel como una Nación Fuerte

Los profetas Zacarías y Miqueas también profetizaron que Israel sería una nación poderosa. Apesar de ser una de las naciones más pequeñas de la tierra, Israel es una de las naciones más avanzadas cuando se trata de su ejército y la tecnología.[79] Aunque representan

---

[77] "Colonos judíos hacen una sentada contra la evacuación," *infobae*, 3 de enero de 2005 , https://www.infobae.com/2005/01/03/160321-colonos-judios-hacen-una-sentada-contra-la-evacuacion/

[78] David Ben Gurion. *La Resurrección Del Estado Judío: Milagro de la historia.* Traducido por Marcos Beyer, Amazon Kindle, 2018.

[79] Uzi Eilam. *Eilam's Arc: How Israel Became a Military Technology Powerhouse* (Sussex Academic Press, 2011).

solo el 0,2 por ciento de la población mundial, han recibido más del veinte por ciento de los Premios Nobel del mundo.[80] [*Algunas personas podrían argumentar que esto es fácil de declarar en el futuro, pero cumplir esas profecías con una nación tan pequeña, ¡eso es un milagro!*]

En aquel día yo haré que los clanes de Judá sean como una llama que le prende fuego a un montón de leña o como una antorcha encendida entre los manojos de grano. Destruirán con fuego a las naciones vecinas a la derecha y a la izquierda, mientras la gente que vive en Jerusalén permanecerá segura.
— Zacarías 12:6 NTV

Cuando llegue el día, reuniré a las ovejas que cojean con las que se apartaron del camino y con las que afligí; 7 con las que cojean haré un remanente, y con las descarriadas haré una nación fuerte. Y desde ahora y para siempre yo reinaré sobre ellos en el monte de Sión.
— Miqueas 4:6-7

La Restauración del Idioma Hebreo

El lenguaje hebreo en forma oral fue reemplazado gradualmente por las lenguas comunes de la época, como el arameo, el persa, el griego y el latín. Esto comenzó alrededor del siglo VIII a.C. para las diez tribus del norte cuando fueron conquistadas y dispersadas por todo el imperio asirio. Lo mismo le sucedió a Judá en el siglo VI a.C. cuando Jerusalén fue conquistada por el imperio babilónico. Cada uno de los imperios que conquistó la tierra de Israel también trajo consigo generalmente un nuevo idioma. El pueblo judío se vio obligado a mantener al menos dos idiomas, uno religioso y otro secular.

---

[80] "Jewish Nobel Prize Laureates (1901-2020)," *Jewish Virtual Library*, www.jewishvirtuallibrary.org/jewish-nobel-prize-laureates

Entonces purificaré el lenguaje de todos los pueblos, para que todos juntos puedan adorar al Señor. — **Sofonías 3:9** NTV [81]

En el siglo XIX se pensaba que el hebreo era una lengua muerta; sin embargo, fue revivido por algunos de los judíos que regresaron a Israel (alrededor de 1880).[82] Desarrollaron herramientas didácticas y abrieron escuelas para enseñar hebreo. Y para cuando se fundó el Estado de Israel en 1948, el hebreo se hablaba ampliamente y se convirtió en el idioma oficial del Estado judío.[83] Este es otro cumplimiento moderno de una profecía acerca de los últimos días.

El Siclo

Han pasado casi 2000 años desde que se usó el siclo, pero con la formación del Estado judío se restableció como la unidad monetaria común en Israel. Israel inicialmente comenzó a imprimir dinero en la denominación de la libra israelí, pero en 1980 hizo la transición al siclo y así cumplió la visión de Ezequiel. Al escribir sobre la preparación para la restauración de Israel en los últimos días, mencionó el siclo y la medida adecuada del dinero.

Un Siclo Moderno de Israel

---

[81] La NTV parece tener la mejor traducción de este versículo. Muchas traducciones escriben "labios puros" en lugar de "lenguaje puro", pero la palabra hebrea *sapa* (Strong's H8193), es la misma palabra en Génesis 1:11, "Ahora todo el mundo tenía un idioma (*sapa*) y un habla común," que parece ser el sentido más verdadero aquí.

[82] "El renacimiento del idioma hebreo y su evolución, un imposible hecho realidad," *Israel desde adentro*, 4 enero 2017, https://israeladentro.com/renacimiento-del-idioma-hebreo/

[83] David Reagan. "El Renacimiento del Idioma Hebreo, Parte 2," *Lamb & Lion Ministries*, Traducido de inglés en: www.endefensadelafe.org/2017/12/el-renacimiento-del-idioma-hebreo-parte_23.html

LA MAYOR SEÑAL: LA FUNDACIÓN DEL ESTADO DE ISRAEL

Su ubicación en el capítulo 45, junto con la descripción de un templo milenario, nos dice que los siclos se usarán nuevamente en los últimos días en Israel, como de hecho lo son hoy en día.

El siclo será de veinte geras. Veinte siclos, veinticinco siclos y quince siclos serán una mina.
— Ezequiel 45:12 RVR1995

La Restauración del Sanedrín Judío y los Artefactos del Templo

Y él hará un pacto firme con muchos por una semana, pero a la mitad de la semana pondrá fin al sacrificio y a la ofrenda de cereal.
— Daniel 9:27a NBLA

Esta profecía implica que a la mitad del período de tribulación de siete años, volverán a realizar sacrificios en el Monte del Templo. De lo contrario, ¿cómo podría hacer cesar los sacrificios el anticristo en ese momento? Los sacrificios terminaron con la destrucción del templo en el año 70 d.C. El Sanedrín fue abolido otros 359 años después, cuando el emperador Teodosio II aprobó una ley para poner fin al patriarcado judío el 30 de mayo del 429, tras la muerte de Gamaliel VI, el último presidente del Sanedrín.[84] Durante los últimos quinientos años, ha habido cinco intentos fallidos para restablecer el Sanedrín, pero en el 2004, se formó nuevamente un Sanedrín naciente y ha estado operando de manera creíble desde ese momento, con el apoyo de cientos de los rabinos más eruditos e influyentes en Israel.[85] Se han llamado a sí mismos el Sanedrín "Naciente" con la esperanza de que con el tiempo gane aceptación universal dentro de la comunidad judía como el

---

[84] Peter Schäfer, *The History of the Jews in the Greco-Roman World [La historia de los judíos en 105el mundo grecorromano]* (Routledge, 2003): 187.
[85] Sitio web naciente del Sanedrín: www.thesanhedrin.org/en/index.php/The_ Nascent_Sanhedrin; "Sanedrín inaugurado en Tiberíades (Sanhedrin Launched in Tiberias)," (articulo en inglés) *Arutz Sheva*, enero 20 de 2005, www.israelnationalnews. com/News/News.aspx/70349

Sanedrín completamente revivido. En el 2007, el Sanedrín provisional comenzó a solicitar la realización de un sacrificio de práctica completamente kosher con un cordero sin imperfecciones el día anterior a la Pascua.[86] Desde aproximadamente el 2011, el nuevo Sanedrín ha estado realizando sacrificios de práctica con corderos sin imperfecciones y solicitando a la Suprema Corte de Israel que reinicie los sacrificios en el Monte del Templo.[87] Los sacrificios de práctica se han realizado en cooperación con el Instituto del Templo (The Temple Institute), que fue fundado en 1987. El Instituto ha estado rehaciendo la mayoría de los artefactos del templo y las vestiduras sacerdotales necesarias para restablecer el sacerdocio, restaurar las ofrendas de sacrificio y reconstruir el templo.[88] Uno de los artefactos del templo más impresionantes que se ha reconstruido es la menorá dorada (ver la foto del autor, a la derecha), pero eso no es todo lo que se ha preparado. Además de haber preparado

[86] Nadav Shragai. "El tribunal del Sanedrín actual busca revivir los rituales del antiguo templo," (articulo en inglés) *Haaretz*, February 28, 2007, www.haaretz.com/1.4808340

[87] "Un grupo judío intenta sacrificar un cordero de Pascua en el monte del templo de Jerusalén," *Protestante Digital*, 8 abril de 2007, https://protestantedigital.com/internacional/19409/Un_grupo_judio_intenta_sacrificar_un_cordero_de_Pascua_en_el_monte_del_templo_de_Jerusalen ; "Sacrificio del Cordero Pascual regresa a Jerusalén después de milenios," (articulo en inglés) *Breaking Israel News*, April 19, 2016, www.breakingisraelnews.com/66076/passover-sacrifice-makes-comeback-overlooking-temple-mount-photos.

[88] Ver el sitio web del Instituto del Templo: www.templeinstitute.org/main.htm

las vestiduras y los utensilios necesarios para comenzar el servicio sacerdotal, existe también una escuela en Israel entrenando la primera generación de sacerdotes.[89] Un altar portátil, construido según todas las normas bíblicas y las instrucciones que se encuentran en la Mishná se ha armado y está listo para el templo futuro.[90]

Finalmente, se han realizado esfuerzos concertados durante décadas para criar novillas rojas completamente libres de imperfecciones. La ley judía, la Halajá, requiere que las vacas rojas nunca pueden haber estado bajo yugo o haber sido fecundadas, no deben tener defectos físicos o imperfecciones, y no pueden tener más de dos pelos que no sean rojos y, según la Mishná, la vaca también debe tener al menos tres años.[91] A partir del 2021, el Instituto del Templo aún no tenía una vaca roja perfecta, pero estaban inspeccionando a múltiples candidatas para ver si eventualmente cumplirían con todos los requisitos de la ley judía.[92] Incluso han llevado a cabo un sacrificio de novilla roja de práctica para estar listos cuando les toque de verdad.[93] También se han elaborado planos arquitectónicos detallados para todo el complejo del templo, incluido un edificio que albergaría el nuevo Sanedrín.[94] El Sanedrín Naciente incluso ha comenzado a hacer un llamado oficial al pueblo

---

[89] "Instituto del Templo abre Nueva Escuela para Entrenar Sacerdotes," 27 Abril de 2014, www.iglesiaenpadrelascasas.org/el-caracter/item/1040-instituto-del-templo-abre-nueva-escuela-para-entrenar-sacerdotes

[90] "El altar del sacrificio del Tercer Templo de Jerusalén está listo," *Protestante Digital*, 20 marzo de 2015, https://protestantedigital.com/cultura/35645/El_altar_del_sacrificio_del_Tercer_Templo_de_Jerusalen_esta_listo

[91] "Instituto del Templo inspecciona novilla roja para sacrificios en Israel," noticiacristiana.com, 12 agosto de 2020, www.noticiacristiana.com/israel/2020/08/instituto-templo-inspecciona-novilla-roja-sacrificios-israel.html ; *Jewish Virtual Library*, www.jewishvirtuallibrary.org/red-heifer

[92] "Red Heifer Update March 1 2021," https://youtu.be/7ksWQ75DW9k

[93] "Queman una novilla en Jerusalén como prueba de de lo que será el sacrificio de la vaca roja," *YouTube*, 28 septiembre de 2019, https://www.youtube.com/watch?v=VaIoXQ3TS0M

[94] "Publican los primeros planos arquitectónicos del Tercer Templo," *enlace judío*, 27 julio de 2015, https://www.enlacejudio.com/2015/07/27/publican-los-primeros-planos-arquitectonicos-del-tercer-templo/

judío pidiendo "que contribuyan a la adquisición de materiales con el fin de reconstruir el Templo Sagrado", y últimamente muchos judíos han respondido a ese llamado.[95] Solo queda construirlo, lo cual depende de que el Espíritu de Dios mueva y bendiga al pueblo de Israel para que estén de acuerdo.

La Reconstrucción de los Muros de Jerusalén y el Sellado de la Puerta Oriental

El hombre me hizo regresar por la puerta exterior del templo, la que daba al oriente, pero estaba cerrada. Allí el Señor me dijo: "Esta puerta quedará cerrada. No se abrirá, y nadie deberá entrar por ella. Deberá quedar cerrada porque por ella ha entrado el Señor, Dios de Israel."

— Ezequiel 44:1-2 NVI

Esta profecía se refiere al sellado de la Puerta Oriental del Monte del Templo, llamada la Puerta Dorada (ver la foto del autor a la derecha), la cual da al Monte de los Olivos y conduce directamente al Monte del Templo. En mi primer libro, *El Templo Revelado*, repaso la extensa historia de esta puerta y su conexión con el Templo de Salomón. También es la puerta que yo creo que usó Jesús para su entrada triunfal a Jerusalén antes de ser crucificado.[96]

---

[95] Hillel Weiss and R. Chaim Richman. "Decisión del Sanedrín con respecto al Santo Templo, el Monte del Templo y Jerusalén," 28 Iyar 5765 (June 6, 2005), (articulo en inglés) www.thesanhedrin.org/en/index.php/Hachrazah_5765_Iyyar_28

[96] Christian Widener. *The Temple Revealed* (End Times Berean, 2020): 80-81.

LA MAYOR SEÑAL: LA FUNDACIÓN DEL ESTADO DE ISRAEL

Los muros de Jerusalén fueron reconstruidos por el sultán turco Solimán el Magnífico, a partir de 1537.[97] Después de restaurar y reconstruir la Puerta Dorada, la selló en 1541, presumiblemente cuando escuchó sobre la profecía de que el Mesías entraría en Jerusalén por la Puerta Oriental.[98] Y, sin embargo, al hacerlo, sin darse cuenta ayudó a mantener la verdad de la Palabra de Dios de que esta puerta se cerraría y permanecería cerrada.

Los extranjeros reconstruirán tus muros, y sus reyes te servirán.

— **Isaías 60:10a** NVI

Además, Solimán también cumplió una profecía de que los extranjeros reconstruirían los muros de Jerusalén y, tal como se profetizó, fue un gobernante benévolo que "sirvió" al pueblo de Dios al tratar con equidad tanto a judíos como a cristianos durante su reinado. Esto probablemente comenzó con el desarrollo de un tratado entre Solimán y el Rey de Francia en 1535 para regular las relaciones entre los dos estados.[99] Los términos dictaban "el derecho a practicar su propia religión" sin ser molestados, lo que parece haber promovido un trato justo tanto para cristianos como para judíos. Durante este período bajo el gobierno de Solimán, los judíos informaron que vivían "en felicidad y tranquilidad, cada uno según su condición y fortuna, porque la autoridad real es justa y grande", y se les permitió dedicarse a todo tipo de oficios e incluso estudios religiosos.[100]

Profanaciones en el Monte del Templo

Es importante recordar que Dios es quien ha declarado que la ubicación del templo es importante para él. Es el lugar donde Dios dice que colocará su trono y las plantas de sus pies y habitará entre los hijos de Israel para siempre. Y cuando hablamos del templo,

---

[97] Ver capítulo 5: *Setenta Semanas han sido Decretadas*.
[98] J.E. Peters. *Jerusalem* (Princeton, 1985): 411, 479-80.
[99] Ibid., 535-6.
[100] Ibid., 474-5.

inmediatamente nos dirigimos al área del Monte del Templo, ya a Jerusalén en general. Este es el único lugar en el planeta que Dios ha llamado suyo, por escrito. Y al llamarlo un lugar "sagrado", significa que está completamente separado de otros lugares.

Y me dijo: "Hijo de hombre, este es el lugar de Mi trono, el lugar de las plantas de Mis pies, donde habitaré entre los israelitas para siempre. Y la casa de Israel no volverá a profanar Mi santo nombre, ni ellos ni sus reyes, con sus prostituciones y con los cadáveres de sus reyes cuando mueran, poniendo su umbral junto a Mi umbral, y sus postes junto a Mis postes con solo un muro entre ellos y Yo. Ellos han profanado Mi santo nombre con las abominaciones que han cometido; por eso los he consumido en Mi ira. Que alejen ahora de Mí sus prostituciones y los cadáveres de sus reyes, y Yo habitaré entre ellos para siempre.
— Ezequiel 43:7-9 NBLA

Por eso es tan extraño que leamos acerca de la profanación del santo templo de Dios "por los cadáveres de... reyes". Es extraño porque hubiera sido una abominación tener personas enterradas en el Monte del Templo, por lo que no esperamos que sea posible. Pero, ¿hay cadáveres de reyes enterrados en el Monte del Templo? ¿Lo ha habido alguna vez? ¿O es una mala traducción del texto? Estas son preguntas importantes cuando estamos determinando si se ha observado o no un cumplimiento profético.[101] Bueno, el 4 de junio de 1931, Hussein ibn al-Hashimi, rey del Hiyaz, murió y pronto fue enterrado en el Monte del Templo, cerca de la

---

[101] La palabra hebrea es *peger* (Strong's H6297), que generalmente significa un cuerpo sin vida o un cadáver, pero también se aplica a los ídolos. Podemos encontrar ambos significados en Levítico 26:30: "Yo destruiré sus lugares altos, derribaré sus imágenes, y echaré sus cadáveres (*peger*) sobre los cuerpos inertes (*peger*) de sus ídolos, y los aborreceré con toda mi alma". La realidad actual del cadáver de un rey enterrado en el Monte del Templo, debería ayudarnos a confirmar que esta profecía es de hecho sobre el entierro de los cadáveres de los reyes en el Monte del Templo.

Puerta de los Mercaderes de Algodón, cerca de donde debería estar el templo, en el interior noroeste del Monte del Templo.[102]

Aquí hay una foto de su tumba en el Monte del Templo (foto del autor, derecha). ¡Eso es increíble! Las palabras de Ezequiel, escritas entre el 593 y el 571 a.C., se cumplieron hace menos de un siglo. Es increíblemente improbable que un rey sea enterrado en los 36 acres del Monte del Templo por casualidad. Según mis cálculos, las probabilidades son, en el mejor de los casos, de 1 en 4.361 (o solo una probabilidad del 0,02 por ciento).[103] Eso significa que esto es algo muy poco probable de predecir sin inspiración divina.

El otro cumplimiento que vemos en este versículo es de la frase: *"...poniendo su umbral junto a Mi umbral, y sus postes junto a Mis postes con solo un muro entre ellos y Yo"*. Al reconocer que la verdadera

---

[102] Robert D. Kaplan, *Eastward to Tartary: Travels in the Balkans, the Middle East, and the Caucasus* (New York: Random House, 2000): 205.

[103] Algunos podrían decir que se puede encontrar un rey enterrado en cualquier lugar si esperas lo suficiente. Pero de los 15.700 millones de acres en la tierra, pocos tienen reyes enterrados en ellos, y los 36 acres del Monte del Templo están expresamente prohibidos para que nadie sea enterrado allí en primer lugar. Wikipedia enumera 287 monarquías diferentes que han existido en todo el mundo desde principios de la Edad del Bronce. Reconociendo que los reyes a menudo se entierran juntos o en proximidad para una monarquía dada, podríamos estimar que todos los reyes del mundo desde principios de la Edad del Bronce hasta ahora están sepultados en menos de 10.000 acres de tierra. También debemos reconocer que las personas solo habitan alrededor del 10 por ciento de la tierra del planeta. Usando esos números, se podría estimar que las probabilidades de tener un rey enterrado en los 36 acres del Monte del Templo, por pura casualidad, es de 1 en 4.361 (36/157.000 o una probabilidad del 0,02 por ciento).

ubicación del antiguo templo judío estaba justo al norte de la Cúpula de la Roca, obtenemos una visión muy clara de lo que Dios estaba denunciando en esta profecía. Si el templo judío fuera erigido hoy, directamente frente a la Puerta Oriental, la Cúpula de la Roca estaría ubicada justo al lado del templo de Dios (ver la imagen de abajo). Esto se parece a la escena que podríamos imaginar del libro de Apocalipsis.

Entonces me fue dada una caña semejante a una vara de medir y se me dijo: "Levántate y mide el templo de Dios y el altar y a los que adoran en él. Pero el patio que está fuera del templo déjalo aparte y no lo midas, porque ha sido entregado a los gentiles. Ellos hollarán la ciudad santa cuarenta y dos meses." **– Apocalipsis 11:1-2** RVR1995

Imagen compuesta por el autor con anotaciones para mostrar la exclusión del patio exterior hacia el sur, donde se asienta la Cúpula de la Roca.[104]

---

[104] Widener. *The Temple Revealed (El Templo Revelado)*, 220.

La Lección de la Higuera

De la higuera deben aprender esta parábola: Cuando sus ramas se ponen tiernas, y le brotan las hojas, ustedes saben que el verano ya está cerca. De la misma manera, cuando ustedes vean todas estas cosas, sepan que la hora ya está cerca, y que está a la puerta. De cierto les digo, que todo esto sucederá antes de que pase esta generación.

— Mateo 24:32-34

Dios nos ha dado muchas señales específicas en su Palabra que preceden a su segunda venida. Sin embargo, la lección de la higuera es una de las más crípticas. Una gran parte de las imágenes simplemente proporciona una analogía para reconocer los signos de algo emergente. Así como uno debe ver que el retoño de una higuera significa que pronto dará fruto, cuando vemos las señales que predijo Jesús, debemos esperar que su regreso esté cerca. En esta imagen de una higuera en ciernes, se puede ver que justo cuando están emergiendo las hojas, la fruta ya ha comenzado a formarse en las ramas.[105]

También está la promesa de que la generación que ve las señales en Mateo 24 no morirá (no todos morirán) antes de que estas cosas sucedan. Pero hay otro posible significado escondido en la parábola de Jesús. El retoño de las ramas de la higuera puede tomarse como una metáfora de la fundación del Estado de Israel en el 1948.[106] Si

---

[105] JLPC. "Higuera común (Ficus carica), hojas y frutos nuevos." *Wikimedia Commons*, CC BY-SA 3.0, https://commons.wikimedia.org/
[106] Jeremías 24 incluye una profecía que compara a Israel con dos canastas de higos, una buena y otra mala. Dios le dice a Jeremías con respecto a los buenos

entendemos que la declaración de Jesús "esta generación no pasará hasta que todo esto suceda" se aplica a la generación que vio el retorno de Israel, entonces surge la pregunta: "¿Cuánto dura una generación?" David nos dice en los Salmos que el lapso de vida de una persona es entre setenta y ochenta años. Si usamos eso como una indicación de la duración de una generación, entonces podríamos especular que el regreso del Señor debe ocurrir entre 2018 y 2028.

Setenta años son los días de nuestra vida; ochenta años llegan a vivir los más robustos. Pero esa fuerza no es más que trabajos y molestias, pues los años pronto pasan, lo mismo que nosotros. – **Salmos 90:10**

El Error de Balaam y La Teología del Reemplazo

El relato de Balaam se da en Números 22-24 y 31. Balaam era un gentil que adoraba a Dios; pero los vecinos de Israel lo sedujeron para que los maldijera y pusiera tropiezos en su camino. La historia es fácil de pasar por alto como un evento extraño que sucedió en los días de Moisés. Balaam se menciona varias veces más, en Deuteronomio 23:4-5, Josué 13:22 y 24:9-10, Nehemías 13:2 y Miqueas 6:5, pero estas otras referencias del Antiguo Testamento están en el contexto de recordar las cosas que el Señor había hecho por Israel. No es sino hasta el Nuevo Testamento que vemos una grave advertencia acerca de seguir a Balaam. De hecho, Pedro, Judas y Juan mencionan a Balaam en relación con los últimos días y los

---

higos que "los plantaré y no los arrancaré". Cuento un total de 25 referencias que asocian las higueras con la tierra de Israel en el Antiguo Testamento, como Zacarías 3:10, que dice: "Cuando llegue ese día, cada uno de ustedes invitará a sus amigos a sentarse debajo de su vid y de su higuera.—Palabra del Señor de los ejércitos." También está la imagen de una ramita brotando que recuerda la vara de Aarón en Números 17. Por último, hay una imagen similar en Isaías 11:1, "Una vara saldrá del tronco de Isaí; un vástago retoñará de sus raíces." Si bien se trata claramente de Jesús, también evoca una imagen del futuro regreso de Israel.

creyentes cristianos que se han apartado. Veamos de cerca algunas de estas referencias.

Pero tengo algunas cosas contra ti. Tienes contigo a los que se aferran a la doctrina de Balaam, el que enseñó a Balac a poner tropiezos a los hijos de Israel, a hacerlos comer de lo sacrificado a los ídolos, y a caer en inmoralidades sexuales. — **Apocalipsis 2:14**

Se han apartado del camino recto, se han extraviado por seguir el camino de Balaam hijo de Beor, que tanto amó el premio de la maldad. — **2 Pedro 2:15**

¡Lástima de ellos!, porque han seguido el camino de Caín. Por amor al dinero cayeron en el error de Balaam y murieron en la rebelión de Coré. — **Judas 1:11**

En dos de estos versículos, el dinero se menciona junto con Balaam, y el otro versículo menciona la inmoralidad sexual. El entendimiento típico de la referencia a Balaam, por lo tanto, es que él es un símbolo de los cristianos que buscan ganancias mal habidas, como se encuentra en 1 Timoteo 6:5-10, o de aquellos que inducen a otros a pecar, como se encuentra en 2 Pedro 2:18. Pero hay otra opción que no creo que haya recibido mucha consideración, y su comentario bíblico probablemente tampoco será de mucha ayuda. ¿Por qué? Porque la mayoría de las personas, incluidos los comentaristas, pasan por alto la clasificación principal de quién era Balaam. Era un "hombre santo" gentil a quien los enemigos de Israel le pidieron que los ayudara a maldecir a los israelitas. Dicho de otra manera, era un creyente gentil que ayudó a las naciones paganas circundantes (que ahora comprenden los países árabes islámicos) a luchar contra Israel.

En consecuencia, aplicado de manera más amplia y suponiendo que realmente estemos ahora en los últimos días, creo que el significado completo de estos versículos no se refiere solo a los cristianos que aman el dinero, sino más concretamente, están hablando de los cristianos que están aceptando la Teología del Reemplazo y oponiendose a Israel apoyando la causa palestina, el boicot, la desinversión y las sanciones (también conocido como BDS y Movimiento BDS) y otros movimientos antisemitas y antisionistas.

La Teología del Reemplazo es la idea de que la Iglesia no solo ha sido injertada en las promesas de Israel, como enseña Pablo en Romanos capítulos 9-11, sino que ha reemplazado completamente a la nación de Israel como heredera de las promesas de Dios.[107] Tomando prestado un ejemplo del Antiguo Testamento, afirmar la Teología del Reemplazo es como creer que Israel se ha convertido en Esaú y que la Iglesia, como Jacob, ha robado la primogenitura de Israel, con la bendición de Dios. Pero Pablo es muy claro en que el corazón de Israel solo se endurecerá *"hasta que haya entrado la plenitud de los gentiles."* (*Romanos 11:25* RVR1995).

Además, si no has oído hablar del Movimiento BDS, es una organización dirigida por palestinos que busca deslegitimar al Estado de Israel y hacerles daño económicamente.[108] Su justificación se basa en una versión revisionista del conflicto palestino-israelí.[109] Como ejemplo, muchos palestinos niegan que el Holocausto haya incluso ocurrido. También olvidan deliberadamente que fueron Jordania, Líbano, Siria y Egipto los que invadieron Israel en múltiples ocasiones para aniquilarlos, y no al revés. Si no conoces la verdadera historia del conflicto, entonces sus afirmaciones pueden sonar razonables y justas. ¡Pero cuando sabes la verdad, sus acusaciones equivalen a un ladrón llamando a la policía contra el dueño de una casa por defender a su familia y propiedad contra ellos! Cuando los cristianos bien intencionados apoyan estos movimientos, están apoyando y creyendo en mentiras, el tipo de mentiras que también

---

[107] David Reagan. "¿Ha Reemplazado la Iglesia a Israel?" *Lamb & Lion Ministries*, traducido de inglés en: https://atravesdelasescrituras.com/ 2017/05/30/ha-reemplazado-la-iglesia-a-israel/comment-page-1/
[108] https://bdsmovement.net
[109] https://emetnews.org/palestinian-myths/

dice, por ejemplo, el régimen iraní contra los Estados Unidos. De hecho, los iraníes son grandes partidarios de Hamás y Hezbolá, los aliados terroristas de los gobiernos palestinos en Gaza y Cisjordania.

Sin embargo, es importante aclarar que no todos los que adoptan la Teología del Reemplazo son antisemitas; pero rara vez encontrarás a alguien que lo haga y que a la vez también quiera bendecir a Israel y orar por la paz de Jerusalén. Además, también debo mencionar que he visitado y disfrutado de la hospitalidad de árabes palestinos en Judea y Samaria (ahora a menudo llamada Cisjordania). Conocí a muchos que parecían amables, honorables y merecedores de una oportunidad de tener una vida mejor de lo que permite la actual situación contenciosa. Bajo las condiciones adecuadas, quizás muchos palestinos serían maravillosos ciudadanos israelíes. Sin embargo, eso no se puede decir de su liderazgo actual, ni de un porcentaje significativo de la población, cuyo odio hacia Israel es palpable y peligroso.[110] El mundo debe dejar de intentar culpar a Israel por el estado actual de este conflicto. La verdad es que la mayor parte de la responsabilidad de la situación actual recae en el liderazgo rabioso que ha gobernado a los palestinos durante más de cinco décadas y los países que los han apoyado.

Aquí está la advertencia, sin embargo. En Apocalipsis 2:14, Dios dice: *"Pero tengo algunas cosas contra ti"*. Una de las principales cosas que Dios tiene en contra de ellos es que estaban actuando como Balaam. En otras palabras, está llamando a los cristianos que están en contra de Israel y se están poniendo del lado de sus vecinos enemigos, tal como lo hizo Balaam. Y les está diciendo a *"el que tenga oídos, que oiga lo que el Espíritu dice a las iglesias"* que dejen de hacerlo. Espero que los cristianos que están cayendo en el error de Balaam se arrepienten y regresen a una comprensión sólida de la

---

[110] Justin Kron & Todd Morehead, prod. "Hope in the Holy Land," *Philos Project*, (2021), https://hopeintheholyland.com/#home

Palabra de Dios y comiencen a amar y apoyar al pueblo judío. No porque yo lo diga, sino por *"el que tiene la espada aguda de doble filo"*.

[Mensaje a la Iglesia de Pérgamo]
Escribe al ángel de la iglesia en Pérgamo: Así dice el que tiene la espada aguda de doble filo: "Yo sé dónde vives, y dónde está el trono de Satanás. Sin embargo, te mantienes fiel a mi nombre, y no has negado mi fe, ni siquiera cuando a Antipas, mi testigo fiel, lo mataron en esa ciudad, donde vive Satanás.
Pero tengo algunas cosas contra ti. Tienes contigo a los que se aferran a la doctrina de Balaam, el que enseñó a Balac a poner tropiezos a los hijos de Israel, a hacerlos comer de lo sacrificado a los ídolos, y a caer en inmoralidades sexuales. También tienes contigo a los que se aferran a la doctrina de los nicolaítas. Así que, ¡arrepiéntete! De lo contrario, pronto vendré a ti, y con la espada de mi boca pelearé contra ellos.
El que tenga oídos, que oiga lo que el Espíritu dice a las iglesias: Al que salga vencedor, le daré a comer del maná escondido, y le daré también una piedrecita blanca; en ella está escrito un nombre nuevo, que nadie conoce sino el que lo recibe. — **Apocalipsis 2:12-17**

Sin embargo, para evitar ser parcial, también señalaré que Jesús felicita a muchos de ellos por permanecer fieles a su nombre. En consecuencia, esto significa que debemos ser pacientes y amorosos con aquellos que aún no comprenden el significado del plan de Dios para el pueblo judío porque han sido engañados por la Teología del Reemplazo. Ora por ellos. Ámalos. Adviérteles, *"Así que, ¡arrepiéntete! De lo contrario, pronto vendré a ti, y con la espada de mi boca pelearé contra ellos."*

Los demás fueron muertos con la espada que salía de la boca del que montaba el caballo, y todas las aves se saciaron devorando sus cadáveres.
— **Apocalipsis 19:21**

La Mayor Señal de Nuestra Generación

Claramente, las promesas de Dios a Israel siguen vigentes y se cumplirán, tal como Dios lo ha declarado. Aunque los judíos que actualmente no aceptan a Cristo como el Mesías son enemigos "en cuanto al Evangelio se refiere", son "amados por causa de los patriarcas" (*Romanos 11:28*). El final está cerca. Nadie puede saber con seguridad exactamente cuánto tiempo queda antes del regreso de Cristo; pero debemos reconocer que, con los eventos actuales en Israel que coinciden tan de cerca con lo que Dios nos advierte en su Palabra, su regreso debe estar cerca.

El retorno de Israel a su tierra es la mayor señal de nuestra época. Tiene tanto significado cómo lo tuvo la liberación de los israelitas de la esclavitud de Egipto y su paso por el Mar Rojo. Jeremías profetizó que, en los últimos días, la señal que vemos ahora ante nosotros sería más importante para la gente que hablar de la señal de su liberación de Egipto por medio de Moisés. Y en estos días que esperamos con ansias el regreso del Señor, diría que también esta profecía se ha cumplido ante nuestros ojos.

En ese día—dice el Señor—, cuando la gente jure ya no dirá: "Tan cierto como que el Señor vive, quien rescató al pueblo de Israel de la tierra de Egipto". En cambio, dirán: "Tan cierto como que el Señor vive, quien trajo a Israel de regreso a su propia tierra desde la tierra del norte y de todos los países a donde él los envió al destierro". Entonces vivirán en su propia tierra. **– Jeremías 23:7-8**

La Oración de Daniel por Edward John Poynter, en *la Galería Bíblica de Dalziels* (Nueva York: Scribner and Welford, 1865-81).

5

Setenta Semanas han sido Decretadas

Bueno, aquí está la evidencia más importante. Ya sea que hayas leído los cuatro capítulos anteriores o simplemente te hayas saltado directamente a este, este es el clímax del libro. Voy a presentar una dimensión completamente nueva a la interpretación tradicional de la profecía de Daniel, algo que ha estado oculto durante mucho tiempo, esperando "el tiempo del fin".

Este es un tema que muchas personas sentirán que ya entienden completamente, por lo que en la primera parte del capítulo trabajaremos y aclararemos algunas cosas sobre cómo se interpreta tradicionalmente esta profecía y veremos dónde hay problemas. Se puede comparar a subirse a un bote con un montón de agujeros en el casco debajo de la línea de flotación; Antes de que podamos intentar navegar a cualquier parte, debemos bajar al casco y reparar la mayoría de las fugas. De lo contrario, no llegaremos muy lejos.

En el camino, desentrañaremos algunos misterios que se han debatido en la iglesia desde sus primeros días, como determinar las fechas del comienzo del ministerio de Jesús y su crucifixión. Esas dos fechas determinan la duración total del ministerio de Cristo y tienen implicaciones significativas para entender la profecía de Daniel de las setenta semanas. Una vez que hayamos cubierto ese trasfondo, estarás listo para ver cómo un decreto que todos pasaron por alto es la clave para desentrañar un gran misterio sobre las setenta semanas de Daniel.

La profecía comienza con Daniel dándose cuenta de que se habían cumplido los setenta años de la desolación de Jerusalén (basado en la palabra del Señor revelada al profeta Jeremías), y así él comenzó a orar, ayunar y buscar al Señor. En respuesta, el Señor envió al ángel Gabriel para que revelara una visión de los imperios del mundo desde ese tiempo hasta el fin del mundo y le dio a Daniel la profecía de las Setenta Semanas—escrita alrededor del año 539 a.C., es uno de los textos clave sobre los últimos días que se encuentran en el Antiguo Testamento. Jesús también hizo referencia a esta profecía de Daniel, confirmando que se refiere a los últimos días.[111]

La Profecía

Entre otras cosas, la profecía de las Setenta Semanas (*Daniel 9:24-27*) establece nuestro entendimiento de que la tribulación durará un total de siete años, y que los últimos tres años y medio de los siete años de la tribulación será el tiempo del reinado del anticristo y la Gran Tribulación. También nos dice que todo lo que está siendo revelado en la profecía es desencadenado por un decreto para restaurar y reconstruir a Jerusalén.

---

[111] En Mateo 24:15, Jesús hace referencia directa a la abominación desoladora de que habló Daniel (*Daniel 9:27*) mientras les dice a los discípulos qué pueden esperar antes de su regreso.

²⁴ Setenta semanas han sido decretadas sobre tu pueblo y sobre tu santa ciudad, para poner fin a la transgresión, para terminar con el pecado, para expiar la iniquidad, para traer justicia eterna, para sellar la visión y la profecía, y para ungir el lugar santísimo.

²⁵ Has de saber y entender que desde la salida de la orden para restaurar y reconstruir a Jerusalén hasta el Mesías Príncipe, habrá siete semanas y sesenta y dos semanas. Volverá a ser edificada, con plaza y foso, pero en tiempos de angustia.

²⁶ Después de las sesenta y dos semanas el Mesías será muerto y no tendrá nada, y el pueblo del príncipe que ha de venir destruirá la ciudad y el santuario. Su fin vendrá con inundación. Aun hasta el fin habrá guerra; las desolaciones están determinadas.

²⁷ Y él hará un pacto firme con muchos por una semana, pero a la mitad de la semana pondrá fin al sacrificio y a la ofrenda de cereal. Sobre el ala de abominaciones vendrá el desolador, hasta que una destrucción completa, la que está decretada, sea derramada sobre el desolador.

— **Daniel 9:24-27** NBLA

490 Años y Seis Misiones

Comenzando con el versículo 24, aprendemos que Dios ha decretado un período de setenta semanas. En caso de que no estés familiarizado con esta idea, cuando Daniel dice setenta semanas (o setenta sietes), se refiere a setenta semanas de años o setenta períodos de siete años, lo que sería 70 x 7 = 490 años. Es un tipo de década sabática (excepto que son 7 años en lugar de 10). A veces también se le llama heptada. Es por eso que verás setenta "sietes" y setenta "semanas". La idea de que esto significa correctamente 490 años y no 490 días se ha afirmado plenamente a lo largo de la historia de la iglesia. Además, hay evidencia interna que deja en claro que significó setenta "semanas de años" en Daniel 9, porque más adelante en Daniel 10:2-3, escribió que ayunó por tres sietes, pero añadió "de días" al final para indicar que se refería a tres semanas, no a veintiún años.[112] Entre las personas que consideran la profecía generalmente literal, todos estarían de acuerdo en que los setenta sietes todavía representan una cuenta de 490 años.[113] Una observación final que podemos hacer de este pasaje es que seis cosas deben completarse en el período de 490 años: 1) poner fin a la transgresión, 2) terminar con el pecado, 3) expiar la iniquidad, 4) traer justicia eterna, 5) sellar la visión y la profecía, y 6) ungir el lugar santísimo.

El Decreto para Restaurar y Reconstruir a Jerusalén

En el versículo 25, leemos que habrá una orden (un decreto) para restaurar y reconstruir a Jerusalén que servirá como punto de partida para contar las setenta semanas. Una de las señales que los fariseos y saduceos pasaron por alto en el tiempo de Jesús fue el cumplimiento de esta profecía del libro de Daniel. Está escrito que *"desde la salida de la orden para restaurar y reconstruir a Jerusalén hasta el Mesías Príncipe, habrá siete semanas y sesenta y dos semanas"*. Siete más sesenta y dos es sesenta y nueve. Eso significa que desde la emisión de un decreto para restaurar a Jerusalén hasta el Mesías, o ungido, habrá 483 años (7 x 69 = 483). Esto parecería ser una interpretación muy directa del texto. Como mínimo, cualquier rabino estudiado habría sido consciente de esta interpretación potencial y, por lo tanto, probablemente habría estado atento a su cumplimiento. Sin embargo, algunas cosas impidieron que ellos pudieran comprender bien este pasaje.

---

[112] Travis Snow. *The 70 Weeks Jubilee* (Voice of Messiah, 2021): 46.
[113] La palabra para semana, *sabua* o *shavua* (Strong's H7620), puede significar literalmente el número siete, un período de siete días (una semana) o siete años (una heptada). El contexto deja claro que estamos hablando de mucho tiempo, es decir, siete años.

El Primer Decreto

Para comenzar, habían cuatro decretos a los que los judíos podían haber tratado de referirse como el decreto de la profecía de Daniel. El primer decreto, que se encuentra en Esdras 1:1-4, fue hecho por Ciro en 538/537 a.C.[114] Permitió que los primeros exiliados regresaran a Jerusalén para reconstruir el templo, después de los setenta años de exilio profetizados por Jeremías. Si ese era el decreto del que hablaba Daniel, entonces se esperaba que el Mesías apareciera en el 55/54 a.C. Sin embargo, podemos estar seguros de que este primer decreto no era del que hablaba Daniel, por tres razones. Primero, Jesús no nació hasta cincuenta años después. Segundo, el decreto no mencionaba la reconstrucción de Jerusalén. Por último, no existe un sólido apoyo histórico de la iglesia para este primer decreto.[115]

El Segundo Decreto

También hubo otro decreto emitido por Darío I (c. 518 a.C.). Está registrado en Esdras 6:1-12. Este decreto principalmente solo afirmaba el decreto anterior de Ciro. Este decreto hubiera pronosticado la fecha para la llegada del Mesías al año 35 a.C., lo que tampoco sucedió. Pero al igual, este decreto tampoco menciona la

---

[114] ¿Por qué la fecha aparece como 538/537 a.C.? Porque los calendarios antiguos sostenían que la primavera era el comienzo del Año Nuevo y, por lo tanto, cualquier año antiguo dado se superponía con dos años en nuestro sistema de fechas de calendario moderno. Por lo tanto, si el evento fue temprano en el año antiguo, sería 538, pero si fue tarde en el año, entonces 537.

[115] El historiador de la iglesia primitiva Eusebio, escribiendo alrededor del año 314 d.C., asoció este primer decreto con la profecía de Daniel (ver: Eusebio. *Demonstrio Evangelica*. Libro VIII, Cap. 2, 126-131. Versión en línea: http://www.intratext .com/IXT/ENG0882/_P38.HTM). Sin embargo, Eusebio disintió de las opiniones de los primeros padres de la iglesia e introdujo su propia conjetura relacionando los años del decreto con la conquista de Jerusalén por Pompeyo. Desafortunadamente, solo creó confusión adicional al presentar una explicación bastante inconexa y lógicamente contraproducente para la profecía de Daniel.

restauración y reconstrucción de Jerusalén y, por supuesto, claramente no se alinea con la vida de Jesús. El padre de la iglesia primitiva Tertuliano (c. 198 d.C.) escribió que el comienzo del decreto debería ser desde el comienzo del reinado de Darío, cuando Daniel vio la visión por primera vez, pero los errores en su contabilidad descalifican esta fecha tan igual que lo haría un simple recuento del 518 a.C.[116] Sin embargo, sería fácil imaginar que algunos judíos esperaron la llegada del Mesías con este decreto, o el primero de Ciro, pero quedaron decepcionados. La idea de que los judíos ya habían tenido entre sí múltiples falsos mesías se encuentra en el Libro de los Hechos. Si bien no se nos da el momento exacto de estos falsos mesías, surgieron en un pasado no muy lejano y pudieron haber pretendido tener una conexión con uno de los decretos anteriores.[117]

Entonces Gamaliel, un fariseo que era doctor de la ley y a quien todo el pueblo respetaba, se levantó ante el concilio y ordenó que sacaran por un momento a los apóstoles; luego dijo: "Varones israelitas, piensen bien en lo que van a hacer con estos hombres. Hace ya algún tiempo, se levantó Teudas, quien se jactaba de ser alguien, y logró que se le uniera un grupo como de cuatrocientos hombres; pero lo mataron, y todos los que lo seguían fueron dispersados y exterminados. Después, cuando se hizo el censo, se levantó Judas el galileo y logró que muchos del pueblo lo siguieran. Pero también lo mataron, y todos los que lo seguían fueron dispersados. Por eso les digo ahora: Olvídense de estos hombres. Déjenlos. Porque si esto que hacen es de carácter humano, se desvanecerá; pero si es de Dios, no lo podrán destruir. ¡No vaya a ser que ustedes se encuentren luchando contra Dios!" — **Hechos 5:34-39**

---

[116] Coxe. *Ante-Nicene Fathers*, "Tertuliano: una respuesta a los judíos (Tertulian: An Answer to the Jews), c.VII," v. 3, 158-60.
[117] Para establecer un reclamo mesiánico, habrían necesitado una conexión con la profecía, y pudieron haber ajustado sus reclamos para que coincidieran con los tiempos profetizados por Daniel.

El Tercer Decreto

El tercer decreto que los judíos podrían haber considerado se encuentra en Esdras 7:11-26 y fue emanado por Artajerjes I en el 458 a.C.[118] Si cuentas 483 años después de este decreto, sería entre los años 26 y 27 d.C. Por lo tanto, este decreto fue emanado en un momento apropiado para establecer una conexión con la vida de Cristo. El decreto también nombra específicamente a Jerusalén, y está registrado en las Escrituras. Si bien no se menciona explícitamente la reconstrucción de la ciudad, reconoce que Jerusalén es la ciudad de Dios, y dice que además de proveer para los sacrificios del templo, los judíos podían hacer lo que les pareciera mejor "con el resto de la plata y oro" conforme a la voluntad de su Dios. Por lo tanto, este decreto es en efecto una opción viable.

Ésta es la copia de la carta que el rey Artajerjes entregó al sacerdote Esdras, profundo conocedor de los mandamientos y estatutos que el Señor había dado a Israel:

De Artajerjes, rey de reyes, a Esdras, sacerdote y escriba erudito en la ley del Dios del cielo. Paz.

Por este conducto ordeno que todo israelita, sacerdote o levita, que viva en mi reino y quiera ir contigo a Jerusalén, puede irse. Yo, el rey, y mis siete consejeros, hemos acordado enviarte a Judea y a Jerusalén, en conformidad con la ley de tu Dios, la cual obra en tus manos. Llevarás contigo toda la plata y el oro que mis consejeros y yo voluntariamente ofrecemos al Dios de Israel, cuyo templo está en Jerusalén. Llevarás también toda la plata y el oro que logres recaudar en toda la provincia de Babilonia, lo mismo que las ofrendas voluntarias del pueblo y de los sacerdotes para el templo de Dios en Jerusalén. Con lo que recaudes podrás comprar becerros, carneros y corderos, además de cereales y vino,

---

[118] Kitchen. *On the Reliability of the Old Testament*, 74.

para que los ofrezcas sobre el altar del templo del Dios de ustedes en Jerusalén. Si a ti y a tus hermanos les parece que con el oro y la plata restante pueden comprar otras cosas, háganlo, de acuerdo con la voluntad de su Dios. Los utensilios que te serán devueltos son para el servicio del templo de tu Dios, así que los devolverás ante tu Dios en Jerusalén. Cualquier otra cosa que sea necesaria para el templo de tu Dios, y que tengas que pagar, lo pagarás del tesoro real.

Yo, el rey Artajerjes, ordeno a todos los tesoreros que están al otro lado del río Éufrates proveer a Esdras, sacerdote y escriba de la ley del Dios del cielo, todo lo que él les pida, y hacerlo de manera inmediata, siendo el límite de hasta cien talentos de plata, cien coros de trigo, cien batos de vino, cien batos de aceite, y sal sin medida. Que todo lo que ordene el Dios del cielo para su templo se haga con prontitud. ¿Por qué exponernos a que el Señor se enoje contra el rey y contra sus hijos?

Tómese nota de que todos los sacerdotes, levitas, cantores, porteros, criados del templo y ministros del templo del Señor, estarán exentos de pagar tributo, contribución o renta. En cuanto a ti, Esdras, usa la sabiduría que tu Dios te ha concedido y elige jueces y gobernadores para el pueblo que está al otro lado del río Éufrates, que conoce los mandamientos de tu Dios. Si alguno no los conoce, tú deberás instruirlo.

— **Esdras 7:11-25**

El Quarto Decreto

A partir de este momento, las cosas se empiezan a complicar, porque posiblemente también hubo un cuarto decreto mencionado en Nehemías 2:1-9. También fue emitido por Artajerjes I, pero trece años después, en 445/444 a.C. Sin embargo, fue más como una carta que proveyó aclaración adicional y agregó fondos a su decreto original (como el decreto que Darío hizo para apoyar el primer decreto de Ciro). Además, contando 483 años solares regulares a partir de ahí nos daría una fecha de 39/40 d.C., que es demasiado tarde para haber sido asociada con Jesús. Esto parecería descalificar la consideración del cuarto decreto, excepto que el cuarto decreto menciona la reconstrucción de los muros de Jerusalén, mientras que el tercer decreto no menciona específicamente la reconstrucción de Jerusalén.

También le dije: "Si es la voluntad de Su Majestad, que se me den cartas para los gobernadores del otro lado del río, para que me permitan pasar y yo pueda llegar a Judá, y una carta más para que Asaf, el guardián de los bosques del rey, me provea de la madera necesaria para reforzar las puertas del palacio del Templo, las murallas de la ciudad, y la casa donde voy a vivir." Todo eso me lo concedió el rey, porque la bondad de mi Dios estaba conmigo. Fui entonces con los gobernadores del otro lado del río, y les entregué las cartas del rey.
— **Nehemías 2:7-9a**

En respuesta a este dilema de la cronología, el Dr. Harold W. Hoehner publicó una teoría ahora ampliamente conocida para resolver el problema en su libro, *Aspectos Cronológicos de la Vida de Cristo* en 1977.[119] Se basaba en el trabajo de Sir Robert Anderson, quien en 1881 propuso el uso de un año de 360 días para reconciliar el tiempo de las Setenta Semanas de Daniel.[120] La propuesta de Sir Anderson inició la cuenta con el segundo decreto de Artajerjes, que él lo marco al 14 de marzo de 445 a.C. y finalizando el 6 de abril de 32 d.C., contando 480 años de 360 días por año o 173.880 días. El Dr. Hoehner después mejoró esos cálculos. Siguiendo el método

---

[119] Harold W. Hoehner. *Chronological Aspects of the Life of Christ* (Zondervan, 1977): 126-39. (en inglés)

[120] Robert Anderson. *El Príncipe Que Ha de Venir* (Publicaciones Portavoz Evangelio, 2014): capítulo 6. (Publicado por primera vez en 1881 por Hodder y Stoughton.) En linea: https://issuu.com/davidalcatruzhernandez/docs/el_principe_que_ha_de_venir_-_evis_

del año de 360 días de Sir Anderson, pero contando desde el 1 de Nisán del 444 a.C. hasta el 10 de Nisán del 33 d.C.

Ambas posiciones se basaban a su vez en la posición de Julius Africanus, circa 232-240 d.C. Él fue el primero en sugerir que el cuarto decreto era el apropiado para usar en la profecía de Daniel.[121] Africanus también sugirió que la profecía de los 490 años se completó cuando Jesús comenzó su ministerio en el año después del comienzo del ministerio de Juan (*Lucas 3:1*), en el decimosexto año de Tiberio César. Al igual que Hoehner y Sir Anderson, Julius Africanus reconoció que hubo muy pocos años entre el 444 a.C. y el 27 d.C. (475 años según sus cálculos), o incluso el 33 d.C. (al cual le faltaban trece años para completar sesenta y nueve semanas, y seis años para completar setenta semanas). Para hacer que las matemáticas concuerden, Julius Africanus asumió el uso de un año hebreo corto de 354 días. Esta es una solución similar a las propuestas posteriores, pero usaba un número de días completamente diferente que no era menos especulativo que la propuesta de Sir Anderson. Por lo tanto, debemos rechazar un método de conteo que sea inferior a un año solar. Aunque Africanus es un testigo antiguo, simplemente ayuda a demostrar que no existe un precedente históricamente validado para un año de 360 días.

Un Análisis Crítico de la Hipótesis del Año Profético de 360 Días

Dado que el método de contar años de 360 días ahora es tan ampliamente aceptado, es importante demostrar firmemente que usar años solares es (y siempre ha sido) la forma correcta de contar años, en la profecía de Daniel y en la Biblia en general. Si ya has estudiado la profecía de Daniel de las setenta semanas, probablemente ya conozcas la afirmación común de que estos años deben contarse con 360 días, no con 365,25 días. Sin embargo, la

---

[121] Coxe. *Ante-Nicene Fathers*, "Los escritos existentes de Julius Africanus (The Extant Writings of Julius Africanus)," v. 6, 135.

motivación subyacente para esta consideración es hacer que la cuenta de sesenta y nueve semanas encaje entre el 444 a.C. y el 33 d.C., lo cual es una necesidad si se va a considerar el cuarto decreto, como se ve en la gráfica siguiente.

Cronología de las Sesenta y Nueve Semanas para la Aparición del Mesías Basado en los Cuatro Decretos Posibles

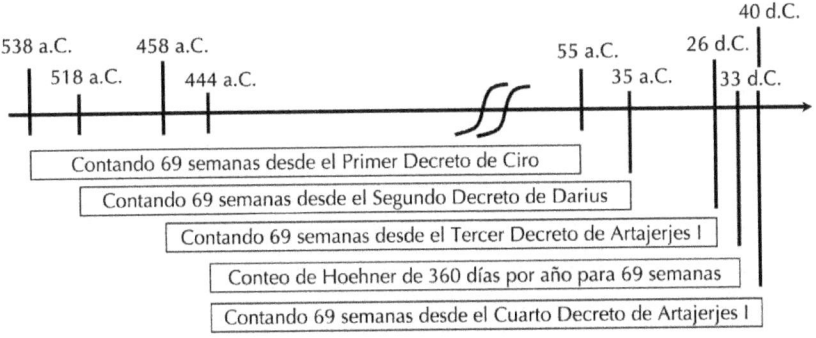

Esta aseveración se respalda con la siguiente evidencia. Primero, está escrito en Génesis que el diluvio de Noé duró cinco meses y ciento cincuenta días en total (*Génesis 7:11,24; 8:3-4*). Por deducción, se puede suponer que cada mes tenía treinta días. Asimismo, se supone que los cuarenta y dos meses de Apocalipsis 13:5 deben ser los mismos que los 1260 días de Apocalipsis 11:2-3 y 12:6, lo que nuevamente arroja un promedio de treinta días por mes. La presunción está respaldada por la frase "un tiempo, tiempos y la mitad de un tiempo" (que significa tres años y medio) la cual se encuentra en Daniel 12:7 en relación con el anticristo, y en Apocalipsis 12:14 sobre la protección de la mujer en el desierto. En conjunto, se supone que un mes profético en el calendario de Dios debe tener treinta días, y cuarenta y dos meses deben ser un año y medio. Si bien la idea puede ser atractiva, si se examina de cerca, tiene demasiadas dificultades para defenderse.[122]

---

[122] A primera vista, la idea de una precisión tan increíble, hasta el mismo día de 173.880 días, es realmente atractiva. Sin embargo, el uso deliberado de incrementos de siete años es similar a medir el mismo período como un múltiplo de décadas. En otras palabras, al usar una unidad de medida tan grande, la precisión

El primer problema es que los israelitas nunca contaron los años usando solo doce meses de treinta días. Es cierto que usaban un calendario lunar, pero siempre se ajustaban periódicamente al año solar agregando un decimotercer mes. No solo eso, sino que simplemente no hay apoyo histórico para un año "profético" de 360 días, antes de que fuera propuesto por Sir Robert Anderson en 1881.[123] Además, hay algunos errores en los cálculos de Hoehner en cuanto al número de días entre el 5 de marzo de 444 a.C. y el 5 de marzo del año 33 d.C. que aparentemente cambian su cuenta por un mes y cuatro días.[124] Y pudo haberse equivocado por un año, si el decreto verdaderamente fue el 445 a.C., como lo propuso Sir

---

correspondiente requerida para cumplir con la descripción también se reduce en consecuencia. Por ejemplo, la mayoría de la gente pensaría que el uso del término década para cubrir un período real como 9 años, 8 meses y 3 días, o 10 años, 5 meses y 17 días sería perfectamente exacto. Ambos se aproximan razonablemente por la unidad de medida más grande, una década. Por lo tanto, de la misma manera, algo más de seis o menos de ocho todavía podría aproximarse razonablemente por el número siete, es decir, una semana. Eso no quiere decir que Dios no pueda ser más preciso si quiere serlo, pero la unidad de medida que eligió intencionalmente en este caso no lo requiere. Además, simplemente no tenemos suficiente información para fijar las fechas con tanta precisión como intenta hacerlo el Dr. Hoehner.

[123] No hay fuentes judías o de la iglesia primitiva que apoyen esta posición (excepto Julius Africanus, quien trató de argumentar a favor de los años de 354 días). Sir Anderson hace referencia al calendario babilónico, que usaba doce meses lunares de treinta días cada uno, para respaldar su posición, pero no mencionó que incluso los babilonios insertaban regularmente un mes adicional para corregir el año solar. Por lo tanto, la idea es completamente especulativa.

[124] El error está en el cálculo del número de días por año solar en los calendarios juliano versus gregoriano. El error es solo de 4 días de 173.880, pero cuando está haciendo un argumento basado en la precisión hasta el mismo día, socava el argumento. También se informa que Hoehner tiene un error más significativo como resultado del uso de tablas de conversión de fechas babilónicas obsoletas que retrasan sus fechas en un mes. Para una revisión crítica (en inglés): Chris Sandoval. "The Dispensationalist Christian Interpretation of the Seventy Weeks," *The Secular Web*, 31 enero de 2007, https://infidels.org/library/modern/chris-sandoval-daniel/#dispensationalist

Anderson, y no en el 444 a.C., como supuso Hoehner.[125] También está la cuestión del significado de la frase "un tiempo, tiempos y la mitad de un tiempo". Probablemente signifique tres años y medio en un sentido general, pero es más matizado que eso. Es una declaración muy críptica, tanto en hebreo como en griego. Habría sido fácil simplemente escribir tres años y medio, pero la palabra en hebreo es *moed* (Strong's H3259), que significa un tiempo señalado, una reunión, una estación, una señal o una fiesta. Solo significa un año en el sentido de que el tiempo, la estación, la fiesta, etc. pueden ser un evento anual. Por lo tanto, debemos suponer que el uso de Dios de una frase tan críptica es deliberado,[126] y reconocer que es un término impreciso que se ajusta igualmente a 1278,4 días (3,5 años solares) y 1260 días (o 42 meses).

El último problema es que uno tendría que presumir que cada profecía relacionada con el conteo de los años en la Biblia siempre se calcula usando un año de 360 días.[127] Pero sin que sea claramente indicado a lo contrario, esperaría que cada referencia a un número dado de años en la Biblia se cuente como cualquier otro año. [*No debería requerirse tener un anillo para descifrar la fecha correcta en una profecía.*] Por lo tanto, parece que la posición más sensata es usar el año solar cuando se cuentan los años en la Biblia.[128]

---

[125] Ed Rickard. "Lección 8: Literatura sobre las sesenta y nueve semanas," April 22, 2021, www.themoorings.org/Jesus/Messianic_prophecy/69_weeks/literature.html

[126] Diría que no solo es deliberado, sino que oculta algún significado, por ejemplo, que la cuenta adecuada de los años está indexada a uno de los días festivos judíos.

[127] Quizás no sea una gran cantidad de profecías para considerar, pero incluiría: Isaías 7:8, 23:15, 38:5, Ezequiel 19:11-13, Jeremías 25:11, Zacarías 1:12. Incluso habría que cuestionar la interpretación del Salmo 90:10, ¿la duración de una generación profética es de 70 a 80 años, o de 69 a 79 años? Creo que un año solar estándar tiene más sentido en general, porque los judíos siempre corrigieron su calendario a eso.

[128] Hay una buena refutación de la hipótesis del año profético de 360 días que también se encuentra en: Snow. *The 70 Weeks Jubilee*, 215-26.

En Defensa del Tercer Decreto

Cuando tratamos de encontrar entre los primeros padres de la iglesia un consenso sobre cual de los decretos mejor encaja con la profecía de Daniel de las setenta semanas, no hallamos una posición claramente favorecida.[129] Podríamos llegar a la conclusión que es imposible llegar a una conclusión definitiva sobre la mejor manera de interpretar la profecía de Daniel. Algunos pudieran incluso llegar a pensar que la profecía no es más clara ahora que cuando fue escrita por primera vez. Pero a Daniel se le dijo que la profecía estaría sellada hasta el tiempo del fin (*Daniel 12:9*). Por lo tanto, la falta de una enseñanza clara de la iglesia primitiva con respecto a esta profecía no debería sorprendernos.

Sin embargo, podríamos objetar que el primer decreto de Artajerjes en 458 a.C. no mencionó específicamente la reconstrucción de Jerusalén, mientras que las cartas enviadas con Nehemías trece años después sí lo hicieron. Y esta es de hecho una objeción válida. Para responder a esto, necesitamos revisar qué fue exactamente lo que escribió Daniel en el capítulo 9. Daniel escribió "*desde la salida de la orden para restaurar y reconstruir a Jerusalén*" y también que "*volverá a ser edificada, con plaza y foso*". ¿Permitía el primer decreto de Artajerjes el inicio de la restauración de una plaza o foso?

El decreto de Artajerjes restauró el estado de derecho y la administración y reconoció a Jerusalén como la ciudad de Dios (*Esdras 7:15-19*). Eso no está lejano, pero ¿y qué de la mención específica de "la plaza" y "el foso"? Bueno, esas dos palabras, plaza (*rechob* – Strong's h7339) y foso (*charuwts* – Strong's h2742) no se mencionan en ninguno de los decretos de Artajerjes. Sin embargo, la *rejob* de la casa de Dios se menciona en Esdras 10:9, cuando todas las tribus de Judá y Benjamín se reunieron allí para discutir sobre sus matrimonios con mujeres extranjeras. Creo que se puede argumentar que

---

[129] J. Paul Tanner. "¿Es mesiánica la profecía de las setenta semanas de Daniel? Parte 1. (en inglés)" *Bibliotheca Sacra* 166, no. 662 (2009): 181-200.

una plaza (*rechob*) de hecho fue restaurada bajo el primer decreto de Artajerjes porque todos pudieron reunirse allí, puesto que ya en ese momento fue possible usarse como un lugar de reunión. En este caso, es razonable concluir que cuando Artajerjes decretó que también podían hacer lo que mejor les pareciera con el resto del oro y la plata, *"háganlo, de acuerdo con la voluntad de su Dios"*, se abrió una puerta ancha por parte de este primer decreto.

Como resultado, tenemos una base sólida para inferir que la reconstrucción inicial del templo por Esdras también incluyó mejoras a la plaza (*rechob*) del Templo. El segundo decreto de Artajerjes fue un refuerzo de su primer decreto, porque el trabajo para restaurar el resto de la ciudad se había estancado. Proporcionó recursos y mano de obra adicionales y, más específicamente, explicó su intención de apoyar la restauración total de Jerusalén, a la que ya había abierto la puerta en su primer decreto al escribir que Jerusalén es la morada de Dios. Si me imagino que soy Esdras en ese momento, no creo que hubiera tenido problema pensar que podía usar el primer decreto de Artajerjes como justificación para comenzar a reconstruir otras partes de Jerusalén también.

Consecuentemente, hay un argumento a favor de que el decreto al que se hace referencia fue el tercer decreto, que fue emanado por Artajerjes en 458 a.C. El decreto de 445/444 a.C. simplemente reforzó el anterior. Para apoyar aún más este punto de vista, es necesario establecer algunas fechas importantes, a saber, el momento del inicio del ministerio de Juan el Bautista y de Jesús, así como la fecha de la crucifixión de Cristo. Desde una perspectiva evangélica, unos cuantos años más o menos sobre la fecha precisa de esos eventos es solo una cuestión académica. Pero si estamos tratando de defender la veracidad de esos relatos o de conectar esas fechas con otros eventos de la historia, entonces es muy útil tener una buena comprensión de estas.

El Comienzo de los Ministerios de Jesús y Juan el Bautista

Recuerda que el año después de 483 años desde el tercer decreto en 458 a.C. fue del 26 al 27 d.C. Si esta conexión es correcta, entonces este debería ser el comienzo del ministerio de Jesús; sin embargo, muchos creen que su ministerio no comenzó sino hasta más tarde, como el 29 o 30 d.C. Para ayudar a resolver este asunto, hay algunas pistas importantes en las Escrituras que nos dan las fechas aproximadas para el inicio de los ministerios de Juan y Jesús.

Primero, Jesús fue concebido seis meses después de Juan el Bautista (*Lucas 1:26*), lo que por supuesto significa que Juan era solo 6 meses mayor que Jesús. Segundo, Jesús nació antes de la muerte de Herodes el Grande. Los eruditos han puesto por fechas para la muerte de Herodes el 4 a.C. y el 1 a.C., en parte porque Josefo informa que hubo un eclipse de luna cerca del final de su vida (hubo eclipses en ambos años).[130] Sin embargo, eso no significa que Herodes murió en el mismo año que el eclipse, solo cerca. Muchos eventos sucedieron entre el eclipse y la Pascua que siguió a la muerte de Herodes. Al permitir más tiempo para la muerte de Herodes (principios del año 3 a.C.), seguido de varios meses de preparación para su funeral masivo antes de la Pascua de ese año, obtenemos el mejor ajuste a los diversos eventos descritos por Josefo y otros.[131] Por lo tanto, Herodes murió en enero del 3 a.C. (probablemente el segundo de Shevat[132]), después de un reinado de treinta y siete años que comenzó en el 40 a.C.[133] Los primeros relatos de

---

[130] Dwight R. Hutchison. *The Lion Led the Way*. Fourth Ed. (Editions Signes Celestes, 2021): 324-5.

[131] Esto todavía será discutible para algunos, pero esto resume mi evaluación.

[132] Vered Noam. "Megillat Taanit: The Scroll of Fasting." *The Literature of the Sages, Second Part: Midrash and Targum, Liturgy, Poetry, Mysticism, Contracts, Inscriptions, Ancient Science and the Languages of Rabbinic Literature* (2006): 339-362.

[133] En Antigüedades de los judíos de Josefo, b. 14, c. 14, s. 5, leemos que Herodes el Grande fue hecho rey por los romanos en la Olimpiada 184, durante el segundo consulado de Caius Domithis Calvinus y el primer consulado de Caius Asinius Pollio. Esto indica fuertemente una fecha del 40 a.C. La Olimpiada comenzó en el 776 a.C., por lo que la Olimpiada de 4 años de 184 años

Eusebio[134] (siglo IV) y Macrobio[135] (siglo V) nos dicen que los niños menores de dos años, a quienes Herodes ordenó matar (*Mateo 2: 13-23*), fueron asesinados casi al mismo tiempo que Herodes ejecutó a su hijo (Antipater), que fue justo antes de que él mismo muriera. Y Jesús no pudo haber tenido más de dos años cuando murió Herodes, lo que significa que no habría nacido antes del 6 a.C. y hasta el 4 a.C., pero probablemente entre finales del 5 a.c. y principios del 4 a.c.[136] Además, hay evidencia de una moneda con una inscripción que revela que Cirenio fue gobernador de Siria y Cilicia desde el 11 a.C. hasta el 4 a.C., lo que respalda aún más este rango de fechas.[137] Por esta razón, la mayoría de los eruditos

---

posterior (736 años) fue el 40 a.C. Además, ambos consulados se iniciaron en el 40 a.C., pero Gaius Asinius Pollio fue destituido en octubre del 40 a.C. [S.S. Scullard. *From the Gracchi to Nero* (Londres: Methuen & Co., 1970): 167, 249.] Para que todas las declaraciones de Josefo sean correctas, no pudo haber sido después de fines del 40 a.C. que Herodes comenzó a gobernar. También leemos en Guerras de los judíos, b. 1, c. 33, s. 8 que Herodes murió después de haber reinado durante 37 años después de haber sido hecho rey por los romanos. Esto arroja una fecha de 3 a.C. para su muerte. Además, Josefo informa que Felipe murió en el año veinte de Tiberio después de haber reinado durante treinta y siete años (Antigüedades b. 18, c. 4, s. 6). Para que todas las fechas coincidan, debemos suponer que Josefo contaba veinte años desde la investidura de Tiberio como Augusto en el año 14 d.C., lo que confirma la muerte de Felipe más tarde en el año 34 d.C. después de haber reinado durante treinta y siete años. Esto también concuerda con una inauguración a principios del año 3 a.C., después de 37 años en el calendario romano, tras la muerte de Herodes el Grande.

[134] Eusebius, *Historia Eclesiástica*, b. 1, ch. 8, s. 3.
[135] Ambrosius Theodosius Macrobius, *Saturnalia*, book II, chapter IV:11.
[136] Se piensa que Jesús tenía por lo menos dos años cuando murió Herodes porque mató a todos los niños menores de dos años (*Mateo 2:13-23*). Pero es seguro suponer que Herodes habría matado a niños que eran un poco mayores que el tiempo informado cuando los magos vieron la estrella, solo para estar seguros, y porque determinar la edad de un niño pequeño no habría sido fácil cuando no hubo nacimiento. certificados Por lo tanto, Jesús podría haber sido mucho más joven que los dos años de edad que normalmente se suponen.
[137] Randall J. Price. *The Stones Cry Out* (Harvest House, 1997): 299.

cristianos creen que Cristo nació en el año 5 o 4 a.C.[138] A pesar del acuerdo razonable dentro de la erudición cristiana sobre la fecha del nacimiento de Cristo, existen dos posiciones principales para la fecha del comienzo de su ministerio. Lucas nos dice que el ministerio de Juan comenzó en el año decimoquinto del imperio de Tiberio César (*Lucas 3:1*). El principal punto de controversia es si Lucas contaba desde el año en que Tiberio César comenzó su corregencia con Augusto en el 12 d.C. o después de que Augusto murió y Tiberio se convirtió en el único regente en el 14 d.C., otorgándole el título de Tiberio César Augusto. Según la posición que uno elija, el comienzo del ministerio de Jesús fue en el año 27 d.C., o 29 d.C.[139]

El problema con el punto de vista de la corregencia es que otras fuentes antiguas (Josefo, Apio, Plutarco, Suetonio) no comienzan sus cuentas desde la corregencia de Tiberio.[140] Sin embargo, existe amplia evidencia de que Tiberio fue hecho corregente con Augusto a partir del año 12 d.C.[141] La única pregunta entonces es si Lucas estaba contando ese tiempo en su cálculo de quince años. Dado que Lucas usó solo el nombre de Tiberio César en su relato, en lugar del título de Tiberio César Augusto que tomó más tarde, la fecha anterior del 26 d.C. es una suposición razonable.

No solo eso, sino que la fecha más temprana es particularmente persuasiva cuando consideras que también se nos dice que Jesús comenzó su ministerio alrededor de los treinta años de edad (*Lucas 3:23*). Dado que Jesús nació cerca del final del año 5 a.C. o principios del año 4 a.C., entonces Juan, que nació seis meses antes, nació

---

[138] Hoehner, *Chronological Aspects of the Life of Christ*, 37; J.I. Packer et al. *Nelson's Illustrated Encyclopedia of Bible Facts* (Thomas Nelson, 1995): 41, "Bible Chronology"; David & Pat Alexander (eds.). *Eerdmans' Handbook to the Bible* (Eerdmans, 1973): 472.
[139] Hoehner. *Chronological Aspects of the Life of Christ*, 37; Craig S. Keener. *The IVP Bible Background Commentary: New Testament* (Intervarsity Press, 1993): 196.
[140] Darrell L Bock. *Studying the Historical Jesus* (Baker Academic, 2002): 72.
[141] Rainer Reisner. *Paul's Early Period* (Eerdmans, 1998): 40.

en algún momento del año 5 a.C.[142] Ambos ministerios comenzaron unos treinta años después: el de Juan en el año 26 d.C. (cuando tenía unos treinta años) y el de Jesús en el año 27 d.C., presumiblemente al menos seis meses después de que Juan comenzara su ministerio. Si no usamos la fecha anterior, entonces debemos suponer que la frase "alrededor de treinta" de Lucas puede haber significado realmente treinta y dos años, asumiendo que el año quince de Tiberio significó el 28 d.C. en lugar del 26 d.C. Algunos mantienen que cuando Lucas escribió "alrededor de treinta", esto pudo haber significado que Jesús tenía treinta y tres años, pero este argumento es débil.[143]

Además, si podemos estar de acuerdo con la opinión ampliamente aceptada de que Jesús fue bautizado y comenzó su ministerio en el 26/27 d. C., entonces debería ser fácil reconocer que este "año 484" representa sesenta y nueve sietes, o alrededor de 483 años (de 365 días cada uno), después del decreto de Artajerjes en 458 a.C. Por lo tanto, podemos concluir que el cumplimiento de Daniel 9:25 no fue cuando Jesús hizo su entrada triunfal en Jerusalén, sino cuando Jesús fue revelado como el Mesías al ser bautizado por Juan (*Mateo 3:13-17*), cuando se abrieron los cielos, y [Juan] vio el Espíritu de Dios que descendía como paloma y se posaba sobre [Jesús], y se oyó, una voz de los cielos que decía: *"Este es mi Hijo amado, en quien me complazco."*

Hay otro indicio en las Escrituras que demuestra que los judíos del primer siglo también consideraron el 26/27 d.C. como una fecha viable para la aparición del Mesías. En Juan 1:19-28, se nos dice que los judíos enviaron sacerdotes y levitas para preguntarle a Juan si él era el Mesías. De modo que, los judíos estaban en ese momento buscando al Mesías, presumiblemente porque estaban al tanto del decreto de Artajerjes y sabían que el 26/27 d.C. era el año después

---

[142] También concluido por: Hoehner. *Chronological Aspects of the Life of Christ*, 11-27.
[143] Ibid., 37-8.

de 483 años desde que había sido emanado, de acuerdo con la profecía de Daniel de siete semanas y sesenta y dos semanas.

La Fecha de la Crucifixión

Hasta ahora no nos hemos apartado de ningún punto de vista tradicional en cuanto a los decretos; únicamente hemos alegado y debilitado una interpretación muy popular de la profecía de Daniel que se basa en calcular un año como 360 días. Sin embargo, al designar el decreto de 458 a.C. como el correcto, hay algunas implicaciones asociadas con la fecha de la crucifixión de Cristo. Para comenzar, solo existen dos opciones viables para ese evento durante los cuales las Pascuas cayeron en un viernes, y estos son en los años 30 y 33 d.C.[144] Pero si el ministerio de Cristo fue, como se cree tradicionalmente, de solo unos tres años y medio, entonces su crucifixión debió haber sido en el año 30 d.C. Esta posición es apoyada por numerosos eruditos cristianos que favorecen un comienzo temprano del ministerio de Jesús en el 26/27 d.C.[145] Sin embargo, los primeros padres de la iglesia, como Hipólito, relatan que Cristo fue crucificado en el año 33 d.C.[146] También hay buenos argumentos históricos acerca del reinado de Pilato que sostienen esta fecha.[147] Además, existen múltiples fuentes antiguas que confirman que Cristo fue crucificado en el año 33 d.C., incluso informes de que hubo un gran terremoto y un eclipse solar en esa época.[148] El relato más antiguo es de Phlegon (c. 137 d.C.), quien

---

[144] Hoehner. *Chronological Aspects of the Life of Christ*, 99-105.

[145] Price. *The Stones Cry Out – Apéndice, Cronología de Personajes Históricos*, 358-9; Alexander. *Eerdmans' Handbook to the Bible*, 472; Packer. *Nelson's Illus. Encyclopedia of Bible Facts*, 41.

[146] Coxe. *Ante-Nicene Fathers*, "Hipólito: fragmentos de comentarios (Hippolytus: Fragments of Commentaries)," v. 5, 179.

[147] Hoehner. *Chronological Aspects Life of Christ*, 105-14; Bock. *Studying the Historical Jesus*, 76-7.

[148] Para obtener más información sobre las fuentes que respaldan que hubo un terremoto y tres horas de oscuridad durante la crucifixión, consulte: www.christianevidence.net/2017/12/historical-evidence-darkness-earthquake.html.

informó que todas esas cosas ocurrieron en el cuarto año de la 202ª olimpiada griega (33 d.C.).[149] Además, los únicos informes de un terremoto en Israel durante el ministerio de Cristo datan del año 33 d.C.[150] La mejor manera de resolver este dilema, tomando en cuenta las fechas del 26/27 d.C., es considerar que el ministerio de Jesús duró unos siete años. [*Fueron poco menos de siete años, pero en el cálculo judío una parte de un año se cuenta como un año completo (Siftei Chakhamim, Génesis 17:26:1).*] Reconozco que un ministerio de siete años no es un punto de vista tradicional, pero las Escrituras no especifican exactamente cuánto duró el ministerio de Jesús, ni su edad en el momento de su crucifixión. También sabemos que Jesús hizo muchas más cosas de las que están registradas en los Evangelios, tanto antes como durante su ministerio (*Juan 21:25*). Entonces, no hay conflicto con las Escrituras al decir que Jesús pudo haber tenido un ministerio de siete años.

Cuánto duró el ministerio de Jesús es una pregunta muy debatida por los padres de la iglesia antigua. Hay una gama de sugerencias, de entre un año hasta diez años. La teoría de que su ministerio duró al menos diez años se basa en el comentario que los judíos le hicieron a Jesús al decir *"ni siquiera tienes cincuenta años"* en Juan 8:57. Por lo tanto, Ireneo, cerca del año 180 d.C., argumentó que ¡Jesús debe haber tenido más de cuarenta años![151] Esto demuestra que nadie en la iglesia primitiva sabía con certeza cuánto duró el ministerio de Jesús. Luego, en el cuarto siglo, Eusebio afirmó que su ministerio duró menos de cuatro años debido al relato de Josefo sobre cuánto tiempo duraban las funciones de los sumos sacerdotes

---

[149] Paul Maier. *Pontius Pilate* (Wheaton, Ill.: Tyndale House, 1968): 366; La cita de Phlegon es un fragmento de *Olympiades he Chronika* 13, ed. Otto Keller, *Rerum Naturalium Scriptores Graeci Minores*, 1 (Leipzig Teurber, 1877): 101.
[150] "Información importante sobre el terremoto: 33 d.C.," *NOAA*, www.ngdc.noaa.gov/hazel/view/hazards/earthquake/event-more-info/8178
[151] Ibid., "Ireneo contra las herejías," v. 1 (Ch. XXII), 391-2. No es difícil imaginar, sin embargo, que un Jesús alrededor de treinta y seis años, que había estado viviendo afuera, trabajando duro y durmiendo tan poco, podría haber parecido tener cuarenta.

que sirvieron durante ese tiempo.[152] Sin embargo, existen problemas con las suposiciones que hizo Eusebio sobre los sumos sacerdotes, y su argumento no es irrefutable; pero desde entonces, se adoptó como la posición tradicional de la iglesia. Ha llegado a aceptarse casi universalmente que, dado que solo se registran tres, o tal vez cuatro Pascuas en las Escrituras, que eso significa que el ministerio de Jesús no pudo haber durado más de tres años, pero no hay base bíblica para presumir que cada Pascua durante el ministerio de Jesús fue registrada por los Apóstoles (*Juan 21:25*). Conjuntamente, no existe ninguna razón concreta para rechazar que el ministerio de Jesús pudo haber sido mucho más largo que los tres años y medio que suponemos tradicionalmente.[153] Tomando en cuenta todas las fuentes que corroboran tanto un comienzo más temprano (26/27 d.C.) como una crucifixión más tardía (33 d.C.), parece más sabio aceptar que su ministerio fue más largo que perpetuar el punto de vista indefensible tradicional de tres años, y/o suponer que Lucas no había contado la corregencia de Tiberio César al calcular el decimoquinto año (suponiendo que Jesús tenía unos treinta y dos años, no treinta, cuando comenzó su ministerio).

Te presento una pregunta extra. ¿En qué día de la semana fue crucificado Cristo? Muchos, incluyéndome a mí, han cuestionado si Jesús fue realmente crucificado el Viernes Santo, que ha sido la postura tradicional de la iglesia. ¿Por qué? Bueno, sin duda Cristo resucitó el primer día de la semana, el domingo, justo antes del amanecer (*Juan 20:1, Marcos 16:2-4, Lucas 24:1-2 y Mateo 28:1*). Además, Lucas 9:22 dice que resucitaría al tercer día, lo que concuerda con la crucifixión del viernes y la resurrección del

---

[152] Eusebio. *Historia Eclesiástica,* (b. 1, ch. 10), 25-6.
[153] Esto también hace que la afirmación de Eusebio de que Cristo fue crucificado en el año dieciocho de Tiberio César sea muy sospechosa, ya que es obvio que calculó la fecha basándose en sus presunciones sobre la duración del ministerio de Cristo. Ver: William Smith and Henry Wace, eds. *A Dictionary of Christian Biography, Literature, Sects and Doctrines: AD.* Vol. 2 (J. Murray, 1880): 353; Eusebius. *Ecclesiastical History* (b. 1, c. 10), 25-6.

domingo. Sin embargo, Mateo 12:40 dice que Cristo sería sepultado por tres días y tres noches, pero solo hubo dos noches desde el viernes por la tarde hasta el domingo por la mañana. Para resolver este dilema, algunos han alegado que Jesús fue crucificado el jueves porque el 14 de Nisán, el día designado en la Torá como el comienzo de la Pascua, no comenzó el viernes 3 de abril, sino al atardecer del jueves 2 de abril del 33 d.C. Una crucifixión en jueves proporciona fácilmente tres días y tres noches, pero hay una respuesta mejor, y mantiene la tradición del viernes.

Primero, según el cómputo judío, una parte de un día se cuenta como un día completo, como se explica en numerosas ocasiones en el Talmud. Por lo tanto, de viernes a domingo, en el pensamiento judío, podría contarse como tres días completos. Además, incluso en un sentido general, viernes, sábado y domingo son claramente un total de tres días. A continuación, tres "noches" se pueden contar literalmente si incluimos el eclipse solar durante la crucifixión de Cristo como una tercera "noche", cuando la oscuridad cayó sobre la tierra durante tres horas (Marcos 15:33) al final de las cuales Jesús expiró. (Marcos 15:37). Algunos podrían preguntarse cómo esto realmente podría contarse como una noche, pero nuevamente, la respuesta proviene de comprender el pensamiento judío. Dicen que la noche comienza después del crepúsculo de la puesta del sol cuando se hacen visibles las primeras tres estrellas (Mishnah Torah, Sabbath 5:4). El historiador griego Flegón, cuando informó que hubo un eclipse solar en el 33 d.C., también dijo que "las estrellas incluso aparecieron en los cielos". Por lo tanto, la oscuridad durante la crucifixión de Cristo, que terminó con su muerte, honestamente podría contarse como la primera de tres noches.

A continuación, en Éxodo 12:6 dice que el sacrificio de Pascua se debía hacer "entre las tardes" (beyin ha'arbayim) del 14 de Nisán, aunque la tradición era esperar hasta la tarde siguiente para ofrecer los corderos (Talmud de Jerusalén Horaiot 1:1:3). Esto explica cómo Jesús celebró la cena de Pascua con sus discípulos el jueves por la noche (Marcos 14:17) al comienzo del 14 de Nisán. Luego, más tarde, pero aún el 14 de Nisán, fue juzgado y crucificado el viernes, cuando tradicionalmente se sacrifican los corderos de la Pascua. Consiguientemente, una crucifixión en viernes nos da la mejor explicación de todo lo que las Escrituras testifican sobre este bendito evento.

¿Por Qué Hubo Siete Semanas y Sesenta y Dos Semanas?

En la orden a Daniel, las sesenta y nueve semanas hasta la llegada del Mesías se dividen misteriosamente en siete semanas y sesenta y dos semanas. Una explicación razonable se encuentra al reconocer el decreto de Artajerjes de 458 a.C. y al considerar que la restauración de Jerusalén ocurriría *"en tiempos de angustia"* (*Daniel 9:25*). El período de cuarenta y nueve años (siete semanas de años) probablemente cubre el tiempo desde el primer decreto de Artajerjes hasta la muerte de Nehemías (presumiblemente en 409 a.C. o después) cuando finalmente se completaron todas las restauraciones prometidas. Para ser claros, no existe ninguna referencia que nos de exactamente cuarenta y nueve años para la restauración de Jerusalén, y no sabemos histórica o bíblicamente la fecha exacta de la muerte de Nehemías. Sin embargo, lo que sí tenemos es un relato sobre esto dado por Josefo.[154] Él describe a Nehemías como alguien que continuó edificando Jerusalén durante un largo período de tiempo y nos dice que Nehemías "vivió hasta una edad avanzada e hizo muchas cosas excelentes". Esto se ve reforzado por Nehemías 13:6-7, que informa que Nehemías regresó al rey en el año treinta y dos de Artajerjes (c. 432 a.C.), pero que después de un tiempo regresó nuevamente a Jerusalén para continuar trabajando en su restauración. En consecuencia, podemos rendir cuentas de por lo menos veintiseis años a partir del primer decreto en 458 a.C.

Nehemías siguió sirviendo al rey Artajerjes, pero luego regresó a Jerusalén (Nehemías 13:6-7) antes de la muerte de Artajerjes, que fue en el 424 a.C. Lo que significa que Nehemías permaneció no

---

[154] Josefo. *Antigüedades de los judíos*, b.11, ch. 5, s. 8.

más de ocho años adicionales como siervo de Artajerjes en Babilonia, y después se retiró de su puesto y regresó a Jerusalén. Según el relato de Josefo, una vez que Nehemías regresó, vivió el resto de sus días en Jerusalén y luego murió a una "edad avanzada". Si la reconstrucción de Jerusalén tomó 49 años, contados a partir del tercer decreto en 458 a.C., entonces el trabajo se habría completado en 409 a.C. Después del regreso final de Nehemías a Jerusalén (c. 424 a.C.), solo habría tenido que vivir otros dieciséis años para cumplir la cronología profética. Suponiendo que Nehemías tuviera entre treinta y cuarenta años cuando le hizo la primera petición al rey, entonces es lógico pensar que Nehemías podría haber completado la restauración de Jerusalén como un hombre de sesenta o setenta años.[155] Concedo que se presentan algunas conjeturas aquí, pero no son irrazonables o inconsistentes con la información disponible. La idea de que Nehemías completó las reparaciones en 409 a.C. fue propuesta por primera vez en 1715 por Humprey Prideaux, en defensa de su posición de que el cálculo de las semanas profetizada por Daniel debería comenzar con el tercer decreto hecho por Artajerjes en 458 a.C.[156] Clemente de Alejandría (c. 200 d.C.) también afirmó que el templo fue reconstruido en cuarenta y nueve años, pero no dio las fechas de inicio y finalización.[157]

El Significado de Será Muerto y no Tendrá Nada

A continuación, la profecía de Daniel nos dice que después de sesenta y dos semanas, el Mesías será muerto (literalmente, "cortado") y no tendrá nada. Pero ¿qué significa "cortado"? Si ya estás familiarizado con la profecía de Daniel, pensarás que hay una

---

[155] Suponiendo que Nehemías tenía entre 30 y 40 años en el 444 a.C., habría tenido entre 65 y 75 años en el 409 a.C.
[156] Humphrey Prideaux. *Historical Connection of the Old and New Testaments: Comprising the History of the Jews and Neighboring Nations, from the Decline of the Kingdoms of Judah and Israel to the Time of Christ. Vol. II* (New York: Bliss and White, et al., 1823): 52-3 & 551, Impreso por primera vez en 1715-1718.
[157] Coxe. *Ante-Nicene Fathers*, "Clemente de Alejandría: los estomas, o misc. (Clement of Alexandria—The Stomata, or Misc.)," v. 2, 329.

respuesta simple: el Mesías será asesinado o ejecutado, refiriéndose a la crucifixión de Jesús. Y esta es la respuesta correcta, pero está incompleta. [*Poder responder a la pregunta completamente, las cosas se van a tener que poner técnicas en esta sección; pero al final de esta breve discusión, creo que te sorprenderás de la importancia y verás que refuerza aún más la conexión de la profecía de Daniel con la crucifixión de Cristo en el año 33 d.C.*]

Al contar cuarenta y nueve años a partir del tercer decreto de Artajerjes, obtenemos una fecha presuntiva para la finalización de la restauración de Jerusalén. Sesenta y dos semanas más nos llevan al comienzo del ministerio de Jesús cuando fue bautizado y por primera vez reconocido oficialmente como el Mesías. Las Escrituras nos dicen que inmediatamente después del bautismo, Jesús fue llevado por el Espíritu al desierto por cuarenta días (*Marcos 1:11-13*). Pero hay un problema. Cuando asociamos el final de las sesenta y dos semanas con el comienzo del ministerio de Jesús, no nos da el momento en que Jesús fue crucificado, lo cual relatamos con el momento en que "*se le quitará la vida al Mesías*" o "*el Mesías será muerto [cortado] y no tendrá nada*" (*Daniel 9:26*). Es cierto que, la crucifixión de Jesús incluso siete años después todavía quiere decir "después de los sesenta y dos semanas", pero casi podría contarse como sesenta y tres semanas. Por lo tanto, esto presenta un obstáculo en asociar el comienzo del ministerio de Jesús con la finalización de las sesenta y dos semanas.

Maravillosamente, la solución se encuentra al examinar el significado de la palabra traducida como "muerto o cortado". En Daniel 9:26, en hebreo, dice que el Ungido (*mashiach* o Mesías) sería "cortado" (*karet* - Strong's H3772) y "no tendrá nada" (*ayin* - Strong's H369). La traducción griega de la Septuaginta de este pasaje nos da la idea de que el Mesías (*mashiach*) será condenado y luego asesinado o juzgado y ejecutado.[158] Esto debería confirmar que es una alusión

---

[158] La frase griega es *krima ouk estin*, donde *krima* (Strong's G2917) significa juicio y condenación, *ouk* (Strong's G3756) es un adverbio negador, y *estin*

a nuestro salvador, Jesucristo. Pero todavía hay un poco más que podemos sacar de esa frase. Un desafío para traducir de un idioma matizado como el hebreo a un idioma muy preciso como el griego (o en inglés, español, etc.), es que se ve obligado a elegir un único significado principal para la traducción.[159]

Veamos si podemos sacarle más significado de la historia estudiando más de cerca la palabra *karet*. Generalmente se traduce como "será muerto" o "se le quitará la vida", pero hay cuatro significados posibles: matado, exiliado, literalmente cortado y removido,[160] o incluso hacer un pacto.[161] Dentro de este contexto, el significado es claramente matado o tal vez exiliado. Que el significado pueda ser morir es aparente, pero ¿y que del exilio? El castigo por quebrantar muchos de los mandamientos era ser cortado (*karet*) de entre los israelitas. En este caso, los rabinos debaten el significado de *karet* (o *karat*), pero generalmente se entiende como un castigo divino (es decir, Dios mismo los matará, los dejará infértiles, los afligirá con una enfermedad debilitante, etc.) o ser excluido de la comunidad de Israel. Teniendo en cuenta su uso en las Escrituras, mi propia opinión es que a veces fueron ejecutados y otras veces fueron exiliados y entregados a Dios, según lo determinó la comunidad en ese momento.[162] Entonces, el

---

(Strong's G1510) significa ser, existir, estar presente. En otras palabras, la frase significa que el Mesías será juzgado y asesinado. Ya que Jesús fue juzgado por el Sanedrín, Herodes y Pilato, y luego fue condenado y ejecutado, no hay problema en ver la crucifixión de Jesús como el cumplimiento de esta parte de la profecía de Daniel.

[159] En consecuencia, los significados matizados adicionales casi siempre se pierden en la traducción, razón por la cual las personas hacen estudios de palabras de los idiomas originales en las Escrituras.

[160] Esta palabra también se usa para la circuncisión, como cuando Séfora cortó (*karet*) el prepucio de su hijo (*Éxodo 4:25*).

[161] En el caso de que cuando se aplica a un pacto es para un pacto de sangre donde un animal fue cortado en dos, pero cuando lo hace, también hay palabras complementarias que aclaran el contexto de que se trata de un pacto..

[162] Hay varios versículos a los que se podría hacer referencia para esto. Por ejemplo, Levítico 20:10, cuando dos personas son sorprendidas en adulterio,

sentido de esta palabra es que las personas que fueron "cortadas" generalmente fueron excluidas de la comunidad de Israel y entregadas a la ira o la misericordia de Dios, sea lo que fuere.

Para el primer siglo, Israel ya no era una sola comunidad monolítica. Se dividía en fariseos, saduceos, esenios, zelotes, etc., todos viviendo bajo la autoridad romana que les quitó la capacidad de ejecutar la pena capital por violaciones de la Torá, por lo que el exilio de la comunidad habría sido la única práctica aceptada en esos días. Si pensamos en el significado de *karet*, incluido el sentido de ser exiliado y aislado de la comunidad, entonces recuerda el ejemplo del macho cabrío expiatorio en Levítico 16.

Pondrá las dos manos sobre la cabeza del animal, y confesará sobre él todas las iniquidades, rebeliones y pecados de los hijos de Israel, y luego lo soltará en el desierto por medio de alguien destinado para ello. El macho cabrío será soltado en el desierto, llevando sobre sí a tierra inhabitada todas las iniquidades del pueblo.
— **Levítico 16:21-22**

Después de que los pecados del pueblo fueron puestos sobre la cabeza del macho cabrío expiatorio, fue enviado al desierto. Vemos un cuadro similar en la vida de Jesús, quien también fue enviado al desierto al comienzo de su ministerio, y también cargó con todas nuestras iniquidades, como se predijo en Isaías 53:6.

Sin embargo, el Señor puso sobre él los pecados de todos nosotros.
— **Isaías 53:6b** NVT

---

deben ser ejecutadas (*mut* - Strong's H4191). Luego, en Éxodo 31:14, leemos que cualquiera que profana el sábado debe ser condenado a muerte (*mut*), y si trabaja en sábado, será cortado (*karet*). Este versículo parecería equiparar ser ejecutado con ser cortado (referencia a *Mateo 12:5*). Y, sin embargo, en Números 19:20-21, alguien que es impuro y no se purifica también debe ser cortado (karet), lo que parece más probable que signifique exilio que ejecución. Por lo tanto, parece que puede significar ambos.

Jesús murió en la cruz como el Cordero (o chivo expiatorio) de Dios que quita el pecado del mundo (*Juan 1:29*).[163] De manera similar, los que eran considerados inmundos también fueron obligados a vivir fuera del campamento y fueron excluidos de la comunidad de Israel, como los leprosos y otros que tenían enfermedades de la piel (*Levítico 13*). En los Evangelios, leemos acerca de múltiples encuentros que Jesús tuvo con leprosos. Esto nos dice que Jesús pasaba mucho tiempo donde ellos estaban.

La persona leprosa y llagada se vestirá de andrajos y andará con la cabeza descubierta, y cubriéndose la boca gritará: "¡Impuro! ¡Impuro!" Mientras la llaga permanezca en él, será impuro y vivirá solo y fuera del campamento. — **Levítico 13:45-46**

Entonces, ¿qué estoy sugiriendo? Que hay dos sentidos en los que podemos entender la palabra *karet* en la profecía de Daniel y ambos fueron cumplidos por Jesús. Uno se cumplió al comienzo del ministerio de Jesús durante los cuarenta días en el desierto y después mientras se trasladaba de pueblo en pueblo durante los siguientes siete años. Jesús nunca se quedó en un solo lado, ni tenía un hogar fijo (*Mateo 8:19-20*). El segundo sentido de la palabra se cumplió al morir en la cruz.

Entonces se le acercó un escriba, y le dijo: "Maestro, yo te seguiré adondequiera que vayas." Jesús le dijo: "Las zorras tienen guaridas,

---

[163] Algunos pueden tener problemas para usar la analogía de la cabra de manera intercambiable con la analogía del cordero debido a la parábola de Jesús sobre la separación de las ovejas de las cabras (*Mateo 25: 31-46*), pero Jesús hablando del fin de la era es un asunto diferente. Jesús se hizo pecado por nosotros, como un macho cabrío, y fue el sacrificio sin mancha que no conoció pecado, el cordero, como leemos en 2 Corintios 5:21: "Al que no conoció pecado, Dios lo hizo pecado por nosotros, así que para que en él fuéramos hechos justicia de Dios." Así, las dos imágenes son sinónimos proféticos. Esta comparación también se encuentra en los escritos de la iglesia desde la Epístola de Bernabé (100 d.C.).

y las aves del cielo tienen nidos, pero el Hijo del Hombre no tiene dónde recostar su cabeza." — **Mateo 8:19-20**

Ambos sentidos también están presentes en Isaías 53. En Isaías 53:3 leemos que el Mesías fue *"despreciado y desechado"*, lo cual encaja con la descripción de alguien exiliado y expulsado como los leprosos. Pero en Isaías 53:8, leemos que el Mesías será cortado de la tierra de los vivientes, lo que claramente significa muerto.[164] Por lo tanto, creo que Dios eligió la palabra *karet* en Daniel 9:26 intencionalmente porque puede tener el doble sentido de ser matado y también ser exiliado o expulsado. El escritor de Hebreos también aplica ambos sentidos a su descripción del sufrimiento y la muerte de Jesús "fuera del campamento".

Fue despreciado y desechado de los hombres, varón de dolores y experimentado en aflicción; y como uno de quien los hombres esconden el rostro, fue despreciado, y no lo estimamos. — **Isaías 53:3** NBLA

Porque fue arrancado de la tierra de los vivientes, y por la rebelión de mi pueblo fue herido. — **Isaías 53:8b** RVR1995

Porque el sumo sacerdote introduce la sangre de los animales en el Lugar Santísimo como sacrificio por el pecado, pero los cuerpos de esos animales se queman fuera del campamento. Por eso también Jesús, para santificar al pueblo mediante su propia sangre, sufrió fuera de la puerta de la ciudad. Por lo tanto, salgamos a su encuentro fuera del campamento, llevando la deshonra que él llevó. — **Hebreos 13:11-13** NVI

En todo caso, Jesús es la definición de ambos sentidos de la palabra *karet*, y la declaración que después de sesenta y nueve semanas

---

[164] La palabra para "cortar" que Isaías usa en este caso es *gazar*, o *gozer* (Strong's H1504). También significa cortar o matar, pero de una manera más física y literal, por lo que no hay confusión en este caso sobre la intención, como podría haber con *karet*.

(7+62 = 69) el Ungido (el Mesías) sería "cortado" es comprobada. Una de las interpretaciones lleva al cumplimiento inmediato de la profecía, mientras que la otra se cumpliría al finalizarse la última semana, pero ambas interpretaciones cayeron en un período de tiempo **después** de que sesenta y nueve semanas habían transcurrido a partir del decreto.

Rindiendo Cuentas de las Primeras Setenta Semanas de Daniel 9:24

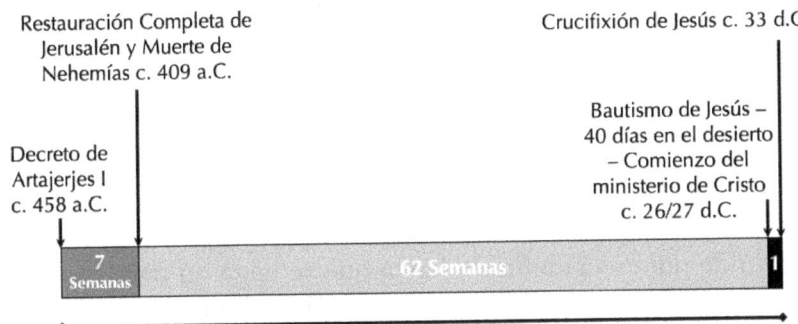

¿Estás listo para algo que te haga volar la cabeza? **Jesús es el cumplimento de todos los cuatro significados de la palabra *karet*.** La definición que significa ser "cortado y quitado" se cumplió cuando él ascendió al cielo después de su resurrección. La cuarta definición de la palabra, que significa "hacer un pacto", también halla cumplimiento en su muerte sacrificial, con su sangre simbolizando el nuevo pacto (ver *Lucas 21:20*, cumpliendo *Jeremías 31:31*).

Si reconocemos que Cristo fue crucificado al final de las setenta semanas (490 años) para el perdón de nuestros pecados, podemos hacer una conexión sorprendente con la lección que Cristo le dio a Pedro acerca de perdonar a su hermano "hasta setenta veces siete" (*Mateo 18:21-22*). Además de enseñarle una lección sobre la necesidad de perdón continuamente, Cristo estaba presagiando su cumplimiento próximo de setenta veces siete años (para terminar con la transgresión, poner fin al pecado y expiar nuestra maldad—*Daniel 9:24*) al elegir ese ejemplo en específico con el número 490.[165]

¿Se Cumplieron las Setenta Semanas Cuando Jesús fue Crucificado en el Año 33 d.C.?

Otro tema que surge, al reconocer que con la vida terrenal de Jesús se completaron setenta semanas (490 años), es que muchas personas todavía consideran que la última semana de la profecía de Daniel no se ha cumplido. ¿Cómo se explica esto? La interpretación tradicional de la profecía en Daniel 9 es que las setenta semanas se dividen en dos períodos. El primero es un período continuo de sesenta y nueve semanas en total que condujo a la crucifixión de Cristo. El segundo período es una semana final separada por un intervalo de tiempo indefinido hasta que se haga un tratado de paz (Daniel 9:27), que marca el comienzo del fin del mundo. Pero según esta cronología, pasaron 490 años entre el decreto del 458 a.C. y la crucifixión de Jesús en el año 33 d.C. ¿Significa eso que la profecía ya se cumplió? Solo parcialmente. Repasemos las seis cosas que Daniel 9:24 dice que deben ser completadas en setenta semanas:

1) poner fin a la transgresión
2) terminar con el pecado
3) expiar la iniquidad
4) traer justicia eterna
5) sellar la visión y la profecía
6) ungir el lugar santísimo

---

[165] Los traductores luchan con si debe ser "setenta y siete (77) veces" o "setenta veces siete (490) veces" en Mateo 18:22. La expresión griega, *hebdomēkontakis hepta*, es algo ambigua. Aquí *hebdomēkonta* (setenta) con la terminación *kis* (veces) significa "setenta veces" y *hepta* significa "siete". Si fuera *hebdomēkontakis heptakis*, "setenta veces siete veces", entonces no habría duda. La expresión es la misma que en Génesis 4:24 (de la Septuaginta) que a menudo se traduce como "setenta y siete veces", lo que explica por qué hay cierta confusión, pero creo que setenta veces siete (490) es la interpretación correcta.

Debería ser fácil estar de acuerdo en que las primeras tres cosas se cumplieron con la muerte de Cristo en la cruz, pero es más difícil concordar con la opinión de que las últimas tres se cumplieron (aunque muchos eruditos lo han intentado). Si Daniel 9:24-27 se cumplió por completo con la muerte de Cristo en la cruz en el año 33 d.C., Pablo no hubiera escrito del hombre de pecado sentándose en el templo de Dios (*2 Tesalonicenses 2:3*), después del año 52 d.C. y obviamente antes de su muerte (64-68 d.C.). Pablo hizo una clara alusión a la abominación desoladora de Daniel sobre la que Jesús predicó en Mateo 24. De tal manera Pablo afirma la enseñanza de Jesús de que Daniel profetiza de los últimos días y su segunda venida. Y para que nadie argumente que la destrucción del templo es el cumplimiento de la profecía de Daniel, debe reconocerse que no hay una cuenta de las setenta semanas de Daniel que nos lleve al año 70 d.C. Sin embargo, la destrucción del templo en el año 70 d.C. fue predicha en Daniel 9:26, "*el pueblo del príncipe que ha de venir destruirá la ciudad y el santuario*". La pregunta es si el año 70 d.C. fue la última vez que el templo será destruido, o si Daniel 9:26 también se refiere a la destrucción de un futuro templo en la tribulación. [*Tal vez no tengamos que esperar mucho para ver si eso sucede.*]

También se ha argumentado que esta lista no se refiere para nada al Mesías, sino que es una alusión al pueblo de Israel y Jerusalén, que son tanto el objeto indirecto como los sujetos principales que llevan a cabo estas tareas.[166] Pero sería un grave error suponer que el Mesías, el hijo de David, el hijo de José y María, que nació en Belén y fue crucificado en Jerusalén por los pecados del mundo entero, no es el referente definitivo que ya comenzó y ciertamente terminará las seis tareas en Daniel 9:24. Sin embargo, sigamos avanzando en la profecía para ver si hay más detalles que nos ayuden a entender este misterio.

---

[166] Snow. *The 70 Weeks Jubilee*, 122-36. Una cosa es decir que esta profecía también alude a un cumplimiento práctico y secundario que se verá en el pueblo judío y la nación de Israel en los últimos días, como el cumplimiento de Romanos 11:26-27—pero declarando que esta lista no se refiere en absoluto al Mesías es un grave error.

Dos Apariciones Prometidas

Una parte muy importante de esta profecía se encuentra en Daniel 9:25, donde Daniel incluye dos títulos: Mesías y Príncipe. La mayoría de los traductores asumen que un título modifica al otro, como "Príncipe" modificando el título de "Mesías". Entonces, ellos entienden los dos títulos como uno. Pero en hebreo, solo hay dos títulos uno al lado del otro, y realmente no es claro si está hablando de una persona o dos.

Has de saber y entender que desde la salida de la orden para restaurar y reconstruir a Jerusalén hasta el Mesías Príncipe, habrá siete semanas y sesenta y dos semanas. Volverá a ser edificada, con plaza y foso, pero en tiempos de angustia. – **Daniel 9:25** NBLA

También leemos que Jerusalén se volverá a construir *"con plaza y foso"*. Esas son dos características muy específicas que algunos encuentran misteriosas, pero son dos pistas importantes para ayudarnos a comprender la profecía más a profundo (llegaremos a eso en solo un minuto). Sigamos leyendo el pasaje.

Después de las sesenta y dos semanas el Mesías será muerto [cortado] y no tendrá nada, y el pueblo del príncipe que ha de venir destruirá la ciudad y el santuario. Su fin vendrá con inundación. Aun hasta el fin habrá guerra; las desolaciones están determinadas. – **Daniel 9:26** NBLA

En el versículo 26 vemos de nuevo el título "Príncipe", pero esta vez dice que "el príncipe que ha de venir destruirá la ciudad y el santuario (Templo)".[167] Por lo tanto, comenzamos a asociar el título

---

[167] Históricamente, Jerusalén y el Templo fueron destruidos en el año 70 d.C. (37 años después de la crucifixión de Cristo). Aunque la destrucción no ocurrió dentro de los 490 años, algunos han tratado de decir que esto significa que toda la profecía ahora está completa, en lugar de solo esta parte. Pero el Apocalipsis de Juan, escrito alrededor de los años 95-96 d.C., todavía describe

"Príncipe" con el anticristo a partir del versículo 26. Pero si la palabra "Príncipe" (*nagid* - Strong's H5057), se refiere al anticristo en el versículo 26, ¿por qué no sospecharíamos que también alude al anticristo en el versículo 25? Por lo tanto, debemos considerar que el título "Príncipe" en el versículo 25 no es solo un título modificando "Mesías", como al diferenciar entre un "Mesías príncipe" y un príncipe que no está ungido como "Mesías". Entonces temenos que considerer que el uso de estos dos títulos puede tener algún significado adicional.[168] En el versículo 25, la profecía podría estar declarando que habrá siete semanas y sesenta y dos semanas hasta el Mesías y que habrá siete semanas y sesenta y dos semanas hasta el anticristo. En ese caso, sin embargo, necesitaríamos otro decreto para restaurar y reconstruir a Jerusalén, y un segundo período de setenta semanas, lo que significa que habría DOS períodos de setenta semanas, al igual que dos advenimientos del Mesías.

Si la profecía completa de Daniel 9:24-27 aún no se ha cumplido en su totalidad, entonces realmente debería haber otro decreto. Si ese es el caso, entonces abre la puerta a buscar un segundo período de 490 años asociado al regreso de Cristo. Esto ni prueba ni refuta si existen dos períodos de setenta semanas, o solo uno. Pero los judíos tampoco se esperaban dos visitaciones por el Mesías. Ellos leyeron las profecías sobre ambas venidas y las combinaron en una sola. ¿Qué tal si eso también es cierto en cuanto a la profecía de Daniel 9? En ese caso, podría haber una explicación mucho mejor de cómo se cumplirán las setenta semanas de Daniel, en lugar de inventar la necesidad de una brecha gigante hasta la septuagésima semana.

---

el tiempo del anticristo (la Bestia y el Falso Profeta) como en el futuro. Ahora sabemos que la destrucción del templo fue solo un evento importante que sucedió entre los dos períodos de 490 años, junto con las guerras interminables a las que se hace referencia.
[168] También podría ser simplemente una designación para relacionar al Mesías con el rey David, quien también fue llamado por ambos títulos, Mesías (*mashiach*) y gobernante (*nagid*), pero creo que es más que eso. Para obtener más información sobre la conexión davídica, consulte: Snow. *70 Weeks Jubilee*, 186-8.

El Decreto para Reconstruir a Jerusalén que Todos se Perdieron

Asombrosamente, hubo un quinto decreto, para restaurar y reconstruir a Jerusalén, emitido dos mil años después de los otros decretos que ya vimos. Si bien muchos están familiarizados con el decreto de Artajerjes I, no muchos saben que hubo otro decreto similar en el siglo XVI d.C. dado por el sultán Solimán I, quien comenzó a restaurar y reconstruir a Jerusalén alrededor del año 1537 d.C.[169] En ese tiempo, Solimán reconstruyó los muros de Jerusalén y la Puerta Dorada, como discutimos en el capítulo 4. Por lo tanto, tenemos un decreto relativamente moderno que merece nuestra atención. ¿Y por qué deberíamos considerarlo? Por la profecía dada por Isaías.

Los extranjeros reconstruirán tus muros, y sus reyes te servirán.

— Isaías 60:10a NVI

Cuando los muros de Jerusalén fueron reconstruidos por primera vez (c. 444 a.C.), solo los judíos participaron en su reconstrucción, como se cuenta en Nehemías 2:20. Las naciones extranjeras circundantes, que se habían apoderado de las tierras de Israel tras el exilio de los judíos a Babilonia, pedían "ayudar" a los israelitas a reconstruir los muros para que pudieran frustrar sus planes. Pero Nehemías vio a través de su engaño y no les permitió participar en ayudar con el proceso de reconstrucción de la ciudad o sus muros. Por lo tanto, es claro que la profecía de Isaías 60:10 indica otra reconstrucción de los muros aparte de la obra de Nehemías.

Yo les respondí: "El Dios de los cielos es quien nos ayuda. Nosotros, sus siervos, hemos decidido reconstruir las murallas, y lo vamos a hacer. Ustedes no tienen ninguna autoridad, ni arte ni parte en Jerusalén."

— Nehemías 2:20

---

[169] F.E. Peters. *Jerusalem*, 479-480.

Consecuentemente, es razonable aplicar la profecía de Isaías 60:10 a la restauración de Jerusalén y sus muros realizada por el sultán Solimán I, cerca del año 1537 d.C..[170] La profecía de Isaías da un testimonio que corrobora que este decreto moderno también estaba a la vista en la profecía relatada por Daniel.

¡Los Decretos están Tallados en Piedra!

El sultán Solimán restauró muchas partes de Jerusalén entre 1537-1541. Su nombre traducido al español es literalmente Salomón, y sabemos que él se vio a sí mismo como un segundo rey Salomón porque hizo esculpir su título durante su reinado.[171] Esto puede explicar por qué tuvo un interés tan especial en la reconstrucción de Jerusalén y por qué colocó placas de piedra tallada en muchas de las reparaciones específicas que hizo alrededor de la ciudad para documentarlas. Pero esas placas de piedra se mantienen como un registro permanente de sus decretos con respecto a la restauración de Jerusalén... decretos que están tallados en piedra. Los cuales presentan evidencia arqueológica que exhibe, de la manera más fuerte que puedo imaginar, prueba de que Daniel hacía referencia directa a la segunda reconstrucción de los muros de Jerusalén.

Volverá a ser edificada, con plaza [rechob] y foso [charuwts], pero en tiempos de angustia. — Daniel 9:25b NBLA

En el versículo 25, dice que la restauración de Jerusalén incluirá la reconstrucción de "una plaza y un foso". Al leer diferentes

---

[170] Algunos podrían objetar que después de la destrucción de Jerusalén en el año 70 d.C., el control de la ciudad pasó a los no judíos durante los siguientes mil novecientos años. Por lo tanto, las paredes fueron reparadas y restauradas muchas veces, todas por extranjeros. Eso es cierto, pero solo afirma el principio de que los cumplimientos múltiples son posibles (el salto de una piedra en el agua a través del tiempo), por lo que no hay conflicto. Además, la restauración de Solimán fue única y documentada por un decreto.

[171] Mehmet Tütüncü. *TURKISH JERUSALEM (1516-1917): Ottoman Inscriptions from Jerusalem and Other Palestinian Cities* (Haarlem, Netherlands, 2006): 34.

traducciones, vemos que los traductores han tenido dificultad con el significado correcto de las palabras hebreas antiguas. Algunos lo han traducido como "calles" y "muros o fuertes defensas", por ejemplo. En una parte anterior de este capítulo, hablamos sobre cómo la palabra para plaza, *rechob*, se usó específicamente en Esdras 7:15-19, hablando de la plaza del templo (es decir, el Monte del Templo). También puede significar un área amplia en la calle dónde se reúnen la gente (cerca al portal de la ciudad o al centro), pero tenemos un buen vínculo bíblico para asociarlo con el templo, en este caso.

La palabra *charuwts* puede significar un foso o una trinchera, pero una trinchera simple, como una gran zanja excavada en la tierra o en la roca, no figuraría como una estructura que necesita ser restaurada. Tiene más sentido que fuera un gran foso fortificado. Consecuentemente, plaza y foso parecen ser las mejores traducciones de esas palabras. Otra razón por la que podemos estar seguros de que la referencia es a un foso defensivo es porque una de las reparaciones que hizo Solimán incluía un foso. Todavía existe ese foso alrededor de la Ciudadela (o la Torre) de David, cerca de la Puerta de Jaffa dentro de la Ciudad Vieja (ver foto a la derecha). La vista es desde el lado este de la torre, mirando hacia el norte.[172] Cuando se reparó el foso, hizo incrustar una placa de piedra tallada en la pared para documentar su trabajo. La parte del foso donde se encuentra la placa fue enterrada en 1898, pero Max

---

[172] Foto tomada por el autor el 13 de enero de 2020.

van Berchem tomó una foto antes de que se cubriera con la expansión de la ciudad (ver foto abajo). [173]

Aquí está la traducción de la placa de piedra tallada del foso:[174]
"La orden de construir esta torre para la protección de las murallas islámicas por su poder y la duración de su reinado, y para deshacerse de los ídolos favorables por su fuerza y fortaleza, Aquel que Dios eligió especialmente para gobernar el cuello de los Reyes en el Mundo, el poseedor en cadena del trono del Califato, Sultán hijo de Sultán, hijo de Sultán, Hijo de Sultán, Solimán ..."

¡Esto es asombroso! Realmente existe un foso dentro de la Ciudad Vieja de Jerusalén, y tiene una placa que proclama su restauración por Solimán; sin embargo, esta placa en específica no tiene fecha. Tal vez se omitió, o como sugiere el "..." al final de la inscripción, la ultima parte es ilegible a causa de daño. Afortunadamente, esa no es la única placa que quiero mostrarle. Solimán también reparó de manera extensiva la plaza del templo y colocó una fuente (*sabil*) y otra placa con una inscripción para documentar su restauración (ver las fotos[175]). No solo confirma que el Monte del Templo fue un área restaurada por Solimán, sino que también nos da una fecha para su decreto. Se llama *Sabil Bab el Atm*, lo que significa fuente en la puerta de la oscuridad, y está ubicada en el extremo norte del

---

[173] Tütüncü. *Turkish Jerusalem*, "Figure 009. Cat. 7B-Cat. 40."
[174] Ibid., 45.
[175] Foto de Chris Yunker, 18 de noviembre de 2007, cc-by-sa-2.0, https://commons.wikimedia.org/wiki/File:Jerusalem_Temple_Mount_(2541924071).jpg.

Monte del Templo, mirando al sur hacia el lugar del templo, a unos quince metros de la Puerta de la Oscuridad (*Bab el Atm*).

La traducción de la placa en Sabil Bab el Atm es: [176]
"Él ha ordenado la construcción de este bendito Sabil, nuestro Maestro, el Sultán, el más grande Sultán y el honorable Hakan, que gobierna el cuello de las naciones, el Sultán de las tierras de Rum, los árabes y persas (ajams), el Sultán Solimán, hijo del Sultán Selim Khan, que Allah perpetúe su reinado y su sultanato, En la fecha de la Hégira del Profeta al comienzo de Shaban el bendito En el año 943. Y las bendiciones sean con Muhammed y sus seguidores". [177]

---

[176] Foto del Sabil Bab el Atm y el decreto es cortesía de Veit Ullrich, 2022.
[177] Tütüncü: *Turkish Jerusalem*, 74; En total, Solimán tenía casi tres docenas de inscripciones que documentaban su trabajo en Jerusalén entre 1536 y 1541. Dentro de las murallas de la ciudad, la más antigua está en *Sabil el Wad*, que está cerca de *Bab el Kattanin* (Puerta de los comerciantes de algodón) del *Haram al-Sharif* (Monte del Templo). Está fechada el 14 de diciembre de 1536. La siguiente más antigua está en otra fuente (*sabil*) de la ciudad llamada *Sabil Bab el Silsile*, fechada el 4 de enero de 1537. Estas fechas son todas muy próximas. He resaltado el que está ubicado en la plaza del templo (el Monte del Templo), ya que

La placa que Solimán había colocado allí está ubicada en el extremo norte del Monte del Templo, a unos quince metros al sur de la Puerta de la Oscuridad (Bab el Atm), como se muestra en el diagrama a continuación. Está fechada "el comienzo de Shaban 943". La fecha dada por esta placa es convertida en una fecha moderna que va del 13 al 23 de enero de 1537 en nuestro calendario gregoriano.[178] Eso nos da un rango de fechas verificable desde el cual comenzar a contar 483 años hacia adelante. Y para aquellos que no son buenos para hacer cálculos matemáticos mentalmente, si cuentan 483 años desde 1537, ¡eso nos lleva al año 2020!

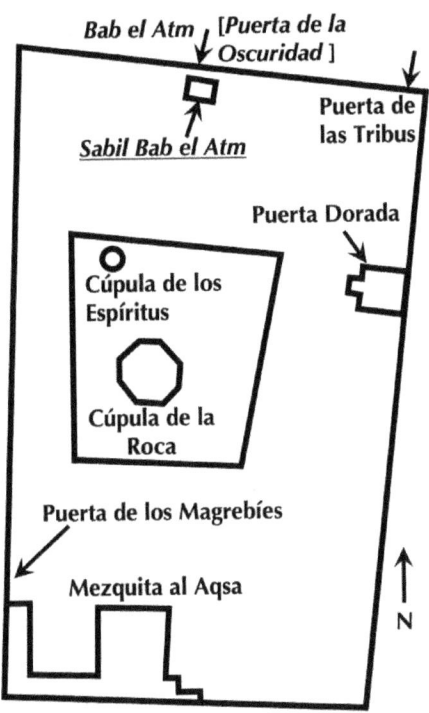

Mapa del Monte del Templo, que indica la ubicación de la fuente y el decreto de Solimán.

Por lo tanto, aplicando la profecía de Daniel al decreto de Solimán que emitió en 1537, y contando sesenta y nueve semanas de años, nos lleva al año 2020. No es un quizás, no es un podría ser, simplemente son 483 años después de ese evento. ¡Eso no prueba con certeza que ahora estemos en la última septuagésima semana de Daniel, pero es un hecho histórico que el año 2020 vio la finalización de sesenta y nueve semanas de años desde el decreto de Solimán! Si las placas de piedra tallada, colocadas tanto en una plaza como en

---

"plaza" se menciona en el versículo 25. De cualquier manera, estamos viendo una fecha de decreto que es entre el 14 de diciembre de 1536, y 23 de enero de 1537.

[178] La palabra árabe aquí, *aš-šahr* (traducida como "el comienzo del" mes árabe de *Shaban*) significa dentro de los primeros diez días.

un foso, declarando el decreto de Solimán para restaurar y reconstruir a Jerusalén, no te obligan a considerar que ahora estamos en un segundo período de setenta semanas, entonces pregúntate: "¿Qué tengo que ver para aceptar el postulado de que estamos ahora en un segundo período de setenta semanas?"

Una Brecha Antes de la Semana Setenta no Tiene Sentido

Otra razón para considerar la posibilidad de que haya dos períodos de setenta semanas es que ahora ya han pasado 354 semanas de años desde los decretos de Artajerjes I para restaurar y reconstruir Jerusalén en 458 a.C. Sin embargo, ¿es realmente una posición lógicamente satisfactoria decir que mientras la Biblia dice que serán setenta semanas, ya han pasado 354 semanas desde el decreto de Artajerjes I en 458 a.C.?[179] ¿Por qué habría un "tiempo de espera", como una brecha, en el conteo? Dios ciertamente podría decidir llamar una pausa profética en la cuenta, pero no hay una clara justificación bíblica para apoyar esa suposición.

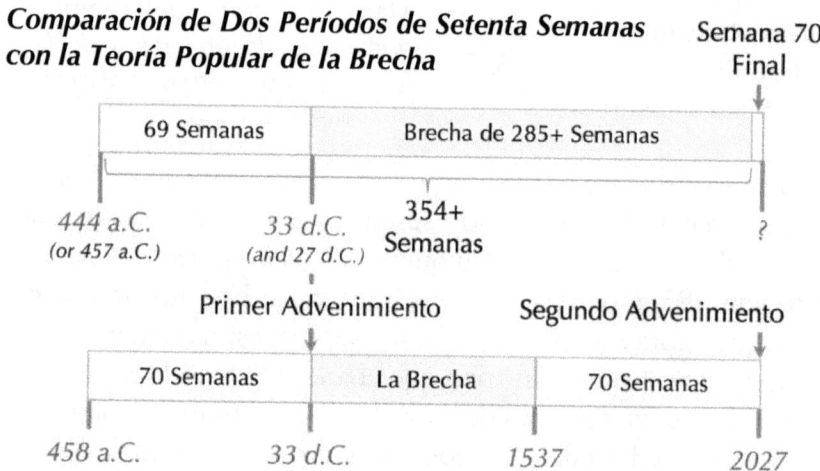

El renombrado teólogo John Walvoord admitió que la idea de una brecha profética entre las semanas de Daniel es solo una

---

[179] Contando desde el cuarto decreto en 445/444 a.C., han sido 352 semanas.

presunción. La cual surgió porque la gente no tenía una mejor explicación de cómo y cuándo los seis eventos enumerados en Daniel 9:24 podrían haber sido, o serían, logrados.

> "Si bien las interpretaciones de los primeros sesenta y nueve sietes tienen un cumplimiento literal, no se puede encontrar nada en la historia que proporcione un cumplimiento literal de los últimos siete o de la septuagésima semana. Muchos han considerado que esto indicaba un aplazamiento del cumplimiento de los últimos siete años de la profecía a un futuro período de siete años que precedería a la Segunda Venida. Si es así, se indica un paréntesis de tiempo que involucra toda la edad presente". – **John Walvoord**, *La Cuestión del Rapto*[180]

Confirmación para un Segundo Período de Setenta Semanas

El hecho de que estos decretos estén tallados en piedra y sean visibles para que todos los vean es simplemente asombroso; pero, si todo eso es cierto, entonces también debería haber otras señales de confirmación. ¿Hubo otras señales en el 2020 que confirmen que los eventos que Daniel previó en la última semana han comenzado a suceder? Creo que sí, pero terminemos de ver el último versículo de la profecía.

Y él hará un pacto firme con muchos por una semana, pero a la mitad de la semana pondrá fin al sacrificio y a la ofrenda de cereal. Sobre el ala de abominaciones vendrá el desolador, hasta que una destrucción completa, la que está decretada, sea derramada sobre el desolador.
— Daniel 9:27 NBLA

---

[180] John Walvoord. *The Rapture Question* (Zondervan, 1979): 26.

Comenzamos el versículo 27 reconociendo que por "él" todavía estamos hablando del anticristo, el príncipe que va a venir. Él "hará un pacto firme" o él "confirmará" el pacto. Necesitamos hacer la pregunta, "¿Qué pacto?" Se podría entender fácilmente que el pacto se refiere al Pacto Abrahámico, en el que Dios prometió la tierra de Israel a Abraham a través de su hijo Isaac (*Génesis 17*). Es posible que la referencia a un pacto solo signifique que harán un acuerdo o pacto entre ellos. Sin embargo, creo que es más probable que signifique que el acuerdo reconocerá la legitimidad de Israel como nación y el pacto de Dios con Abraham para darles la tierra. Además, cuando se hace el tratado, Daniel dice que será con "los muchos". Eso podría significar muchas personas en una gran nación, pero en esta era moderna, podría entenderse fácilmente que significa que será adoptado por muchas naciones.

Tradicionalmente, también se entiende a partir de este versículo que el anticristo hará un tratado de paz personal y públicamente con Israel, sonriendo a las cámaras mientras firma el tratado. Sin embargo, puede que este no sea el caso. El anticristo pudiera simplemente confirmar o dar su apoyo al "pacto" afirmando un acuerdo o tratado que ya se ha hecho, y el hecho pueda que sea público o no. Que el anticristo haya entrado en la escena o haya comenzado a asumir el poder al comienzo de la semana no significa que esté en el ojo público o sea bien conocido por todos en ese momento. Yo pienso que el anticristo operará bajo el radar durante el mayor tiempo posible. Es probable que no lo reconozcamos completamente hasta la mitad de la septuagésima semana cuando detenga el sacrificio y la ofrenda de cereal y provoque la abominación desoladora. Pero al ver los eventos actuales a la luz de este entendimiento de la profecía, supongo que ya ha comenzado a tomar su posición.

La Confirmación del Pacto con los Muchos

Sin embargo, para dar inicio a los últimos siete años de la tribulación, es necesario recibir una confirmación del pacto. ¿Ha habido alguno? Bueno, creo que sí. Primero, tuvimos un plan de paz entre Israel y Palestina, patrocinado por el presidente Donald Trump y publicado formalmente el 28 de enero del 2020.[181] El plan se publicó casi exactamente 483 años después de estas inscripciones. Luego, más tarde ese mismo año, algunos de los estados árabes del golfo comenzaron a hacer las paces con Israel bajo los Acuerdos de Abraham.[182] Los primeros acuerdos se firmaron oficialmente en el césped de la Casa Blanca el 15 de septiembre del 2020. Inicialmente fueron firmados por los Emiratos Árabes Unidos, Baréin, Marruecos y Sudán, y también se espera que otras naciones adopten y firmen estos acuerdos. Por lo tanto, comenzó una nueva era de paz en la región en el 2020, ya que algunos estados árabes fundamentales expresaron su reconocimiento a Israel y su interés en una colaboración de amplio alcance para beneficiar mutuamente a sus países.

Debido a que la "confirmación del pacto" profetizada por Daniel comenzará un período final de siete años, muchos esperan que haya un tratado de paz formal por un período preciso de siete años. Sin embargo, un límite de tiempo de siete años en el acuerdo no está explícito en el texto. La Biblia puede decir siete años porque ese es todo el tiempo que queda. En consecuencia, un acuerdo al comienzo de la tribulación sería *de facto* un acuerdo de siete años.

Además, al nombrar estos acuerdos de paz con Israel como los "Acuerdos de Abraham", se nos muestra que la "confirmación del pacto" se ha cumplido simplemente con el nombramiento que se le dió a los acuerdos de paz. Algunos podrían insistir en que todos estos eventos deben ocurrir exactamente al mismo tiempo antes de creer que fue orquestado por Dios, pero la precisión de la profecía es en incrementos de siete años, por lo que los acuerdos dentro de

---

[181] "El Plan de Trump y la política como el arte de lo posible," *Semanario Hebreo JAI*, 7 de Febrero de 2020, https://www.semanariohebreojai.com/articulo/2189
[182] "¿Qué dice la declaración de los Acuerdos de Abraham?" *Enlace Judío*, 15 de septiembre de 2020, www.enlacejudio.com/2020/09/15/que-dice-la-declaracion-de-los-acuerdos-abraham/

unos pocos meses parecen precisos según esa medida. Otros creen que el pacto no tiene nada que ver con el pacto abrahámico en absoluto, sino que es simplemente una aplicación genérica del término hebreo que se refiere a un futuro acuerdo político que será confirmado directamente con el anticristo.[183] Eso puede ser teóricamente posible, pero cuando nos enfrentamos a la realidad de un conjunto real de acuerdos, que se ajustan tanto a la descripción de Daniel, nos corresponde reconocer su viabilidad hasta que se demuestre lo contrario.

¿Ha Comenzado la Cuenta Regresiva de Otras Setenta Semanas?

El caso se está construyendo. Tenemos un segundo decreto de Solimán casi dos mil años después del primero de Artajerjes. Luego, 483 años (69 sietes) después del decreto de Solimán, tanto Estados Unidos como Israel presentaron un plan de paz que culminó con los Acuerdos de Abraham. Hasta ahora parecemos estar en trayectoria para que nos encontremos en la última semana de Daniel 9:27. Todavía hay mucho que debe suceder para demostrar que esta es la última semana de Daniel, pero todas las señales indican que lo es.

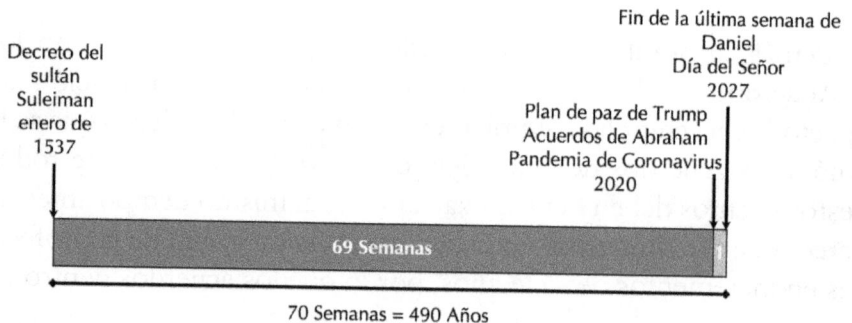

Las Últimas Setenta Semanas de Daniel

---

[183] Snow. *The 70 Weeks Jubilee*, 297-303.

Por ejemplo, a la mitad de este período final de siete años, habrá una suspensión del sacrificio y la ofrenda de cereal y una abominación desoladora en un templo judío reconstruido. Pero ¿cómo puede suceder eso? Hablaré de eso en el capítulo 10. Pero para comenzar, el sanedrín judío emergente ha citado el plan de paz entre Israel y Palestina presentado por Donald Trump, y han afirmado que esto les otorga la autoridad y la aprobación para empezar a restablecer los sacrificios en el Monte del Templo.[184] Y tan pronto como se reinicien los sacrificios, el llamado para reconstruir el Templo seguirá detrás. En consecuencia, estos eventos actuales podrían vincularse con el plan de paz, tal como leemos en Daniel 9:27.

Finalmente, muchos otros Estados del Golfo, como Arabia Saudita, han brindado su apoyo a estos planes, y muchos creen que pronto también firmarán los Acuerdos.[185] Todo esto en conjunto significa que, mientras todos esperaban que habría una gran fanfarria asociada con el acuerdo de paz final de Daniel 9:27, no es imposible que sea algo más como el acuerdo actual, que parece estar avanzando. sin que todos se den cuenta de su posible conexión con la profecía de Daniel. También proveeré más detalles en cuanto a qué más debemos observar con respecto a la reconstrucción del templo en el capítulo 10.

Una pregunta simple, pero difícil de responder, es, ¿cómo es posible que esto haya pasado sin que nadie se diera cuenta hasta ahora? No sé. Esto es difícil entender, pero tal vez hay una razón. Recuerda, el

---

[184] "Gracias a Trump: El Cordero Pascual podría ser sacrificado en el Monte del Templo por primera vez en 2,000 años," traducido de *Breaking Israel News*, Feb. 27, 2020, https://profeciasdeveladas.com/2020/03/01/el-cordero-de-la-pascua-podria-ser-sacrificado-en-el-monte-del-templo-por-primera-vez-en-2000-anos/

[185] Tovah Lazaroff and Lahav Harkov. "Saudi FM praises Abraham Accords, puts Palestinian statehood first (articulo en inglés)," *The Jerusalem Post*, August 4, 2021, www.jpost.com/middle-east/saudi-fm-praises-abraham-accords-puts-palestinian-statehood-first-675817

ángel Gabriel le dijo a Daniel que la profecía sería sellada *"hasta el tiempo del fin"* (*Daniel 12:9*). Yo creo que ahora ha llegado el tiempo y por lo tanto la profecía se está revelando.

Pero, si te enseñaron todas las razones por las que los cristianos deberían esperar un rapto antes de la tribulación, y sientes que esos argumentos son infalibles, entonces esta versión de Daniel 9:24-27 te resultará muy difícil de aceptar, porque no ha habido ningún rapto todavía. ¿Cómo podemos estar en la semana final de las Setenta Semanas de Daniel si todos los creyentes todavía estamos aquí? Escuché a algunos maestros de profecía muy respetados hacer exactamente ese tipo de argumento. Y por supuesto, la respuesta es una de dos: que toda la evidencia que acabo de presentar es incorrecta, o que no habrá un rapto antes de los siete años de la tribulación después de todo. En el próximo capítulo, veremos las razones bíblicas por las que los cristianos deben mantener una mente abierta sobre el momento del rapto, y ciertamente no deben contar con que tendrá lugar antes de que comience la tribulación de siete años.

Y él respondió: "Anda, Daniel, porque estas palabras están cerradas y selladas hasta el tiempo del fin."
— **Daniel 12:9** NBLA

Cristo Viniendo en Gloria, en el libro por William Ambrose Spicer, *Our Day in the Light of Prophecy* (Pacific Press, 1917): 58.

6

El Rapto

LA BENDITA ESPERANZA DE LA IGLESIA es de ver algún día el regreso de Jesucristo a esta tierra. Esta esperanza se ha expresado explícitamente tanto en los primeros escritos de la iglesia como en todo el Nuevo Testamento. Sin embargo, uno de los mayores debates entre los cristianos conservadores, premilenialistas, con respecto al regreso de Jesucristo en los últimos días, es el momento y la secuencia de la colecta de los santos cuando él regrese (es decir, el rapto). Parte de la pregunta se relaciona con dicernir si hay una diferencia entre Cristo viniendo sobre las nubes para recolectar a sus elegidos (*harpazo*), y Cristo viniendo (*parusía*) sobre un caballo blanco con sus ejércitos a la tierra para ejecutar su juicio sobre las naciones (*Apocalipsis 19:11-21*). Tradicionalmente, estos se conocen como el rapto y la segunda venida (o segundo advenimiento), respectivamente. También existe cierto debate sobre si el rapto será "secreto", de modo que solo los santos raptados sabrán lo que sucedió, o ¿será algo que todos verán? En otras palabras, ¿todos los arrebatados se desvanecerán misteriosamente en el aire algún día, o la venida de Cristo en las nubes para recolectar a sus elegidos será ampliamente presenciada y una señal temible del inminente juicio de Dios? Muchos cristianos estarían de acuerdo con el hecho de que Cristo algún día vendrá corporalmente a reunir a sus elegidos, tal como lo predicen las Escrituras; sin embargo, el momento de ese regreso con respecto a los últimos siete años de Daniel 9:27, y las tribulaciones descritas en el Apocalipsis de Juan, es otro asunto.

En este capítulo, vamos a ver muy de cerca lo que dice la Biblia acerca de la recolección de los elegidos. Si bien no podremos responder cuándo llegará el momento exacto de nuestro rescate (recuerda, "*en cuanto al día y la hora, nadie lo sabe.*" - *Marcos 13:32*), sabremos a qué estar atentos. Y verás por qué debemos estar preparados para esperar el *harpazo* de los santos prometido por Cristo hasta algún momento durante la segunda mitad de las setenta semanas de Daniel, según algunos versículos muy directos de las Escrituras.

Distinguiendo las Diferentes Posturas acerca del Rapto

Para empezar, hay varios lugares tanto en el Antiguo como en el Nuevo Testamento donde se describen el regreso del Señor, el Día del Señor, el tiempo de angustia de Jacob, la Gran Tribulación y la recolección de los santos. En la mayoría de los casos, en cada descripción se incluyen elementos similares pero únicos. Esto crea múltiples cuentas sinópticas que deben ser ordenadas e interpretadas. ¿Son los eventos que se describen fundamentalmente iguales, como en el caso de los relatos descritos en los Evangelios, donde cada testigo da un marco de referencia único, o son eventos separados y únicos? ¿Y cuándo sucederán, o si ya han sucedido?

Los principales puntos de vista con respecto a cuándo ocurrirá esta "recolección de los santos" son: 1) antes de los siete años de Daniel (pre-tribulación), 2) a la mitad de la septuagésima semana de Daniel (a la mitad de la tribulación), 3) en algún momento después de la mitad de la tribulación (antes de la ira), y 4) al final o cerca del final de la tribulación (después de la tribulación). No ayuda que la mayoría de los muchos defensores de cada punto de vista prospectivo, y sus variaciones, sean generalmente creyentes devotos y estén completamente convencidos de que ellos entienden las profecías correctamente, mientras que otros no. La razón por la que hay tanta controversia es porque hay varias interpretaciones literales posibles del texto. Una respuesta típica a este dilema es elegir el punto de vista que se cree que es el más correcto y luego avanzar con una firme convicción. Creo que debemos considerar, sin embargo, que Dios omitió intencionalmente algunas cosas en la descripción del momento de estos eventos, por lo que tendríamos que reservar nuestra valoración final sobre el momento exacto y permanecer en estado de alerta.

No obstante lo anterior, hay una alternativa que satisface todas las objeciones considerables que pueden ser y han sido planteadas sobre estos otros puntos de vista en el pasado. Es una especie de posición híbrida que que yo he llamado "post-midtribulacionismo", o en algún momento después de la mitad de la septuagésima semana de Daniel. Tal postura evita la trampa de tratar de determinar definitivamente el momento exacto del regreso de Cristo dentro de la línea de tiempo de Apocalipsis, y a la misma vez reconoce que todavía hay muchas cosas que podemos decir definitivamente sobre el rapto y a qué debemos estar atentos.

Me gustaría comenzar señalando que todos reconocen universalmente que este es un tema difícil y divisivo. Además, como han señalado el Dr. John Walvoord y otros, todas las diversas posiciones del rapto se derivan de inducciones de las Escrituras; porque no hay declaraciones explícitas en la Biblia que identifiquen inequívocamente cuándo ocurrirá el rapto de los santos.[186] Todas se basan en suposiciones que con el tiempo se han convertido, a través de la

---

[186] Walvoord. *The Rapture Question*, 181.

repetición, en doctrinas que ya no reconocen las preguntas serias y las numerosas inferencias que contienen. Esto es particularmente cierto en el caso del rapto pretribulacional. En el libro del Dr. Walvoord, *La Pregunta del Rapto*, él presenta cincuenta argumentos a favor del pretribulacionismo y, sin embargo, ni siquiera uno de esos argumentos sería capaz de sostenerse por sí mismo como una prueba sólida.[187] Más bien, el peso de su caso se basa en la cantidad de argumentos circunstanciales construidos, ninguno de los cuales es notablemente defendible. Tras una inspección minuciosa, la afirmación de un rapto pretribulacional no es tan sólida como parece... pero tampoco lo son los puntos de vista tradicionales de la tribulación media o postribulacional. Todas las opiniones publicadas de las que tengo conocimiento tienen fallas en su razonamiento o contienen suposiciones insostenibles. Esos puntos débiles a menudo son explotados por sus oponentes para reforzar sus propios puntos de vista tenues.

Como un punto de partida suave para intentar resolver este dilema, hagamos todo lo posible por mantenernos humildes y recordar que nuestra seguridad se basa en el regreso físico de Cristo a la tierra para reunirnos con él, no en saber el momento de su regreso. Además, el sabio esperará un pronto rescate, pero se preparará para pasar por la tribulación, sabiendo que mientras algunos pastores en la actualidad predican salud, prosperidad y una vida fácil, Jesús nunca lo hizo. Nunca se nos prometió un escape total de pruebas y tribulaciones. Solo pregúntale a los creyentes modernos en China, India, Pakistán, Afganistán, Irán y en otros lugares que están sufriendo terribles persecuciones... probablemente aún mientras estás leyendo esto. [*Padre celestial, protege y fortalece a esos creyentes. Llénalos con tu Espíritu Santo; dales las palabras que necesitan para hablar en tu nombre, coraje para enfrentar con valentía sus pruebas, y fe y esperanza en las recompensas del más allá. ¡Amén!*]

---

[187] Ibid., 270-6.

Dios No Nos ha Destinado para la Ira

Dios no nos ha puesto para sufrir el castigo, sino para alcanzar la salvación por medio de nuestro Señor Jesucristo.
— 1 Tesalonicenses 5:9

Algunos interpretan 1 Tesalonicenses 5:9 como "no nos ha destinado Dios para ira", en lugar de *"Dios no nos ha puesto para sufrir el castigo"*, con el pensamiento de que esto implica que no pasaremos por ninguna parte de la gran tribulación, cuando el mundo sufrirá la ira de Dios. Las palabras de Pablo no significan que los cristianos no puedan experimentar tribulaciones en esta tierra, son para darnos confianza de que somos salvos del juicio de Dios. Ciertamente no excluye que podamos estar presentes durante una parte de la septuagésima semana de Daniel. Podemos decir con certeza que no enfrentaremos la ira de Dios por nuestros pecados a causa de la justicia de Cristo; pero las inferencias sobre lo que eso podría significar durante la Tribulación no deben ser dogmáticas. Estoy seguro de que los creyentes no experimentarán las copas de la ira de Dios, o el gran lagar de su ira del que se habla en Apocalipsis 14 y 16; pero no podemos asumir que Dios no podría librarnos a través de ellos, como lo hizo con los israelitas en la noche de la Pascua. De lo contrario, ¿qué tendríamos que decir para animar a los santos de la Tribulación durante ese tiempo? Sin embargo, es interesante que en el libro de Apocalipsis no dice que la ira de Dios ha venido sobre la tierra hasta después de que se haya abierto el sexto sello (*Apocalipsis 6:16-17*). Eso no necesariamente prueba nada por sí mismo, pero vale la pena tomar nota de ello. Mi punto es que el argumento de que, según 1 Tesalonicenses 5:9, no estamos designados para la ira y, por lo tanto, no experimentaremos ninguna parte de la septuagésima semana de Daniel, es pura conjetura. Simplemente no puede presentarse como un texto de prueba para el momento del rapto.

El Retorno Corporal de Cristo y la Recolección de los Elegidos

Repasemos por qué creemos en el regreso de Jesucristo a esta tierra. La primera razón es por la promesa de los ángeles cuando Jesús ascendió al cielo (*Hechos 1:11*). Ellos prometieron específicamente que Cristo regresaría exactamente de la misma manera en que se fue. Si creemos en el testimonio de los Apóstoles de que Jesús vivió en la tierra, murió por nuestros pecados, resucitó al tercer día y ascendió al cielo ante sus propios ojos, entonces un regreso a la tierra similar, futuro, literal y corporal es la implicación obvia de su promesa.

Y les dijeron: "Varones galileos, ¿por qué están mirando al cielo? Este mismo Jesús, que ustedes han visto irse al cielo, vendrá de la misma manera que lo vieron desaparecer." **– Hechos 1:11**

Las Escrituras nos enseñan que algún día habrá una resurrección global instantánea de los santos que han muerto y una transformación repentina de todos los santos vivos en seres inmortales con "cuerpos incorruptibles" y que esto sucederá "en un abrir y cerrar de ojos" cuando suene la *"última trompeta."* Esto suena loco. Será algo completamente sobrenatural. Pero lo creo porque el Dios del universo, que todo lo sostiene y siempre guarda su Palabra, lo dijo. Hay tantas otras cosas que Dios ha prometido y cumplido, ¿por qué dudaríamos por un segundo de su palabra sobre esto?

Presten atención, que les voy a contar un misterio: No todos moriremos, pero todos seremos transformados en un instante, en un abrir y cerrar de ojos, cuando suene la trompeta final. Pues la trompeta sonará, y los muertos serán resucitados incorruptibles, y nosotros seremos transformados. Porque es necesario que lo corruptible se vista de incorrupción, y lo mortal se vista de inmortalidad. **– 1 Corintios 15:51-53**

También creemos en una recolección milagrosa de los elegidos de acuerdo a 1 Tesalonicenses 4:14-17. Este es uno de los pasajes clásicos que todos reconocen que habla del rapto (*harpazo*) de los santos. Al igual que la carta a los Corintios, esta carta a los Tesalonicenses también fue escrita por el Apóstol Pablo. En la cual él describe, con detalles adicionales, el mismo evento sobre el que Pablo escribió a los corintios.

Hermanos, no queremos que ustedes se queden sin saber lo que pasará con los que ya han muerto, ni que se pongan tristes, como los que no tienen esperanza. Así como creemos que Jesús murió y resucitó, así también Dios levantará con Jesús a los que murieron en él. Les decimos esto como una enseñanza del Señor: Nosotros, los que vivimos, los que habremos quedado hasta que el Señor venga, no nos adelantaremos a los que murieron, sino que el Señor mismo descenderá del cielo con voz de mando, con voz de arcángel y con trompeta de Dios, y los muertos en Cristo resucitarán primero. Luego nosotros, los que aún vivamos y hayamos quedado, seremos arrebatados (harpazo) juntamente con ellos en las nubes, para recibir en el aire al Señor, y así estaremos con el Señor siempre. **– 1 Tesalonicenses 4:13-17**

Nota que en el pasaje anterior, Pablo escribió: "Les decimos esto como una enseñanza del Señor …". Usó las palabras griegas, *en logos kyrios*, literalmente "por la palabra del Señor", que apunta más a las Escrituras (*logos*) como el referente que a una visión o sueño especial (como algunos argumentan). Esto significa que Pablo estaba haciendo referencia a algo que dijo Jesús, lo que plantea una pregunta. ¿Los evangelios registran que Jesús dijo algo similar? Si, lo hacen. Hay un relato sorprendentemente paralelo en Mateo 24.

Conectando Mateo 24 con 1 y 2 Tesalonicenses

Mateo 24 a menudo se llama el Discurso de los Olivos porque Jesús enseñó a sus discípulos acerca de los últimos días mientras estaba sentado en el Monte de los Olivos. Probablemente estaba mirando el Monte del Templo mientras les hablaba. El capítulo comienza con Jesús de pie en los atrios del templo con sus discípulos. Él les dice que miren a su alrededor a todos los edificios. Luego les dice que ¡no quedará piedra sobre piedra en los edificios a su alrededor! Ellos deben de haber estado sorprendidos, pero evidentemente, se quedaron mudos, porque no le preguntaron nada más hasta que se apartaron del templo. Más tarde, cuando estaban sentados en el Monte de los Olivos, sus discípulos le hicieron dos, o posiblemente tres, preguntas.[188]

Mientras Jesús estaba sentado en el monte de los Olivos, los discípulos se le acercaron por separado, y le dijeron: "Dinos, ¿cuándo sucederá todo esto, y cuál será la señal de tu venida y del fin del mundo?"

— Mateo 24:3

Sus preguntas implican que entendieron que Jesús los iba a dejar, pero también sabían que regresaría al final de la era. Se dieron cuenta de que aún no era tiempo de que Jesús cumpliera el resto de las profecías mesiánicas del Antiguo Testamento con respecto a un reino davídico renovado que gobernaría sobre las naciones de la tierra desde Jerusalén; pero querían saber cuándo lo haría. Afortunadamente, Jesús les respondió, y Mateo lo registró para nosotros. Jesús procedió a describir las señales que se observarían antes de su regreso, y después describió cómo sería su regreso.

"Entonces aparecerá en el cielo la señal del Hijo del Hombre, y todas las tribus de la tierra se lamentarán, y verán al Hijo del Hombre venir sobre las nubes del cielo, con gran poder y gloria. Y enviará a sus

---

[188] Dependiendo de cómo se mire, hay cierta ambigüedad en la última pregunta de los discípulos. El regreso de Cristo y el fin del mundo podrían contarse como eventos relacionados pero separados. Presumiblemente, esta es la razón por la que se sintieron inspirados para agregar "y el fin del mundo", en lugar de simplemente preguntar: "¿Qué señal habrá de tu venida?"

ángeles con gran voz de trompeta, y de los cuatro vientos, desde un extremo al otro del cielo, ellos juntarán a sus elegidos."
— **Mateo 24:30-31**

Examine cuidadosamente el relato de Mateo 24:30-31. En su esencia general, ¿qué es diferente entre él y 1 Tesalonicenses 4:16-17? Hay tres eventos idénticos que se encuentran en AMBOS pasajes:

1) Vemos a Jesús, el Hijo del Hombre, viniendo sobre las nubes

2) Los ángeles juntan a los elegidos para unirse a Jesús en las nubes

3) Una trompeta anuncia su llegada y la recolección de los santos

La única diferencia que algunos podrían señalar es que Jesús no mencionó la resurrección de los santos en Mateo 24:30-31. Sin embargo, sí dijo que los elegidos serían reunidos desde "un extremo de los cielos hasta el otro". ¿No podría esa descripción incluir fácilmente tanto a los santos del cielo (que han muerto) como a los santos de la tierra (que aún viven)? ¿Especialmente, cuando consideramos las palabras de Jesús afirmando que habría una resurrección de los muertos cuando escuchan la "voz del Hijo del Hombre" en Juan 5:25?

De cierto, de cierto les digo: La hora viene, y ya llegó, cuando los muertos oirán la voz del Hijo de Dios; y los que la oigan vivirán. — **Juan 5:25**

Se podría proponer que esto era solo una alusión a la salvación general del alma, pero nótese que Jesús insinuó dos sentidos en el significado de su comentario. El primero, a una futura resurrección de los muertos, cuando dijo: "la hora viene". El segundo era en un sentido espiritual cuando dice, "y ya llegó", a través de la fe en él y el renacimiento por el Espíritu Santo. Por lo tanto, dado que todas las ideas expresadas por Pablo en 1 Tesalonicenses 4:16-17 pueden encontrar sus paralelos en cosas que Jesús mismo dijo en los Evangelios, creo que debemos atribuir las palabras, *en logos kyrios*, a cosas que Jesús enseñó a sus discípulos que se conservan para nosotros en Mateo 24:30-31 y Juan 5:25. Otro punto que tengo que mencionar es que algunos sugerirían que Mateo 24 no se trata del rapto en absoluto, sino que se refiere a la imagen de Cristo montado en un caballo blanco para ejecutar su juicio sobre las naciones que se encuentran en el capítulo 19 de Apocalipsis. Pero hay que preguntarse si realmente esta descripción encaja, o si 1 Tesalonicenses 4:16-17 se asemeja más con Mateo 24?

Entonces vi que el cielo se había abierto, y que allí aparecía un caballo blanco. El nombre del que lo montaba es Fiel y Verdadero, el que juzga y pelea con justicia. Sus ojos parecían dos llamas de fuego, y en su cabeza había muchas diademas, y tenía inscrito un nombre que sólo él conocía. La ropa que vestía estaba teñida de sangre, y su nombre es: "El verbo de Dios." Iba seguido de los ejércitos celestiales, que montaban caballos blancos y vestían lino finísimo, blanco y limpio. De su boca salía una espada afilada, para herir con ella a las naciones. Él las gobernará con cetro de hierro; y pisará el lagar del ardiente vino de la ira del Dios Todopoderoso. En su manto y en su muslo lleva inscrito este nombre: "Rey de reyes y Señor de señores."
Vi entonces que un ángel estaba de pie en el sol, y que con voz potente les decía a todas las aves que surcan los cielos: "Vengan ya; júntense para la gran cena de Dios, para que devoren los cadáveres de reyes, capitanes y poderosos; los cadáveres de caballos y de jinetes, ¡los cadáveres de todos, libres y esclavos, pequeños y grandes!"
— **Apocalipsis 19:11-18**

Tras una inspección minuciosa, esta descripción de Cristo viniendo a ejecutar juicio sobre las naciones es diferente a la del Hijo del Hombre viniendo sobre las nubes. No hay mención de reunir a los elegidos. Tampoco se menciona la trompeta. Es una ejecución de juicio sobre los impíos. En todo caso, los santos ya están con Cristo y también cabalgan sobre caballos blancos, vestidos de lino blanco, resplandeciente y limpio.[189] Claramente, asociar Mateo 24 con Apocalipsis 19 es mucho más tenue que conectarlo con 1 Tesalonicenses 4:16-17. El caso para conectar esos pasajes se fortalece aún más cuando observamos lo que Pablo escribió en 2 Tesalonicenses. Pablo se refería a una preocupación de la iglesia de Tesalónica, presumiblemente debido a un informe falso, de que el Día del Señor ya había llegado; y ellos estaban preocupados de que se habían perdido la recolección de los santos.

Pero con respecto a la venida de nuestro Señor Jesucristo y a nuestra reunión con Él, les rogamos, hermanos, que no sean sacudidos fácilmente en su modo de pensar, ni se alarmen, ni por espíritu, ni por palabra, ni por carta como si fuera de nosotros, en el sentido de que el día del Señor ha llegado. Que nadie los engañe en ninguna manera, porque no vendrá sin que primero venga la apostasía y sea revelado el hombre de pecado, el hijo de perdición. Este se opone y se exalta sobre todo lo que se llama dios o es objeto de culto, de manera que se sienta en el templo de Dios, presentándose como si fuera Dios. ¿No se acuerdan de que cuando yo estaba todavía con ustedes les decía esto?
— **2 Tesalonicenses 2:1-5** NBLA

---

[189] Los ejércitos del cielo vestidos de lino blanco no están específicamente identificados para nosotros. Se podría argumentar que son ángeles, no santos, pero solo unos versículos antes, en Apocalipsis 19:6-8, se nos da la imagen de una gran multitud de santos en el cielo "vestidos de lino fino, limpio y refulgente". Se nos dice tambien que "el lino fino simboliza las acciones justas de los santos". Por lo tanto, cuando leemos que los ejércitos del cielo están "vestidos de lino fino, blanco y limpio", parece difícil no suponer que la gran multitud de los santos mencionados anteriormente no se encuentran entre ellos. Judas 1:14 parece mencionar este mismo evento y declara: "¡Miren! El Señor viene con sus miríadas de santos.", pero incluso la referencia de Judas no está clara si los santos son los elegidos, ángeles, o ambos. Personalmente creo que serán ambos.

En este simple recordatorio de Pablo, hay un recuento de las enseñanzas de Jesús en el Discurso del Monte de los Olivos (*Mateo 24*) al que creo que Pablo se refiere cuando dice en el versículo 5: ¿No se acuerdan de que cuando yo estaba todavía con ustedes les decía esto?" Muchos expositores han discutido este pasaje extensamente; sin embargo, creo que es mejor si no leemos más allá de las simples palabras del texto. Esta es la segunda carta de Pablo a Tesalónica. En la primera carta les habló del arrebatamiento de los santos para encontrar al Señor en el aire en la venida del Señor (*I Tesalonicenses 4:13-18*), pero en la segunda carta Pablo da a entender que los tesalonicenses habían sido perturbados por una palabra falsa de que el Día del Señor ya había llegado, lo que significa que temían que habían sido "dejados atrás". Pablo les escribe para asegurarles algunas señales a las que deben estar atentos antes de que venga el Día del Señor, a saber, la apostasía y la revelación del hombre de pecado, que es exactamente lo que sugeriría una lectura sencilla de Mateo 24.

Algunos han tratado de argumentar que la palabra griega *apostasia* (Strong's G646) no significa apostasía o alejamiento de la fe, sino que en realidad es un sinónimo de *harpazo* (Strong's G746) o arrebatamiento en el rapto; pero eso es un manejo atroz del texto.[190] Si las personas también tergiversaran las otras palabras de las Escrituras hasta ese punto, podrían apoyar casi cualquier idea herética que alguien quisiera proponer, como la homosexualidad o el universalismo, lo cual ya están haciendo los apóstatas sobre los que Pablo advierte en 2 Tesalonicenses 2:3. En su primera carta a los Tesalonicenses, Pablo señaló las palabras de Cristo en su discusión sobre el rapto. Cuando Pablo les da dos cosas específicas que deben ocurrir antes de "*la venida de nuestro Señor Jesucristo y*

---

[190] Mira los otros usos de *apostasia* de Hechos 21:21 y la Septuaginta griega: Josué 22:22; 2 Crónicas 29:19; Jeremías 2:19 y 29:32. Significa rebelión, es decir, apostasía. Pablo escribió ambas cartas a los tesalonicenses, había estudiado la Septuaginta (una traducción griega del AT, alrededor del siglo III a. C.) y contribuyó al libro de los Hechos. Cuesta creer que pudiera haber confundido *apostasia* con *harpazo* o haberlos utilizado como sinónimos.

nuestra reunión con Él', y ambas cosas se encuentran en Mateo 24, como algunas de las últimas señales antes de su regreso en los versículos 30 y 31: ¿cómo se puede pasar por alto que todos estos versículos están conectados?

Entonces los entregarán a ustedes para ser torturados, y los matarán, y todos los odiarán por causa de mi nombre. En aquel tiempo muchos tropezarán, y unos a otros se traicionarán y odiarán. Muchos falsos profetas se levantarán, y engañarán a muchos; y tanto aumentará la maldad que el amor de muchos se enfriará. Pero el que resista hasta el fin, será salvo. Y este evangelio del reino será predicado en todo el mundo para testimonio a todas las naciones, y entonces vendrá el fin. Por tanto, cuando en el lugar santo vean la abominación desoladora, de la que habló el profeta Daniel (el que lee, que entienda)...
— Mateo 24:9-15

Si lees con atención Mateo 24:9-15, la apostasía y la aparición del hombre de pecado están ahí mismo. Pablo simplemente está dirigiendo a los tesalonicenses a Mateo 24 para asegurarles que no se han perdido el regreso prometido del Señor y su recolección de los santos. Esto es algo que también dice que les había estado enseñando anteriormente cuando estaba con ellos.[191] Y deberíamos creer que Pablo en verdad estaba enseñando de los Evangelios cuando visitó a los tesalonicenses y cada iglesia que visitó. Cuando Pablo fue a Tesalónica por segunda vez, habría tenido tanto el evangelio de Mateo como el de Marcos. Es posible que los evangelios de Lucas y Juan no se hubieran aún escrito, pero unos años más

---

[191] Esto podría haber sido en su primer viaje a Tesalónica (c. 50-51 d.C.) o durante su segundo viaje (c. 55-56 d.C.), pero supongo que 1 Tesalonicenses se escribió después del primer viaje, y 2 Tesalonicenses después de su próxima visita en su segundo viaje misionero.

tarde, las cartas de Pablo a los Colosenses y 1 Corintios citan claramente a Lucas.[192] Es posible que Pablo incluso haya contribuido a ello, ya que Lucas ministró a Pablo mientras estaba en prisión en Cesarea (c. 58-60 d.C.) y probablemente viajó con él a Roma (c. 60-62 d.C.).[193] No debe haber duda de que Pablo contribuyó a que Lucas escribiera el libro de los Hechos. Si Pablo también contribuyó al Evangelio de Lucas,

Lucas el evangelista por Claude Vignon, c. 1610

entonces lo que Pablo recibió como el Evangelio directamente de Jesús está suficientemente preservado en el Evangelio de Lucas, junto con otros relatos de primera mano que recopiló Lucas. Pablo también hizo referencia a las enseñanzas de Jesús en 1 Timoteo, que es una referencia a los relatos de los Evangelios. Por lo tanto, sabemos que Pablo conocía los Evangelios, los afirmó y animó a los creyentes a seguirlos.

Si alguien enseña falsas doctrinas, apartándose de la sana enseñanza de nuestro Señor Jesucristo y de la doctrina que se ciñe a la verdadera religión, es un obstinado que nada entiende. — **1 Timoteo 6:3-4a** NVI

---

[192] Pablo citó Lucas 10:7 en 1 Timoteo 5:17-18, "el obrero merece su salario", y Lucas 22:19-20 en 1 Corintios 11:23-26. Para ver más ejemplos, consulte: https://medium.com/koinonia/ignore-the-skeptics-paul-knew-the-gospels-3b4e010e11e2.

[193] Bo Reicke, "Caesarea, Rome, and the Captivity Epistles," W. Ward Gasque & Ralph P. Martin, eds., *Apostolic History and the Gospel. Biblical and Historical Essays Presented to F.F. Bruce.* (Exeter: The Paternoster Press, 1970): 277-286. En linea: https://biblicalstudies.org.uk/pdf/ahg/caesarea_reicke.pdf

Conectando Mateo 24 con los Primeros Seis Sellos del Apocalipsis

Ahora que podemos ver una conexión clara entre Mateo 24 y 1 y 2 Tesalonicenses, también podemos conectar Mateo 24 con los primeros seis sellos del Libro de Apocalipsis. Los escritos proféticos tanto en el Antiguo como en el Nuevo Testamento hablan del mismo tiempo de juicio en los últimos días. Y si los entendemos correctamente, deberíamos poder tener una idea de cómo se interconectan. Veamos de cerca las similitudes. Analicemos Mateo 24 y Apocalipsis 6 de manera secuencial. Si estudias estos pasajes por ti mismo, verás que el orden no se ha cambiado para que parezca una coincidencia. Esta sección estudia ambos capítulos, comparando pasajes similares. Los siguientes temas se encuentran en ambos pasajes y se pueden comparar directamente el uno al otro. Cuando se comparan lado a lado y punto por punto, parece absurdo defender la idea de que los pasajes no están relacionados.

1) La promesa de un engaño venidero
2) Guerras y rumores de guerras
3) Hambruna, escasez de alimentos y aumento de los precios de los alimentos
4) Pestilencia y muerte
5) La persecución de los santos y la apostasía
6) Señales en los cielos
7) El Hijo del Hombre viniendo sobre las nubes.
8) Los santos arrebatados en el cielo
9) El séptimo sello y la primera trompeta

La Promesa de un Engaño Venidero

No debería ser un secreto para un estudiante de la profecía bíblica que los últimos días estarán marcados por el engaño.[194] Sin

---

[194] Si no estás seguro de lo que estoy hablando, consulta estas referencias bíblicas: Mateo 24:4, Marcos 13:22, Lucas 21:8, 1 Corintios 6:9, Gálatas 6:7,

embargo, es una advertencia irónica. ¿Por qué? ¡Porque todos usan esa advertencia para asumir que las personas que entienden las cosas de manera diferente a ellos deben estar engañadas! Casi nadie lee esa advertencia y piensa: "Hmm. ¿Qué me han hecho creer que está mal? Será mejor que escuche muy de cerca a esa persona que no está de acuerdo conmigo y ver si me estoy perdiendo algo". En consecuencia, es probable que nuestro propio orgullo nos haga más vulnerables al engaño. La segunda cosa que contribuye al engaño es la ignorancia, no saber lo que la Biblia realmente dice. Una tercera cosa que lleva a ser engañados es la falta de fe en la confiabilidad y certeza de la Palabra de Dios. Uno de los propósitos principales de todo este libro es equipar a los creyentes con el conocimiento y la comprensión que necesitan para evitar el engaño en una amplia gama de puntos relacionados con el fin del mundo. Ahora, volviendo a las similitudes entre Mateo 24 y los primeros seis sellos (*Apocalipsis 6*), fíjate que lo primero que les advierte Jesús, en su Discurso del Monte de los Olivos, es el engaño. Juan también da a entender que el engaño será el *modus operandi* del jinete del caballo blanco.

Entonces vi que el Cordero rompió uno de los sellos, y oí que uno de los cuatro seres vivientes me decía con voz de trueno: "¡Ven!" Yo miré, y vi un caballo blanco. El que lo montaba tenía un arco, y le fue dada una corona, y salió para vencer y seguir venciendo. — **Apocalipsis 6:1-2**

Jesús les respondió: "Cuídense de que nadie los engañe. Porque muchos vendrán en mi nombre, y dirán: 'Yo soy el Cristo', y engañarán a muchos." — **Mateo 24:4-5**

La idea del engaño puede ser difícil de ver en el primer sello, pero creo que está muy implícita. Muchos esperan que el jinete del caballo blanco represente al anticristo. Estoy parcialmente de acuerdo

---

Colosenses 2:4, 2 Tesalonicenses 2:10-11, 2 Timoteo 3:13, Tito 1:10 y 3:3, Santiago 1:16, 1 Juan 4:1, Apocalipsis 13:14, 19:20 y 20:10.

con eso, pero solo en el sentido de que comienza a ascender al poder en ese momento; no necesariamente que se revele inmediatamente a todo el mundo, o que tenga el control total de todo lo que sucede a través del caballo blanco. El anticristo solo gobierna durante cuarenta y dos meses (*Apocalipsis 13:5*), no por siete años. Presumiblemente, el primer sello marca el comienzo de la septuagésima semana de Daniel, tres años y medio antes de que el anticristo empieza a gobernar. Durante ese tiempo, el anticristo comienza a ascender al poder a través de intrigas, maniobras políticas y probablemente con el uso de la tecnología. Sin embargo, no puede estar usando la guerra tradicional, porque veremos en un minuto que el próximo caballo quita la paz de la tierra. No puede quitar la paz de la tierra si ya fue quitada por el primer caballo. Por lo tanto, la conquista del caballo blanco debe ser a través del engaño.

GUERRAS Y RUMORES DE GUERRAS

Ustedes oirán hablar de guerras y de rumores de guerras; pero no se angustien, porque es necesario que todo esto suceda; pero aún no será el fin. Porque se levantará nación contra nación, y reino contra reino...
— Mateo 24:6-7a

Lo siguiente que Jesús les dice a sus discípulos a qué estén atentos es "guerras y rumores de guerras" con naciones (*ethnos* - Strong's G1484) y reinos (*basileia* - Strong's G932) en conflicto. La palabra *ethnos* se refiere a diferentes grupos de personas, como judíos y árabes o negros y blancos, o hutus y tutsis. La palabra *basileia* se aplica a naciones claramente gobernadas. La imagen que Jesús presentó a sus discípulos es muy similar a la imagen de la paz que el caballo rojo le quita a la tierra en el segundo sello. El poder del jinete que monta el caballo para "*hacer que los hombres se mataran unos a otros*" incluye tanto a *ethnos* como a *basileia*. Es posible que estas dos profecías pueden estar hablando de diferentes momentos de la historia, pero es importante reconocer que las dos visiones son complementarias y podrían estar hablando del mismo tiempo.

Abrió entonces el segundo sello, y oí al segundo ser viviente decirme: "¡Ven!" Salió entonces otro caballo, éste de color rojo, y al que lo montaba se le dio una gran espada, junto con el poder de adueñarse de la paz de la tierra y de hacer que los hombres se mataran unos a otros.
– Apocalipsis 6:3-4

Hambruna, Escasez De Alimentos Y Aumento Del Precio De Los Alimentos

Después de la guerra y el conflicto, la hambruna será predeciblemente el próximo evento. La advertencia de Jesús en Mateo 24 y la visión de Juan del tercer sello predicen hambruna. Podemos esperar que las guerras, los conflictos y las luchas en todo el mundo conduzcan rápidamente a la escasez de alimentos, al aumento de los precios de los alimentos y, para los más pobres de los pobres, al hambre. Las balanzas y el alto costo de los alimentos pronunciados en el tercer sello implican tanto escasez como racionamiento. Dos libras de trigo contienen aproximadamente la cantidad de calorías que come una persona promedio por día. Por lo tanto, el trabajo de un día básicamente comprará la comida de un día, lo que significa que muchas personas vivirán en un nivel de subsistencia y apenas sobrevivirán. La advertencia *"no dañes el aceite y el vino"* nos dice que los lujos seguirán estando disponibles para aquellos que puedan permitírselos, pero los menos afortunados, las clases bajas y los países más pobres, estarán en extrema necesidad.

Cuando el Cordero abrió el tercer sello, oí al tercer ser viviente que decía: "Ven". Y miré, y había un caballo negro. El que estaba montado en él tenía una balanza en la mano. Y oí como una voz en medio de los cuatro seres vivientes que decía: "Un litro de trigo por un denario, y tres litros de cebada por un denario, y no dañes el aceite y el vino".
– Apocalipsis 6:5-6 NBLA

Y habrá hambre y terremotos en distintos lugares. – Mateo 24:7b

Pestilencia y Muerte

Después de las hambrunas, Lucas también incluye pestilencias en la descripción de este período. Y Mateo se refiere a todas estas cosas anteriores como *"comienzo de dolores de parto"*. De manera aleccionadora, la revelación dada a Juan nos dice que una cuarta parte de la población de la tierra perecerá durante los días del caballo pálido que trae la muerte.

Cuando el Cordero abrió el cuarto sello, oí la voz del cuarto ser viviente que decía: "Ven". Y miré, y había un caballo amarillento [pálido]. El que estaba montado en él se llamaba Muerte, y el Hades lo seguía. Y se les dio autoridad sobre la cuarta parte de la tierra, para matar con espada, con hambre, con pestilencia y con las fieras de la tierra.
— **Apocalipsis 6:7-8** NBLA

Habrá impresionantes terremotos, y hambre y pestilencias en diferentes lugares; también sucederán cosas espantosas y habrá grandes señales del cielo. — **Lucas 21:11**

Pero todo esto es solo el comienzo de dolores [de parto].
— **Mateo 24:8** NBLA

La Persecución de los Santos y la Apostasía

Estos tiempos sin precedentes de muerte y "dolores de parto" conducirán al tiempo con más persecución cristiana que el mundo jamás haya visto. La persecución purificará a la iglesia y muchos falsos conversos se apartarán y dejarán la fe. Jesús es muy claro al respecto de esto al decirle a sus discípulos qué debían esperar. Juan también describe a los santos mártires sentados bajo el altar de Dios, esperando el juicio que Cristo pronto derramará sobre los que los mataron. Pero milagrosamente, al igual que durante otros tiempos de gran persecución, también habrá un poderoso movimiento del

Espíritu Santo para predicar el Evangelio en todo el mundo a pesar de la persecución e incluso a través de ella.

"Entonces los entregarán a tribulación, y los matarán, y serán odiados de todas las naciones por causa de mi nombre. Muchos se apartarán de la fe entonces, y se traicionarán unos a otros, y unos a otros se odiarán. Se levantarán muchos falsos profetas, y a muchos engañarán. Y debido al aumento de la iniquidad, el amor de muchos se enfriará. Pero el que persevere hasta el fin, ese será salvo. Y este evangelio del reino se predicará en todo el mundo como testimonio a todas las naciones, y entonces vendrá el fin."

— **Mateo 24:9-14** NBLA

Cuando el Cordero abrió el quinto sello, vi debajo del altar las almas de los que habían sido muertos a causa de la palabra de Dios y del testimonio que habían mantenido. Clamaban a gran voz: "¿Hasta cuándo, oh Señor santo y verdadero, esperarás para juzgar y vengar nuestra sangre de los que moran en la tierra?". Y se les dio a cada uno de ellos una vestidura blanca, y se les dijo que descansaran un poco más de tiempo, hasta que se completara también el número de sus consiervos y de sus hermanos que habrían de ser muertos como ellos lo habían sido. — **Apocalipsis 6:9-11** NBLA

Durante este tiempo, parece que entraremos en los últimos cuarenta y dos meses de la Tribulación y el tiempo del gobierno del anticristo en la tierra. Jesús advierte a sus discípulos que estén atentos a la abominación desoladora, que nuevamente fue algo a lo que Pablo también se refirió como algo que debe suceder antes de la recolección de los elegidos.

"Por tanto, cuando en el lugar santo vean la abominación desoladora, de la que habló el profeta Daniel (el que lee, que entienda), los que

estén en Judea, huyan a los montes; El que esté en la azotea, no baje para llevarse algo de su casa; y el que esté en el campo, no vuelva atrás a tomar su capa. Pero ¡ay de las que en esos días estén embarazadas o amamantando! Pídanle a Dios que no tengan que huir en invierno ni en día de reposo, porque entonces habrá una gran tribulación, como no la ha habido desde el principio del mundo hasta ahora, ni la habrá jamás."
— Mateo 24:15-21

Estos tiempos serán tan malos para los creyentes que Jesús también advirtió a sus discípulos que tendría que acortar estos días; de lo contrario, nadie sobreviviría. Lo cual puede significar literalmente nadie, o puede significar que ningún creyente habría sobrevivido. Dado que el contexto está dentro de la persecución de los creyentes, creo que es más probable que sea lo último. Jesús también describe un tiempo aún más intenso de engaño, con señales y maravillas. Esto coincide con las descripciones del surgimiento del Falso Profeta, o la bestia de la tierra, que también muestra señales y maravillas para engañar a la gente. Por lo tanto, es una confirmación adicional de que este período de persecución se extenderá hasta la segunda mitad de la Tribulación.

"Si aquellos días no fueran acortados, nadie sería salvo, pero serán acortados por causa de los escogidos. Así que, si alguien les dice: 'Miren, aquí está el Cristo', o 'Miren, allí está', no lo crean. Porque surgirán falsos cristos y falsos profetas, y harán grandes señales y prodigios, de tal manera que, de ser posible, engañarán incluso a los elegidos. Ya los he prevenido de todo. Así que, si les dicen: 'Miren, está en el desierto', no vayan; o si les dicen: 'Miren, está en los aposentos', no lo crean. Porque la venida del Hijo del Hombre será como el relámpago que sale del oriente y puede verse hasta el occidente."
— Mateo 24:22-27

Ejerce toda la autoridad de la primera bestia en su presencia, y hace que la tierra y los que moran en ella adoren a la primera bestia, cuya herida mortal fue sanada. También hace grandes señales, de tal manera que aun hace descender fuego del cielo a la tierra en presencia de los hombres. Además engaña a los que moran en la tierra a causa de las señales que se le concedió hacer en presencia de la bestia, diciendo a los moradores de la tierra que hagan una imagen de la bestia que tenía la herida de la espada y que ha vuelto a vivir.
— **Apocalipsis 13:12-14** NBLA

Señales en los Cielos

A estas alturas, las cosas se verán sin esperanza, a menos que recordemos y confiemos en las advertencias de nuestro Señor. Justo cuando las cosas se están poniendo más oscuras, habrá señales increíbles en los cielos que nos mostrarán que nuestra redención ha llegado. Mateo dice que la luna no dará su luz, mientras que Juan dice que toda la luna se volverá *"roja como la sangre"*. Una forma sencilla de reconciliar esos relatos podría ser un eclipse lunar total, que a menudo se llama luna de sangre. También puede referirse a un humo espeso que estará sobre la faz de la tierra. De cualquier manera, es fácil imaginar cómo ambas podrían ser referencias al mismo evento. Tampoco es difícil imaginar que la declaración de Mateo de que *"los cuerpos celestes serán sacudidos"* también podría incluir un temblor increíble en la tierra, como lo describe Juan.

Inmediatamente después de la aflicción de aquellos días, el sol se oscurecerá y la luna dejará de brillar, las estrellas caerán del cielo, y los poderes celestiales se estremecerán. — **Mateo 24:29**

Yo vi cuando el Cordero abrió el sexto sello, y entonces se produjo un gran terremoto. El sol se cubrió de oscuridad, como con un vestido de luto, y la luna entera se puso roja como la sangre; las estrellas del cielo

cayeron sobre la tierra, como caen los higos cuando un fuerte viento sacude la higuera. El cielo se esfumó, como si fuera un pergamino que se enrolla, y todos los montes y las islas fueron removidas de su lugar.
– **Apocalipsis 6:12-14**

El Hijo del Hombre que viene en las Nubes

Inmediatamente después de las señales en los cielos del regreso de Cristo, que se revelan al abrirse el sexto sello, se revelará nuestra bendita esperanza. Lo sorprendente cuando comparas estos pasajes es lo complementarios que son. Jesús simplemente nos dice, "y todas las tribus de la tierra se lamentarán, y verán al Hijo del Hombre venir sobre las nubes del cielo..." No sabemos lo que dicen, o hacen, o cualquier otra cosa. Solo se nos dice lo que verán y cómo se sentirán. Luego, en el Apocalipsis de Juan, se nos muestra lo que harán y lo que dirán.

Entonces aparecerá en el cielo la señal del Hijo del Hombre, y todas las tribus de la tierra se lamentarán, y verán al Hijo del Hombre venir sobre las nubes del cielo, con gran poder y gloria. – **Mateo 24:30**

Todos se escondieron en las cuevas y entre las grietas de los montes: lo mismo los reyes de la tierra que los príncipes, los ricos, los capitanes y los poderosos; lo mismo los esclavos que los libres; y decían a los montes y a las peñas: "¡Caigan sobre nosotros! ¡No dejen que nos mire el que está sentado sobre el trono! ¡Escóndannos de la ira del Cordero! El gran día de su ira ha llegado; ¿y quién podrá mantenerse en pie?"
– **Apocalipsis 6:15-17**

En los dos pasajes vemos "*todas las tribus de la tierra*" y "*los reyes de la tierra que los príncipes, los ricos, los capitanes y los poderosos; lo mismo los esclavos que los libres*". Estas descripciones no dejan a nadie fuera, es el mundo entero. La gran pregunta que plantea Apocalipsis 6:17 es: ¿Cómo puede el mundo reconocer que ha llegado el gran día de la ira de Dios y del Cordero sin haber visto una revelación del Hijo del Hombre? En otras palabras, ¿cómo puede el mundo entero ver las guerras, las hambrunas, las plagas y algunos fenómenos celestiales y concluir que necesitan esconderse de "el que está sentado sobre el trono" y "de la ira del Cordero"? Creo que la respuesta es porque acaban de ver el cielo abierto como un rollo y al Hijo del Hombre viniendo sobre las nubes con poder y gran gloria. No solo eso, sino que Apocalipsis 1:7 confirma la conexión entre la venida del Hijo del Hombre y el sexto sello. Este versículo cita a Daniel 7:13, Mateo 24:30 y Zacarías 12:10 y los pone juntos. Esto nos dice que todos son parte de la venida del Hijo del Hombre sobre las nubes y confirma que será un evento visto por todos. Según mis cálculos, eso elimina un rapto secreto.

Él viene con las nubes, y todo ojo lo verá, aun los que lo traspasaron; y todas las tribus de la tierra harán lamentación por Él. Sí. Amén.
— **Apocalipsis 1:7** NBLA

Seguí mirando en las visiones nocturnas, y en las nubes del cielo venía uno como un Hijo de Hombre.
— **Daniel 7:13a** NBLA

Y derramaré sobre la casa de David y sobre los habitantes de Jerusalén, el Espíritu de gracia y de súplica, y me mirarán a Mí, a quien han traspasado. Y se lamentarán por Él, como quien se lamenta por un hijo único, y llorarán por Él, como se llora por un primogénito.
— **Zacarías 12:10** NBLA

Se nos dice que "*todo ojo le verá, aun los que lo traspasaron*", que en el pasaje de Zacarías se aplica al pueblo de Judá y Jerusalén; sin embargo, Zacarías está conectado con Mateo, diciéndonos que en ese mismo tiempo "*todas las tribus de la tierra harán lamentación por Él*". Esas diferencias se resuelven al entender que, mientras todo el mundo se verá afectado, Israel experimentará un arrepentimiento que lleva a la vida, mientras que el resto del mundo se acobardará en el dolor mundano que trae la muerte.

La tristeza que proviene de Dios produce arrepentimiento para salvación, y de ésta no hay que arrepentirse, pero la tristeza que proviene del mundo produce muerte. — **2 Corintios 7:10**

Los Santos Arrebatados a los Cielos

Entonces Jesús les dijo que reunirá a sus elegidos de los cuatro vientos. Ya hemos visto cómo se conecta esto con los pasajes clásicos sobre el rapto, pero sería bueno ver cómo se podría conectar esta recolección de los santos con el Apocalipsis de Juan.

Y enviará a sus ángeles con gran voz de trompeta, y de los cuatro vientos, desde un extremo al otro del cielo, ellos juntarán a sus elegidos. — **Mateo 24:31**

Después de esto miré, y vi una gran multitud, que nadie podía contar, de todas las naciones, tribus, pueblos, y lenguas, de pie delante del trono y delante del Cordero, vestidos con vestiduras blancas y con palmas en las manos. Clamaban a gran voz: "La salvación pertenece a nuestro Dios que está sentado en el trono, y al Cordero". — **Apocalipsis 7:9-10** NBLA

Nota que la siguiente escena después del sexto sello es el sellamiento de los 144,000 (*Apocalipsis 7:1-8*), seguido por la aparición de la gran multitud en el cielo que "era imposible saber su número" (*Apocalipsis 7:9-17*). Es cierto que este grupo de creyentes podría ser simplemente los creyentes de todos los tiempos que han muerto y ahora están esperando la consumación de la era en el cielo, combinados con todos los santos martirizados recientemente que fueron asesinados durante los primeros seis sellos. Pero luego Juan nos dice quiénes son.

> *Entonces uno de los ancianos me dijo: "Y estos que están vestidos de ropas blancas, ¿quiénes son? ¿De dónde vienen?" Yo le respondí: "Señor, tú lo sabes." Entonces él me dijo: "Éstos han salido de la gran tribulación. Son los que han lavado y emblanquecido sus ropas en la sangre del Cordero."*
> **– Apocalipsis 7:13-14**

Se dice que la frase, "*éstos han salido de la gran tribulación*", gramaticalmente denota un proceso continuo, no un evento instantáneo.[195] Por lo tanto, se argumenta que la "*gran multitud que nadie puede contar*" no puede ser una alusión al rapto. Sin embargo, si entendemos que la gran multitud incluye dos grupos, los santos que fueron martirizados (durante la tribulación) y los santos que fueron arrebatados recientemente (aquellos que acaban de salir de la tribulación), entonces no hay conflicto con que Juan use un verbo que denota un proceso prolongado. Y si volvemos a examinar el quinto sello, leemos que había dos grupos asociados con túnicas blancas: el primer grupo son los hermanos creyentes, pero el otro son los creyentes mártires.

> *Entonces se les dieron vestiduras blancas, y se les dijo que descansaran todavía un poco más de tiempo, hasta que se completara el número de sus consiervos y hermanos, que también sufrirían la muerte como ellos.*
> **– Apocalipsis 6:11**

Juan nos está diciendo que Dios está esperando que se complete el número total de creyentes antes de derramar toda su ira, pero Juan distingue entre consiervos y sus hermanos (mártires). John MacArthur explica la diferencia entre estos dos grupos en su libro, *Porque el Tiempo Sí está Cerca*. Y aunque puede que no haya suficiente evidencia aquí para ser dogmático, la "*gran multitud, que nadie podía contar*" es un excelente lugar para imaginar potencialmente el rapto de la iglesia.

---

[195] John MacArthur. *Porque el Tiempo Sí Está Cerca: John MacArthur explica el libro de Apocalipsis.* (Kregel, 2009): 135-46, en "*Originación 7:13-14*".

> Consiervos y hermanos son dos clases de personas. El primer grupo estaba vivo y dispuesto a morir como los mártires, aunque no lo harían. El segundo grupo eran los que serán asesinados.[196] – John MacArthur

Sin embargo, el punto principal que quiero señalar aquí es que no existe un argumento teológico simple para rechazarlo, ni tampoco uno que lo pruebe por absoluto. Considero este momento como la primera oportunidad posible para el rapto, basado en mi interpretación de todas estas escrituras; pero aun si lo es, no hay manera de saber el día o la hora.

El Séptimo Sello y la Primera Trompeta

Este último punto de comparación no proviene de Mateo 24, pero hay otro versículo en las Escrituras que sorprendentemente continúa respaldando la idea de un rapto después de la apertura del sexto sello. Se encuentra en Lucas 17, donde el juicio de los últimos días de Dios se compara con los días de Noé, Sodoma y Gomorra. Muchos estarán familiarizados con la predicción bíblica de que los últimos días serán nuevamente como los días de Noé. Algunos también pueden estar al tanto de la comparación con Sodoma y Gomorra. Teniendo en cuenta la gran aceptación global de la homosexualidad, la advertencia parece bastante relevante ahora. Sin embargo, pocos habrán reconocido que este pasaje también nos brinda algunos detalles sorprendentes sobre el momento del rapto.

> *Pero cuando Lot salió de Sodoma, llovió del cielo fuego y azufre, y los destruyó a todos. Así será el día en que el Hijo del Hombre se manifieste.* — **Lucas 17:29-30**

---

[196] Ibid., "*La Promesa 6:11*", 121-34.

Piensa en lo que dice este versículo, literalmente. Se está haciendo una comparación entre el rescate de Lot y la aparición de Jesús para rescatar a los creyentes. Pero aquí es donde se pone interesante. Lucas nos está diciendo que Jesús dijo que fuego y azufre volverían a llover sobre los malvados el mismo día en que Jesús rescatara a los creyentes en los últimos días. Y también recuerda lo que dijo Pedro, que *"el Señor sabe librar de la prueba a los que viven como Dios quiere (los piadosos)"*.

Por otra parte, libró al justo Lot, que se hallaba abrumado por la vida desenfrenada de esos perversos, pues este justo, que convivía con ellos y amaba el bien, día tras día sentía que se le despedazaba el alma por las obras inicuas que veía y oía. Todo esto demuestra que el Señor sabe librar de la prueba a los que viven como Dios quiere, y reservar a los impíos para castigarlos en el día del juicio. — **2 Pedro 2:7-9** NVI

Con eso en mente, sigamos avanzando con la cronología profética. Después del sexto sello, el siguiente evento es el séptimo sello, seguido por la primera trompeta. Entonces, ¿qué sucede cuando se abre el séptimo sello y se toca la primera trompeta?

Cuando el Cordero abrió el séptimo sello, hubo silencio en el cielo durante una media hora. — **Apocalipsis 8:1**

Cuando el primer ángel tocó su trompeta, cayeron sobre la tierra granizo y fuego mezclados con sangre, con lo que se quemó la tercera parte de la tierra, la tercera parte de los árboles y toda la hierba verde. — **Apocalipsis 8:7**

¡Guau! ¿Cuánto más específico puede ser? ¿Podría ser esto una simple coincidencia? No lo creo. Después del sexto sello, hay silencio en el cielo durante media hora, y luego, justo después de eso, se toca la primera trompeta, enviando lo que es esencialmente fuego y azufre lloviendo sobre la tierra, el mismo día en que los santos serán rescatados, como predijo Lucas.

Resumen de las Comparaciones

Hay ocho similitudes entre Apocalipsis 6-7 y el regreso de Cristo descrito en Mateo 24:

1. Los eventos de los que se habla en los primeros cinco sellos son razonablemente similares en descripción y orden cronológico a los eventos previos a la tribulación descritos por Jesús en Mateo 24:4-28, es decir, los eventos antes de que él dijera, "y después de la tribulación de aquellos días."
2. El sol se oscurece en ambos relatos. No se sabe si se trata de un eclipse solar o de alguna otra causa natural o sobrenatural.
3. La luna no da su luz en uno y se vuelve roja en el otro. Ambas declaraciones serían una descripción precisa de un eclipse lunar total, que a menudo se llama "luna de sangre". Sin embargo, también puede ser algún otro fenómeno natural o sobrenatural.
4. Las estrellas del cielo caerán en ambos casos. [*También hay una referencia en Apocalipsis 6:13 a "higos inmaduros" que puede apuntar a Mateo 24:32 "aprended la parábola de la higuera".*]
5. Ambos describen un temblor. Mateo 24:29 dice que "*los poderes celestiales se estremecerán*", mientras que Apocalipsis 6:14 dice que habrá un gran terremoto y que toda isla y monte se moverá de su lugar. Una sacudida en el cielo y una en la tierra no son idénticas, pero una sacudida en los cielos fácilmente podría coincidir con una sacudida en la tierra.
6. La declaración de que el cielo se desplegará como un pergamino en Apocalipsis 6:14 sería una buena manera de describir una ventana en el cielo que se abre hacia El Cielo. Si lo entendemos de esa manera, entonces tal evento podría describirse fácilmente como la señal del Hijo del Hombre apareciendo en el cielo (*Mateo 24:30*).

7. También vemos al mundo lamentándose por la destrucción venidera en ambas escenas. Mateo 24:30 dice que *"todas las tribus de la tierra se lamentarán"*. Mientras que, en Apocalipsis 6:16-17 se refiere a todos sobre la faz de la tierra, desde el rico y famoso hasta el esclavo, escondiéndose y clamando. Si entendemos que estos son el mismo evento, entonces incluso se nos dice lo que la gente de la tierra clamará: *"¡Caigan sobre nosotros! ¡No dejen que nos mire el que está sentado sobre el trono! ¡Escóndannos de la ira del Cordero! El gran día de su ira ha llegado; ¿y quién podrá mantenerse en pie?"*
8. Finalmente, ambos tienen descripciones que podrían ser el rapto del pueblo de Dios. En Apocalipsis 7:9-17 vemos una gran multitud que nadie podía contar. Esto puede referirse al mismo grupo que vemos juntado de los cuatro vientos para encontrarse con el Señor en el aire con los santos mártires. No es necesariamente el caso, pero encaja.

Nadie Sabe el Día ni la Hora

Ahora, antes de que alguien diga: "Pero no podéis saber el día ni la hora, porque la venida del Señor será como ladrón en la noche". Pablo abordó ese mismo punto en 1 Tesalonicenses 5:1-6, excepto que les dijo que ellos NO se sorprenderían porque ellos no estaban *"en tinieblas"* como el resto del mundo. La enseñanza clara es que si estamos despiertos y sobrios y esperando el regreso del Señor, entonces no debemos ser tomados por sorpresa.

Pero ustedes, hermanos, no viven en tinieblas, como para que ese día los sorprenda como un ladrón, sino que todos ustedes son hijos de la luz e hijos del día. — 1 Tesalonicenses 5:4-5a

Tenemos la gran responsabilidad de prepararnos para lo que vendrá, no solo por nuestro propio bienestar (*Filipenses 2:3-4*), debemos ministrar a los demás y evangelizar a los perdidos. La razón por la que este punto es tan importante es que una comprensión correcta del papel que juega la iglesia en los eventos del fin de los tiempos tiene ramificaciones inmensas. La discusión de cuándo ocurrirá el rapto es una cuestión de importancia práctica. Si la iglesia no espera estar presente durante la primera parte de la tribulación, es posible que no esté adecuadamente preparada para ministrar a las millones de personas que van a sufrir y morir, o para aprovechar el derramamiento sin paralelo del Espíritu de Dios para la evangelización. Los días de tribulación antes del regreso del Señor serán una gran oportunidad para la iglesia y nosotros necesitamos estar preparados.

Las implicaciones de esperar pasar por la primera mitad de la Tribulación también son importantes, porque amplía el rango de eventos proféticos a los que debemos estar atentos para incluir en estos eventos de los primeros tres años y medio. Las consecuencias de velar por esas cosas, pero ser arrebatados primero antes de que sucedan, son mínimas; pero, las consecuencias de no estar preparados para enfrentar por lo menos la primera mitad de la Tribulación podrían ser mucho más serias.

En cuanto al momento general del rapto, bueno, verdaderamente, nadie sabe el día ni la hora. Se pueden hacer muchas inferencias y suposiciones diferentes para tratar de determinar la hora exacta, pero al final, simplemente no se nos ha dado suficiente información para precisarlo. En consecuencia, creo que es mejor tratar de mantener la mente abierta hasta que podamos ver más claramente. Imaginatelo como conducir en la niebla. Simplemente no podemos ver tan lejos. El peligro es que fijemos nuestras mentes en una opción que nos dé una expectativa equivocada y nos haga perdernos lo que está sucediendo frente a nosotros o simplemente nos deje totalmente desprevenidos para los problemas que se avecinan, tal vez incluso destruyendo la fe de algunos.

La Doctrina de la Inminencia

A los creyentes siempre se les ha exhortado a vivir con una expectativa urgente del regreso del Señor. Las Escrituras nos enseñan a velar y estar listos para el regreso del Señor en cualquier momento. Y si bien todo esto es cierto, durante los últimos doscientos años más o menos, se ha desarrollado una nueva doctrina eclesiástica. Es la Doctrina de la Inminencia. La idea se basa en las Escrituras y en la creencia histórica de la iglesia de que necesitaban estar listos en cualquier momento porque no sabemos cuándo regresará el Señor. Hay numerosas Escrituras que enseñan que él regresará repentinamente y que se espera que estemos listos.

El ángel me dijo: "Estas palabras son verdaderas y dignas de confianza. El Señor, el Dios que inspira a los profetas, ha enviado a su ángel para mostrar a sus siervos lo que tiene que suceder sin demora.
"¡Miren que vengo pronto! Dichoso el que cumple las palabras del mensaje profético de este libro". — Apocalipsis 22:6-7 NVI

Estén atentos, porque ustedes no saben el día ni la hora en que el Hijo del Hombre vendrá. — Mateo 25:13

Porque dentro de muy poco tiempo el que ha de venir, vendrá y no tardará. — Hebreos 10:37

Todo eso es verdad. Se nos ordena estar listos y esperar con gran expectación el regreso del Señor en cualquier momento; pero aquí está lo que creo que es el principal defecto lógico dentro de la Doctrina de la Inminencia, de la manera en que se defiende en la actualidad. Se asume que el hombre no puede obedecer esas órdenes, si de hecho la realidad es que Cristo no puede regresar hasta que una lista predeterminada de cosas ocurra. La idea es que si sabemos que Cristo realmente no puede regresar porque la Tribulación aún no ha comenzado, entonces el regreso de Cristo no es realmente inminente, y sabiendo esto, tampoco podemos vivir como si el regreso de Cristo fuera inminente. La creencia es que en este caso todos los mandamientos de la Biblia de velar y estar listos en cualquier momento serían irrelevantes. Por lo tanto, lo que la doctrina propone no es solo que debemos estar siempre listos, sino que el Señor puede regresar rápidamente en cualquier momento que elija, independientemente de los eventos presentes, por lo que no hay señales específicas que realmente puedan indicar que su regreso está cerca o no. Pero eso simplemente no es cierto. Sería como decir que los soldados no pueden beneficiarse de un ejercicio de entrenamiento si saben que no es real. Lógicamente, Dios siempre ha tenido un tiempo designado para el regreso del Señor. Cierto, nadie sabe ese tiempo exacto excepto Dios mismo, pero sabemos que ya está fijado. El día de nuestra muerte es un concepto similar. No sabemos cuándo sucederá, pero Dios ya ha contado nuestros días.

En cuanto al día y la hora, nadie lo sabe, ni siquiera los ángeles en el cielo, ni el Hijo. Sólo el Padre lo sabe. Pero ustedes, presten atención y manténganse atentos, porque no saben cuándo llegará el momento.
— **Marcos 13:32-33**

La respuesta es simplemente que a los creyentes se les ordena vivir psicológica y espiritualmente en un estado de preparación para el regreso del Señor, incluso cuando saben que ciertas señales deben precederlo, al igual que los soldados que se entrenan en tiempos de paz. Y además, cualquier deducción lógica que intentemos hacer no se puede usar para anular el significado simple de las Escrituras que esencialmente nos dicen exactamente a qué debemos estar atentos y qué esperar. Por necesidad, debemos moderar nuestra comprensión de la inminencia con escrituras que nos enseñen a lo que debemos estar atentos.

También les contó una parábola: "Fíjense en la higuera y en todos los árboles. Cuando ustedes ven que brotan sus hojas, pueden saber que ya se acerca el verano. De la misma manera, cuando ustedes vean que todo esto sucede, podrán saber que ya se acerca el reino de Dios".

— **Lucas 21:29-31**

En el pasaje anterior de Lucas, Jesús estaba diciendo, cuando veas que estos eventos comienzan a suceder, entonces sabrás que su regreso está cerca. La implicación obvia es que si esas cosas no están sucediendo, entonces su regreso no está cerca (es decir, si la higuera no ha brotado, el verano no está cerca). Ahora bien, ¿significa eso que sus seguidores tendrían justificación para no vivir más de una manera que demostrara una expectativa ansiosa por el regreso del Señor? ¡De ningún modo! Y siguiendo ese mismo razonamiento uno podría plantear la misma pregunta con respecto a los actos pecaminosos y nuestro conocimiento del perdón. Si sabemos que el sacrificio de Cristo puede cubrir cualquier cantidad de actos pecaminosos, entonces, ¿cómo se puede esperar de nosotros que vivamos una vida justa y libre de pecado?

Entonces, ¿qué diremos? ¿Seguiremos pecando, para que la gracia abunde? ¡De ninguna manera! Porque los que hemos muerto al pecado, ¿cómo podemos seguir viviendo en él? ¿No saben ustedes que todos los que fuimos bautizados en Cristo Jesús, fuimos bautizados en su muerte?

— **Romanos 6:1-3**

De la misma manera, aunque sepamos que un conjunto específico de circunstancias aún no ha sucedido (por una profecía en la Biblia que nos da una señal del regreso de Cristo), de ninguna manera eso niega nuestra responsabilidad de vivir de una manera que demuestre una ansiosa expectativa por el regreso del Señor. Y en consecuencia, uno no puede usar el concepto de inminencia para redefinir las claras enseñanzas de las Escrituras con respecto a las cosas que deben suceder antes de que Cristo regrese para reunir a su iglesia.

¿Pablo Realmente Tenía el Evangelio de Mateo como Referencia?

Algunos también pueden tratar de objetar que Pablo no pudo haber tenido una copia del Evangelio de Mateo en el momento en que escribió 1 Tesalonicenses y, por lo tanto, no pudo haberlo mencionado en su carta. Sin embargo, eso sería una objeción sin fundamento. En primer lugar, no se puede probar ni refutar. En segundo lugar, hay muchas buenas razones para creer que lo tenía. Por ejemplo, Pablo fue a visitar a Pedro en Jerusalén alrededor del 37-38 d.C. Mateo podría haber escrito fácilmente su relato para ese entonces.[197] Sin embargo, Jesús y el Espíritu Santo le enseñaron el Evangelio a Pablo directamente (*Gálatas 1:11-12*). Suponemos que esto incluía el relato de los acontecimientos de la vida de Jesús y sus enseñanzas. Si ese es el caso, es posible que Pablo no haya tenido una copia de Mateo en los años 37 y 38 d.C. porque leemos en Gálatas 2:2 que catorce años después, Pablo visitó Jerusalén nuevamente y comentó: "*Les presenté el evangelio que predico entre los gentiles. Quería estar seguro de que no estaba corriendo y que no había corrido mi carrera en vano*". La pregunta que esto plantea es, ¿Pablo estaba hablando específicamente de las Buenas Nuevas para los gentiles o estaba hablando de toda la revelación sobre la vida y el ministerio de Cristo? Si solo estaba hablando específicamente de que los gentiles ahora tenían una oportunidad de salvación, entonces Pablo ya podría haber tenido el Evangelio de Mateo. Si Pablo quiso decir todas las enseñanzas sobre la vida y el ministerio de Jesús, entonces Pablo no habría tenido el Evangelio de Mateo hasta el año 52 d.C., después de reunirse con los Apóstoles por segunda vez. Sin embargo, Pablo aún podría haber sabido acerca de los eventos que fueron registrados por Mateo directamente del mismo Jesús. De cualquier manera que lo veas, no hay una buena razón para decir que Pablo no podría haberse referido a las enseñanzas de

---

[197] Muchos creen que Mateo fue el primer Evangelio y, según el padre de la iglesia primitiva, Papías, originalmente lo escribió en hebreo, véase: Coxe. *Ante-Nicene Fathers*, v. 1, 155.

Jesús, que fueron registradas por Mateo, ya sea que tuviera una copia del Evangelio de Mateo o no.

Y de todos modos, ¿cuándo escribió Pablo 1 y 2 Tesalonicenses? Pablo no visitó a los tesalonicenses hasta su segundo viaje misionero, alrededor del 49 al 52 d.C., que terminó con su regreso a Jerusalén. Parece razonable suponer que Pablo escribió 1 y 2 Tesalonicenses después de que terminó su segundo viaje misionero (en algún momento después del año 52 d.C.), pero no inmediatamente después de haberlos dejado.[198] En ese caso, ciertamente podría haber estado haciendo referencia a Mateo en su primera carta, porque para entonces habría recibido una copia en Jerusalén durante su segunda visita. Además, es razonable suponer que dado que los Apóstoles se preocupaban de escribir y distribuir cartas a las iglesias, también se aseguraban de que los Evangelios disponibles en ese momento también les fueran enviados. Por lo tanto, para el año 52 d.C., si la iglesia de Tesalónica no tuviera ya una copia de Mateo, ¿no habría incluido Pablo alguna copia disponible de los Evangelios con su carta? En consecuencia, podemos estar seguros de que Pablo sabía todo acerca de los eventos registrados en Mateo 24 cuando escribió 1 y 2 Tesalonicenses. [*Espero que, este desvío no solo ha fortalecido el caso de una conexión con Mateo 24, sino que también ha aumentado tu confianza en que los Evangelios se escribieron muy temprano, con la clara intención de preservar la Palabra inspirada de Dios*].

---

[198] Algunos comentaristas fechan 1 y 2 Tesalonicenses entre los años 50 y 51 d.C., lo que habría sido casi inmediatamente después de que Pablo los dejara. Eso no parece razonable, dado el elogio que les hace Pablo en 1 Tesalonicenses 1:7-8: "*...con lo que llegaron a ser un ejemplo para todos los creyentes de Macedonia y de Acaya. Con ustedes como punto de partida, la palabra del Señor ha sido divulgada, y no sólo en Macedonia y Acaya, sino también en muchos otros lugares donde se sabe de la fe que ustedes tienen en Dios*". Pablo escribió que esto sucedió después de haber vivido entre ellos (versículo 5). En consecuencia, esta primera carta debe haber sido escrita años más tarde, no meses después, por lo que la fecha de su primera carta debe ser después de su visita a Jerusalén (c. 52 d.C.), y quizás tan tardía como los días en que vivía en Éfeso. (c. 53-54 d.C.).

Preguntas No Resueltas que deben Mantenernos Alertas

En mi opinión, a estas alturas, el momento del rapto es un caso cerrado, excepto por algunas preguntas pendientes que pueden surgir. Estas demuestran que es difícil tener certeza absoluta sobre una posición sobre el rapto en particular mientras que quedan preguntas sin respuesta. Los puntos anteriores deben establecer que la recolección de los elegidos sucederá después de la mitad de la Tribulación y después del sexto sello; pero aparte de eso, el momento exacto del rapto todavía no se conoce, por lo que debemos mantenernos alertas.

Otro punto es este: incluso si la recolección de los santos ocurre inmediatamente después del sexto sello, ¿no tendrá que haber también otra recolección de los santos cuando Cristo regrese sobre un caballo blanco en Apocalipsis 19? ¿No necesitará recolectar a las personas que llegaron a la fe después del rapto para estar con Él en Jerusalén? Sabemos que habrá muchos santos que serán asesinados durante el reinado de la Bestia, como leemos en Apocalipsis 20:4, es decir, los santos que vivirán bajo el reino de la Bestia y serán decapitados porque rehúsan adorar a la Bestia. o recibir su marca.

Vi entonces unos tronos, y sobre ellos estaban sentados los que recibieron la autoridad para juzgar. También vi las almas de los que fueron decapitados por causa del testimonio de Jesús y por la palabra de Dios. Ellos son los que nunca adoraron a la bestia ni a su imagen, ni aceptaron jamás llevar su marca en la frente ni en las manos; y éstos volvieron a vivir y reinaron con Cristo durante mil años.
— **Apocalipsis 20:4**

Aquí está la pregunta que debe ser considerada. Cuando Cristo regrese sobre un caballo blanco para ejecutar el juicio, seguido por lo que es más probable que sean los santos (no ángeles) vestidos con túnicas blancas y montados en más caballos blancos, ¿habrá todavía algún santo vivo que se negó a adorar a la Bestia o recibir su marca? Es muy plausible que lo habrá, y que ellos también tendrán que ser reunidos con el resto de los creyentes en ese momento. Por lo tanto, si hubo una recolección de los santos antes de ese momento (un rapto), entonces tendría que haber una segunda recolección en esta aparición final de Cristo también, es decir, dos raptos: una cosecha de primicias y la cosecha principal. Por supuesto, hay otras posibilidades. Una es que la única reunión de santos vivos será en los eventos de Apocalipsis 19. La otra es que ya no habrá santos vivos en la tierra cuando Cristo regrese, porque cada uno de ellos habrá sido decapitado (o ejecutado, muerto, etc.), y nadie se arrepentirá para salvación en los últimos momentos antes de su regreso. <u>El punto que estoy tratando de hacer al mencionar eso es que, si hay creyentes vivos en la tierra en ese momento, estoy seguro que Jesús no se esperará a que ellos encuentren su propio modo de transporte para unirse con Él en Jerusalén</u>. Sé que no tenemos suficiente información en este momento para resolver todas esas preguntas; Solo hago estas preguntas porque quiero dejar en claro que debemos permanecer humildes con respecto a nuestras suposiciones de cómo Dios va a cumplir su Palabra, cuando aún no ha sucedido.

Otra pregunta que podemos hacer es ¿cuándo "uno como un Hijo del Hombre" lanzará su hoz sobre la tierra? Por similitud de visión, es muy difícil no conectar esta imagen del Hijo del Hombre con aquellas visiones de Cristo viniendo sobre las nubes para reunir a sus elegidos en Mateo 24:30-31 y 1 Tesalonicenses 4:16-17.

Miré, y vi aparecer una nube blanca. Sobre esa nube estaba sentado alguien que parecía ser el Hijo del Hombre. Llevaba en la cabeza una corona de oro, y en la mano tenía una hoz afilada. En ese momento, otro ángel salió del templo; y con fuerte voz le gritó al que estaba sentado sobre la nube: "¡Usa tu hoz, y levanta la cosecha! ¡Ha llegado la hora de cosechar, pues la cosecha de la tierra ya está madura! El que estaba sentado sobre la nube lanzó su hoz sobre la tierra, y la cosecha de la tierra fue levantada". **– Apocalipsis 14:14-16**

Desafortunadamente, las Escrituras no nos dicen el momento de este evento. Sabemos que esta cosecha tiene lugar antes de una segunda cosecha que se arroja al gran lagar de la ira de Dios. Lo que no sabemos es cuánto tiempo transcurre entre las dos cosechas. Uno podría suponer que suceden casi al mismo tiempo, como en la cosecha representada en la parábola de la cizaña sembrada por un enemigo entre la buena semilla (*Mateo 13:30*). Pero la cosecha en Apocalipsis 14:14-16 podría ser años antes que la cosecha de las uvas de la ira de Dios en los siguientes versículos. Y tampoco podemos suponer que Mateo 13:30 signifique que el rapto ocurrirá después de la Batalla de Armagedón, basándonos en la afirmación de que primero se recoge y quema la cizaña, porque eso podría estar refiriéndose simplemente al final del milenio. Dado que actualmente no podemos probar ninguno de los escenarios únicamente con las Escrituras, debemos esperar y ver.

Dejen que crezcan lo uno y lo otro hasta la cosecha. Cuando llegue el momento de cosechar, yo les diré a los segadores que recojan primero la cizaña y la aten en manojos, para quemarla, y que después guarden el trigo en mi granero. **– Mateo 13:30**

¿Y qué hay de los dos testigos que están testificando en la tierra durante los cuarenta y dos meses del reinado de la Bestia? ¿Habrá un rapto en algún momento durante la segunda mitad de la tribulación cuando los dos testigos y los 144.000 serán dejados atrás?

¿Cuándo volarán por en medio del cielo los tres ángeles predicando el evangelio eterno y advirtiendo a los habitantes de la tierra (*Apocalipsis 14:6-13*)? Seguramente será antes de que la mayoría de las personas ya se hayan visto obligadas a obtener la marca de la Bestia, pero ¿cuándo será eso?

¿Cómo sabemos que la séptima trompeta no es la última trompeta de la que hablaba Pablo en su carta a los corintios? Quiero decir, ¿podemos decir con certeza que no lo será? Es posible que algunos ya se sientan seguros de que lo saben, pero la posición más prudente, en este punto, es al menos dejar abierta la posibilidad de que así sea.

Presten atención, que les voy a contar un misterio: No todos moriremos, pero todos seremos transformados en un instante, en un abrir y cerrar de ojos, cuando suene la trompeta final. Pues la trompeta sonará, y los muertos serán resucitados incorruptibles, y nosotros seremos transformados. — **1 Corintios 15:51-52**

¿Qué son los siete truenos y por qué está sellado lo que dijeron? La única razón que se me ocurre es que los creyentes estarán allí para escucharlo, y cuando los siete truenos hablen, Dios quiere que prestemos atención, pero no quiere que sepamos el mensaje hasta ese momento. Sin embargo, ¿cuándo sucederá eso? No lo sabemos.

Entonces vi descender del cielo a otro ángel poderoso. Venía envuelto en una nube y con el arco iris sobre su cabeza. Su rostro era semejante al sol, y sus piernas parecían dos columnas de fuego. En su mano tenía un librito abierto, y se quedó con el pie derecho sobre el mar y con el izquierdo sobre la tierra; en ese momento lanzó un grito tan fuerte como el rugido de un león, y se oyó la estruendosa voz de siete truenos. Después de que hablaron los siete truenos, me dispuse a escribir, pero desde el cielo oí una voz que me decía: "No reveles lo que han dicho los siete truenos. No lo escribas." — **Apocalipsis 10:1-4**

Después de la sexta trompeta, la Biblia nos dice que el mundo todavía no se arrepentirá. ¿Eso significa literalmente nadie? ¿Habrá todavía creyentes en la tierra en ese momento? ¿Significa eso que para cuando suene la sexta trompeta, el número total de creyentes ya está completo? Estas son preguntas que solo podemos adivinar.

El resto de la gente, los que no murieron por estas plagas, ni aun así se arrepintieron de su maldad, ni dejaron de adorar a los demonios ni a las imágenes de oro, plata, bronce, piedra y madera, las cuales no pueden ver ni oír ni caminar. Tampoco se arrepintieron de sus asesinatos ni de sus hechicerías, ni de su inmoralidad sexual ni de sus robos.
– **Apocalipsis 9:20-21**

Independientemente del rapto, todavía habrá santos viviendo en la tierra durante la tribulación. Juan nos dice repetidamente que los creyentes sufrirán persecución durante los días de los juicios del pergamino de Dios y durante el reinado de la Bestia. Estos pasajes dejan en claro que incluso si hay un rapto en el sexto sello, todavía habrá creyentes en la tierra, incluso durante la Gran Tribulación.

[La quinta trompeta] Se les ordenó que no dañaran la hierba de la tierra, ni ninguna planta ni ningún árbol, sino solo a las personas que no llevaran en la frente el sello de Dios. – **Apocalipsis 9:4**

Se le permitió [la bestia] combatir contra los santos, y vencerlos; y también se le dio autoridad sobre toda raza, pueblo, lengua y nación. Y adoraron a la bestia todos los habitantes de la tierra, todos los que no tienen su nombre inscrito en el libro de la vida del Cordero que fue inmolado desde el principio del mundo. El que tenga oídos, que oiga. El que deba ir al cautiverio, al cautiverio irá; y el que deba morir por la espada, por la espada morirá. Aquí se verá la paciencia y la fe de los santos. – **Apocalipsis 13:7-10**

Aquí se verá la paciencia de los santos, de los que obedecen los mandamientos de Dios y mantienen la fe en Jesús. Entonces oí una voz que venía del cielo, la cual me decía: "Escribe: De aquí en adelante, bienaventurados sean los que mueren en el Señor." Y el Espíritu dice: "Sí, porque así descansarán de sus trabajos, pues sus obras los acompañan".
– **Apocalipsis 14:12-13**

"Miren, yo vengo como un ladrón. Bienaventurados los que se mantengan despiertos y conserven sus ropas, no sea que se queden desnudos y se vea la vergüenza de su desnudez." **– Apocalipsis 16:15**

Mi propósito al compartir estas preguntas es recordarnos a todos que simplemente no podemos conocer todos los detalles de lo que se avecina. Debemos permanecer abiertos y humildes acerca de nuestras expectativas sobre cómo se desenvolverán estos eventos. Debemos orar por la bendición de la iglesia en Filadelfia (*Apocalipsis 3:10*) que será guardada *"a la hora de la prueba, la cual vendrá sobre el mundo entero para poner a prueba a cuantos habitan en la tierra"*. Pero también debemos estar preparados para caminar fielmente, *"hasta la muerte"*, como se les pidió que hicieran a los creyentes de la iglesia en Esmirna (*Apocalipsis 2:10*). Sea cuando sea que llegue el regreso de nuestro Señor, que seamos encontrados listos y esperando... ¡Maranatha!

[Gracias por permitirme explicarte un tema tan controvertido y por perseverar hasta el final. Si antes de comenzar este capítulo tenías una firme convicción de posición sobre el rapto, es posible que aún no estés seguro de lo que piensas acerca de todo lo que he presentado aquí. Está bien. Algunas ideas necesitan marinarse por un tiempo, y todos necesitamos tiempo para procesar nueva información. Pero por el momento, deja a un lado cualquier pregunta que te quede sobre el momento del rapto y echemos un vistazo a cumplimientos aún más modernos de la palabra profética de Dios, mostrándonos que su regreso está realmente cerca.]

Luego dijeron: "Vamos, edifiquémonos una ciudad y una torre cuya cúspide llegue hasta los cielos, y hagámonos un nombre famoso, para que no seamos dispersados sobre la superficie de toda la tierra".

Pero el Señor descendió para ver la ciudad y la torre que habían edificado los hijos de los hombres. Y dijo el Señor: "Son un solo pueblo y todos ellos tienen la misma lengua. Esto es lo que han comenzado a hacer, y ahora nada de lo que se propongan hacer les será imposible.

— **Genesis 11:4-6** NBLA

Más allá de Babel, obra del autor que modifica *La Torre de Babel* de Pieter Bruegel el Viejo, 1563.

7

MÁS RAZONES PARA ANTICIPAR QUE SU REGRESO ESTÁ CERCA

CIERTAMENTE, EL MUNDO ENTERO está lleno de un nivel de incertidumbre sobre lo que puede deparar el futuro. Esto puede basarse únicamente en cosas como el cambio climático, diversos tipos de crisis en todo el mundo, el extremismo islámico, la explosión demográfica del mundo o en el conocimiento de la profecía bíblica de los últimos tiempos. Cualquiera que sea la razón, la sensación de que las cosas están cambiando para peor está muy latente en nuestra sociedad actual. La gente ha estado viviendo con la expectativa del regreso prometido de Jesucristo para juzgar a los habitantes de la tierra durante los últimos dos mil años; sin embargo, ahora hay una expectativa aún más ansiosa y creciente de que su regreso ya está a la mano. Para los observadores de las profecías, el renacimiento de Israel en 1948 señaló al mundo que los últimos días estaban sobre nosotros. No todos reconocieron de inmediato que el fin del mundo podría estar cerca, pero a fines del siglo XX, era ampliamente conocido que los cristianos evangélicos creían que el Apocalipsis y el derramamiento del juicio de Dios sobre la tierra estaban cerca.

Esto se produjo gracias a la influencia de libros como *La Agonia del Gran Planeta Tierra* de Hal Lindsey, que vendió aproximadamente 35 millones de copias en 1999 y se tradujo a más de 50 idiomas.[199] También se sintió un enorme impacto a través de libros como la serie *Dejados Atrás* de Tim LaHaye y Jerry B. Jenkins, que de manera similar vendieron millones de copias e incluso se convirtieron en películas vistas por millones más.[200] Esos libros, y muchos otros, ayudaron a despertar a toda una generación a la posibilidad de que el regreso de Jesucristo podría ocurrir pronto.

Esto creó una enorme expectativa global dentro de la iglesia en varios momentos cuando la gente pensaba que sucedería el fin. Por ejemplo, hubo el lanzamiento de un panfleto, *88 Razones por las que el Rapto Será en 1988*, que creó mucho alboroto por nada, ya que obviamente no sucedió en 1988.[201] Más tarde, hubo un susto mundial Y2K que causó a millones de gente temer que el fin del mundo sería provocado por fallas informáticas en todo el mundo porque las fechas de los años se ingresaron previamente en las bases de datos como los últimos dos dígitos, no como cuatro, y estaban a punto de restablecerse de 99 a 00; sin embargo, resultó que esto tampoco traería el fin del mundo. Después, en el 2012, el fin del calendario maya se convirtió en la próxima fecha en la que la gente se preocupaba podría anunciar que el fin del mundo había llegado, pero esta fecha también pasó en un suspiro. Y esos son solo algunos de los intentos de establecer fechas de las últimas cuatro décadas. Pero las predicciones sobre el final han estado ocurriendo

---

[199] Hal Lindsey and Carole C. Carlson. *La Agonia del Gran Planeta Tierra [The Late Great Planet Earth]* (Vida, 1985).
[200] Tim LaHaye and Jerry B. Jenkins. *Dejado Atrás [Left Behind]* (Thorndike Press, 2002).
[201] E.C. Whisenant. *88 Reasons Why the Rapture Will be in 1988* (World Bible Society, 1988).

durante mucho más tiempo que eso, como leemos en esta cita de Joseph Seiss, un teólogo estadounidense y ministro luterano que también se preguntó si el regreso de Cristo ocurriría durante su vida.[202]

> Cuándo llegará el fin de la presente dispensación ha sido una pregunta angustiosa entre los cristianos durante casi dos mil años. La indagación y el deseo de informarse al respecto es el fruto natural de la fe en lo predicho y prometido en las Escrituras. Nadie debe ser censurado ni descastado por preocuparse por saber cuándo se han de consumar las grandes cosas de sus esperanzas. Los santos Apóstoles mismos estaban profundamente preocupados y preguntaban a menudo con referencia a este punto. Pero Dios ha considerado mejor arrojar un velo grueso sobre él, que no deberíamos tratar de levantar de manera molesta por un exceso de curiosidad nuestra. Y por las indicaciones que nos llevaron a pensar en nuestra redención en vísperas de su cumplimiento, nunca debemos perder de vista la respuesta del Salvador a quienes buscaban sus instrucciones sobre este punto, a saber: "No os toca a vosotros saber los tiempos ni las estaciones, que el Padre ha puesto en su poder." Es un terreno incierto y peligroso en el que aventurarse.
>
> Casi todos los siglos desde la ascensión de nuestro Señor han tenido su tiempo fijado en las especulaciones humanas sobre su regreso para juzgar a los vivos y a los muertos, pero hasta ahora todos esos intentos de fijar la fecha han fracasado por completo, para gran desconcierto de aquellos que se creían a sí mismos ampliamente asegurado, acumulando así demostración tras demostración de la

---

[202] Joseph A. Seiss. *Un Milagro en Piedra [A Miracle in Stone]* (Porter & Coates, 1877): 311-2.

verdad de las palabras del Maestro: "Del día y la hora nadie sabe". El mundo racionalista siempre hace alarde de estos fracasos señalados como el reproche permanente de todo estudio profético. Nos ponemos en la posición de eruditos muy incapaces y poco dispuestos si no nos advierten de manera efectiva que suprimamos nuestro celo y tengamos cuidado al especificar fechas para predicciones incumplidas. — **Joseph Seiss (1877)**

Las admoniciones de Joseph Seiss merecen una consideración seria para cualquier estudiante de profecía. Siempre debemos permanecer humildes en cuanto a nuestra propia capacidad para comprender los misterios y las revelaciones de Dios. Y, sin embargo, debemos ejercer fe en el reconocimiento de su mano obrando cuando cumple su Palabra. Esto nos mantiene en un estado de tensión y disposición, como servidores fieles, siempre al acecho del regreso de nuestro amo. En estos días actuales sobran motivos para estar alerta.

Los Días de Noé

El Señor vio que era mucha la maldad de los hombres en la tierra, y que todos los planes y pensamientos de su corazón eran siempre los de hacer sólo el mal. Y le pesó al Señor haber hecho al hombre en la tierra. Le dolió mucho en el corazón. Y dijo el Señor: "Borraré de la faz de la tierra al hombre que he creado, lo mismo que a las bestias, los reptiles y las aves del cielo. ¡Me pesa haberlos hecho!" – **Génesis 6:5-7**

Ahora estamos en una era del hombre que en algunos aspectos es diferente a cualquier otra y, sin embargo, en otros aspectos, las cosas vuelven a ser como eran en los días de Noé antes del diluvio. Esto es exactamente lo que Jesús les dijo a sus discípulos que esperaran en los últimos días.

La venida del Hijo del Hombre será como en los días de Noé; pues así como en los días antes del diluvio la gente comía y bebía, y se casaba y daba en casamiento, hasta el día en que Noé entró en el arca, y no entendieron hasta que vino el diluvio y se los llevó a todos, así será también la venida del Hijo del Hombre. – **Mateo 24:37-39**

Las Escrituras nos enseñan que los últimos días estarán marcados por la depravación moral a escala mundial. En muchas ocasiones en el pasado, ciertos lugares del mundo han sido pozos negros de maldad que escandalizarían a la mayoría de las personas civilizadas. Pero Pablo advirtió específicamente sobre una pérdida general de civilidad, amor y empatía por nuestro prójimo, un momento en el que habría un desprecio flagrante por la santidad de cualquier tipo y un amor general por el pecado que se apoderaría de la humanidad en todo el mundo.

También debes saber que en los últimos días vendrán tiempos peligrosos, y que habrá hombres amantes de sí mismos, avaros, vanagloriosos, soberbios, blasfemos, desobedientes a los padres, ingratos, impíos, sin afecto natural, implacables, calumniadores, intemperantes, crueles, aborrecedores de lo bueno, traidores, impetuosos, envanecidos, que amarán los deleites más que a Dios, que parecerán muy piadosos, pero negarán la eficacia de la piedad; evítalos. – **2 Timoteo 3:1-5**

Apenas se necesita prender la televisión para ver hasta qué punto este país y el mundo se han hundido en la inmoralidad y la depravación moral. Tiendes a encontrar lo peor en las grandes ciudades, pero está en todas partes en estos días. Los delitos violentos han ido en aumento en los EE. UU. desde el 2014, con un aumento precipitado y sin precedentes en el 2020 y sin expectativas de un cambio en esa tendencia en el corto plazo.²⁰³ Parece que la gente se está volviendo cada vez más mala dondequiera que mires en estos días.²⁰⁴ Las personas también buscan cada vez más emociones y placer. Buscan gratificación y realización personal en la comida, las películas, los videojuegos, las aplicaciones para teléfonos, los automóviles, los pasatiempos y una cantidad innumerable de otras distracciones. Y se están volviendo cada vez más "espirituales", pero en un sentido que ellos mismos definen, lo que gradualmente se parece al paganismo del mundo antiguo.²⁰⁵

Una cosa que encontré especialmente interesante en la lista anterior es, *"desobedientes a sus padres"*. A primera vista, eso podría sonar como un "¿y eso qué?" Pero trata de imaginar cualquier etapa en los últimos dos mil años cuando hubo una pandemia mundial de falta de respeto por los padres. Uno de los sellos distintivos de cualquier sociedad estable, independientemente de las creencias religiosas, siempre ha sido que los padres gobiernan la casa. Pero en este mundo moderno, probablemente impulsado por Internet y las redes sociales, los niños de todo el mundo desobedecen cada vez más a sus padres. Incluso en lugares como China, donde se tiene en alta estima el respeto por los mayores y la familia, ha habido grandes problemas con la rebelión de esta generación actual de jóvenes. Tanto es así, que China comenzó a implementar una legislación para responsabilizar legalmente a los padres por el mal comportamiento de sus hijos.²⁰⁶ Incluso existe un diagnóstico médico para casos extremos que ahora se llama trastorno de oposición

---

[203] "Incrementa preocupación en la Casa Blanca por aumento de crímenes violentos," *CNN Español*, 22-6-2021, https://cnnespanol.cnn.com/2021/06/22/incrementa-preocupacion-casa-blanca-aumento-crimenes-violentos-trax/
[204] Barton Goldsmith. "¿La gente se está volviendo más mala? Cuando la empatía ya no sea parte de nuestra psique, ¿qué nos sucederá? (articulo en inglés)" *Psychology Today*, 21-8-2018, https://www.psychologytoday.com/us/blog/emotional-fitness/201808/are-people-getting-meaner
[205] Pat Matrisciana. "Pop Culture Paganism (en inglés)." *Jeremiah Films*, 5-1-2009.
[206] "China, ley para castigar a padres por el mal comportamiento de sus hijos," *Forbes Centroamerica*, 18-10-2021, https://forbescentroamerica.com/2021/10/18/china-ley-para-castigar-a-padres-por-el-mal-comportamiento-de-sus-hijos/

desafiante (ODD), que, según algunas estimaciones, afecta hasta al 16 por ciento de los niños en edad escolar.[207]

Señales en los Cielos y en la Tierra

Lucas registra que Jesús describió un tiempo justo antes de su regreso que también estaría lleno de una terrible expectativa de juicio y desastre venideros. ¡Eso suena como las circunstancias actuales que vemos en nuestro mundo hoy en día! También leemos que este temor y angustia estarán acompañados de señales en los cielos.

"Habrá entonces señales en el sol, en la luna y en las estrellas. En la tierra, la gente se angustiará y quedará confundida por causa del bramido del mar y de las olas. El miedo y la expectación de las cosas que sobrevendrán en la tierra hará que los hombres desfallezcan, y los poderes celestiales se estremecerán." – Lucas 21:25-26

En consecuencia, otra cosa que esperamos ver en los últimos días es una serie de señales generales, tanto en los cielos como en la tierra. Ha habido un aumento incuestionable de desastres naturales a partir del siglo XIX, al punto que parece que cada año se establecen nuevos récords de huracanes, incendios, terremotos, tornados, inundaciones y similares, en un lugar u otro. Toda la tierra gime por la maldad de esta generación. El mundo puede llamarlo "Calentamiento Global" o "Cambio Climático", pero la iglesia sabe que es una señal de que el juicio de Dios sobre la tierra se acerca rápidamente.

Y haré prodigios en el cielo y en la tierra, con sangre y fuego y columnas de humo. El sol se convertirá en tinieblas, y la luna en sangre, antes de que venga el día grande y terrible del Señor.
– Joel 2:30-31

---

[207] "Hostile, Disobedient and Defiant Behavior in Children," *Yale Medicine*, www.yalemedicine.org/conditions/defiant-children

Habrá impresionantes terremotos, y hambre y pestilencias en diferentes lugares; también sucederán cosas espantosas y habrá grandes señales del cielo.
— Lucas 21:11

Pensando en esos versículos, es fácil imaginarse eclipses, cometas, increíbles fenómenos meteorológicos, incendios, terremotos, sequías, sumideros gigantes, infestaciones o enfermedades terribles, cualquier cosa que haga que un gran número de personas se dé cuenta de una manera profunda. Estos están incluidos en lo que Jesús describió como dolores de parto. Si bien el mundo los ha estado experimentando durante mucho tiempo, en las últimas décadas ha habido un aumento notable de tales señales. Como a las mujeres les sucede durante el embarazo, creo que podemos suponer que este tipo de señales se volverán más frecuentes y aumentarán en intensidad (al igual que los dolores de parto reales) a medida que se acerca el día. Entonces, ¿cuáles fueron algunas de las señales más importantes a principios del siglo XXI?

⇒ **Ataque Terrorista a las Torres Gemelas** en Nueva York, 2001. Dos aviones volaron contra los edificios del World Trade Center en Nueva York el 11 de septiembre, como parte de cuatro ataques coordinados por terroristas contra los Estados Unidos, cobrando un total de 2.996 vidas en el proceso. Fue el ataque más mortífero jamás perpetrado en suelo estadounidense. No fue solo una llamada de atención a los Estados Unidos. Fue una señal para todo el mundo.

⇒ **Terremoto del norte de Sumatra** (magnitud 9,1) en 2004. El terremoto también provocó enormes tsunamis y cobró un total de 227.898 vidas.

⇒ **Terremoto de Honshu, Japón** (magnitud 9,0), 2011. Este terremoto también provocó un enorme tsunami, matando a unas 29.000 personas y provocó también uno de los mayores desastres nucleares de la historia en la planta de energía nuclear de Fukushima Daiichi.

⇒ **Explosión atmosférica del meteorito de Chelyabinsk, Rusia**, en el 15 de febrero de 2013. Sobre la región de los Urales en Rusia, un meteorito de veinte metros explotó en el aire con una fuerza de hasta 500 kilotones de TNT, unas treinta veces más grande que la bomba nuclear lanzada sobre Hiroshima.

⇒ **Cuatro Lunas de Sangre en Días Festivos Judíos**
Pascua, 15 de abril de 2014
Sucot, 8 de octubre de 2014
Pascua, 4 de abril de 2015
Sucot, 28 de septiembre de 2015

⇒ **El Gran Eclipse Americano**, 21 de agosto del 2017. El 21 de agosto, este eclipse solar total atravesó el territorio de los Estados Unidos continentales con una visibilidad excelente.

⇒ **Una Gran Señal en los Cielos**, 23 de septiembre del 2017. Se vio una señal única en la constelación de Virgo que coincidía con la descripción de Apocalipsis 12:1-2 NVI: *"Apareció en el cielo una señal maravillosa: una mujer revestida del sol, con la luna debajo de sus pies y con una corona de doce estrellas en la cabeza. Estaba encinta y gritaba por los dolores y angustias del parto"*. Hubo cinco características específicas que se cumplieron astronómicamente, que no han sucedido en conjunto en ninguno de los últimos seis mil años.[208]

⇒ **Cometa NEOWISE**, julio de 2020. Los cometas se han asociado con signos de fatalidad inminente desde la antigüedad. Ha habido informes históricos de más de setenta

---

[208] "Señales en el Cielo: Rumores sobre el día 23 de septiembre es un día profético, Apocalipsis 12," *Bibliatodo Noticias*, 15 de septiembre, 2017, https://www.bibliatodo.com/NoticiasCristianas/senales-cielo-rumores-dia-23-septiembre-dia-profetico-apocalipsis-12/

avistamientos de "grandes cometas" visibles a simple vista durante los últimos 2.000 años, doce desde que Israel se convirtió en una nación en 1948. La última vez que el cometa NEOWISE visitó la Tierra fue hace unos 4.500 años, lo que significaría que habría sido en los días de Noé antes del diluvio—quizás coincidiendo con la declaración de Dios de que Él borraría todo con el aliento de vida de la faz de la tierra, excepto aquellos en el arca con Noé y su familia, a causa de su maldad (*Génesis 6:5-8*)… solo algo para pensar.

⇒ **La Gran Conjunción,** 21 de diciembre de 2020
Una conjunción de los planetas Júpiter y Saturno alcanzó su punto más cercano en el solsticio de invierno. Fue el más cercano en 800 años. La luz combinada de las dos estrellas fue sorprendentemente brillante en el cielo nocturno, y el momento de su aparición se remonta al nacimiento de Cristo y la Epifanía.

Por supuesto, ninguno de estos signos es particularmente indicativo del fin del mundo por sí mismo. Pero, si alguien dice: "¡Señales! ¿Qué señales?", entonces esta lista debería ayudarlos a empezar a pensar. Y esta es solo una lista parcial. Esto sin contar las numerosas inundaciones, incendios, tornados, huracanes y tifones, granizo gigante, deslizamientos de tierra, plagas de langostas, sumideros, tormentas de polvo masivas, etc., todo lo cual ahora parece estar constantemente en las noticias. Ha habido una lista interminable de desastres que el mundo llama evidencia del cambio climático, pero yo llamo evidencia de que estamos en los últimos días. En verdad, siempre ha habido desastres naturales, pero en nuestra era actual, parece que tanto los científicos seculares como los observadores de las profecías están de acuerdo en que están aumentando.

El Incremento de la Homosexualidad

También Sodoma y Gomorra, y las ciudades vecinas, que lo mismo que aquéllos practicaron la inmoralidad sexual y los vicios contra la naturaleza, fueron puestas como ejemplo y sufrieron el castigo del fuego eterno. — **Judas 1:7**

Las Escrituras nos enseñan que los últimos días no solo serán como los días de Noé, sino que también serán como los días de Sodoma y Gomorra, quienes fueron plagados con el grave pecado de la homosexualidad. Sabemos esto por el libro de Judas y por el relato que leemos en Génesis 19. Lot fue visitado por dos seres angélicos que se aparecieron como hombres. Los hombres de Sodoma consideraron atractivos a los visitantes de Lot y, más tarde en la noche, llegaron a la casa de Lot para violar a sus dos invitados. Debido a esto, se piensa que la homosexualidad es el pecado que más caracterizó a la gente de Sodoma y Gomorra.

Pero antes de que se acostaran, los hombres de la ciudad rodearon la casa. Allí estaba todo el pueblo junto, todos los hombres de Sodoma, desde el más joven hasta el más viejo. Llamaron a Lot, y le dijeron: "¿Dónde están los varones que vinieron a tu casa esta noche? Sácalos, pues queremos tener relaciones con ellos." — **Génesis 19:4-5**

Las Escrituras también nos dicen que Dios encontró el pecado de Sodoma y Gomorra tan grave que las destruyó por completo. Dado que la homosexualidad es el pecado principal sobre el que leemos, es natural asumir que fue la razón principal por la que Dios los estaba eliminando a todos.

Entonces el Señor le dijo: "Puesto que el clamor contra Sodoma y Gomorra va en aumento, y su pecado se ha agravado demasiado, voy ahora a descender allá, para ver si lo que han hecho corresponde a las quejas que han llegado hasta mí. Si no es así, lo sabré." — **Génesis 18:20-21**

Entonces el Señor hizo llover desde los cielos azufre y fuego sobre Sodoma y Gomorra, y destruyó las ciudades y toda aquella llanura, junto con todos los habitantes de aquellas ciudades y los productos de la tierra. — **Génesis 19:24-25**

El surgimiento de la homosexualidad en el mundo de hoy nos recuerda los días de Lot en Sodoma y Gomorra. Y mientras algunas personas intentan afirmar que Dios no está en contra de la homosexualidad monógama en una relación comprometida, la Biblia es excepcionalmente clara en cuanto a que toda homosexualidad es una ofensa grave y un pecado contra Dios.

Por esto Dios los entregó a pasiones vergonzosas. Hasta sus mujeres cambiaron las relaciones naturales por las que van en contra de la naturaleza. De la misma manera, los hombres dejaron las relaciones naturales con las mujeres y se encendieron en su lascivia unos con otros. Cometieron hechos vergonzosos hombres con hombres, y recibieron en sí mismos la retribución que merecía su perversión. Y como ellos no quisieron tener en cuenta a Dios, Dios los entregó a una mente depravada, para hacer cosas que no convienen. — **Romanos 1:26-28**

Tengamos en cuenta que la ley no se ha instituido para los justos, sino para los desobedientes y rebeldes, para los impíos y pecadores, para los irreverentes y profanos. La ley es para los que maltratan a sus propios padres, para los asesinos, para los adúlteros y los homosexuales, para los traficantes de esclavos, los embusteros y los que juran en falso. En fin, la ley es para todo lo que está en contra de la sana doctrina enseñada por el glorioso evangelio que el Dios bendito me ha confiado. — **1 Timoteo 1:9-11** NVI

Alrededor del mundo, la aceptación de la homosexualidad y todas sus perversiones derivadas (LGBTQ+) ha estado creciendo rápidamente durante las últimas dos décadas.[209] En Occidente, el porcentaje de personas que creen que la homosexualidad debería ser aceptada oscila entre el 67 % en Brasil y el 94 % en Suecia. El apoyo sigue siendo bajo en los continentes africano y asiático (del 7 al 37 por ciento en la mayoría de estos países), pero aquí en los EE. UU., el apoyo alcanzó el 72 por ciento en 2020, frente al 51 por ciento dos décadas antes. Este es un aumento tremendo a nivel mundial, especialmente cuando se considera que durante la mayor parte de los últimos dos mil años, el porcentaje de aceptación global probablemente ha estado entre el 1 y el 5 por ciento. Entonces, desde una perspectiva profética, esto parece mucho una señal de que hemos llegado a los tiempos que Jesús nos dijo que precederían inmediatamente a su regreso.

Y aunque saben bien el juicio de Dios, en cuanto a que los que practican tales cosas son dignos de muerte, no sólo las hacen, sino que también se regodean con los que las practican. – **Romanos 1:32**

Los Anticristos Engañadores y los Falsos Mesías

Los últimos siete años de las setenta semanas de Daniel están acompañados por el surgimiento del anticristo. Y aun así, de acuerdo al apóstol Juan, el espíritu del anticristo ha estado trabajando en la tierra entre los hombres por los últimos dos mil años. El espíritu del anticristo es la obra de Satánas, quien ha estado oponiéndose a Dios y a su pueblo desde el principio. Sin embargo, una señal de los últimos días antes del regreso de Cristo es la decepción y la influencia cada vez mayor del anticristo sobre la tierra (culminando en su

---

[209] J. Poushter and N. Kent. "La brecha global sobre la homosexualidad persiste: pero la aceptación ha aumentado en muchos países durante las últimas dos décadas." *Pew Research Center*, June 25, 2020, www.pewresearch.org/global/2020/06/25/global-divide-on-homosexuality-persists/; Resumen de esta reporte en español: https://timis.es/persiste-la-brecha-global-sobre-la-homosexualidad/

reino final por cuarenta y dos meses), la aparición de falsos mesías, y la proliferación de maestros falsos.

Queridos hijos, esta es la hora final, y así como ustedes oyeron que el anticristo vendría, muchos son los anticristos que han surgido ya. Por eso nos damos cuenta de que esta es la hora final. — **1 Juan 2:18 NVI**

Por eso Dios les envía un poder engañoso, para que crean a la mentira, a fin de que sean condenados todos los que, lejos de creer a la verdad, se deleitaron en la injusticia. — **2 Tesalonicenses 2:11-12**

Jesús también nos advirtió que muchos vendrían en su nombre pretendiendo ser el Mesías. Contando desde principios del siglo XX, ha habido al menos cuarenta y dos personas que han dicho ser Jesucristo (retornado, reencarnado u otro de su tipo); diecinueve de ellos todavía existen en la actualidad.[210] Porque ahora es muy común, podemos pensar que no es gran cosa que cierta gente pretende ser Jesús; pero hace dos mil años, cuando Jesús primero declaró que muchos vendrían en su nombre diciendo "Yo soy el

---

[210] Sin ningún orden en particular, aquí hay una lista de diecinueve mesías autoproclamados de todo el mundo, a partir de 2022: Riaz Ahmed Gohar Shahi (Pakistán), David Icke (Inglaterra), Ryuho Okawa (Japón), Wayne Bent (EE. UU.), Oscar Ramiro Ortega-Hernandez (EE. UU.), Bupete Chibwe Chishimba (Zambia), Moses Hlongwane (Sudáfrica), Claude Vorilhon (Francia), Hogen Fuku-naga (Japón), Marina Tsvigun (Ucrania), Sergey Torop (Rusia), Apollo Quiboloy (Filipinas), Alan John Miller (Australia), David Shayler (Inglaterra), Brian David Mitchell (EE. UU.), Alvaro Theiss (Brasil), Shoko Asahara (Japón), Eliud Wekesa (Kenia), Louis Farrakhan (EE. UU.); Aquí hay una exposición moderna sobre siete de ellos: Jonas Bendiksen. El último testamento: la verdad os hará libres (GOST, 2017); Puede encontrar una lista de más mesías falsos aquí: https://en.wikipedia.org/wiki/List_of_messiah_claimants; Caleb Parke. "Farrakhan dice ser Jesús en el discurso del 'Día del Salvador': 'Yo soy el Mesías'", Fox News, 4 de abril de 2019, www.foxnews.com/us/ farrakhan-claims-to-be-jesus-in- dirección-del-día-del-salvador; Nathan Ochunge. "Los dioses de Luhya que creen que son Jesucristo", The Standard, 31 de marzo de 2018, www.standardmedia.co.ke/western/article/2001275116/luhya-gods-who-think-they-are-jesus-christ

Mesías", esta fue una declaración asombrosa. El hecho de que esto siga ocurriendo hoy en día, después de todo este tiempo, es otro cumplimiento evidente de la Palabra de Dios.

Porque muchos vendrán en mi nombre, y dirán: "Yo soy el Cristo", y engañarán a muchos. — Mateo 24:5

Y esto no solo sigue ocurriendo, sino que también se está volviendo más frecuente. Y probablemente haya una vigésima persona para agregar a la lista porque en el 2020 un rabino líder en Israel afirmó que ya se estaba reuniendo en secreto con el mesías.[211] Pero Jesús nos advirtió que cuando regrese no será en secreto. No realizará reuniones privadas en una habitación oscura en algún lugar, o en un lugar remoto y apartado. Cuando regrese será con poder y gloria, y él será visto desde un extremo del cielo hasta el otro (*Mateo 24:23-27*).

Así que, si alguien les dice: "Miren, aquí está el Cristo", o "Miren, allí está", no lo crean. Porque surgirán falsos cristos y falsos profetas, y harán grandes señales y prodigios, de tal manera que, de ser posible, engañarán incluso a los elegidos. Ya los he prevenido de todo. Así que, si les dicen: "Miren, está en el desierto", no vayan; o si les dicen: "Miren, está en los aposentos", no lo crean. Porque la venida del Hijo del Hombre será como el relámpago que sale del oriente y puede verse hasta el occidente. — Mateo 24:23-27

Juan también advirtió sobre el anticristo y los falsos maestros, y nos dio algunas advertencias específicas para ayudar a identificarlos. Negarán que Jesucristo es el Hijo de Dios. Los ateos y satanistas son fáciles de reconocer porque niegan tanto a Dios como a su hijo

---

[211] Ryan Jones. "Rabino israelí dice que ya se está reuniendo con el Mesías (Israeli Rabbi Says He's Already Holding Meetings With Messiah)," *Israel Today*, October 15, 2020, www.israeltoday.co.il/read/israeli-rabbi-says-hes-already-holding-meetings-with-messiah/

Jesucristo; pero la negación puede manifestarse de otras formas más sutiles. Hay numerosas herejías con respecto a la naturaleza de Jesús que han surgido a lo largo de los años.[212] Salomón escribió que "no hay nada nuevo debajo del sol" (Eclesiastés 1:9). Las sectas modernas y otras religiones falsas son simplemente caras nuevas de las mismas mentiras viejas. Siempre negarán al menos un aspecto crítico de la naturaleza de Cristo, pero pueden afirmar engañosamente otros. Las creencias del Islam son un buen ejemplo de esto: el Corán establece claramente que "Dios es uno, no tiene hijo", lo que implícitamente niega que Jesús sea Dios; [213] sin embargo, creen que Jesús fue un buen hombre y un profeta, incluso un mesías, pero no el salvador del mundo. De manera similar, cultos como los mormones y los testigos de Jehová también niegan aspectos de la divinidad de Jesucristo y su persona compartida con el Padre y el Espíritu Santo.[214]

Y todo espíritu que no confiesa a Jesús, no es de Dios. Éste es el espíritu del anticristo, el cual ustedes han oído que viene, y que ya está en el mundo..
— **1 Juan 4:3**

¿Quién es el mentiroso, sino el que niega que Jesús es el Cristo? Éste es el anticristo, el que niega al Padre y al Hijo. Todo aquel que niega al

---

[212] J. Warner Wallace. "Historic Heresies Related To The Nature Of Jesus," *Cold-Case Christianity*, November 27, 2017, https://coldcasechristianity.com/writings/historic-heresies-related-to-the-nature-of-jesus/
[213] Quran. Sura 4 – An-Nisa (The Women), verse 171.
[214] Sin embargo, coloco los errores de los mormones y los testigos de Jehová en una categoría diferente al Islam o al satanismo. Los comparo con los samaritanos (una corrupción de la fe y práctica judía) porque sus creencias sobre la naturaleza de Cristo son una corrupción de la verdadera fe y práctica cristiana. Pero es importante recordar que Jesús amó y buscó a los samaritanos, llamándolos al arrepentimiento, y reconoció algunas cosas que estaban haciendo bien, como en la parábola del buen samaritano (Lucas 10:25-37). [*Que lleguen a conocer y aceptar la verdad acerca de Jesucristo y se inclinen ante Él como Señor y Dios, para que puedan encontrar la salvación para sus almas. Amén.*]

Hijo, tampoco tiene al Padre. El que confiesa al Hijo, tiene también al Padre. **– 1 Juan 2:22-23**

Porque muchos engañadores han salido por el mundo, los cuales no confiesan que Jesucristo ha venido en carne. Éstos son engañadores, son el anticristo. **– 2 Juan 1:7**

Otra señal es el surgimiento de falsos maestros—supuestos cristianos que niegan al Señor soberano que los rescató (*2 Pedro 2:1*). Hay un número creciente de denominaciones principales que se están alejando de las doctrinas sólidas históricas de la iglesia y, en cambio, están abrazando el espíritu del anticristo de esta época. Hablaremos más sobre eso en el Capítulo 11 bajo el título, *La Gran Apostasía y las Falsas Enseñanzas en la Iglesia.*

Entre el pueblo hubo también falsos profetas, como también habrá entre ustedes falsos maestros que con disimulo introducirán herejías destructivas, y hasta llegarán a negar al Señor que los rescató, con lo que atraerán sobre sí mismos súbita destrucción. **– 2 Pedro 2:1**

Los Medios Globales

Y durante tres días y medio gente de distintos pueblos, tribus, lenguas y naciones verá sus cadáveres, y no permitirá que sean sepultados.
– Apocalipsis 11:9

Antes de la invención de la televisión, los satélites y la transmisión de video de banda ancha en Internet, era inconcebible que todo el mundo pudiera haber visto los cadáveres de los dos testigos en las calles de Jerusalén. Ahora es obvio. Ha sido solo desde principios del siglo pasado que los televisores, los satélites y el acceso al Internet se han vuelto comunes. Ahora tenemos conectividad global incluso en los países más pobres y menos accesibles del mundo.

La Biblia describe este evento al final de la tribulación, y ahora ya tenemos toda la tecnología para cumplir con estos versículos.

La Evangelización del Mundo

Y este evangelio del reino será predicado en todo el mundo para testimonio a todas las naciones, y entonces vendrá el fin. – **Mateo 24:14**

Otra predicción acerca de cuándo ocurrirá el fin es que el evangelio será predicado en todo el mundo antes del fin. Debido a la accesibilidad global a los medios de comunicación e Internet, la caída de la Unión Soviética y la apertura de China y otros países cerrados, el Evangelio avanza rápidamente hacia las últimas fortalezas no alcanzadas aún con las buenas nuevas de Jesucristo. El cumplimiento final de esta profecía parece estar cerca. Pero para que no supongamos que el fin no puede llegar hasta que hayamos llegado a todos los rincones del mundo y a todos los oídos que no hayan escuchado, debemos recordar estos dos pasajes de las Escrituras.

Cuando los persigan en una ciudad, huyan a otra; porque de cierto les digo que no terminarán de recorrer todas las ciudades de Israel, antes que venga el Hijo del Hombre. – **Mateo 10:23**

Luego vi otro ángel, el cual volaba en medio del cielo. Tenía el evangelio eterno, para predicarlo a los habitantes de la tierra, es decir, a toda nación, raza, lengua y pueblo. – **Apocalipsis 14:6**

Podemos inferir de estos versículos que Dios será quien finalmente complete la etapa final la evangelización mundial. Por lo tanto, cuando Jesús dijo que el evangelio sería *"predicado en todo el mundo para testimonio a todas las naciones, y entonces vendrá el fin"*, aunque sabemos que es verdad, no podemos asumir que su cumplimiento depende completamente de nuestros esfuerzos humanos, los cuales nunca podrían realmente completar una tarea tan grande. También debemos tener cuidado con los movimientos ecuménicos de "evangelización" que están combinando la justicia social con la evangelización y uniendo las denominaciones cristianas bajo el Pacto de Lausana (1974) y el Movimiento Cristiano Mundial.[215]

Sin embargo, esperemos que el Señor bendiga nuestro trabajo con el evangelio mientras aún es de día, y que tengamos la libertad y la capacidad de compartir las Buenas Nuevas hasta que él venga nuevamente. Durante los cierres de la pandemia de coronavirus en el 2020, el mundo vio por primera vez cómo se podía quitar repentinamente la capacidad de reunirse, incluso para las iglesias. La censura también comenzó a aparecer de manera significativa por parte de las empresas de redes sociales y comenzaron a hacer publicaciones de "verificación de hechos". Cuentas enteras fueron suspendidas o completamente eliminadas, incluyendo la cuenta del presidente de los Estados Unidos. Ahora debería ser mucho más fácil entender por qué Juan puede habernos advertido que algún día llegará la noche "cuando nadie pueda trabajar", lo que significa que es posible que tal vez ya no podamos compartir el Evangelio.

Mientras sea de día, nos es necesario hacer las obras del que me envió; viene la noche, cuando nadie puede trabajar. – **Juan 9:4**

También me recuerda la parábola de las diez vírgenes en Mateo 25. Una de las partes más extrañas de la parábola es que las vírgenes prudentes no pueden compartir su aceite con las insensatas. En lugar de eso, las insensatas necesitan ir al mercado y comprarlo por sí mismas. Pero si piensas en el aceite como sabiduría (entendimiento, conocimiento y fe del Espíritu Santo) en un mundo de engaño, entonces es mucho más fácil entender por qué las sabias no podían compartir su aceite. Toma tiempo desarrollar sabiduría para entender los tiempos y coraje para ejercitar nuestra fe confiando en la Palabra de Dios.

---

[215] Albert James Dager. *The World Christian Movement: A Great Delusion Leading to the Religio-Political State of the Antichrist* (Sword Publishers, 2001): 25-40.

Viven en medio del engaño, y por su espíritu engañoso no han querido reconocerme.—Palabra del Señor. — **Jeremías 9:6**

Llegará un día en que la división entre la verdad y la mentira será tan grande que ya no podrás decirle a alguien cuál es la verdad. La disonancia cognitiva que sienten será demasiada. Será demasiado difícil aceptar que todo lo que les han enseñado (la sociedad, el gobierno, los medios de comunicación, etc.) es mentira. En este punto, es posible que, literalmente, ya no podamos compartir la verdad con las personas de una manera que puedan aceptar.

La Persecución de los Santos

Entonces los entregarán a ustedes para ser torturados, y los matarán, y todos los odiarán por causa de mi nombre. — **Mateo 24:9**

Al abrir el Cordero el quinto sello, debajo del altar vi a las almas de los que habían muerto por causa de la palabra de Dios y de su testimonio. — **Apocalipsis 6:9**

También todos los que quieren vivir piadosamente en Cristo Jesús padecerán persecución. — **2 Timoteo 3:12**

La persecución cristiana ha estado ocurriendo desde los días de los primeros apóstoles, pero ha ido empeorando, haciéndose particularmente más violenta y común en los últimos años.[216] Se ha estimado que más de setenta millones de cristianos han sido martirizados desde el primer siglo.[217] Se cree que alrededor de

---

[216] John Foxe. *El Libro de los Mártires* (CLIE, 2008).
[217] "70 millones de mártires cristianos en la historia; el 65% en el siglo XX," *ZENIT*, Mayo 9, 2002, https://es.zenit.org/2002/05/09/70-millones-de-martires-cristianos-en-la-historia-el-65-en-el-siglo-xx/

900.000 fueron asesinados entre 2007 y 2017.[218] El martirio ocurre frecuentemente en los países más cerrados, por lo que es probable que incluso estas estimaciones sean bajas. Todos los indicios apuntan a un aumento de la persecución en los países más cerrados al Evangelio.[219] E incluso ha ido en aumento en países que normalmente no son conocidos por ser hostiles a los cristianos, por el aumento de leyes seculares, normas sociales y políticas de negocios que rechazan las creencias y morales cristianas tradicionales. Y hablando de martirio, durante el reinado del anticristo, se anticipa que incluso estos asombrosos números sean subestimados. El libro de Apocalipsis tiene un total de doce referencias al martirio y la persecución de los santos durante la tribulación, que se menciona por primera vez como parte de los juicios del libro de los siete sellos en la apertura del quinto sello.[220] Jesús también advirtió sobre esto en su Discurso del Monte de los Olivos. Claramente, la persecución y el martirio de los santos es algo que ha estado ocurriendo desde el apedreamiento de Esteban en Hechos 7, pero durante la tribulación se intensificará a un nivel nunca antes visto.

El Comercio Internacional

Antes de este nuevo milenio, no existía la tecnología para controlar el comercio internacional tal como existe hoy; sin embargo, ahora cualquiera puede usar una tarjeta de crédito en prácticamente cualquier país del mundo. No fue hasta finales de la década de 1990

---

[218] Samuel Smith, "Más de 900.000 cristianos martirizados por su fe en los últimos 10 años: Informe (articulo en inglés)." *Christian Post*, January 16, 2017, www.christianpost.com/news/over-900000-christians-martyred-for-their-faith-in-last-10-years-report-173045/ ; Doctor Shelanu. "Más de 105.000 cristianos son martirizados anualmente," 12 junio de 2011, *Periodista Digital*, https://www.periodistadigital.com/totalitarismo/20110612/mas-de-105-000-cristianos-son-martirizad-689403912680/
[219] "Los 50 países donde es más difícil ser cristiano en 2021." *Christianity Today*, 13 enero de 2021, www.christianitytoday.com/news/2021/january/persecucion-de-cristianos-perseguidos-2021-paises-lista-es.html
[220] Referirse a Apocalipsis 6:9-11, 7:13-16, 12:10-11, 12:17, 13:7-10, 13:15, 14:12, 15:2-4, 17:6, 18:4-5, 18:24, y 19:1-2.

que una transacción tan básica fue posible. Ahora, entre las transferencias electrónicas de fondos, las criptomonedas, los sistemas de pago basados en la web y las aplicaciones de fondos, estamos pasando rápidamente a una sociedad sin efectivo. Dado que la mayor parte de lo que se necesita para estar completamente libre de efectivo ya está en su lugar, no se necesita imaginación para comprender cómo el anticristo podría controlar la compra y venta de aquellos que rechazan la marca de la Bestia. Los esfuerzos para dejar de usar efectivo avanzaron rápidamente durante la pandemia de COVID y estimularon los intentos de controlar las compras y ventas en función del estado de vacunación de alguien.[221] No está muy lejos de ahí ordenar que cualquier persona que quiera comprar o vender tendrá que recibir una marca en la mano derecha o en la frente, la cual ya está bajo experimentación.[222] Puede que todavía no estemos allí, pero parece que estamos muy cerca.

Además, hizo que a todos, grandes y pequeños, ricos y pobres, libres y esclavos, se les pusiera una marca en la mano derecha o en la frente, y que nadie pudiera comprar ni vender si no tenía la marca o el nombre de la bestia, o el número de su nombre. – Apocalipsis 13:16-17

Las Aerolíneas Comerciales y la Era de la Información

El primer vuelo de un avión comercial fue en 1949 (después de la Segunda Guerra Mundial y la fundación del Estado de Israel). ¡Para el 2019 había casi 40 millones de vuelos, transportando a más de 4 mil millones de personas, cada año! Los viajes que antes eran casi imposibles o tardaban meses en completarse ahora se miden en

---

[221] Mordechai Sones. "No forzaremos la vacuna; pero esto es lo que haremos." *Israel National News*, November 26, 2020, www.israelnationalnews.com/News/News.aspx/ 292039
[222] "Lanzan un chip que se implanta bajo la piel y funciona como pase sanitario," BAE Negocios, 21 diciembre de 2021, www.baenegocios.com/sociedad/Lanzan-un-chip-que-se-implanta-bajo-la-piel-y-funciona-como-pase-sanitario-20211221-0048.html

horas. Históricamente, la cantidad de personas que viajan por todo el mundo ha aumentado exponencialmente. Si bien la declaración de Daniel 12:4 de que "muchos irán y regresarán" puede no parecer ser gran cosa, cuando lo consideras en el contexto de los viajes modernos, es difícil imaginar una mejor manera en que podría haber dicho eso.

Pero tú, Daniel, guarda en secreto estas palabras y sella el libro hasta el tiempo del fin. Muchos correrán de aquí para allá, y el conocimiento aumentará. — Daniel 12:4 NBLA

Intel lanzó el primer microchip en el 1969 y la velocidad de las computadoras se duplicó cada dos años durante casi cinco décadas. Podría decirse que ese ritmo finalmente ha alcanzado los límites de los chips de circuitos integrados basados en silicio, pero la mayoría de la gente espera que el poder de las computadoras siga aumentando de alguna manera, utilizando nuevas tecnologías, en el futuro previsible.[223] Para el 2012, el almacenamiento de datos había alcanzado una capacidad impresionante. La capacidad de almacenamiento en el "Bumblehive" de la NSA ahora se mide en yottabytes, donde un yottabyte (YB) es un billón de terabytes (TB).[224] Casi todo lo que sucede digitalmente en estos días se está grabando en algún lugar. Y a través de la programación de inteligencia artificial, las empresas y los gobiernos están aprendiendo cómo hacer uso de todos esos datos. Es imposible comprender cuántos datos se generan diariamente en la actualidad, pero debería ser fácil comprender que es solo cuestión de tiempo antes de que personas malvadas comiencen a abusar de ellos. A la larga, los datos que se recopilarán pondrán fin a las sociedades libres porque los gobiernos tendrán toda la información y el software que necesitan para monitorear y controlar las entradas y salidas de las personas.

---

[223] Carlos Zahumenszky, "Se acabó el tick-tock: la ley de Moore comienza a fallar," *GIZMODO*, 16 julio de 2015, https://es.gizmodo.com/se-acabo-el-tick-tock-la-ley-de-moore-comienza-a-falla-1718182144
[224] https://nsa.gov1.info/utah-data-center/index.html (en inglés)

Nunca antes se había visto nada como esto en la tierra, pero cuando consideramos la simple profecía registrada por Daniel 12:4 de que: *"Muchos correrán de aquí para allá, y el conocimiento aumentará* (NBLA).*"* Seguramente parece encajar. Y la profecía de Daniel, escrita hace más de 2.500 años, decía que estas cosas ocurrirían en *"el tiempo del fin"*.

La Aparición de las Armas Nucleares

Hay un versículo en Zacarías que puede ser solo una alusión al juicio aterrador y sobrenatural de Dios en los últimos días, pero otra posible explicación para el tipo de plaga descrita (que no se habría conocido en la antigüedad) es una explosión nuclear. Dios creó los elementos radiactivos, incluso tanto el uranio como el plutonio. Sin ellos, las armas nucleares no serían posibles. ¿Podemos suponer que Dios no sabía para qué se usarían esos elementos cuando los creó? Por supuesto que no. Y él también fue particular sobre dónde los distribuyó en la corteza terrestre, controlando su proliferación. Parece probable que estos elementos puedan tener un lugar en los eventos del fin del mundo, especialmente cuando consideras situaciones como: 1) Que el presidente ruso, Vladimir Putin, puso sus fuerzas nucleares en alerta máxima luego de su invasión inicial de Ucrania en el 2022,[225] 2) los numerosos intentos fallidos de controlar el programa nuclear de Irán desde principios de la década del 2000, 3) el creciente arsenal nuclear de China[226] y 4) los arsenales nucleares existentes en poder de Corea del Norte y Pakistán. Con tantas naciones hostiles en posesión de armas nucleares, su uso en una futura Tercera Guerra Mundial no es inconcebible. Por lo

---

[225] "Putin pone en alerta el arsenal nuclear ruso," *VOA (Associated Press)*, 27 de febrero del 2022, https://www.vozdeamerica.com/a/putin-pone-alerta-fuerzas-nucleares-rusia-cita-sanciones/6461758.html

[226] "China está ampliando su arsenal nuclear más rápido de lo previsto, dice el Pentágono," *infobae*, 3 de noviembre del 2021, www.infobae.com/america/agencias/2021/11/03/china-esta-ampliando-su-arsenal-nuclear-mas-rapido-de-lo-previsto-dice-el-pentagono/

tanto, su descubrimiento en esta era moderna es otra posible señal de que ahora estamos en la última fase de los "últimos días".

Esta será la plaga con que el Señor herirá a todos los pueblos que han hecho guerra contra Jerusalén: se pudrirá su carne estando ellos aún de pie, y se pudrirán sus ojos en sus cuencas, y su lengua se pudrirá en su boca. — **Zecarías 14:12** NBLA

El Retorno a la Torre de Babel

Hemos visto cómo estos últimos días se han vuelto como los días de Noé, Sodoma y Gomorra, pero también comienzan a parecerse a los días posteriores al diluvio cuando todo el pueblo se reunió en la torre de Babel. Hay mucho que se puede descifrar de esta historia, pero solo si la reconocemos como historia verdadera.

Toda la tierra hablaba la misma lengua y las mismas palabras. Según iban hacia el oriente, hallaron una llanura en la tierra de Sinar, y se establecieron allí. Y se dijeron unos a otros: "Vamos, fabriquemos ladrillos y cozámoslos bien". Y usaron ladrillo en lugar de piedra y asfalto en lugar de mezcla. Luego dijeron: "Vamos, edifiquémonos una ciudad y una torre cuya cúspide llegue hasta los cielos, y hagámonos un nombre famoso, para que no seamos dispersados sobre la superficie de toda la tierra".
Pero el Señor descendió para ver la ciudad y la torre que habían edificado los hijos de los hombres. Y dijo el Señor: "Son un solo pueblo y todos ellos tienen la misma lengua. Esto es lo que han comenzado a hacer, y ahora nada de lo que se propongan hacer les será imposible. Vamos, bajemos y confundamos allí su lengua, para que ninguno entienda el lenguaje del otro".
Así el Señor los dispersó desde allí sobre la superficie de toda la tierra, y dejaron de edificar la ciudad. Por eso la ciudad fue llamada Babel,

porque allí el Señor confundió la lengua de toda la tierra, y de allí el Señor los dispersó sobre la superficie de toda la tierra.

– **Génesis 11:1-9** NBLA

Si no tomamos este relato al pie de la letra, de nada sirve para interpretar el antiguo pasado. Sin embargo, cuando aceptamos Génesis 11 como historia, mucha de la historia humana comienza a tener sentido. Por ejemplo, en la época de la construcción de Babel (mi estimación es alrededor de 2150 a.C.), hubo dos características clave de los constructores de Babel que tienen relevancia en la actualidad. Primero, todos trabajaban juntos y hablaban un idioma. Segundo, Dios dijo que si continuaban trabajando así, entonces *"nada de lo que se propongan hacer les será imposible"*.

Curiosamente, la Biblia cuenta que, al principio, todos hablaban el mismo idioma. Bueno, eso es lógico tanto desde el punto de vista bíblico como evolutivo. ¿Por qué? Porque aprendemos nuestro idioma de nuestros padres. Por consiguiente, todos los idiomas de la Tierra deberían tener una raíz común. Sin embargo, eso no es lo que observamos.[227] Hay múltiples familias de idiomas que tienen estructuras completamente diferentes.[228] Esto es difícil de explicar, a menos que se asuma que las personas desarrollaron el lenguaje de forma independiente y espontánea aparte de algo que les transmitieron sus padres, un escenario que no tiene evidencia que lo respalde. Las únicas excepciones son unos pocos idiomas desarrollados teóricamente como actividades intelectuales y aquellos que, con el tiempo, han cambiado y se han transformado o sintetizado con otros idiomas; pero con más personas en el planeta que nunca, aun así estamos perdiendo idiomas rápidamente, no adquiriendo

---

[227] Kevin May. "Talking point," *Creation* 23(2):42–45, March 2001.
[228] Bodie Hodge. *Tower of Babel: The Cultural History of Our Ancestors* (Master Books, 2016): 65-74; Werner Gitt, "Origin of Human Language," *Answers in Genesis*, June 7, 2012, https://answersingenesis.org/evidence-for-creation/22-the-origin-of-human-language-ob2/

otros nuevos.[229] Por lo tanto, es más razonable creer que Dios creó una multitud de idiomas increíblemente diversos en Babel, que creer que literalmente miles de idiomas diversos surgieron espontáneamente por sí solos.

Entonces, ¿por qué eso tiene tanta importancia? Porque el idioma internacional de la ciencia ahora es el inglés. De hecho, hoy en día es difícil ser un erudito reconocido internacionalmente sin él. Creo que sería difícil incluso obtener un doctorado en ciencias sin al menos saber leer inglés. Se ha convertido en el lenguaje común en el que casi toda la ciencia relevante se comunica en la actualidad. Sin duda, los científicos todavía están trabajando y escribiendo en sus propios idiomas nativos, pero el trabajo serio también se publica y difunde en inglés. Entonces, aunque realmente no tenemos un idioma común a nivel mundial, la ciencia en su mayor parte sí lo tiene.

En segundo lugar, el objetivo principal de todos estos avances tecnológicos modernos es realmente descubrir cómo usar la ciencia para lograr la próxima fase de evolución y obtener la vida eterna. Sin embargo, la forma popular de expresar esa idea es simplemente transhumanismo: mediante la clonación, la manipulación del genoma humano, el desarrollo de materiales avanzados, la cibernética, la inteligencia artificial, el intento de digitalizar el cerebro, etc. Los esfuerzos de desarrollo de estas tecnologías, en cierto modo, estan dirigidos a ayudar al hombre a alcanzar la inmortalidad por sí

---

[229] Una analogía de los cambios que se han observado en las lenguas es el movimiento del curso de un río a lo largo del tiempo. A medida que pasa el tiempo, el rumbo de un río puede cambiar bastante, pero puede seguir siendo trazado a través del tiempo. Y los idiomas no aparecen repentinamente de la nada, pero si pueden extinguirse - y se están extinguiendo a una velocidad sorprendentemente rápida en la actualidad. Véase también Luisa Maffi. "Endangered Languages, Endangered Knowledge." International Social Science Journal 54, no. 173 (2002): 385–93.

mismo, a través de la ciencia.[230] De nuevo estamos construyendo la torre de Babel, pero esta vez el hombre está intentando convertirse en la torre.

El Tiempo ~~está Cerca~~ Ha Llegado

Algunos piensen que esta era actual, que ya se ha extendido por dos mil años, podría continuar esta marcha aparentemente lenta e inexorable hacia el fin de los días durante otros mil años.

El Señor no se tarda para cumplir su promesa, como algunos piensan, sino que nos tiene paciencia y no quiere que ninguno se pierda, sino que todos se vuelvan a él. — 2 Pedro 3:9

Es una demostración de la paciencia del Señor con nosotros que las cosas hayan llegado tan lejos, pero la torre que el hombre está construyendo de nuevo ha crecido mucho. En nuestra arrogancia, es una torre que creemos que nos permitirá alcanzar las estrellas. Sin embargo, no lo lograremos. Al igual que lo hizo hace más de cuatro mil años, Dios solo permitirá que las cosas lleguen hasta cierto punto. La última vez que el hombre finalmente fue demasiado lejos, Dios descendió y lo detuvo, esparciendo a la gente sobre la faz de la tierra. Al ritmo actual de avance tecnológico, creo que de nuevo nos estamos acercando mucho a ese punto. Al observar el panorama completo de estos últimos días, es muy difícil imaginar cómo las cosas podrían continuar avanzando tecnológicamente, mientras simultáneamente se degradan moralmente (a nivel global), sin un correctivo importante. Y el único con el poder de hacer una corrección como esa es Dios mismo. Cierto, el Señor podría derramar una vez más su Espíritu sobre toda la humanidad para reformarnos, pero ¿no es eso exactamente lo que estamos

---

[230] José Félix Patiño. "Transhumanismo. ¿Inexorable por La Ciencia que va a determinar La Evolución?," *Encolombia*, 16 de mayo de 2018, https://encolombia.com/medicina/revistas-medicas/academedicina/va121/transhumanismo-ciencia-evolucion/

esperando para los últimos días (*Joel 2:28*)? Con base en todo lo que estamos viendo en el mundo y sus similitudes con lo profetizado, podemos estar seguros de que este no será otro reinicio global, como la Torre de Babel.[231] Esta vez Jesús descenderá sobre las nubes, con poder y gran gloria. Él viene a juzgar los reinos de la tierra y a establecer su dominio sobre el planeta tierra desde Jerusalén, y nosotros reinaremos con él por mil años. La hora es tarde. Ahora es el momento de despertar de nuestro letargo porque nuestra salvación se acerca (*Romanos 13:11*). [*Si piensas que algunas de las cosas que acabo de compartir son convincentes, espera hasta que leas los próximos dos capítulos...*]

Hagan todo esto, conscientes del tiempo en que vivimos y de que ya es hora de que despertemos del sueño. Porque nuestra salvación está más cerca de nosotros ahora que cuando creímos.
— **Romanos 13:11**

---

[231] Ciertamente no hay esperanza para "El Gran Reinicio" del Foro Económico Mundial (https://www.weforum.org/great-reset) o la agenda "Reconstruirlo Mejor" en el USA. (https://www.whitehouse.gov/reconstruir-mejor/). Solo empeorarán las cosas, no las mejorarán, y nunca podrán arreglar lo que realmente está roto en este mundo.

África y Europa desde un Millón de Millas tomadas por la Cámara de imágenes policromáticas de la Tierra (EPIC) de la NASA, 6 de julio de 2015. {{PD-USGov}}

8

La Edad de la Tierra y el Milenio

Hay muchos cristianos que dudan del propósito del reinado por mil años de Jesucristo en la Tierra, mencionado en Apocalipsis 20. Se preguntan si son mil años literales o si debe entenderse en un sentido figurado. Asumiendo que debería ser figurativo, a veces se entiende como una alusión a un período de tiempo indefinido cuando Cristo reinará a través de su cuerpo, la iglesia, antes de su regreso para traer el juicio final y *"un cielo nuevo y una tierra nueva"* (*Apocalipsis 21:1*). Pero, ¿por qué no simplemente entenderlo como un período real de mil años como dice la Biblia que será?

¿Literal o Figurativo?

En el capítulo 2, aprendimos que una visión literal del milenio se expresa en los primeros escritos de la iglesia, pero también vimos que una visión no literal comenzó a desarrollarse tan temprano como en el tercer siglo en la historia de la iglesia. Sin mirar cómo se cumplieron literalmente las profecías en los tiempos bíblicos (como hicimos en el capítulo 1) o en los tiempos modernos (como hemos hecho en los capítulos anteriores), sería fácil debatir las posibles interpretaciones de cualquier pasaje profético en la Biblia. ¿Es literal? ¿Es figurativo? Pero siempre es la observación de eventos históricos literales, que coinciden con los eventos descritos en la Biblia, lo que hace que las personas reconozcan que una profecía se ha cumplido. ¿Alguno de esos eventos pasados también ha tenido un cumplimiento figurativo que los acompañe? ¡Sí! Pero el significado figurativo no puede invalidar o contradecir el literal. Debe ser complementario porque Dios no se contradice.

Entonces, ¿por qué hay tanta controversia sobre interpretar las profecías literalmente, y por qué muchos insisten en que solo deben verse en sentido figurado? Considero que generalmente se debe a que hay 1) una incapacidad para imaginar cómo una profecía podría cumplirse literalmente y, por lo tanto, se deduce que el sentido literal no tiene sentido, o 2) simplemente hay una falta de fe (o una incredulidad) que Dios haría lo que el sentido literal implica. Eso no significa que no pueda haber una visión figurativa además del cumplimiento literal, lo cual mejora la comprensión de la profecía en el sentido literal. Creo que eso es bueno, pero el sentido figurado debe realzarlo, no contradecirlo.

Traigo a colación estos puntos porque la pregunta sobre la naturaleza del milenio también está relacionada con la edad de la tierra; y al igual que el milenio, la gente también cuestiona si el relato de Dios de la semana de la creación es literal o figurativo. Entonces, no es solo la profecía donde surge este problema. Muchos cristianos cuestionan la verdadera edad científica de la tierra e intentan conciliar los registros de las genealogías enumeradas en la Biblia con los descubrimientos de los científicos que creen que la tierra tiene varios miles de millones de años. Una de las maneras que pueden tratar de reconciliar la discrepancia es asumir que Génesis es más alegórico que literal.

Mil Años es como un Día y la Semana de la Creación

Como compartí en el capítulo 2, los primeros padres de la iglesia creían que esta era actual terminaría cuando el mundo tuviera seis mil años. Su creencia fue apoyada usando los versículos que nos dicen que un día es como mil años para Dios. Uno de estos versículos se encuentra en los Salmos y el otro en 2 Pedro. No sabemos si los apóstoles enseñaron esta interpretación, pero la idea se registró en los escritos de la iglesia desde el año 100 d.C. en la Epístola de Bernabé, y fue afirmada por Ireneo, Hipólito y muchos otros.[232]

Para ti, mil años son, en realidad, como el día de ayer, que ya pasó; ¡son como una de las vigilias de la noche! **— Salmos 90:4**

Pero no olviden, amados hermanos, que para el Señor un día es como mil años, y mil años como un día. **— 2 Pedro 3:8**

Los primeros padres de la iglesia enseñaron que así como Dios creó el mundo en seis días y luego descansó el séptimo, el regreso de Cristo vendría después de seis mil años, lo que marcaría el comienzo del descanso sabático final de mil años, refiriéndose al reinado milenario de Cristo en la tierra. Ahora, admito que esta es una idea asombrante. Sin embargo, leamos cómo lo explicó el padre de la iglesia primitiva, Hipólito. [*Recuerda que él fue discípulo de Ireneo, quien fue discípulo de Policarpo, quien a su vez fue discípulo del Apóstol Juan.*] Por supuesto, Hipólito no es infalible, pero sus escritos conservan algunas de las primeras expresiones conocidas de las creencias proféticas de la iglesia de los últimos tiempos.

Porque como los tiempos son anotados desde la fundación del mundo, y contados desde Adán, nos presentan claramente el asunto de que trata nuestra investigación...

---

[232] Todas las referencias para esto están en el capítulo 2.

> ...Y es necesario que se cumplan 6.000 años, para que venga el día de reposo, el reposo, el día santo "en el que Dios descansó de todas sus obras". Porque el sábado es tipo y emblema del futuro reino de los santos, cuando "reinarán con Cristo", cuando venga del cielo, como dice Juan en su Apocalipsis: porque "un día para el Señor es como mil años". Así pues, puesto que en seis días Dios hizo todas las cosas, se sigue que deben cumplirse 6.000 años. — **Hipólito de Roma (c. 220 d.C.)**[233]

¿Qué nos dice este pasaje? Que Hipólito creía que los seis días de la creación estarían representados por 6.000 años de historia mundial, y que la edad de la tierra debía contarse desde Adán. Asimismo, la edad de la tierra y el reinado de Cristo de mil años son ideas asociadas. Los primeros padres de la iglesia creían que había una conexión entre esas cosas y el modelo sabático de seis días de trabajo y un día de descanso.

Claramente, los primeros padres de la iglesia creían en una tierra joven. Habiendo investigado la cuestión de si una posición de tierra joven es verdaderamente racional desde una perspectiva científica, puedo afirmar ardientemente que lo es. Los científicos seculares a menudo han afirmado tener pruebas de que la tierra debe tener miles de millones de años. Pero la mayoría de lo que se llama "pruebas científicas" en estos días son solo las opiniones, inferencias y conclusiones de los científicos promocionados como hechos incontrovertibles. La mayoría de los científicos simplemente asumen una posición antigua de la tierra, y luego, en forma de lógica circular, proponen probar que así es. Sin embargo, los científicos de la tierra joven comienzan dando crédito al testimonio de las Escrituras y luego se disponen a examinar los datos para ver si hay algo que contradiga la hipótesis de la tierra joven. [*Ese es un enfoque muy diferente, aún si parece ser básicamente lo mismo.*] En todo caso,

---

[233] Coxe. *Ante-Nicene Fathers*, "Hipólito, Fragmentos de Comentarios (Hippolytus, Fragments of Commentaries)." v. 5, 179.

todas las afirmaciones de que la hipótesis de la tierra vieja ha sido probada se basan en suposiciones que: 1) realmente no se puede probar y 2) realmente son menos razonables que las suposiciones para una tierra joven.[234]

La Edad de la Tierra o el Número de Años desde Adán

Hay otra forma de examinar la edad de la tierra y se llama la Teoría de la Brecha, la cual postula que hubo una edad en la tierra que fue aniquilada cuando Satanás y sus ángeles cayeron.[235] La teoría es que en Génesis 1:2, cuando dice que *"la tierra estaba desordenada y vacía"* podría traducirse como "se volvió desordenada", lo que implica que se hizo sin forma porque Dios la destruyó y la rehízo, en lugar de crearla de la nada. No quiero hacer este capítulo sobre esa idea, pero solo diré que 1) no creo que sea necesaria una brecha para reconciliar los datos científicos con una afirmación de la tierra joven, 2) la teoría es completamente inferencial y no está respaldada por una enseñanza explícita de las Escrituras, colocándola en el ámbito de los mitos (*1 Timoteo 1:4* y *Tito 1:14*), y 3) la descripción "sin forma y vacía" también se aplicaría a una tierra que acaba de ser creada perfectamente en el diámetro, la rotación y el eje, la magnetosfera, la ionosfera, la órbita, la estructura interior y el núcleo fundido, cargado con metales preciosos, gemas, minerales, etc., pero afuera estaba sin forma y vacía, como un lienzo en blanco perfecto y listo para ser pintado. Sin embargo, ya sea que cuentes un lapso de tiempo antes de Adán o no, esta idea aún se aplica: en ambos casos puedes contar seis mil años desde Adán correspondientes a los seis días que se nos dan en la semana de la creación.

---

[234] Para aquellos que todavía luchan con la idea de una tierra joven, recomiendo mirar estos libros: Ken Ham. La Mentira: Evolución/Millones de años (Master Books, 2017); John C. Whitcomb y Henry M. Morris. *El Diluvio Del Génesis: El Relato Bíblico y Sus Implicaciones Científicas* (Whitcomb Ministries, 2016).
[235] ¿Qué de la Teoría de la Brecha? *Answers in Genesis: Respuestas*, 21 de agosto de 2009, https://answersingenesis.org/es/edad-de-la-tierra/qué-de-la-teor%C3%ADa-de-la-brecha/

Si uno hace un estudio de los registros genealógicos y las fechas dadas en las Escrituras (tanto en el Antiguo como en el Nuevo Testamento) y toma los relatos literalmente, la creación de Adán y el mundo no debería haber sido posterior al 4004 a.C. Esta fecha proviene de la fuente a la que se hace referencia con mayor frecuencia para un cálculo de la edad de la Tierra basado en las Escrituras, que fue realizado por James Ussher alrededor del año 1650 d.C.[236] Se han realizado muchos avances arqueológicos desde la época en que James Ussher hizo su cronología, por lo que no creo que una fecha tan tardía como 4004 a.C. sea sostenible. Sin embargo, siguiendo un método similar usando las fechas en las Escrituras, junto con cronologías arqueológicas modernas, y haciendo los cálculos yo mismo, obtengo una fecha mínima para la creación de 3959 a.C. y una fecha máxima de 3980 a.C. Eso significa que en el 2022, hubo entre 5980 y 6001 años desde la creación de Adán, lo que me dice que estamos en la cuenta regresiva final hacia la consumación de la era que señalaron los primeros padres de la iglesia.

El Cálculo de los Números

No quiero aburrirlos aquí, pero en esta sección les mostraré cómo llegué a mis números. Solo expondré una versión abreviada de los cálculos, pero he incluido todas las referencias para que puedas resolver el proceso en su totalidad si quieres. Hay algunos puntos que pueden ser un poco desconcertantes, de los cuales también hablaré. [*Si no te interesa trabajar con los cálculos, siéntete libre de hojear o saltar adelante.*]

En Génesis 5, se nos da la genealogía desde Adán hasta Noé, y se nos dice sus edades cuando nacieron sus hijos y cuando murieron. El hombre más longevo registrado allí es Matusalén, de quien

---

[236] James Ussher, Larry Pierce, y Marion Pierce. *The Annals of the World* [Los Anales del Mundo] (New Leaf Publishing Group, 2003).

leemos que murió a la edad de 969 años.²³⁷ Vidas tan largas llevan a algunas personas a concluir que estos relatos no son literales, pero después del diluvio, la esperanza de vida comenzó a disminuir inmediatamente.²³⁸ Leemos en Génesis 6 que Dios declaró que limitaría los años del hombre a ciento veinte, y después de la muerte de Moisés, quien murió cuando tenía ciento veinte años, no se lee acerca de nadie que viviera más de 120 años en el Biblia.²³⁹

Entonces el Señor dijo: "Mi Espíritu no luchará para siempre con el hombre, porque ciertamente él es carne. Serán, pues, sus días 120 años".
— Génesis 6:3 NBLA

Por lo tanto, tomando estas edades como literales y sumando las edades de nacimiento de las diez generaciones enumeradas en

---

²³⁷ Si haces los cálculos, Matusalén murió justo antes del diluvio, y el padre de Noé, Lamec, murió al menos 5 años antes del diluvio: Dios esperó para inundar la tierra hasta que las únicas personas justas que quedaron fueran, literalmente, Noé y su familia.

²³⁸ Sem murió a la edad de 600 años, Arfaxad a los 438, Sela a los 433, Eber a los 434, Peleg a los 239, Reu a los 239, Serug a los 230, Nahor a los 148, Taré a los 205, Abraham a los 175, Isaac a los 180, Jacob a los 147, y José a los 110.

²³⁹ Algunos leen Génesis 6:3 como solo un pronunciamiento de que Dios inundaría la tierra en 120 años. Sin embargo, no hay relatos bíblicos o extra-bíblicos verificables de personas que hayan vivido más de 120 años después de que la Torá fue escrita y declarada a la humanidad. Hay relatos legendarios, por supuesto, pero nada realmente creíble. (La única excepción posible es Jeanne Calment (1875-1997), pero hay buenas razones para dudar de que realmente haya vivido hasta los 122 años (ver: https://www.lifespan.io/news/valery-novoselov-investigating-jeanne-calments-longevity-record/). En 2021, con casi ocho mil millones de personas viviendo en el planeta y una gran cantidad de tratamientos médicos avanzados disponibles, la persona viva más anciana en la tierra era Kane Tanaka, de 118 años. Eso nos brinda una fuerte evidencia externa de que la vida humana está realmente limitada a 120 años, y nos da una base para comprender por qué son mucho más cortas ahora que antes del diluvio. La limitación de la vida del hombre después de la Caída también puede entenderse a través del concepto de entropía genética, porque El ADN se degrada continuamente con cada nueva generación [ver JC Sanford, Genetic Entropy (FMS Publications, 2014)].

Génesis 5, obtendrás un total de 1.656 años desde la creación de Adán hasta el diluvio, cuando Noé tenía 600 años.[240]

Cuando el diluvio de las aguas cayó sobre la tierra, Noé tenía seiscientos años. — **Génesis 7:6**

Entonces, continuando con Génesis 11, se nos habla de las genealogías desde Sem hasta Abram, y se nos dan dos piezas de información. Primero, que Sem tenía cien años cuando tuvo a su hijo Arfaxad, y segundo, que esto fue dos años después del diluvio.

Éstos son los descendientes de Sem: Dos años después del diluvio, Sem engendró a Arfaxad. Tenía entonces cien años de edad. — **Génesis 11:10**

Hubo otras nueve generaciones después del diluvio hasta el nacimiento de Taré (*Génesis 11*). Cuando sumas las edades de los patriarcas, al nacimiento de sus hijos, usando dos años después del diluvio como el número de Arfaxad, obtienes 222 años.[241] Pero aquí se nos presenta el primer desafío. No se nos dice la edad de Taré cuando nació Abram. A menos que Abram, Nacor y Harán fueran trillizos, solo sabemos que uno de ellos nació cuando Taré tenía 70 años, pero no sabemos cuál. También se nos dice que Taré murió cuando tenía 205 años y que vivía en Harán. Nos faltaría información crítica para concretar esto, excepto que Esteban nos da la clave en su discurso ante el Sanedrín en Hechos 7.

---

[240] Adán tenía 130 años al nacer Set, quien tenía 105 años al nacer Enós, quien tenía 90 años al nacer Cainán, quien tenía 70 años al nacer Mahaleel, quien tenía 65 años al nacer Jared, quien tenía 162 años al nacer nacimiento de Enoc, quien tenía 65 años cuando nació Matusalén, quien tenía 187 años cuando nació Lamec, quien tenía 182 años cuando nació Noé, quien tenía 600 años cuando vino el diluvio sobre la tierra, es igual a 1.656 años.

[241] Dos años después del diluvio, Sem engendró a Arfaxad, que tenía 35 años cuando nació Sela, que tenía 30 años cuando nació Heber, que tenía 34 años cuando nació Peleg, que tenía 30 años cuando nació Reu, que tenía 32 años cuando nació Serug, que tenía 30 años cuando nació Nacor, que tenía 29 años cuando nació Taré, es igual a 222 años.

Taré vivió 70 años, y fue padre de Abram, de Nacor y de Harán.
— **Génesis 11:26** NBLA

Los días de Taré fueron 205 años. Y murió Taré en Harán.
— **Génesis 11:32** NBLA

Entonces Abraham salió de la tierra de los caldeos y se estableció en Harán. Y de allí, después de la muerte de su padre, Dios lo trasladó a esta tierra en la cual ahora ustedes habitan. — **Hechos 7:4** NBLA

Cuando juntamos estos versículos, vemos que, Dios le dio la promesa a Abram después de la muerte de su padre, cuando Abram tenía 75 años, y Dios le pidió que dejara su país y fuera a la tierra de Canaán. Esto significa que Taré, que murió cuando tenía 205 años, tenía 130 años cuando tuvo a Abram. Esto tiene sentido, ya que sabemos que Harán murió temprano y que su hijo, Lot, se convirtió en compañero de viaje de Abram. Harán habría sido mucho mayor que Abram y, por lo tanto, su hijo Lot era más un contemporáneo de Abram que alguien a su cargo, porque los dos probablemente tenían una edad razonablemente similar. Ahora tenemos un total de 352 años desde el diluvio hasta el momento en que Abram salió de la tierra de Harán para viajar a Canaán. Entonces llegamos al segundo desafío. La pista genealógica de contar las edades de los padres al nacer sus hijos se enfría al final de Génesis. Entonces, ¿adónde nos dirigimos? Al libro del Éxodo. Moisés nos dice que el tiempo total que los israelitas estuvieron en Egipto fue de 430 años, pero ¿desde cuándo?

Los israelitas vivieron en Egipto cuatrocientos treinta años, y el mismo día en que se cumplieron esos cuatrocientos treinta años todo el pueblo del Señor salió de ese país. — **Éxodo 12:40-41**

Pablo en Gálatas resuelve el misterio. Nos dice que la cuenta comienza con Abram (Abraham) cuando Dios prometió bendecir a Abram y convertirlo en padre de muchas naciones. ¿Cómo lo sabemos? Porque la ley fue introducida 430 años después de la promesa. Génesis 12:1-4 nos dice que Abram tenía 75 años cuando Dios le dio la promesa y partió de Harán. Luego en Génesis 12:10 leemos que cuando Abram llegó a Canaán había hambre en la tierra, así que después de detenerse en Betel, siguió bajando a Egipto. Esto significa que la cuenta de Éxodo 12:40 comenzó con Abram, no con José, como supusieron algunas personas.

Ahora bien, las promesas fueron hechas a Abraham y a su descendencia. No dice: "y a las descendencias", como refiriéndose a muchas, sino más bien a una: "y a tu descendencia", es decir, Cristo. Lo que digo es esto: la ley, que vino 430 años más tarde, no invalida un pacto ratificado anteriormente por Dios, como para anular la promesa.
— **Gálatas 3:16-17** NBLA

Y el Señor dijo a Abram: "Vete de tu tierra, de entre tus parientes y de la casa de tu padre, a la tierra que Yo te mostraré. Haré de ti una nación grande, y te bendeciré, engrandeceré tu nombre, y serás bendición. Bendeciré a los que te bendigan, y al que te maldiga, maldeciré. En ti serán benditas todas las familias de la tierra". Entonces Abram se fue tal como el Señor le había dicho, y Lot se fue con él. Abram tenía 75 años cuando salió de Harán.
— **Génesis 12:1-4** NBLA

Pero hubo hambre en el país, y Abram descendió a Egipto para pasar allí un tiempo, porque el hambre era severa en aquella tierra.
— **Génesis 12:10** NBLA

Sumando todo eso, tenemos 2.513 años hasta el Éxodo, cuando las "divisiones del Señor salieron de Egipto" y partieron hacia la tierra prometida.[242] Luego, la siguiente fecha importante que obtenemos

---

[242] Comenzando con 1.656 años hasta el diluvio, más 352 años desde el diluvio hasta Abram, más 75 años hasta la promesa de Abram, más 430 años hasta el Éxodo, es igual a 2.513 años.

LA EDAD DE LA TIERRA Y EL MILENIO || 255

de las Escrituras es 1 Reyes. Se nos dice que hubo 480 años desde el Éxodo hasta el comienzo de la construcción del templo de Salomón, y que esto fue en el cuarto año del reinado de Salomón. Ahora tenemos un nuevo total de 2.993 años desde la Creación.

Y sucedió que en el año 480 después que los israelitas salieron de la tierra de Egipto, en el cuarto año del reinado de Salomón sobre Israel, en el mes de Zif, que es el segundo mes, comenzó Salomón a edificar la casa del Señor. — **1 Reyes 6:1** NBLA

Pero no hemos calculado los posibles meses restantes de las edades o tiempos que están contados en años enteros solamente. Por ejemplo, ¿Adán había ya cumplido 130 años cuando tuvo a Set, o tenía 130 y medio, o casi 131? En consecuencia, cada período de tiempo enumerado fue probablemente con algún número de meses adicionales. Eso significa que, con los 23 eventos de citas que estamos usando, podríamos tener hasta 20 años adicionales para contabilizar. Por lo tanto, el rango de la cantidad de años desde la Creación hasta el comienzo de la construcción del templo de Salomón podría ser de 2.993 a 3.013 años.

Desde aquí, podemos recurrir a fuentes de fechado extra-bíblicas para el reinado de Salomón, que se cree que fue del 971/970 al 931/930 a.C.[243] Estas fechas se consideran confiables, pero también podrían tener algunos años de error. Pero tomándolas al pie de la letra, si restamos cuatro años desde el comienzo del reinado de Salomón, usando la fecha de 970 a.C. (para tener en cuenta el tiempo ya contado para comenzar a construir el templo), entonces podemos sumar 966 años para llevarnos al 1 d.C. Esto da una fecha para la Creación entre 3959 y 3980 a.C.[244] Y si queremos calcular la

---

[243] Kenneth Anderson Kitchen. *On the reliability of the Old Testament* (Wm. B. Eerdmans Publishing, 2006): 83.
[244] La fecha 3980 a.C. proviene de usar 971 en lugar de 970 para el segundo cálculo menos 4, más 3.013 años como el número máximo presunto de años, incluidos los meses restantes desconocidos.

edad de la tierra, simplemente agregue esos números al año actual. Por consiguiente, en el 2022 la tierra tenía entre 5.980 y 6.001 años.[245]

Ahora, algunos podrían preguntarse por qué los judíos calculan que 2022 fue el año 5782/5783, si el año real desde la creación debería estar entre 5980 y 6001. La respuesta es porque basan su sistema de fechado actual en el trabajo del rabino Yossi ben Halafta, quien calculó la fecha de creación en su obra, Seder Olam, que se escribió por primera vez alrededor del año 160 d.C.[246] Él calculó que la fecha de creación fue el 7 de octubre del 3761 a.C. (convertido a nuestro calendario gregoriano actual). Sin embargo, el método del rabino Halafta era completamente diferente. Trató de establecer una cronología completa desde la creación hasta la destrucción del templo en el año 70 d.C. Sin embargo, esto fue mucho después de que todos los registros del templo habían sido destruidos, por lo que se vio privado de recursos críticos para ayudar con sus cálculos incluyendo los años silenciosos.[247] Desde ese momento, los eruditos de todo el mundo han realizado una cantidad de trabajo increíble reconstruyendo las cronologías antiguas, lo que nos permite saltar los años en los que la Biblia guarda silencio en cuanto a fechas, como vimos anteriormente. Sin embargo, el pueblo judío continúa usando el sistema de fechado actual, porque tiene más de 1.800 años de tradición. De manera similar, ahora sabemos que Jesús probablemente nació entre el 5 a.C. y el 4 a.C., pero tampoco hemos corregido nuestros sistemas de fechado para corregir el error.[248] Y por último, basado en la fecha

---

[245] Contando desde 1 d.C., debemos restar un año a la fecha de 2021, por lo que sumamos 2020 años a cada rango de edad.
[246] Heinrich W. Guggenheimer, *Seder Olam: the rabbinic view of biblical chronology* (Rowman & Littlefield, 1998).
[247] Por "años silenciosos", me refiero a eventos en la Biblia que no están conectados por referencias de fechas y los años entre el último libro de Malaquías y el comienzo del Nuevo Testamento.
[248] Se suponía que el sistema de fechado, a.C. (antes de Cristo) y d.C. (después de Cristo), estaba sincronizado con el año del nacimiento de Jesucristo. Desde

del decreto final para restaurar y reconstruir a Jerusalén en 1537 y los 490 años de las setenta semanas de Daniel (ver capítulo 5), podríamos suponer que el mundo tendrá 6.000 años en 2027. En ese caso, la creación del mundo habría sido en 3974 a.c., lo que significa que tomamos 15 años adicionales de las veintitrés fechas debido a los meses restantes y/o que existe un posible pequeño error en el cálculo extra-bíblico del inicio del reinado de Salomón en 971/970 a.c.

Los Días de la Creación y la Historia Humana

Otra forma posible de ver la analogía de mil años para cada día de la creación es comparar también los días de la creación con los principales eventos de la historia humana. Ahora, algunos pueden encontrar esto un poco exagerado. Nada en esta sección construye o refuta el argumento de la edad de la Tierra presentado anteriormente. Pero sabiendo que el séptimo día, el día de reposo, representa un futuro milenio de mil años, parece plausible que los otros días de la creación también puedan ser representados metafóricamente por eventos pasados en la historia humana. [*Es posible que esta idea requiere tiempo para pensar, pero cuanto más lo pensaba, más comenzaba a ver una conexión probable. Nuevamente, algunos pueden no estar de acuerdo con esta parte, porque a diferencia de las otras cosas que he presentado, esta idea es bastante abstracta. No obstante, pensé que valdría la pena compartirlo para que la gente lo pensara.*]

EN EL PRIMER DÍA, *"dijo Dios: '¡Que haya luz!' Y hubo luz."* Esta frase inicial en Génesis 1:3 resume toda la creación de Dios, así como la creación del hombre y la mujer a la imagen de Dios. Y aún en el día primero, leemos que Dios separó la luz de las tinieblas, y llamó a la

---

entonces, ha habido un intento de cambiar las convenciones de datación a BCE (antes de la era común) y CE (era común), en cuyo caso la referencia al nacimiento de Cristo ya no tiene la intención de ser relevante. Como puede ver por mi uso del a.C. y d.C., he optado por ignorar la nueva convención.

luz día y a las tinieblas noche. De manera similar, es en el Jardín del Edén donde Adán y Eva pecaron por primera vez al comer del árbol del conocimiento del Bien y del Mal. Teológicamente, se nos presenta la idea de que los piadosos deben ser separados de los impíos y que el pecado trae la muerte, así como las tinieblas fueron separadas de la luz. También leemos que en ese entonces hay en la tierra ambos, los malvados, siguiendo el camino de Caín, y los justos, siguiendo el camino de Abel y los descendientes de Set. Esto describe los primeros mil años de la historia humana.

EN EL SEGUNDO DÍA, Dios creó la expansión del cielo y separó el agua de arriba del agua de abajo. De manera similar, en los próximos mil años de la historia humana vemos a Dios separar a los justos de los pecadores cuando inunda toda la tierra con agua. Una vez más, el mundo en este período ve un tiempo en el que solo hay una extensión de agua arriba y una extensión de agua debajo. Y así como Dios separó la expansión del cielo, también puso un límite a los años del hombre, que no podía ser sobrepasado. Más tarde, en los siglos que siguieron al diluvio, Dios volvió a separar al hombre en la Torre de Babel y lo esparció sobre la faz de la tierra (*Génesis 11*). Por lo tanto, los eventos del día dos sirven una vez más como una metáfora adecuada para la era del hombre durante los próximos mil años de la historia humana.

EN EL TERCER DÍA, Dios hizo que apareciera tierra seca y que creciera vegetación sobre la tierra. De la misma manera, al comienzo del tercer milenio de la tierra, Dios le reveló a Abraham la tierra prometida y juró dársela a él y a su descendencia para siempre (*Génesis 12*). Y así como Dios hizo crecer y florecer la vegetación por toda la tierra, también le dice a Abraham que él será padre de muchas naciones (*Génesis 17*), tan numerosas como las estrellas del cielo (*Génesis 15:5*), y que todas las naciones de la tierra serían bendecidas en él (*Génesis 18:18*).

EN EL CUARTO DÍA, Dios creó lumbreras en el cielo para separar el día de la noche y para marcar las estaciones y para que sirvieran como señales. Asimismo, Dios estableció el reino de David (*2 Samuel 7*) y levantó el templo en Jerusalén (*1 Reyes 8*), y fue una señal para las naciones del mundo desde entonces en adelante. Los israelitas también estaban dispersos por el mundo, como estrellas esparcidas por el cielo, en la Primera Diáspora. Y finalmente, antes del final de esta cuarta edad de la tierra, las palabras de los profetas se cumplieron con el advenimiento de Cristo, la Luz del Mundo.

En el quinto día, Dios creó los primeros seres vivientes, los peces del mar y las aves del cielo. De manera correspondiente, al comienzo del quinto milenio de la tierra, el hijo unigénito de Dios murió en la cruz para traer vida al mundo, y nació la iglesia. Se puede ver que el mar simboliza las naciones, y las aves del aire también pueden simbolizar una diversidad de naciones. En este tiempo, vemos el crecimiento de la iglesia primitiva y la evangelización de las naciones. En el día cinco, aparecen las primeras criaturas con aliento de vida (*Génesis 1:30* y *Job 33:4*). Asimismo, el pan de vida entró en el mundo por medio de Jesucristo (*Juan 6:51*, *Juan 14:6* y *Hechos 17:25*).

En el sexto día, leemos que Dios mandó a la tierra que produjera seres vivientes según su especie, y que Dios hizo al hombre a su imagen para señorease sobre los peces de los mares, las aves de los cielos y todas las criaturas que se mueven sobre la tierra. De manera paralela, vemos que la iglesia continua creciendo hasta volverse en una fuerza poderosa. El sexto milenio de la tierra se define por el crecimiento de la Civilización Occidental y el avance del Evangelio por toda la tierra. Esto culminó con los picos del imperio británico y más tarde la era americana. También vemos la tierra alcanzando su plenitud con una población de casi ocho mil millones de personas, al llegar al final del sexto milenio. Y, sin embargo, a medida que nos acercamos a este último día de la creación, también volvemos a la caída del hombre en el jardín. Sabemos que no podemos reconstruir el Edén por nuestra cuenta, y nuevamente el mundo desciende hacia el pecado y la oscuridad. Jesucristo, el Señor de señores y el Rey de reyes, debe regresar pronto con los ejércitos del cielo para ejecutar juicio sobre los malvados y establecer su reino sobre todo lo que se mueve sobre la faz de la tierra.

EN EL SÉPTIMO DÍA, Dios descansó. Por lo tanto, aunque las cosas se ven oscuras y tristes ahora, sabemos que pronto llegará el descanso sabático prometido. Después de que Cristo haya vencido a las naciones, establecerá su dominio sobre la tierra por mil años. Durante este tiempo, él renovará la tierra y pondrá fin a las guerras y los conflictos, y la humanidad disfrutará de un tiempo de paz y prosperidad sin precedentes.

De todos los días de la creación, el séptimo día tiene la conexión metafórica más clara y defendible. Puede ser que, en lugar de mirar cada día por separado para cada milenio, la analogía solo pretenda verse en conjunto, lo que significa que las asociaciones pueden ser válidas, pero los primeros seis días de la creación estaban destinados a verse en conjunto, no separados como he tratado de hacer aquí. De cualquier manera, parece que hay algunos paralelismos notables cuando comparamos los días de la creación con los principales eventos de la historia humana.

Día	Evento de Creación	Evento en la Historia Humana
1	Que haya luz. Dios separó la luz de las tinieblas.	Adán y Eva comienzan la historia humana. Adán y Eva pecan y aprenden a distinguir entre el bien y el mal.
2	Dios creó una expansión (el cielo) entre el agua de arriba y el agua de abajo.	Dios separó a los justos de los injustos. Lavó el mundo con agua. Separó a los hombres y los esparció sobre la faz de la tierra.
3	Dios hizo que apareciera la tierra seca y que creciera vegetación sobre la tierra.	Dios prometió darle a Abraham la tierra de Israel y hacerlo padre de muchas naciones, tan numerosas como las estrellas del cielo.

4	Que haya lumbreras en el cielo para separar el día de la noche y para marcar las estaciones y servir como señales.	Dios estableció el reino de David y estableció su templo en Jerusalén, y fue una señal para las naciones del mundo desde ese momento en adelante. Los judíos se dispersaron por todo el mundo en la Primera Diáspora. Las palabras de los profetas se cumplen en Cristo, la Luz del Mundo.
5	Dios crea los primeros seres vivientes, los peces del mar y las aves del cielo.	Dios envió a su único hijo para traer vida al mundo. Crecimiento de la iglesia primitiva.
6	Produzca la tierra seres vivientes y hagamos al hombre a nuestra imagen para que gobierne sobre ellos.	Crecimiento de la Civilización Occidental y el avance del Evangelio a través de toda la tierra.
7	Dios descansó.	Cristo reinará en la tierra por mil años.

Otra Razón para Creer que Estamos en el Fin de los Días

Si tu mente aún no está dando vueltas por las revelaciones y los cálculos matemáticos anteriores, probablemente estés comenzando a hacerte la pregunta, entonces, ¿qué significa esto? Bueno, veamos lo que hemos aprendido:

1. La enseñanza escatológica post-apostólica más antigua dentro de la iglesia, data del año 100 d.C., y es que el Señor regresará cuando el mundo tenga seis mil años.

2. Seis mil años para el gobierno del hombre pueden equipararse a los seis días de la creación que serán seguidos por un descanso sabático de mil años bajo el reinado de Jesucristo. Esto nos da una base sólida para comprender parcialmente

por qué Dios ha ordenado un período de milenio intermedio, que para algunos de otra manera puede parecer que no tiene sentido y llevarlos a creer que debe ser figurativo, no literal.

3. El cálculo de la edad actual de la tierra nos da una razón más para creer que verdaderamente estamos viviendo en los últimos de los últimos días antes del regreso de Jesucristo, porque el tiempo de la tierra está por terminar.

4. Basado en un entendimiento literal de las fechas que se nos dan en las Escrituras, la tierra cumplió 6.000 años en el año 2021, o lo hará en 2042 a más tardar. Sin embargo, usando los descubrimientos de este libro con respecto a los decretos de Solimán I para restaurar y reconstruir a Jerusalén, entonces la tierra debería alcanzar los seis mil años en el 2027, lo que encaja muy bien dentro de nuestro rango calculado de fechas posibles.

5. No solo la edad actual de la tierra ha llegado a casi seis mil años, sino que hay algunas comparaciones metafóricas fascinantes que se pueden hacer cuando miramos hacia atrás en la historia humana y las asociamos con los eventos de la semana de la creación. Esto podría fortalecer aún más la analogía y la expectativa del pronto regreso del Señor.

Cuando toda esta evidencia se considera en conjunto, sugiere que ahora hemos llegado al final de la línea para los intentos del hombre por encontrar la perfección por sí mismo. Solo el tiempo nos dirá si la tradición de los seis mil años es una interpretación fiel de las Escrituras o no, pero no la hubiera compartido si yo mismo no creyera que es verdad. Espero que este capítulo haya ayudado a aclarar por qué ciertamente podría ser así. En consecuencia, independientemente de todo lo demás que hemos aprendido hasta ahora, la edad de la tierra nos da una razón completamente independiente para pensar que el final de esta era actual está cerca, y apunta al mismo marco de tiempo que las setenta semanas de

Daniel—el tiempo que marcará el comienzo del reino milenario de Cristo para un descanso sabático de mil años sobre la tierra. La iglesia ha estado esperando descubrir la verdad de esta predicción durante casi dos mil años. Ahora tú también puedes esperar y observar con anticipación para ver si este testimonio de la iglesia primitiva es verdaderamente lo que Pedro quiso decir cuando dijo: *"que para el Señor un día es como mil años, y mil años como un día"*.

[Una Visión del Milenio]

Me regocijaré por Jerusalén y me gozaré por Mi pueblo. No se oirá más en ella voz de lloro ni voz de clamor. No habrá más allí niño que viva pocos días, ni anciano que no complete sus días. Porque el joven morirá a los cien años, y el que no alcance los cien años será considerado maldito. Construirán casas y las habitarán, también plantarán viñas y comerán su fruto…

… El lobo y el cordero pastarán juntos, y el león, como el buey, comerá paja, y para la serpiente el polvo será su alimento. No harán mal ni dañarán en todo Mi santo monte, dice el Señor.

—**Isaías 65:19-21, 25** NBLA

Un anciano judío yemenita tocando el shofar por Kluger Zoltan, en la Colección Nacional de Fotografía de Israel, D827-015, 1 de febrero de 1947. {{PD-2018-Israel}}

9

EL AÑO DEL JUBILEO

EN BUSCA DE LA CULMINACIÓN DE LA HISTORIA HUMANA, la búsqueda parecería incompleta sin considerar el mandamiento divino de observar el Año del Jubileo y sus implicaciones proféticas. Un jubileo debía celebrarse cada quincuagésimo año, y los israelitas debían "proclamar libertad" a los habitantes de la tierra, como se registra en Levítico 25. Esto significaba que, cada cincuenta años, todos los siervos israelitas contratados serían liberados, todas las deudas serían canceladas, y cualquier tierra que hubiera sido vendida regresaría a la familia de sus descendientes legítimos, según sus tribus. Era un año en que los israelitas no debían trabajar la tierra, sino que debían vivir de la provisión sobrenatural de abundancia que Dios prometió darles durante el año predente al año sabático. Era un año para descansar de su trabajo. Un año en el que, como cuando recibieron el maná en el desierto, necesitaban confiar en que Dios haría que la tierra produjera lo suficiente para sustentarlos.

Contarás además siete semanas de años, es decir, siete veces siete años, de modo que las siete semanas de años den un total de cuarenta y nueve años. Y el día diez del mes séptimo, que es el día de la expiación, ordenarás que se toque la trompeta con fuerza por todo el país. El año cincuenta será declarado año sagrado, y ustedes anunciarán la libertad para todos los habitantes del país. Será para ustedes un año de jubileo, y cada uno de ustedes volverá a su familia y a su patrimonio familiar. El año cincuenta será para ustedes de jubileo. No sembrarán, ni cosecharán lo que la tierra produzca de manera natural, ni vendimiarán sus viñedos. Es un año de jubileo, y será para ustedes un año sagrado. Sólo podrán comer lo que la tierra produzca. En este año de jubileo cada uno de ustedes recuperará su patrimonio familiar.

– Levítico 25:8-13

El Significado Profético del Jubileo

Proféticamente, esta antigua práctica del jubileo parece indicarnos al último Año del Jubileo cuando Cristo regrese para cumplir todas las promesas de Dios y para establecer su reino milenario.[249] Todos los cautivos serán liberados. Todas las deudas serán canceladas. La tierra de Israel será completamente restaurada al pueblo de Dios, y el planeta Tierra será sanado. Esta idea se enseña tanto en el Antiguo como en el Nuevo Testamento. Será un tiempo en que el mismo Señor resolverá las disputas. Ya no habrá necesidad de armas ni de guerra. El templo del Señor será restablecido en Jerusalén y la ley del Señor saldrá de allí a todas las naciones.

Porque la creación aguarda con gran impaciencia la manifestación de los hijos de Dios. Porque la creación fue sujetada a vanidad, no por su propia voluntad, sino porque así lo dispuso Dios, pero todavía

---

[249] Para obtener más información sobre por qué es probable que haya una asociación profética entre el Año del Jubileo y el regreso del Señor, consulte también: Snow. *The 70 Weeks Jubilee*, 18-20 & 26-9.

tiene esperanza, pues también la creación misma será liberada de la esclavitud de corrupción, para así alcanzar la libertad gloriosa de los hijos de Dios. — **Romanos 8:19-21**

Y tú, torre del rebaño, fortaleza de la hija de Sión, hasta ti volverá el señorío de antaño, el reino de la hija de Jerusalén. — **Miqueas 4:8**

En los últimos días el monte de la casa del Señor será confirmado como cabeza de los montes; será exaltado por encima de las alturas, y hacia él correrán todas las naciones. Muchos pueblos vendrán y dirán: "¡Vengan, subamos al monte del Señor, a la casa del Dios de Jacob! Él nos guiará por sus caminos, y nosotros iremos por sus sendas." Porque la enseñanza saldrá de Sión; de Jerusalén saldrá la palabra del Señor. Él juzgará entre las naciones, y dictará sentencia a muchos pueblos. Y ellos convertirán sus espadas en rejas de arado, y sus lanzas en hoces. Ninguna nación levantará la espada contra otra nación, ni se entrenarán más para hacer la guerra.— **Isaías 2:2-4**

¡Leemos específicamente que Sion y la tierra de Israel no solo serán restauradas, sino que la tierra será como el Jardín del Edén! Manantiales de agua brotarán en los lugares yermos y desiertos y los árboles y todo tipo de vegetación volverán a cubrir la tierra.

Haré brotar ríos en las áridas cumbres, y manantiales entre los valles. Transformaré el desierto en estanques de agua, y el sequedal en manantiales. Plantaré en el desierto cedros, acacias, mirtos y olivos; en áridas tierras plantaré cipreses, junto con pinos y abetos.
— **Isaías 41:18-19** NVI

Ciertamente el Señor consolará a Sión, consolará todos sus lugares desolados. Convertirá su desierto en Edén, y sus lugares desolados en *huerto del Señor. Gozo y alegría se encontrarán en ella, acciones de gracias y voces de alabanza.* — **Isaías 51:3** NBLA

Si bien la mayoría de los versículos anteriores se centran en Sión, la tierra de Israel, podemos suponer que Dios también sanará al resto del mundo y todo el daño que sufrirá durante la Gran Tribulación. Podemos inferir esto de versículos como Isaías 60:5 que nos dice que las riquezas de las naciones serán traídas a Israel. Es cierto que el cumplimiento de este versículo ya ha comenzado cuando observamos la riqueza que se ha utilizado para restaurar a Israel, a partir de la segunda mitad del siglo XX, pero el contexto más amplio de Isaías 60 es el reino milenario. Por lo tanto, todavía podemos afirmar con confianza que Dios también restaurará las tierras de las otras naciones, para que ellas a su vez puedan bendecir a Israel. De manera similar, leemos en Habacuc que la tierra se llenará del conocimiento de la gloria del Señor, y Dios sanará las tierras de las naciones. Incluso se nos habla de varias naciones específicas que Dios ha prometido restaurar algún día: Egipto, Asiria, Moab, Amón y Elam.

Cuando veas esto, te pondrás radiante; tu corazón se ensanchará y quedará maravillado al ver que a ti llega la abundancia del mar, y sobre ti se vuelcan las riquezas de las naciones. — **Isaías 60:5**

Pues la tierra se llenará del conocimiento de la gloria del Señor como las aguas cubren el mar. — **Habacuc 2:14** NBLA

En aquel día habrá una carretera desde Egipto hasta Asiria. Los asirios irán a Egipto y los egipcios a Asiria, y unos y otros adorarán juntos. En aquel día Israel será, junto con Egipto y Asiria, una bendición en medio de la tierra. — **Isaías 19:23-24** NVI

"Pero restauraré el bienestar de Moab en los postreros días", declara el Señor. — **Jeremías 48:47a** NBLA

"Pero después restauraré el bienestar de los amonitas", declara el Señor.
— Jeremías 49:6 NBLA

"Pero sucederá en los postreros días que restauraré el bienestar de Elam", declara el Señor. — Jeremías 49:39 NBLA

Así, el principio del Año del Jubileo se ve claramente en las promesas de Dios al final de la era cuando sus juicios hayan sido cumplidos. Esto significa que con una analogía tan obvia entre el Jubileo y el reinado de Cristo en el reino milenario, como un descanso sabático para la tierra, también podríamos esperar que el reinado milenario de Cristo comience en un año jubilar. En ese momento, Dios cumplirá todas sus promesas al pueblo judío. Y por la fe, esas promesas se han extendido incluso a los gentiles que han aceptado a Jesús como Mesías y Señor. Nosotros los gentiles hemos sido injertados en el verdadero olivo (*Romanos 11:17-24*). Por la fe, nos hemos convertido en hijos de Abraham (*Romanos 9:6-8*) y conciudadanos de Israel (*Efesios 2:18-20*), no para reemplazarlos sino para unirnos a ellos.

Las Escrituras Nos Revelan Específicos Años del Jubileo

Hay al menos dos referencias en las Escrituras que podemos usar para calcular la fecha de un año jubilar. Los rabinos encontraron uno al conectar Ezequiel 40:1 con Levítico 25:9-10. El Talmud registra su opinión de que en el año veinticinco después del primer exilio hubo un año jubilar, porque solo en el Año del Jubileo comienza el Año Nuevo (*Rosh Hashaná*) el diez de Tishri, no el primero.[250] Las palabras *Rosh Hashaná* significan literalmente: el jefe, el primero o la cabeza del año, es decir, el comienzo del año, o más precisamente, el día de Año Nuevo. De hecho, es por eso que la Fiesta de las Trompetas, literalmente el día de las trompetas

---

[250] Rodger Young. "The talmud's two Jubilees and their relevance to the date of the exodus." *The Westminster Theological Journal* 68, no. 1 (2006): 71-83.

(o *Yom Teruah*), se llama más a menudo *Rosh Hashaná*, porque la fiesta coincide con el año nuevo judío. Poniendo todo eso junto, con la fecha del primer exilio comenzando el 2 Adar 597 a.C., hubo un Año del Jubileo que comenzó el 10 Tishri 574 a.C., en el año veinticinco de su exilio (*Ezequiel 40:1*).

> Pero, ¿no está escrito en un versículo que Ezequiel experimentó una profecía "en el año veinticinco de nuestro cautiverio, al principio del año, a los diez días del mes, a los catorce años después de que la ciudad fue herida" (Ezequiel 40:1)? ¿Cuál es el año cuando el comienzo del año es el diez del mes? Debes decir que esto se refiere al Jubileo, que comienza en Yom Kippur, el diez de Tishrei. — **Arakhin 12a:7,** *El Talmud de William Davidson* [251]

Transcurría el año veinticinco del exilio cuando el Señor puso su mano sobre mí, y me llevó a Jerusalén. Esto sucedió al comenzar el año, el día diez del mes primero, es decir, catorce años después de la toma de Jerusalén.
— **Ezequiel 40:1** NVI

Y el día diez del mes séptimo, es decir, el día del Perdón, harás resonar la trompeta por todo el país. El año cincuenta será declarado santo, y se proclamará en el país la liberación de todos sus habitantes. Será para ustedes un jubileo, y cada uno volverá a su heredad familiar y a su propio clan.
— **Levítico 25:9-10** NVI

Y hay otro candidato para un Año del Jubileo, que se encuentra en el Nuevo Testamento, que cayó en el año 27 d.C. El relato viene de Lucas 4. Después de que Jesús fue bautizado por Juan (*Lucas 3:21-23*), inmediatamente entró en el desierto durante cuarenta días

---

[251] Arakhin 12a:7, *The William Davidson digital edition of the Koren Noé Talmud*, with commentary by Rabbi Adin Even-Israel Steinsaltz, korenpub.com, CC-BY-NC.

(*Lucas 4:1-13*). Después de regresar del desierto, él volvió a Nazaret y visitó la sinagoga en el día de reposo. Estando allí se le pidió a Jesús que leyera del libro de Isaías. Y él comenzó en la parte del rollo que ahora llamamos capítulo 61 y leyó: "*El Espíritu del Señor está sobre mí. Me ha ungido para proclamar buenas noticias a los pobres; me ha enviado a proclamar libertad a los cautivos, a dar vista a los ciegos, a poner en libertad a los oprimidos y a proclamar el año de la buena voluntad del Señor*" – (*Lucas 4:18-19*)." Esto es interesante porque, en un año jubilar, los judíos debían proclamar libertad (*qara deror* en hebreo) para aquellos que trabajaban como esclavos en la tierra (*Levítico 25:54-55*), lo cual coincide con lo que leemos en Isaías 61:1, "*a anunciar libertad (qara deror)*" a los cautivos. Luego, en el versículo 2, Isaías dice "*a proclamar el año de la buena voluntad del Señor*", lo que confirma que la proclamación de la libertad será parte del Año del Jubileo, que fue el único tiempo en que se ordenó tal proclamación. Despues de esto, Jesús paró de leer y dijo: "*Hoy se ha cumplido esta Escritura delante de ustedes (Lucas 4:21)*". Lo que Jesús leyó incluía la proclamación del Año del favor del Señor (es decir, un Año del Jubileo), y dijo que lo que acababa de leer se cumplió hoy en su presencia. ¡Así que podemos concluir que el 27 d.C. debe haber sido un Año del Jubileo!

Además, contando hacia atrás desde el 27 d.C. de a 50 años (restando un año al cruzar de d.C. al a.C.) ¡llega exactamente al 574 a.C.! Las probabilidades de que eso suceda por accidente son solo de 1 en 50. En otras palabras, solo hay un 2 por ciento de probabilidad de que sea una coincidencia, y no creo en la casualidad puramente aleatoria. [*Las suertes se echan en el regazo; pero el resultado depende del Señor.* — *Proverbios 16:33*] Pero eso no es todo, porque ya supimos que, en 1537, Solimán I decretó que se restaurarían las murallas y otras partes de Jerusalén. Contando hacia adelante 490 años (setenta semanas) a partir de ahí nos lleva al 2027, que son exactamente cuarenta jubileos desde que Cristo declaró el Año del Jubileo en el año 27 d.C. Las probabilidades de que ocurra otro evento independiente en el mismo ciclo de cincuenta años son aún menos probables. —las probabilidades son de 1 en 2.500 (o una probabilidad del 0,04 por ciento). En otras palabras, es muy poco probable que esto sea solo una casualidad increíble.

Otra "coincidencia" importante es que el decreto de Solimán se emitió en un momento que estaba a 490 años de la ventana de 6000 años para la edad de la tierra. Esto también es una ocurrencia muy poco probable. Las probabilidades son de 1 en 57,14 (o una probabilidad del 1,75 por ciento) de que esto también sea un accidente.[252] <u>Combinado con los eventos independientes de los años jubilares, esto arroja probabilidades de 1 en 142,850 (0.0007 por ciento) en contra de que estas cosas sucedan juntas por casualidad.</u>[253]

También es asombroso considerar que el número de jubileos entre las dos apariciones de Cristo es exactamente cuarenta. ¿Por qué? Bueno, tal vez hubo otra razón por la que Cristo pasó exactamente cuarenta días en el desierto después de su bautismo. Piensa en Números 14:34, la declaración de que los israelitas vagarían por el desierto durante 40 años, como presagio de que Jesús se iría por cuarenta años de jubileo, uno por cada día que pasó en el desierto.

Cuarenta años llevarán a cuestas sus iniquidades, un año por cada día, *conforme al número de los días que anduvieron explorando la tierra, y así experimentarán mi castigo.*
— **Números 14:34** (énfasis añadido)

Y aquí hay una reflexión final. Recuerda que Levítico 25:20 nos dice que cada cincuenta años, en el Año del Jubileo, toca el Año Nuevo (*Rosh Hashaná*) en *Yom Kippur* (el diez del mes de *Tishri*). Si la determinación del Año del Jubileo es correcta, <u>entonces en 2027, *Rosh Hashaná* y *Yom Kippur* serán el mismo día</u>, lo cual es una idea intrigante a considerar que discutiremos más en el Capítulo 10.

---

[252] Aterrizar en un día específico de 6.000 es 1/6.000. La ventana de 6.000 años va de 2021 al 2042, o 21 años, y también hubo cinco decretos históricos. Las probabilidades son (21x5)/6.000 o 1 en 57,14 en contra de tal convergencia.
[253] Multiplicar 2.500 por 57,14 es igual a 142.850.

Contando los Años Jubilares desde Génesis

Considerando la tradición de la iglesia primitiva de que cada día de la creación representa mil años, lo que significa que el gobierno del hombre se ha limitado a 6.000 años, surge un significado adicional a la declaración de Dios en Génesis 6:3, cuando dijo que limitaría los días del hombre a 120 años. Bueno, 120 años de jubileo, que suceden cada 50 años, ¡equivale a 6.000 años! Esta idea ha existido durante mucho tiempo, y es posible que se haya derivado de las enseñanzas de la secta judía esenia, que se encuentran en el Libro de los Jubileos, que contaba los años de jubileo desde la creación.[254] Pero la belleza de las matemáticas aquí brinda apoyo adicional a la creencia de la iglesia primitiva de que el Señor regresaría para restaurar todas las cosas cuando el hombre alcance los seis mil años en la tierra. [*Y nos da una razón más para creer que nuestro tiempo ahora es muy corto hasta su regreso.*]

El padre de la iglesia, Hipólito, también expresó la idea de que el regreso del Señor coincidiría con la finalización del jubileo hebreo. Asimismo, afirmó que la cuenta para el año jubilar debe ser de cincuenta años, no de cuarenta y nueve.

> Que el número cincuenta es sagrado, se manifiesta desde los días de la fiesta celebrada de Pentecostés, que indica liberación de trabajos y (la posesión de) alegría. Por lo cual no se decreta para esos días ni el ayuno ni el doblar la rodilla. Porque este es un símbolo de la gran asamblea que está reservada para tiempos futuros. De los cuales tiempos hubo una sombra en la tierra de Israel en el año llamado entre los hebreos "Jobel" (Jubileo), que es el quincuagésimo año en número, y trae consigo la libertad para el esclavo, y la liberación de la deuda, y tal. – **Hipólito**, *Sobre los Salmos*[255]

---

[254] Tim Warner. *The Time of the End* (Self-published, 2012): 225-38.
[255] Coxe. *Ante-Nicene Fathers*. "Hippolytus: On the Psalms, I. 3.," v.5, 199.

San Jerónimo (c. 342-420 d.C.) también conectó la semana de la creación con el futuro del hombre, señalando que estaremos en cautiverio "durante los seis días de este mundo". Él también conectó el Año del Jubileo con el ultimo año sabático. En conjunto, el ciclo del jubileo confirma que los granos en el reloj de arena están a punto de agotarse en los 6.000 años que le fue dado al hombre para gobernarse a sí mismo aquí en la tierra.

> ...y que en el jubileo, que es el año cincuenta, Levítico 25:13, toda posesión vuelve a su dueño, todo esto no se refiere al presente, sino al futuro; porque estando en cautiverio durante los seis días de este mundo, en el séptimo día, el sábado verdadero y eterno, seremos libres... – **San Jerónimo**, *Contra Jovinianus*[256]

Otra posible confirmación de la cuenta regresiva de 120 jubileos proviene de la vida de Moisés, quien murió cuando tenía 120 años (*Deuteronomio 34:7*). La similitud con su vida comienza cuando sacó a los israelitas de Egipto, a la edad de 80 años (*Éxodo 7:7*). Ochenta jubileos equivalen a cuatro mil años, que es exactamente el tiempo que va desde el 3974 a.C. hasta el 27 d.C. Los hijos de Israel fueron librados de su servidumbre en ese momento, pero Moisés no los llevó a la tierra prometida hasta que cumplió 120 años, 40 años después. De la misma manera, Jesucristo murió por nuestros pecados hace casi 2.000 años y nos liberó del pecado y de la muerte. Si el Señor regresa para gobernar y reinar sobre la tierra en 2027, también estará guiando a la humanidad a la tierra prometida del milenio, después de 40 años de jubileo. Ahora, no puedo prometer que este es el modelo que Dios ha ordenado, pero lo encuentro muy convincente.

---

[256] Jerome. *Against Jovinianus*, b. II, 25.

EL AÑO DEL JUBILEO || 275

La Vida de Moisés: Modelo para los Advenimientos de Cristo

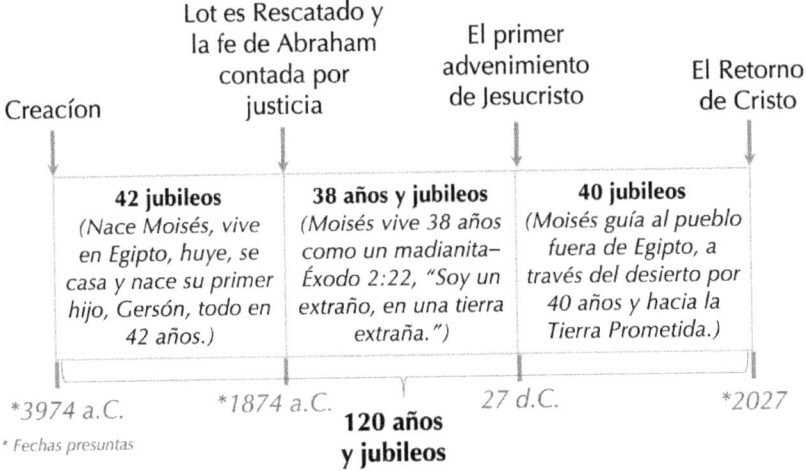

El único inconveniente real en esta evaluación es que Hechos 7:23-30 dice que Moisés tenía cuarenta años cuando mató a un egipcio y huyó de Egipto y que Dios se le apareció en una zarza ardiente cuarenta años después. Sin embargo, no hay un evento definitivo en las Escrituras que coincida exactamente con 40 jubileos (c. 1974 a.C. según mis cálculos). El evento más cercano es el nacimiento de Abraham (que yo coloco en 1954 a.C.); sin embargo, el rescate de Lot, la ofrenda de un sacrificio y la entrega del diez por ciento a Melquisedec, la reafirmación de la promesa de Dios a Abraham y la acreditación de la fe de Abraham como justicia, todo sucedió al mismo tiempo (Génesis 14 y 15) entre 1879-1869 a.C. La dramática escena de rescate en la que Abraham derrota a los ejércitos de cuatro reyes —recupera todos los bienes que fueron robados y trae de regreso a Lot y a todas las personas secuestradas con él (*Génesis 14:16*)— es un evento milagroso que suena como un verdadero jubileo apropiado. Además, este es el mismo tiempo (*Génesis 15:1*) que se nos dice que Abraham creyó a Dios y le fue contado por justicia (*Génesis 15:6*). Por lo tanto, parece lógico suponer que esto pudo haber ocurrido durante el año jubilar de 1874 a.C. Esta fecha equivale a cuarenta y dos jubileos después de la creación, en lugar de cuarenta. Está cerca pero no es una combinación perfecta. Eso parecería descalificar la metáfora o forzarnos a asumir que Lucas se estaba aproximando cuando dijo "cuarenta". Sin embargo, hay una mejor opción. Podemos reconocer que Moisés habría tenido alrededor de cuarenta y dos años cuando viajó a la tierra de Madián, se casó con Séfora, tuvo a su primer hijo Gersón y pronunció las palabras registradas en Éxodo 2:22: *"Soy un extraño, en una tierra extraña."* Luego vivió como madianita durante treinta y ocho años hasta que Dios lo llamó al servicio para liberar al pueblo de Israel de Egipto, a la edad de ochenta años.

El Regreso de Cristo Después de Cuarenta Jubileos

¹¡Vengan, volvamos nuestros ojos al Señor! Ciertamente él nos arrebató, pero nos sanará; nos hirió, pero vendará nuestras heridas; ² Después de dos días nos dará vida, y al tercer día nos resucitará para que vivamos en su presencia. ³ Entonces conoceremos al Señor, y más y más lo iremos conociendo. Vendrá a nuestro encuentro como la luz del alba, como vienen a la tierra las lluvias tempranas y las lluvias tardías.
– **Oseas 6:1-3**

También puede haber una pista de que el Señor regresaría después de dos mil años (es decir, cuarenta jubileos) en la profecía de Oseas 6. Si los dos días del versículo 2 se toman como dos mil años (basado en *2 Pedro 3:8* y *Salmos 90:4*), entonces el tercer día podría representar el reinado milenial de Cristo.[257] Además, la referencia en Oseas 6:1 al Señor vendando sus heridas, "después de dos días" (v. 2), suena como una alusión al lenguaje mesiánico de Isaías 30:26, cuando el Señor sanará *"las heridas que le causó."*

---

[257] Ted Slawinski, "After two days He will revive us; on the third day He will raise us up," Blog, *Maranatha - Because He came. Because He's coming.* January 6, 2022, https://slawinski.ca/blog/index.php?post/2022/01/06/After-two-days-He-will-revive-us%3B-on-the-third-day-He-will-raise-us-up

²⁵ *En el día de la gran masacre, cuando caigan las torres, habrá arroyos y corrientes de agua en toda montaña alta y en toda colina elevada.* ²⁶ *Cuando el Señor ponga una venda en la fractura de su pueblo y sane las heridas que le causó, brillará la luna como el sol, y será la luz del sol siete veces más intensa, como la luz de siete días enteros.*
— Isaías 30:25-26

Los versículos 27-33 que siguen en Isaías 30 aclaran que el contexto es el Día del Señor. Por lo tanto, cuando leemos, *"después de dos días nos dará vida, y al tercer día nos resucitará"*, esto suena como otra promesa de la restauración del pueblo judío. Luego, en el versículo 3, se nos dice que *"vendrá a nuestro encuentro como la luz del alba"*, lo que suena como si estuviera aludiendo a su glorioso regreso. Sin embargo, dado que este versículo trata claramente sobre el Mesías, también podemos leer el versículo 2 como una referencia metafórica a la muerte y resurrección de Cristo *"al tercer día"*, para que podamos vivir en su presencia eternamente.[258] Pero no hay contradicción al aplicar estos versículos a su regreso y la restauración de Israel.

Determinando el Año del Jubileo

Muchos han tratado de determinar las fechas de estos años jubilares. Uno de los más populares fue publicado por Jonathan Cahn, mostrando un patrón de posibles años de jubileo en los tiempos modernos que se remonta al 1867. Las raíces del sionismo sembradas en el 1867 llevaron a la Declaración de Balfour en el 1917, luego la Resolución 181 de la ONU en el 1947 permitió la creación del Estado de Israel. Esto fue seguido por la reunificación

---

[258] Algunos pueden ver el uso de "nosotros" como una referencia solo al pueblo judío en el sentido plural, pero recuerden que Dios también usa "nosotros" cuando habla de sí mismo (*"Entonces dijo Dios: 'Hagamos al hombre a nuestra imagen...'"* —*Génesis 1:26*).

de Jerusalén en el 1967.²⁵⁹ Finalmente, hubo una declaración formal firmada en el 2017 por el presidente Donald Trump que reconocía a Jerusalén como la capital oficial de Israel. Todos estos fueron asombrosos milagros de Dios, separados cada vez por un período de cincuenta años. Sin embargo, si ese fuera el verdadero ciclo del jubileo, y si el final de esta era presente ha sido ordenado para caer en un Año del Jubileo, entonces estaríamos esperando hasta el 2067 para el próximo jubileo y el próximo tiempo posible para la redención del mundo. No quiero disminuir la importancia de esos eventos, y tal vez simplemente no estemos destinados a saber el calendario de los jubileos, pero hay muchas razones para considerar que el 2027 podría ser realmente la próxima fecha verdadera de jubileo en el calendario de Dios.

Según la tradición judía, no se cuentan los años jubilares cuando las tribus no están unidas en la tierra. En consecuencia, también existe la posibilidad de que, al igual que hay dos fechas de Año Nuevo en el calendario judío, también podría haber dos, o incluso más conteos de ciclos de jubileo que se ejecutan simultáneamente, desencadenados por diferentes eventos. Digo eso porque realmente encuentro que el ciclo de cincuenta años desde el 1867 hasta el 2017 es bastante digno de mención. Sin embargo, pensé que si el 2027 es realmente un ciclo de jubileo, entonces tal vez habría otros eventos que valdría la pena considerar en un ciclo de cincuenta años sincronizado con ese año. Esto es lo que encontré que puede confirmar aún más que el año 2027 es la culminación de la profecía de Daniel de setenta semanas.

Posible Cronología de los Años del Jubileo Moderno

1977 – Por primera vez en la historia de Israel, el 17 de mayo de 1977, un partido de derecha es elegido con una mayoría controladora para la Knesset israelí. Menachem Begin lidera el partido Likud

---

[259] Jonathan Cahn. *El Oráculo: Los misterios del jubileo REVELADOS* (Casa Creación, 2019).

y comienza una revolución en la política conservadora israelí, enfrentándose al partido político Tierra por Paz.[260] Además, Anwar Sadat visita Israel para comenzar a hacer la paz entre Egipto e Israel y habla ante la Knesset el 20 de noviembre de 1977. Diecisiete meses después, los esfuerzos de paz que comenzaron ese año se firmaron formalmente el 23 de marzo de 1979.

1927 – Terremoto de Jericó (M-6.3) 11 de julio de 1927. El terremoto detuvo el flujo del río Jordán durante veintiuna horas y media.[261] También puede haber creado oportunidades de compra de tierras para los judíos, porque en 1929, la cantidad de tierras en propiedad de los judíos en Israel casi se duplicó.[262] El 1 de noviembre de 1927, se acuñan las primeras monedas de Eretz Yisrael (La Tierra de Israel) para la Palestina británica en virtud de la Orden monetaria palestina de 1927.[263] En ese momento, el parlamento judío, la Asamblea de Representantes (*Asefat HaNivharim*), fue reconocida oficialmente por el gobierno británico y autorizada para recaudar impuestos de la comunidad judía, y se convirtió en responsable de la educación, la salud y el bienestar social dentro del sector judío.[264]

1877 – Benjamin Disraeli (Conde de Beaconsfield), mientras era Primer Ministro del Reino Unido, escribe: "La cuestión judía es la búsqueda oriental" (1877), e incluía un plan para la creación de un estado judío.[265] Disraeli era un judío cristiano de una tremenda influencia en el siglo XIX que escribió novelas influyentes que

---

[260] https://history.state.gov/milestones/1977-1980/camp-david
[261] John Garstang. *Joshua - Judges* (London, 1931): 137.
[262] https://unispal.un.org/UNISPAL.NSF/0/16B8C7CC809B7E5B8525694B0071F3BD
[263] https://israelforever.org/programs/balfourinitiative/international_connections/
[264] https://history-of-israel.org/history/chronological_presentation22.php
[265] *Unknown Documents on the Jewish Question: Disraeli's Plan for a Jewish State* (1877), ed. N.H. Frankel, trans. Theodore Gaster (Baltimore, Md., 1947).

abogaban por el regreso del pueblo judío a su tierra natal.[266] Su trabajo ayudó a desarrollar el sionismo cristiano en Inglaterra, que finalmente condujo a la Declaración Balfour. Después de la guerra ruso-turca de 1877-1878, el Tratado de San Stefano (3 de marzo de 1878), en su artículo XXII, protegía los derechos de los peregrinos en Tierra Santa, lo que llevó a asegurar los derechos de los judíos a comprar tierras en Palestina.[267] El tratado fue seguido en junio por la Conferencia de Berlín donde los otomanos acordaron permitir que los judíos compraran tierras en Palestina.[268] Esto creó las condiciones para la Primera Aliyah (regreso del pueblo judío a la tierra de Israel) entre 1882 y 1903.[269] Muchos de los primeros judíos que regresaron llegaron a Pe tah Tikva, que fue fundada en 1878 cerca de Tel Aviv por un grupo de judíos ultraortodoxos.

Ahora bien, estos eventos por sí solos no pueden probar que *1877-1927-1977-2027* sea el verdadero ciclo jubilar, pero deberían mostrar que el ciclo es tan plausible como un ciclo *1867-1917-1967-2017*. Tampoco hay un versículo específico en la Biblia que diga que algo sorprendente debe suceder cada cincuenta años para que sea parte del ciclo del jubileo, pero parece razonable buscar el patrón. ¿Y quien sabe? Podría haber varios ciclos de cincuenta años funcionando al mismo tiempo, como vocalistas cantando en armonía... pero solo uno está cantando la melodía.

---

[266] Benjamin Jaffe. "A Reassessment of Benjamin Disraeli's Jewish Aspects." Transactions & Miscellanies, *Jewish Historical Society of England*, 27 (1978): 115–23.
[267] "The Preliminary Treaty of Peace Signed at San Stefano," Online at: https://pages.uoregon.edu/kimball/1878mr17.SanStef.trt.htm#pilgrims
[268] David Taylor. *21 Signs of His Coming: Major Biblical Prophecies Being Fulfilled in Our Generation* (Taylor Publishing Group, 2009): 33
[269] "Immigration to Israel: The First Aliyah (1882 - 1903)," *Jewish Virtual Library*, https://www.jewishvirtuallibrary.org/the-first-aliyah-1882-1903

¿Había Cincuenta o Cuarenta y Nueve Años en un Ciclo de Jubileo?

Dado que el Año del Jubileo ofrece una imagen profética tan hermosa del milenio, es natural tratar de descifrar su ciclo, como lo hemos hecho aquí. Pero algunos pueden tratar de objetar que los Jubileos no estaban realmente en un ciclo de cincuenta años. Algunos eruditos cristianos y rabinos han adoptado la posición de que el jubileo se celebraba cada cuadragésimo noveno año, no el quincuagésimo. [*Para aquellos de ustedes que deseen comprender los detalles sobre la defensa de la posición completa de los cincuenta años, he agregado estas últimas secciones para abordar esa pregunta y algunos otros aspectos prácticos sobre los detalles del conteo de los años del Jubileo.*]

Hay dos argumentos principales en contra de la posición de cincuenta años. Primero, si hubo un quincuagésimo año, entonces eso significa que habría habido dos años sabáticos consecutivos, que algunos creen que fue demasiado tiempo para pasar sin sembrar y cosechar. Dado que la Biblia no registra ningún año del jubileo o años sabáticos intermedios (*shemitá*) que se observaran fielmente, no hay ningún ejemplo al que podamos referirnos. También leemos en varios lugares del Antiguo Testamento que los judíos dejaron de honrar incluso los días de reposo semanales en muchas ocasiones de su historia. Por lo tanto, también se les hubiera hecho difícil observar el descanso requerido de un año completo para la tierra, ¡sin mencionar dos seguidos! Esa es una de las razones por las que se ha sugerido que los años sabáticos continuaron ciclando año tras año sin que se insertara un "año bisiesto" cada cincuenta años. Sin embargo, por la forma en que leo el texto (*Levítico 25:8-12*), no veo ninguna forma de evitar incluir un quincuagésimo año como un segundo año sabático. Por una parte, la Biblia dice que fue en el año cincuenta, lo cual no se puede decir del año cuarenta y nueve. Por otra parte, más adelante en el mismo pasaje (vv. 20-22), se dice que Dios proveería para dos años sabáticos consecutivos al suplir comida para tres años en el último año antes de que comenzara el séptimo año sabático. Moisés escribió que Dios bendeciría su sexto año con la provision de tres años. Sabemos que este sexto año es el sexto año de un ciclo sabático de siete años, o el año número cuarenta y ocho a medida que se acercaba el jubileo. Levítico 25:20-22 habla de cuatro años específicos: seis, siete, ocho y nueve. Esto no se refería a los años cuarenta y seis, cuarenta y siete, cuarenta y ocho y cuarenta y nueve porque solo el año cuarenta y nueve sería un año sabático en ese caso. Por tanto, se refiere al final de un ciclo de jubileo, contando a partir del comienzo del séptimo ciclo sabático. Esto significa que los años seis, siete, ocho y nueve son los años cuarenta y ocho, cuarenta y nueve, cincuenta y cincuenta y uno (el primer año del próximo ciclo de jubileo), donde cuarenta y nueve es un año sabático normal y el quincuagésimo es el segundo y el año del jubileo (ver la fila B en la tabla).

Y si acaso se preguntan: "¿Y qué vamos a comer el séptimo año, si no vamos a sembrar ni a cosechar nuestros productos?", yo los bendeciré el sexto año, y la tierra dará frutos para tres años. Así en el año octavo ustedes sembrarán, y mientras tanto comerán del fruto añejo hasta el año noveno, y tendrán comida hasta que puedan cosechar.
— Levítico 25:20-22

Contando Años para el Jubileo						años sabáticos		
A 1	2	3	4	5	6	7	8	9
B 43	44	45	46	47	48	49	50	1
C 43	44	45	46	47	48	49	1	2

Sin embargo, algunos sostienen que el "quincuagésimo año" también cuenta como el primer año del siguiente ciclo de cuarenta y nueve años.[270] Pero contar el quincuagésimo año como el año uno y cincuenta simultáneamente es una sugerencia tenue, en el mejor de los casos, y no tiene apoyo bíblico ni derivación lógica de un precedente natural. La opinión de que había dos años sabáticos seguidos

---

[270] Para los argumentos a favor de este punto de vista, véase (en inglés solamente): Snow. *The 70 Weeks Jubilee*, 29-31.

en el año del jubileo fue explicada por el sabio judío Nachmanides (c. 1194-1270 d.C.), también llamado Ramban.

> ... siendo esta una bendición adicional [a la de cada año sabático, cuando el sexto año produce suficiente producto para el séptimo y el octavo año; y cuando además hay un año de jubileo, producirá lo suficiente para tres años] para que también sea suficiente para el año sabático y el jubileo.
> – **Nachmanides,** *Ramban sobre Levítico 25:20* [271]

En el Talmud de Babilonia, leemos que hubo desacuerdo entre los sabios judíos acerca de si el Año del Jubileo era el primer año del siguiente ciclo sabático o no. También sabemos, por el Libro de los Jubileos, un texto no canónico, que los esenios pensaban que el ciclo del jubileo duraba cuarenta y nueve años.[272] Por lo tanto, no es de extrañar que el debate continúe hoy sobre la cuestión de si el ciclo debe ser de cuarenta y nueve o cincuenta años.

> La Guemará responde: Ven y escucha, ya que se enseña en una *baraita* que hay una disputa entre el rabino Yehuda y los rabinos: El versículo dice: "Y santificarás el año cincuenta" (Levítico 25:10), de donde se deriva: Lo cuentas como el año quincuagésimo, es decir, el Año del Jubileo, pero no lo cuentas a la vez como el año quincuagésimo y

---

[271] *Commentary on the Torah by Ramban* (Nachmanides). "Ramban on Leviticus 25:20." Trans. by Charles B. Chavel. New York, Shilo Pub. House, 1971-1976.
[272] El Libro de los Jubileos, que se encuentra entre los Rollos del Mar Muerto, solo imita la Escritura, ubicándola entre los pseudoepígrafos. No puede tomarse como un testimonio fiable. Además, los esenios ni siquiera fueron mencionados directamente en los Evangelios. Solo podemos adivinar por qué no, pero parece seguro asumir que si estuvieran siguiendo el verdadero judaísmo, ciertamente lo habrían estado haciendo. En consecuencia, hay mejor razón para rechazar su testimonio sobre este punto que para aceptarlo.

el primer año del próximo ciclo sabático y jubilar. A partir de aquí declararon: El Año Jubilar no ha de ser contado entre el ciclo de siete años del Año Sabático. Más bien, el año siguiente al Año del Jubileo se considera el primer año del próximo ciclo de siete años. Rabí Yehuda dice: El Año del Jubileo está incluido en el conteo del siguiente ciclo de siete años del Año Sabático. – **Nedarim 61a:4**, *El Talmud de William Davidson* [273]

Basado puramente en la opinión rabínica o académica, este podría ser un problema intratable, pero lógicamente, la posición predeterminada debería ser contar el Año del Jubileo como el quincuagésimo y luego contar el siguiente ciclo comenzando en uno. <u>Cualquier excepción a un procedimiento normativo tan obvio debería requerir una instrucción explícita para hacerlo, que en este caso simplemente no existe</u>. Además, un ciclo similar de cincuenta se encuentra en la Fiesta de las Semanas (Pentecostés), la cual caía el día siguiente al séptimo día de reposo, contando siete semanas (*Levítico 23:15-16*). Además, los años sabáticos dobles y un ciclo de cincuenta años se entienden mejor cuando examinamos cómo se contaba el Año Nuevo para los años sabáticos y jubilares, en relación con el calendario anual de siembra y cosecha.

El Comienzo del Año Nuevo, la Siembra y la Cosecha

Además de debatir la duración del ciclo jubilar, también se cuestiona el inicio correcto del Año Nuevo, porque se puede inferir de Éxodo 12:2 que Dios hizo Nisán el comienzo del año, en la primavera, en lugar de Tishri, en el otoño. Si ese fuera el caso, uno podría tratar de argumentar que cada séptimo año (*shemitá*) siempre se necesitaría tener tres años de productos agrícolas del año anterior. Si el Año Nuevo fuera realmente en primavera, entonces el ciclo de

---

[273] *The William Davidson Talmud*, Nedarim 61a:4, Online at: www.sefaria.org/Nedarim.61a.4?lang=bi

siembra y cosecha no habría estado alineado con el ciclo del año nuevo. En ese caso, cada año sabático prevendría dos años de siembra y cosecha, no uno. ¿Por qué? Porque sabemos que la siembra se hacía a finales de otoño/invierno, después del mes de Tishri. Por lo tanto, los años judíos tenían que comenzar con la siembra y terminar con la cosecha, de modo que en los años sabáticos y jubilares, solo se saltaba una temporada de siembra y cosecha. Si no fuera así, no podrías cosechar lo que sembraste en el año anterior al año sabático. Y luego, durante el año sabático, tampoco podrías sembrar para el año siguiente. <u>Lo que causaría que se perdieran dos temporadas de cosecha y de productos agrícolas</u>. Pero eso no tiene ningún sentido. Especialmente dado que el comienzo del Año del Jubileo fue declarado en Tishri, no en Nisán. Por lo tanto, sabemos que la cuenta del Año del Jubileo, y cada año sabático, comenzaba con el Año Nuevo en Tishri. En ese caso, la tierra descansaría claramente un solo año, no dos (excepto en el caso del Año del Jubileo cuando habría dos años sabáticos seguidos).

Además, existe un descubrimiento arqueológico del siglo X o IX a.C. que confirma el orden de los meses de siembra y cosecha. Es una pequeña tablilla de piedra caliza con una inscripción hebrea o fenicia llamada Calendario de Gézer.[274] Fue encontrada en 1908 en la antigua ciudad de Gézer, cerca de Jerusalén, y lleva inscrito el ciclo agrícola anual básico. Al comparar los ciclos en el calendario con los cultivos que estaban en uso en el Israel antiguo, es posible tener una muy buena idea de cómo era su año agrícola.[275] La piedra de Gézer (ver foto a continuación[276]) se conserva actualmente en el Museo de Arqueología de Estambul, Turquía.

---

[274] "Agriculture." In *The Oxford Encyclopedia of Archaeology in the Near East*, edited by Eric M. Meyers, David C. Hopkins. *Oxford Biblical Studies Online*, http://www.oxfordbiblicalstudies.com/article/opr/t256/e16
[275] Borowski, Oded. *Agriculture in Iron Age Israel* (Eisenbrauns, 1987): 37,
[276] Photo by Osama Shukir Muhammed Amin, April 24, 2018, CC BY-SA 4.0, https://commons.wikimedia.org/wiki/File:The_Gezer_Calendar_tablet,_early_iron_age,_10th_century_BCE,_Museum_of_Archaeology,_Istanbul,_Turkey.jpg

[Inscripción de piedra de Gézer][277]
Dos meses de vendimia (*Octubre – Noviembre*);
Dos meses de siembra (*Diciembre – Enero*);
Dos meses de siembra tardía (*Febrero – Marzo*);
Un mes de corte del lino (*Abril*);
Un mes de siega de la cebada (*Mayo*);
Un mes de siega final (*Junio*);
Dos meses de poda (*Julio – Augosto*);
Un mes de frutas de verano (*Septiembre*).

Se cree que el calendario era algo que los niños aprendían en la escuela y con lo que practicaban la escritura, por lo que se admite que es una guía rudimentaria de su ciclo agrícola en su expresión más simple; sin embargo, también vemos que el calendario no está indexado a meses hebreos específicos. Esto es importante, porque nos recuerda que tanto la siembra como la cosecha siguen el ciclo solar y el clima. Esto significa que la siembra y la cosecha no seguirían perfectamente el calendario lunar judío cada año, sino que tendrían que corregirse regularmente al ciclo solar. Esto también explica por qué Levítico 25:11 dice que los israelitas no deben sembrar ni cosechar en el año cincuenta, pero luego en el versículo 22 del mismo capítulo, Dios dice que plantarán en el año octavo para alimento en el año noveno. Pero el octavo año sería el Año del Jubileo, entonces, ¿cómo podrían sembrar para el noveno año, que sería el primer año del próximo ciclo jubilar? La respuesta se encuentra en el hecho de que solo se les ordenó saltarse un ciclo de siembra y cosecha por año sabático. Por lo tanto, cuando el ciclo de siembra se adelantaba en el calendario, se les permitía sembrar para alimento para el próximo año, pero no para el presente. El

---

[277] Álvaro Martínez Álvarez. *La Agricultura en los Textos Bíblicos del Antiguo Testamento* (Colegio Oficial de Ingenieros Agrónomos, 2013): 23. https://www.coiaclc.es/wp-content/uploads/2016/05/Agricultura_Biblia.pdf

rabino Abraham Ibn Ezra (c. 1089 - 1164 d.C.) explicó que la siembra se permitía en el otoño del octavo año, lo cual aseguraría que el año sabático solo perdería un ciclo de siembra y cosecha.[278] El comentario bíblico en inglés, The Pulpit Commentary, también apoya este punto de vista.

> "No solo el año del jubileo, sino también el año de reposo, comenzó en el otoño, cuando los agricultores comenzaban a sembrar por primera vez para el año siguiente; de modo que la siembra se suspendía desde el otoño del sexto año hasta el otoño del séptimo, e incluso hasta el otoño del octavo, cuando llegaba el año del jubileo, en cuyo caso se omitía tanto la siembra como la cosecha durante dos años seguidos, y en consecuencia el producto del sexto año, que se cosechó en el séptimo mes de ese año, debe haber sido suficiente por tres años, no solo hasta la siembra en otoño del octavo o quincuagésimo año, sino hasta la cosecha del noveno o quincuagésimo primer año, como el Talmud y los rabinos de todas las edades han entendido la ley."(Keil). – **The Pulpit Commentary**, *Levítico 25:20* [279]

Entonces, ¿Por qué dijo Dios que Nisán era el primer mes?

Sin embargo, algunos podrían preguntarse por qué Dios ordenó que Nisán se convirtiera en el "primer" mes en Éxodo 12:2, si su mandato no cambiaría cuando se celebraría el Año Nuevo. Bueno, no hay una respuesta perfecta para eso aparte de, "Porque así lo

---

[278] *Ibn Ezra's commentary on the Pentateuch*, "Ibn Ezra on Exodus 12:2:1," Translated & annotated by H.N. Strickman and A.M. Silver, Menorah Publications, 1988-2004.
[279] Spence, H. D. M. *The pulpit commentary*, "The Book of Leviticus, Exposition, Chapter XXV, Verses 18-22," v. 4 (Funk & Wagnalls Company, 1899): 395. Se encuentra por internet en español aquí: "Levítico 25:18-3," www.bibliaplus.org/es/ commentaries/5/comentario-biblico-del-pulpito/levitico/25

dijo Dios", pero la opinión expresada por el rabino Nachmanides no da una buena explicación. Él afirmó que el año nuevo se quedó en Tishri, en la fiesta de la recolección de la cosecha, pero aclaró que los meses fueron contados a partir de Nisán después del Éxodo, solo como recuerdo, para reconocer su lugar en importancia.[280] No reordenó su calendario civil.

> Así como al contar los días de la semana siempre recordamos el día de reposo ya que los días de la semana no tienen un nombre específico propio, sino que se les llama "el primer día a partir del sábado", "el segundo día a partir del sábado", como explicaré, así recordamos el éxodo de Egipto al contar "el primer mes", "el segundo mes", "el tercer mes", etc., para nuestra redención. Este orden de la cuenta de los meses no es con respecto a los años, porque el comienzo de nuestros años es desde Tishri, [el séptimo mes], como está escrito, "Y la fiesta de la recolección al cambio del año", y además está escrito, "Y la fiesta de la recolección, al fin del año". Si es así, cuando llamamos al mes de Nisán el primero de los meses y Tishri el séptimo, el significado del mismo es "el primer [mes] de la redención" y "el séptimo mes" de la misma. Esta es entonces la intención de la expresión, será el primer mes para vosotros, lo que significa que no es el primero con respecto al año sino el primero "para vosotros", es decir, que se llame "el primero" con el propósito de recordar nuestra redención. – **Nachmanides**, "Ramban sobre Éxodo 12:2"

Y así como hay dos "primeros" meses, también hay dos pactos, dos nacimientos (para los redimidos), dos muertes (para aquellos cuyos nombres no están escritos en el Libro de la Vida del Cordero), dos advenimientos de nuestro salvador, etc. De la misma manera, al

---

[280] *Commentary on the Torah by Ramban* (Nachmanides). "Ramban on Exodus 12:2:1," Trans. and annotated by Charles B. Chavel. New York, Shilo Pub. House, 1971-1976.

igual que nuestro renacimiento a través del Espíritu Santo, por la fe, no cancela ni invalida nuestro nacimiento físico anterior, el reconocimiento de Nisán como "el primer mes" no invalida el orden original del año. Esto significa que el Año Nuevo judío siempre fue en Tishri, en otoño. Por lo tanto, el significado de Éxodo 12:2, para hacer de Nisán el "primer mes", era que Dios quería que Nisán se considerara el mes de más rango o más importante, con todos los demás meses contados a partir de él.

Setenta Años Sabáticos y la Destrucción de Jerusalén

Finalmente, todo este estudio sobre los años de jubileo revela un misterio final con respecto a los setenta años sabáticos que la tierra recibió después de la destrucción del Templo de Salomón en el 586 a.C. Para comenzar, Dios les dijo a los israelitas, por medio de Moisés, cuánto los bendeciría si lo escuchaban y obedecían todos sus mandamientos (*Levítico 26*); pero también le advirtió a la gente lo que haría si no lo hacían. En los versículos 34-35, les prometió que la tierra disfrutaría de los descansos sabáticos que ellos no guardaron, cuando luego él trajo la destrucción sobre sus ciudades por su desobediencia. Muchos años después, Dios envió al profeta Jeremías para advertirles que se arrepintieran y volvieran a él, pero no lo hicieron. De modo que el juicio prometido fue cumplido; pero Dios también prometió que él regresaría al pueblo a Jerusalén y pondría fin a su desolación después de setenta años (*Jeremías 29:10*). Luego leemos en 2 Crónicas 36:21 que después de la destrucción de Jerusalén, la tierra finalmente disfrutó de sus descansos sabáticos, setenta de ellos. La implicación es que (además de sus otros pecados) los judíos tampoco habían estado guardando los años sabáticos.

Entonces, mientras ustedes estén en el país de sus enemigos, la tierra gozará de sus días de reposo. Mientras la tierra esté asolada, descansará y gozará de sus días de reposo. Todo el tiempo que esté asolada, tendrá el reposo que no tuvo mientras ustedes la habitaron.– **Levítico 26:34-35**

Así ha dicho el Señor: "Cuando se cumplan los setenta años de Babilonia, yo iré a visitarlos, y les cumpliré mi promesa de hacerlos volver a este lugar".
— **Jeremías 29:10**

De este modo se cumplió la palabra que el Señor había pronunciado por medio de Jeremías. La tierra disfrutó de su descanso sabático todo el tiempo que estuvo desolada, hasta que se cumplieron setenta años.
— **2 Crónicas 36:21** NVI

La implicación es que los israelitas no observaron un total de setenta años sabáticos mientras vivían en la tierra. Pero no sabemos cuáles se perdieron, o incluso cuándo Dios comenzó a contar. Pero él si estaba contando, e hizo que rindieran cuenta por esos años. Algunos han argumentado que los setenta años representan setenta ciclos de jubileo, o 490 años, pero las Escrituras no dicen eso.[281] Solo sabemos que Dios declaró que la tierra gozó de setenta años de descanso. Lógicamente, la única forma en que 490 años podrían ser representados por diez ciclos jubilares es, 1) si los ciclos tuvieran solo cuarenta y nueve años de duración, y 2) no hubiera dos años sabáticos consecutivos en el Año del Jubileo. Como ya hemos visto que había un mandamiento de celebrar un segundo año sabático durante el Año del Jubileo, también podemos rechazar con confianza la idea de que 490 años podrían representar diez ciclos jubilares.[282]

Sin embargo, para aprender cuáles fueron los años por los que Dios les pidió cuenta, tenemos que hacer algunas suposiciones. Para

---

[281] También es presumido que el ciclo jubilar debe ser cuarenta y nueve y no cincuenta años debido a los setenta sietes, o 490 años de Daniel 9:24-27, notando que 490 podría representar diez períodos de cuarenta y nueve años o diez Jubileos (ver: Snow, *The 70 Weeks Jubilee*, 20-4.); sin embargo, de nuevo, no hay ninguna afirmación en las Escrituras que confirme esto, y hay muchas otras explicaciones posibles además de contarlos como diez Jubileos.

[282] Incluso si el ciclo jubilar fuera de cuarenta y nueve años y no de cincuenta, tendría que haber ocho años sabáticos cada cuarenta y nueve años, u ochenta años sabáticos sobre 490 años.

empezar, la cuenta debe comenzar desde el final del período de descanso sabático de setenta años (en 516 a.C.), no desde la destrucción de Jerusalén en 586 a.C., porque los setenta años sabáticos serían parte de la cuenta total de años. Luego, el conteo no puede haber comenzado en el tiempo en que Josué condujo a los israelitas a la tierra prometida (c. 1408 a.C.), porque eso fue 892 años (a menos que estuvieran guardando algunos años sabáticos, y perdiendo otros, pero solo Dios sabría eso). La próxima posibilidad es 490 años antes del 516 a.c. o 1006 a.C.; esto está cerca del momento en que David se convirtió en rey sobre todo el reino de Israel (c. 1004 a.C.), pero sería difícil asociar ese evento con el comienzo de algún período en el cual Dios estaba pidiendo un rendir de cuentas en particular.

Pero, cuando incluimos los años sabáticos jubilares cada cincuenta años en la cuenta, entonces los setenta años sabáticos perdidos equivalen a entre 436 y 447 años, dependiendo exactamente de cuándo caen los Jubileos dentro del ciclo. Contando hacia atrás desde el comienzo de la restauración de Jerusalén (c. 516 a.C.) hasta la dedicación del Templo de Salomón (c. 960 a.C.) nos da 444 años. Eso equivale a setenta años sabáticos, si el Templo fue dedicado en un Año de Jubileo, o setenta y un años sabáticos si no.

Sin embargo, el nuevo ciclo del año jubilar no comenzó en el 960 a.C., así que se habrían requerido setenta y un años sabáticos desde el 960 al 516 a.C.[283] Esto haría que el año sabático contara por uno de los setenta mencionados en las Escrituras, excepto que creo que

---

[283] Cada cincuenta años, debería haber ocho años sabáticos de descanso (uno cada siete años más el quincuagésimo). Entonces, cuatrocientos años significa sesenta y cuatro años sabáticos. Pero si no empiezas a contar al comienzo de un ciclo jubilar, podrías terminar con un año sabático adicional en la cuenta requerida. Asumiendo que el Año del Jubileo fue el 974 a.C., entonces el 960 a.C. fue un año sabático al final de un segundo año sabático en el ciclo. Por consiguiente, hubo seis años sabáticos adicionales hasta el 924 a.C., sesenta y cuatro años sabáticos hasta el 524 a.C. y uno más hasta el 516 a.C., para un total de setenta y uno.

podemos suponer que el año del asedio en el 587 al 586 a.C. también fue en esencia un año sabático porque toda la tierra estaba bajo ataque y la gente estaba muriendo de hambre al final del asedio en 586 a.C. (*2 Reyes 25:3*), lo que significa que no pudieron sembrar ni cosechar. Consecuentemente, el conflicto se resuelve porque hubo un total de setenta y un años sabáticos de descanso para la tierra. Hubo un año durante la destrucción, seguido por los setenta años que la Biblia dice que vendrían después de la destrucción de Jerusalén.

[10]Luego les ordenó: "Cada siete años, en el año de la cancelación de deudas, durante la fiesta de las Enramadas, [11] cuando tú, Israel, te presentes ante el Señor tu Dios **en el lugar que él habrá de elegir***, leerás en voz alta esta ley en presencia de todo Israel."*
— **Deuteronomio 31:10-11** NVI (énfasis añadido)

Contando setenta años sabáticos después de la caída de Jerusalén

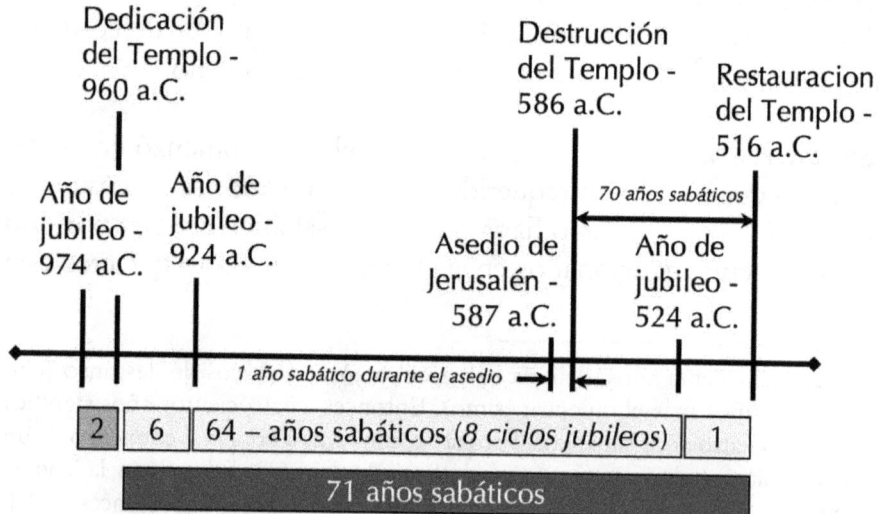

Año (a.C.)	Evento	Años desde Restauración	Años Sabáticos
c. 516	Comienza la restauración de Jerusalén	-	-
c. 586	Destrucción de Jerusalén	70	70
c. 587	Asedio de Jerusalén	71	71
c. 960	Dedicación del Templo por Salomón	444	71
c. 1004	Reinos unidos bajo el rey David	488	77
c. 1051	Comienzo del reinado de Saúl	535	85
c. 1408	Israel entra en la tierra prometida	892	142

No hay registros de los años sabáticos o jubilares que se mantuvieran antes de la destrucción de Jerusalén. Solo existe la promesa de comenzar a hacerlo después de su regreso a la tierra (*Nehemías 10:31*). Pero, curiosamente, Deuteronomio 31 implica que Dios comenzaría a hacerlos responsables por guardar los años sabáticos una vez que comenzaran a reunirse anualmente en el lugar que les mostraría en el futuro. Ese lugar, 444 años después, era el Monte del Templo. Por lo tanto, no es irrazonable suponer que Dios instituyó que los israelitas comenzaran a guardar los años sabáticos a partir de ese momento. Consecuentemente, Dios esperó que los israelitas empezaran a guardar los años sabáticos una vez que se instaló el Templo en el lugar que eligió: el Monte Moriah en Jerusalén.

Resumen de Conclusiones sobre el Año del Jubileo

Repasemos lo que hemos aprendido sobre el Año del Jubileo y su asociación profética con el regreso del Señor.

1. El Año del Jubileo es un tiempo para liberar a los cautivos y restaurar la tierra a cada familia en la nación de Israel, según sus tribus. Proféticamente, esto nos apunta al reino

milenario cuando Cristo restaurará todas las cosas y cumplirá sus promesas a la nación judía, y a todos los verdaderos creyentes en Jesús que han sido injertados por la fe.

2. Hay dos años jubilares que se revelan en las Escrituras. El primero se deduce de Ezequiel 40:1 y nos da la fecha del 574 a.C. El segundo se infiere de Lucas 4:18-19 y arroja la fecha al 27 d.C. Ambas fechas se encuentran en el mismo ciclo jubilar, con seiscientos años de diferencia. Además, se puede inferir una tercera fecha de jubileo de la profecía de Daniel de las setenta semanas y el decreto del Sultán Solimán para reconstruir a Jerusalén en el 1537 d.C. Con la adición de 490 años al 1537, llegamos al año 2027 para un Jubileo final. La probabilidad de que estas tres fechas independientes se alineen en el mismo ciclo de cincuenta años solo por casualidad es de 1 en 2.500 (0,04 %).

3. Los seis mil años de la historia humana se pueden relacionar con ciclos de 120 años de jubileo (50 x 120 = 6.000), lo que nos señala la declaración de Dios de que limitaría al hombre a ciento veinte años en Génesis 6:3. Esto nos da confianza adicional en la tradición de la iglesia primitiva de que Cristo regresaría cuando el mundo hubiera cumplido seis mil años.

4. La vida de Moisés, que también vivió 120 años, nos da un modelo para las dos venidas de Cristo. La primera venida después de ochenta jubileos, que es paralelo a Moisés sacando a los israelitas de Egipto cuando tenía ochenta años. Si la segunda venida llega en el 2027, completará cuarenta jubileos desde el comienzo del ministerio de Cristo en el año 27 d.C. Esto sería paralelo a Moisés guiando a los israelitas a entrar en la Tierra Prometida cuando él tenía 120 años, dirigidos para ese entonces por Josué (que es un derivado del nombre Yeshuah, es decir, Jesús).

5. La promesa del regreso de Cristo después de dos mil años (cuarenta jubileos), también puede verse proféticamente en Oseas 6:2. La promesa de que "al tercer día" viviremos

en su presencia podría entenderse referida al reinado milenario de Cristo en la Tierra después de su regreso.

6. También hay evidencia de un ciclo jubilar para las fechas 1877, 1927 y 1977, pero solo con el tiempo dirá si el patrón se completará en el 2027.

7. Si bien algunos han argumentado que el ciclo jubilar fue solo de cuarenta y nueve años, no de cincuenta, hay clara evidencia de que fue y tuvo que ser un ciclo completo de cincuenta años, como está registrado en las Escrituras: (*Así consagrarán el quincuagésimo año y proclamarán libertad en la tierra para todos sus habitantes. Será de jubileo para ustedes.* — Levítico 25:10 NBLA).

8. Además, el calendario de siembra y cosecha de Israel comenzó en el otoño, después del Año Nuevo en Tishri. Esto significa que los años sabáticos, durante los cuales se prohibía la siembra y la cosecha, solo causaron que los israelitas no perdieran más que una temporada de cultivo, porque el año comenzaba con la siembra, no con la cosecha. La única excepción cuando los israelitas perdían dos años seguidos era durante el Año del Jubileo.

9. En Éxodo 12:2, donde Dios ordenó a los israelitas que reconocieran a Nisán como el "primer" mes, esto fue solo en nombre e importancia, pero no en términos de cambiar la cuenta del comienzo del Año Nuevo, la cual permaneció en otoño en Tishri.

10. En el caso de los setenta años sabáticos de descanso que experimentó Jerusalén después de su destrucción en el año 586 a.C., entendemos que Dios castigó a los hebreos por no guardar los descansos sabáticos. Basado en Deuteronomio 31:10-11, se puede inferir que su responsabilidad por guardarlos comenzó una vez que Salomón dedicó el Templo.

11. Los setenta años sabáticos de ninguna manera pueden correlacionarse correctamente con diez ciclos jubilares. Ya sea que el ciclo tuviera cuarenta y nueve años o de cincuenta, siempre tenía que haber ocho años sabáticos en cada ciclo. Por lo tanto, diez ciclos jubilares igualan ochenta años sabáticos, no setenta.

12. Tomando todo esto en cuenta, hay razón suficiente para creer que tanto el regreso de Jesucristo como el Jubileo Final están muy cerca.

La porción del Señor es su pueblo; Jacob es la herencia que le tocó. Lo encontró en un lugar deshabitado; en un yermo horrible y solitario. Lo atrajo hacía él mismo, y lo instruyó; ¡lo cuidó como a la niña de sus ojos! Así como el águila revolotea sobre el nido y anima a sus polluelos a volar, y extiende sus alas y los levanta en vilo, y los sostiene sobre sus alas. **— Deuteronomio 32:9-11**

David Ben-Gurion declarando la independencia bajo un retrato de Theodor Herzl, fundador del sionismo moderno, 14 de mayo de 1948. {{PD-2019-Israel}}

10

CON LA MIRA PUESTA EN ISRAEL— EL RELOJ PROFÉTICO DE DIOS

Estamos en la última cuenta regresiva. La profecía se está cumpliendo ante nuestros ojos. La higuera ha brotado. Ahora nuestra mirada debe estar fija en Israel porque es el centro del escenario para el drama de los últimos días que se está desenvolviendo ante nosotros. Los eventos que suceden en Israel revelan dónde en el calendario profético de Dios nos encontramos. Es como mirar la torre del reloj de la ciudad para ver qué hora es. Y cada nuevo evento profetizado que sucede allí adelanta las manecillas del reloj. Y nos muestra lo cerca que estamos del juicio inminente... y nuestro pronto rescate. Sin embargo, no sabemos exactamente cuándo llegará ese rescate, entonces, ¿cuáles son las principales señales y los eventos con respecto a Israel a los que debemos estar atentos? Porque no queremos perderlos cuando sucedan. No podemos suponer que cada vez que ocurra un evento importante en la profecía bíblica, todos lo sabrán de inmediato. Recuerda que muchas personas no reconocieron las señales que Jesús hizo para demostrar que él era el Mesías durante su primera venida. Si la mayoría de los fariseos y maestros de la ley, que conocían tan bien las Escrituras, se perdieron los cumplimientos en su época, lo mismo nos pudiera pasar a nosotros. Es por eso que debemos mantener la mente abierta y seguir monitoreando los eventos en Israel para que podamos evitar cometer el mismo error. En este capítulo, hablaremos sobre algunas de las profecías específicas sobre Israel que creo que requieren una atención especial.

En los próximos dos capítulos, también comenzaremos a especular sobre lo que podrían significar el resto de las profecías. [*Esto nos ayudará a saber a qué debemos estar atentos.*] La especulación es la formación de una teoría o conjetura sin evidencia firme. Eso significa que puede equivocarse fácilmente porque es solo una conjetura. Los eventos en estos capítulos finales podrían estar comenzando a materializarse, pero aún no han sucedido. Debemos tener en cuenta que Dios puede cumplir su Palabra de una manera que no podemos imaginar antes de que suceda.

El Señor respondió: "Observen las naciones; ¡mírenlas y asómbrense! Pues estoy haciendo algo en sus propios días, algo que no creerían aun si alguien les dijera.
 — **Habacuc 1:5** NTV

Por lo tanto, ahora estamos pasando de cosas que ya han sucedido, que están fijas, a cosas que aún no han sucedido. Mirar hacia adelante desde ese punto es como jugar un juego de Sudoku, el juego de rompecabezas de completar los números que faltan (o colores, si has jugado ColorKu). La forma correcta de completar el rompecabezas es reducir lógicamente la cantidad de números o colores posibles para cualquier cuadrado vacío a una sola posibilidad. Y una vez que haces eso puedes completarlo, sabiendo que puedes seguir adelante con seguridad. En esta analogía, es similar a cuando un evento ocurre. Antes de que suceda, casi siempre hay más de una forma en que podría haberse cumplido, por lo que no se puede reducir a una sola posibilidad y llenar el cuadrado hasta el momento en que suceda. Sin embargo, cuando te quedas atascado o impaciente, puede ser muy tentador comenzar a adivinar qué número o color debería ser el siguiente, aún cuando sabes que hay múltiples posibilidades. Y si comienzas a adivinar, invariablemente llegarás a un punto en el que te darás cuenta de que cometiste un error y deberás regresarte y comenzar el rompecabezas de nuevo (a menos que recuerdes exactamente en qué punto del rompecabezas comenzaste a adivinar y puedas reiniciar el juego desde ese punto). En consecuencia, lo que estamos haciendo en las próximas secciones es solo considerar las posibilidades de cómo estas áreas podrían cumplirse en el futuro. No estamos tratando de determinar definitivamente lo que sucederá. Estamos analizando lo que podría suceder para que podamos reconocerlo cuando suceda. ¡Comencemos!

La Guerra de Gog y Magog

Ezequiel 38 y 39 describen una serie de guerras con los enemigos de Israel. Son algunas de las batallas más proféticamente anticipadas de los últimos días. Muchos suponen que la guerra de Gog-Magog ocurrirá antes de que comience la tribulación o al comienzo de ella, preparando el escenario para el tratado de paz del anticristo. Sin embargo, hay indicadores proféticos en el texto que revelan que no comenzará hasta más tarde en la línea de tiempo de la tribulación. El primer indicador viene de los eventos del sexto sello (*Apocalipsis 6:12-17*) y la primera trompeta (*Apocalipsis 8:7*). Curiosamente, esta es también la primera oportunidad para la recolección de los santos (*Mateo 24:31*) de la que hablamos en el Capítulo 6.

[12] Yo vi cuando el Cordero abrió el sexto sello, y entonces se produjo un gran terremoto. El sol se cubrió de oscuridad, como con un vestido de luto, y la luna entera se puso roja como la sangre. [15] Todos se escondieron en las cuevas y entre las grietas de los montes: lo mismo los reyes de la tierra que los príncipes, los ricos, los capitanes y los poderosos; lo mismo los esclavos que los libres; [16] y decían a los montes y a las peñas: "¡Caigan sobre nosotros! ¡No dejen que nos mire el que está

sentado sobre el trono! ¡Escóndannos de la ira del Cordero! ¹⁷ *El gran día de su ira ha llegado; ¿y quién podrá mantenerse en pie?"*
– Apocalipsis 6:12,15-17

Cuando el primer ángel tocó su trompeta, cayeron sobre la tierra granizo y fuego mezclados con sangre, con lo que se quemó la tercera parte de la tierra, la tercera parte de los árboles y toda la hierba verde.
– Apocalipsis 8:7

Al reconocer la similitud de los eventos de estos versículos con el relato profético que se nos da en Ezequiel 38, parece que podemos tener algunos indicios para entender el tiempo de la batalla entre Gog y Magog dentro de los eventos del Apocalipsis de Juan. Después de la invasión, leemos que Dios enviará un gran terremoto y que toda la vida sobre la faz de la tierra se estremecerá ante la presencia de Dios. Esto suena muy similar a algunos de los eventos del sexto sello. Pero eso no es todo. Lo próximo que sucederá en esta etapa de la batalla es que Dios hará llover granizo y azufre ardiente, que de nuevo es muy similar a la primera trompeta (*granizo y fuego mezclados con sangre*).

"*Cuando llegue el día en que Gog venga y ataque a la tierra de Israel, se encenderán mi ira y mi furor*".—Palabra de Dios el Señor. "*Sí, lo dije en el momento en que ardían mi ira y mi furor. Y dije* **que ese día habría un gran temblor de tierra en Israel**; *que ante mí temblarían los peces del mar, las aves del cielo, las bestias salvajes y toda clase de reptiles,* **lo mismo que todo el género humano sobre la faz de la tierra**. *También dije que los montes y las colinas se desmoronarían, y que todas las murallas se vendrían abajo, y que en todos mis montes convocaría a entrar en combate, y que unos y otros se matarían a filo de espada*".—Palabra de Dios el Señor. "*Así es, Gog: Yo te castigaré con peste y sangre. Sobre ti y sobre tus tropas, y sobre*

los numerosos ejércitos que están contigo, ***dejaré caer una lluvia impetuosa, y piedras de granizo, fuego y azufre.***
— Ezequiel 38:18-22 (énfasis añadido)

La razón por la que la guerra de Gog y Magog sea probablemente dos guerras, o una serie de guerras, se debe al segundo indicador profético. Este segundo indicador sitúa el final del conflicto con el regreso de Cristo con sus ejércitos (*Apocalipsis 19*) para derrotar al anticristo (Gog) en la batalla de Armagedón. Después de la destrucción de los impíos, se nos dice que habrá un gran sacrificio y una gran cena para todas las aves carroñeras y animales salvajes de la tierra. Es una escena verdaderamente horrible y, sin embargo, para aquellos que se niegan a arrepentirse y obedecer a Dios, últimamente, no puede haber otro resultado. <u>Tomados conjuntamente, estos versículos implican que, aunque los eventos de Ezequiel 38 y 39 están conectados, la guerra entre Gog y Magog se desarrollará en dos etapas y comenzará en la segunda mitad de la tribulación.</u>

⁴ *Y tú y todas tus tropas, y los ejércitos que están contigo caerán sobre los montes de Israel. ¡Voy a entregarte a las aves de rapiña de toda especie, y a las fieras salvajes, para que te devoren!*
¹⁷ *Así ha dicho Dios el Señor: "Hijo de hombre, diles a las aves de toda especie, y a todas las fieras salvajes,* ***que se junten de todas partes y vengan acá, a participar del gran sacrificio que voy a ofrecerles sobre los montes de Israel.*** *Van a comer carne y a beber sangre.* ¹⁸ *Comerán la carne de guerreros, y beberán la sangre de príncipes de la tierra, y de carneros, corderos, machos cabríos, bueyes y toros, todos ellos engordados en Basán.* ¹⁹ *Comerán grasa hasta quedar hastiados, y beberán hasta embriagarse la sangre de las víctimas que sacrifiqué para ellos.* ²⁰ ***En ese banquete que les ofreceré se saciarán de caballos y de aguerridos jinetes, y de toda clase de hombres de Guerra".***—*Palabra de Dios el Señor.*
— Ezequiel 39:4,17-20 (énfasis añadido)

¹⁷ Vi entonces que un ángel estaba de pie en el sol, y que con voz potente les decía a todas las aves que surcan los cielos: **"Vengan ya; júntense para la gran cena de Dios,** *¹⁸ para que devoren los cadáveres de reyes, capitanes y poderosos; los cadáveres de caballos y de jinetes, ¡los cadáveres de todos, libres y esclavos, pequeños y grandes!"* **¹⁹ Vi entonces que la bestia y los reyes de la tierra y sus ejércitos se reunían para luchar contra el que montaba el caballo, y contra su ejército.** *²⁰ Pero la bestia fue apresada, y también el falso profeta que había hecho señales milagrosas delante de ella, con las que había engañado a los que recibieron la marca de la bestia y habían adorado su imagen. Estos dos fueron lanzados vivos a un lago de fuego que arde con azufre. ²¹ Los demás fueron muertos con la espada que salía de la boca del que montaba el caballo,* **y todas las aves se saciaron devorando sus cadáveres.** — Apocalipsis 19:17-21 (énfasis añadido)

Ezequiel también nos dice los nombres de las naciones antiguas que estarán involucradas. Si conectamos esos nombres con los nombres de sus ubicaciones modernas, es posible inferir que las naciones de Turquía, Irán, Afganistán, Siria, Libia, Sudán y posiblemente Rusia (en el "lejano norte") podrían estar todas allí. Y aunque han pasado tantos miles de años desde entonces, los versículos de Ezequiel 38 se alinean con el panorama político contemporáneo.

Hijo de hombre, pon tu rostro hacia Gog, de la tierra de Magog, príncipe supremo de Mesec y Tubal, y profetiza contra él, y di: "Así dice el Señor Dios: 'Yo estoy contra ti, oh **Gog, príncipe supremo de Mesec y Tubal.** *Te haré dar vuelta, pondré garfios en tus quijadas y te sacaré con todo tu ejército, caballos y jinetes, todos ellos bien equipados; una gran compañía con broquel y escudo, todos ellos empuñando espada;* **Persia, Etiopía y Fut** *con ellos, todos con escudo y casco;* **Gomer** *con todas sus tropas,* **Bet Togarmá,** *de* **las partes** *remotas del norte, con todas sus tropas; muchos pueblos están contigo."* — Ezequiel 38:2-6 NBLA (énfasis añadido)

TURQUÍA E IRÁN

La mitad de los países mencionados en Ezequiel 38 podrían asociarse razonablemente con tierras antiguas ahora ocupadas por el país de Turquía, lo que hace difícil imaginar que no estarán involucrados. Desde que Turquía rompió por primera vez los lazos diplomáticos con Israel en septiembre del 2011, ha sido evidente que la nueva administración, encabezada por el presidente Recep Tayyip Erdogan, tenía la intención de romper las relaciones constructivas con Israel. También comenzaron a apoyar en secreto a ISIS y a coordinarse con Irán, que es el nombre moderno de Persia.[284] Desde entonces, se ha estado desarrollando una alianza de naciones del norte, con Irán y Turquía como actores principales, y han sido muy abiertos con respecto a sus intenciones hostiles hacia Israel. También han hecho de la "liberación" de la mezquita al-Aqsa y el Monte del Templo uno de sus principales objetivos declarados.[285] Turquía comenzó a suavizar su postura hacia Israel después de que los Emiratos Árabes Unidos y Baréin firmaran los Acuerdos de Abraham, e incluso algún día podrían unirse a los Acuerdos con Israel, pero sus ambiciones hacia Israel y las advertencias de esta profecía los hacen muy sospechosos. Turquía también ha demostrado claramente que quiere restablecer el Imperio Otomano, lo que podría convertirlos en candidatos para el cuerno pequeño del libro de Daniel capítulo 7 que está asociado con el reino de la Bestia en Apocalipsis 13. Sin embargo necesitamos ser cautelosos, porque todavía hay muchos lugares de los que podría surgir el anticristo.

---

[284] "La noción de una invasión conjunta de Israel entre Irán y Turquía es un escenario realista según varios expertos de Medio Oriente," *Israel365 News,* June 28, 2020, https://profeciasdeveladas.com/2020/06/29/expertos-del-medio-oriente-advierten-que-iran-y-turquia-podrian-unirse-para-librar-una-guerra-contra-israel/

[285] "Turquía promete "liberar a Al-Aqsa" después de convertir a Santa Sofía en una mezquita" *Noticias de Israel,* 29 de julio de 2020, https://israelnoticias.com/medio-oriente/turquia-al-aqsa-santa-sofia-mezquita/

¿Y AFGANISTÁN?

Afganistán era parte de la antigua Persia. Con la retirada de Estados Unidos de Afganistán en el 2021, entró en juego otra posible pieza del rompecabezas. Los talibanes tienen sólidos lazos con Turquía e Irán, de modo que su participación no sería una sorpresa.[286] Sin embargo, sabemos que Dios ama a la gente de Afganistán, y durante el tiempo que Estados Unidos estuvo allí, hubo muchos afganos que escucharon y recibieron el Evangelio. Confío en que Dios continuará la obra que comenzó allí, así como lo hizo en tantos otros lugares, como China y las antiguas naciones soviéticas los cuales se volvieron muy hostiles al Evangelio y persiguieron a los creyentes. [*Que Dios bendiga y proteja a los creyentes en todas las pruebas que estén pasando (Romanos 8:36). Amén.*]

¿SIRIA TAMBIÉN ESTARÁ PRESENTE?

Quizás Siria también se opondrá a Israel en esta batalla profetizada. Como imperio antiguo, Siria fue uno de los imperios del norte que gobernaron las regiones que, como la Turquía moderna, podrían incluirse en los nombres Magog, Mesec y Tubal, Gomer y Bet Togarmá. Siria ha tenido muchos tratos tanto con Rusia como con Irán, pero han tenido una relación tenue con Turquía, que ha realizado numerosos ataques aéreos dentro de Siria en sus ciudades kurdas del norte. Supuestamente, los ataques han sido para disuadir a los kurdos sirios de apoyar a los grupos rebeldes de las Unidades de Protección del Pueblo Kurdo (YPG) dentro de Turquía. Además, Turquía ha estado apoyando a grupos yihadistas

---

[286] Tom Bateman. "Talibán en Afganistán: los dos países que conectan al movimiento con el mundo exterior," *BBC News: Mundo*, 9 de septiembre de 2021, www.bbc.com/mundo/noticias-internacional-58428387 ; Mohammad Javad Mousavizadeh. "Irán busca un mayor cooperación con los talibanes de Afganistán", *Noticias de Israel*, 19 de enero de 2022, https://israelnoticias.com/iran/iran-busca-un-mayor-cooperacion-con-los-talibanes-de-afganistan/

antigubernamentales dentro de Siria desde el 2011.[287] Y debido a la crisis de refugiados sirios (2011-2016), tres millones y medio de sirios musulmanes sunitas pro-Turquía comenzaron a vivir en Turquía como refugiados que quieren ver a "Turquía salvar a Siria". Todo esto ha creado una situación volátil que hace que sea difícil predecir cuál puede ser o no el papel de Siria. Ciertamente, Siria estuvo involucrada en la mayoría de las guerras contra Israel hasta la Guerra de Yom Kippur de 1973, por lo que parece probable que también tengan un papel en la guerra de Gog-Magog. Si es así, ese puede ser el momento en que veamos el cumplimiento de la profecía de Isaías de la destrucción completa de Damasco.[288]

Profecía contra Damasco: "¡Miren a Damasco! ¡Ya no será una ciudad! ¡Será convertida en un montón de escombros! Abandonadas quedarán las ciudades de Aroer; serán pastizales donde los rebaños comerán sin que nadie los asuste. Efraín perderá la ciudad fortificada; Damasco se quedará sin realeza. Los sobrevivientes de Aram y sus riquezas serán para los hijos de Israel—afirma el Señor Todopoderoso—. —Isaías 17:1-3 NVI

La Tierra de Fut (Libia)

Según el antiguo historiador judío Josefo, el país de Libia ocupa al menos parte de lo que se conocía como Fut en la antigüedad.[289] Y por lo tanto, podemos esperar que Libia también esté involucrada en la invasión de Israel por parte de Gog-Magog. No es

---

[287] Burak Bekdil. "Qué quiere hacer Turquía en Siria," *el Gran Oriente Medio*, 2015-08-04, http://elmed.io/que-quiere-hacer-turquia-en-siria/
[288] Desde la época en que Isaías escribió esta profecía (c. 742-686 a.C.), Damasco nunca ha sido completamente destruida. Si bien el control de la ciudad ha cambiado muchas veces desde entonces, a medida que diferentes imperios conquistaron la región, nunca se convirtió en un "montón de ruinas" y quedó desolada. En consecuencia, el cumplimiento de esta profecía probablemente será en el futuro.
[289] Flavius Josefo. *Antigüedades de los Judíos*, lib. 1, c. 6, s. 2.

sorprendente que veamos que Turquía está activa en Libia, lo que respalda aún más la conjetura.[290]

El Territorio de Cus

Los países modernos que más concuerdan con Cus son Sudán y Sudán del Sur. ¿Y qué encontramos allí? Que Turquía también está trabajando en Sudán y en los alrededores del Cuerno de África.[291]

¿Qué hay de Rusia?

Rusia también parece estar a la vista por el nombre Rosh, Magog, o por la mención de "la parte más lejana del norte". Los rusos descienden de los escitas, de quienes Josefo dice que eran descendientes de Magog (*Antigüedades de los judíos*, 1.6.1). Rusia también es un conocido partidario de Turquía, Irán y Siria, por lo que se debe esperar su conexión de alguna manera. El estatus de Rusia como potencia mundial, su influencia en Israel y su invasión a Ucrania en el 2022 hacen muy probable su presencia.[292]

El Tratado de Paz de Daniel 9

Una señal principal y un requisito profético para marcar el comienzo de los últimos siete años del gobierno del hombre y

---

[290] "Turquía continuará apoyando la estabilidad y la soberanía de Libia," *TRT Haber*, June 24, 2021, www.trthaber.com/trtvotworld/espanol/turquia-continuara-apoyando-la-estabilidad-y-la-soberania-de-libia-1663725.html

[291] "Turquía dona más de 73.000 uniformes militares a Sudán del Sur," Nota Global, 26 de agosto de 2021, http://notaglobal.com/turquia-dona-mas-de-73-000-uniformes-militares-a-sudan-del-sur/ ; Jean Marcou. "Turquía, una nueva potencia en África" *OrientXXI*, Enero 18, 2022, https://orientxxi.info/magazine/turquia-una-nueva-potencia-en-africa,5311

[292] Hablando de Ucrania, también es una antigua tierra de los escitas (y por lo tanto de Magog). Además, los escitas se aliaron con los asirios por matrimonio y tratado de vasallaje bajo el reinado de Esarhaddon (c. 681-669 a.C.), por lo que también formó parte del imperio neoasirio.

el tiempo de la tribulación es la confirmación del pacto del que se habla en Daniel 9:27. Ya hablamos sobre las amplias implicaciones de este versículo en el capítulo 5: *Setenta Semanas Han Sido Decretadas*. Ahora lo veremos más de cerca.

Y él hará un pacto firme con muchos por una semana, pero a la mitad de la semana pondrá fin al sacrificio y a la ofrenda de cereal. Sobre el ala de abominaciones vendrá el desolador, hasta que una destrucción completa, la que está decretada, sea derramada sobre el desolador.
— **Daniel 9:27** NBLA

La mención de confirmar el pacto no significa necesariamente que el anticristo sea quien redacte el tratado o la declaración. Simplemente debe prestarle su apoyo de alguna manera. La declaración, "con los muchos" es probablemente una alusión a las muchas naciones que también lo apoyarán en un acuerdo o acuerdo de paz colectivo. En el proceso, reconocerán el derecho de Israel a existir como nación, y que su derecho a la tierra proviene de Dios, a través del Pacto Abrahámico. Es más, el anticristo será solo uno de los participantes en todo el asunto, y puede que no sea obvio que él pronto será la Bestia que comenzará a gobernar las naciones de la tierra tres años y medio después en la Gran Tribulación. Además, puesto que solo quedarán siete años para el gobierno humano hasta el regreso de Cristo, <u>esto significa que cualquier "confirmación del pacto" será de facto por siete años, por lo que el tratado no tiene que especificar siete años en sus términos</u>.

Sin embargo, debido a la asociación con el anticristo y el fin de los tiempos, no todos estarán celebrando que Israel esté haciendo acuerdos de paz. Sin embargo, se nos ordena buscar la paz de Jerusalén. David nos anima en los Salmos a orar continuamente por la paz de Jerusalén. Nota también la conexión de esa paz con la casa del Señor (el templo) y que a Dios le agrada que los hombres quieran ir allí.

Yo me alegré cuando me dijeron: "Vamos a la casa del Señor". Plantados están nuestros pies dentro de tus puertas, oh Jerusalén.... Oren ustedes por la paz de Jerusalén: "Sean prosperados los que te aman. Haya paz dentro de tus muros, y prosperidad en tus palacios". Por amor de mis hermanos y de mis amigos, diré ahora: "Sea la paz en ti". Por amor de la casa del Señor nuestro Dios procuraré tu bien.

— **Salmos 122:1-2, 6-9** NBLA

Cuando el presidente Trump lanzó su plan "Paz para la prosperidad" para Israel y los palestinos en enero del 2020, muchas personas pueden haberlo confundido al principio con otro intento fallido de encontrar una solución real al insoluble problema palestino, solo otro golpe sin sentido en el objetivo aparentemente imposible de la paz en el Medio Oriente entre judíos y árabes. Pero luego, más tarde ese mismo año, surgieron los Acuerdos de Abraham y presentaron un candidato viable para el cumplimiento de la profecía de Daniel. Muchos se preguntaron si los acuerdos sobrevivirían a la transición a una nueva administración democrática en los EE. UU. bajo el presidente Biden; sin embargo, cuando los Acuerdos de Abraham cumplieron un año, no solo seguían vigentes, ¡sino que también estaban dando frutos! Después, los acuerdos fueron aceptados por la administración de Biden y han seguido prosperando. De hecho, pronto se hizo evidente que no eran simplemente otro fiasco del acuerdo de paz, sino que eran potencialmente algo proféticamente significativo.

Entonces, ¿cómo sucedió todo? Primero, cuando se presentó por primera vez el acuerdo entre Israel y Palestina, fue aprobado tanto por Israel como por Estados Unidos. En segundo lugar, se desarrolló en coordinación silenciosa con los estados árabes moderados (Bahrein, Emiratos Árabes Unidos, Egipto, Jordania y Arabia Saudita) y con la participación de algunas personas influyentes cristianas evangélicas como Joel Rosenberg, a partir del 2018.[293] Mientras que esas naciones árabes no aprobaron públicamente el plan, muchos evitaron condenarlo por completo y, en cambio, respaldaron o aplaudieron el esfuerzo.[294] Al permanecer neutrales sobre el tema, estos países árabes señalaron su aprobación privada. Cierto, fue rechazado por los palestinos, pero Jared Kushner, uno de los arquitectos del plan, anunció que, a diferencia de otros intentos de paz en el pasado, este plan no requeriría necesariamente la aprobación palestina para avanzar,[295] y sentó un precedente interesante para futuras negociaciones.

Después vinieron los Acuerdos de Abraham,[296] que incluyeron el reconocimiento oficial del Estado de Israel por parte de los países árabes que lo firmaron, y comenzaron a abrir una nueva era de paz en la región.[297] Asegurar la paz con los vecinos de Israel es un gran paso para asegurar la paz con los palestinos, ya que su causa generalmente ha sido apoyada universalmente por las naciones musulmanas. Sin embargo, cuanto más pierden ese apoyo, más presión tienen para negociar una resolución del conflicto.

---

[293] Joel Rosenberg. *Enemies and Allies: An Unforgettable Journey inside the Fast-Moving & Immensely Turbulent Modern Middle East* (Tyndale House, 2021).
[294] Megan Specia. "En qué consiste el plan de Donald Trump para Medio Oriente," *The New York Times*, 31 de enero de 2020, www.nytimes.com/es/2020/01/31/espanol/mundo/plan-paz-israel-palestina.html
[295] Aaron Reich, "Kushner: US to approve annexation if Palestinians don't negotiate," *Jerusalem Post*, March 8, 2020, www.jpost.com/Middle-East/Kushner-US-to-approve-Israeli-annexation-if-Palestinians-dont-negotiate-620135
[296] www.cnn.com/2020/09/15/politics/israel-uae-abraham-accords-documents/index.html
[297] Yurany Arciniegas. "Israel firma acuerdo histórico con Emiratos Árabes y Bahrein tras la mediación de EE. UU." *France24*, 15 de septiembre de 2020, https://www.france24.com/es/20200915-israel-firma-acuerdos-de-abraham-emiratos-arabes-unidos-bahrein-estados-unidos ; Helen Raleigh, "What Corporate Media Won't Tell You About Trump's Historic Middle East Peace Deal," *The Federalist*, August 19, 2020, https://thefederalist.com/2020/08/19/what-corporate-media-wont-tell-you-about-trumps-historic-middle-east-peace-deal/

Entonces, considerando el progreso actual hacia la paz en el Medio Oriente, ¿estamos viendo algo simplemente en línea con lo que David dijo que debemos buscar continuamente, o hemos entrado en el tiempo de paz del que habló Daniel? Y de cualquier manera, ¿cómo afectará esto las aspiraciones judías de cosas como la reconstrucción del templo y el restablecimiento de alguna forma de sacrificios? Para confirmar verdaderamente que nos estamos moviendo hacia la paz de Daniel y no simplemente esperando y orando por la paz en general, parece que debería haber un restablecimiento de los sacrificios en el Monte del Templo e incluso un templo reconstruido dentro de los tres años y medio de la confirmación del pacto.

Restablecimiento de la Oración y los Sacrificios en el Monte del Templo

En 1967, después de la Guerra de los Seis Días, Israel tuvo el control total del Monte del Templo... por diez días. Moshe Dayan, después de reunir a Jerusalén y restaurar toda Jerusalén al control israelí, decidió unilateralmente que sería mejor entregar el control del lugar más sagrado del judaísmo a sus enemigos, los jordanos.[298] Dayan devolvió el control del Monte del Templo al país que acababa de invadirlos y trató de aniquilarlos. [¡*Esto es inconcebible!*] Y sin embargo, esto es exactamente lo que Dios dijo que sucedería, claro como el agua, a través del profeta Ezequiel.

No se ocuparon de cumplir con mi culto sagrado, sino que pusieron a extranjeros a cargo de mi santuario.
— **Ezequiel 44:8** NVI

Y desde entonces, la decisión de Dayan ha sido una espina en la carne para el pueblo judío. El Waqf jordano ha guardado celosamente el acceso al Monte del Templo, expresando regularmente la opinión de que solo los musulmanes deberían tener libre acceso al

---

[298] Rivka Gonen. *Contested Holiness: Jewish, Muslim, and Christian Perspectives on the Temple Mount in Jerusalem* (KTAV Publishing House, Inc., 2003): 149-150.

sitio y poder orar allí. Bajo el tradicional "statu quo" del control musulmán del Waqf, el acceso de los judíos a su lugar más sagrado ha sido severamente limitado. Se les ha negado rutinariamente la posibilidad de orar allí o incluso de llevar copias de la Biblia (Tanakh) o libros de oraciones durante su visita. A pesar de las periódicas protestas judías, la situación ha persistido con pocas esperanzas de cambio. Pero poco a poco, a los judíos se les permitió orar en silencio en el Monte del Templo.[299] De hecho, desde el 2016, a los judíos se les ha permitido orar cada vez más en el Monte del Templo.[300] Luego, después de que se inauguraron los Acuerdos de Abraham en el 2020, la gente comenzó a preguntarse si era tiempo de normalizar el Monte del Templo, es decir, permitir el acceso equitativo al sitio que musulmanes, judíos y cristianos consideran sagrado.[301] Esto significaría reconocer que a todas las religiones se les debe permitir tener acceso y orar en el Monte del Templo, así como permitirles celebrar sus respectivas fiestas y celebraciones religiosas. Esto es exactamente lo que se pedía en el plan de *Paz para la Prosperidad* que fue aprobado tanto por Estados Unidos como por Israel. Poco después, a los judíos se les permitió orar abiertamente y se les permitió el acceso a través de puertas que normalmente solo estaban abiertas para los musulmanes.[302] A esto

---

[299] Ana Jerozolimski. "En el Monte del Templo hay lugar para todos, afirma ex diputado del Likud," *Seminario Hebreo JAI*, 22 de Agosto de 2019, www.semanariohebreojai.com/articulo/1328

[300] Abra Forman. "Por primera vez en la historia, a los judíos se les permite orar en el Monte del Templo mientras los miles ascienden para las festividades (For First Time Ever, Jews Allowed to Pray on Temple Mount as Thousands Ascend for Holidays)," *Isreal 365 News*, 26 de octubre de 2016, https://www.israel365news.com/77582/first-police-allow-limited-prayers-temple-mount-record-amount-jews-ascend-holidays/

[301] Nave Dromi, "¿Es hora de 'normalizar' el Monte del Templo? (Is it time to 'normalize' the Temple Mount?)" *Jerusalem Post*, Sept. 13, 2020, www.jpost.com/opinion/its-time-to-normalize-the-temple-mount-642055

[302] "O.Próximo.- Israel permite por primera vez rezos judíos en la Explanada de las Mezquitas," *Infobae Newsroom*, 19 de Julio de 2021, https://www.infobae.com/america/agencias/2021/07/19/oproximo-israel-permite-por-primera-vez-rezos-judios-en-la-explanada-de-las-mezquitas/

le siguió la primera decisión legal de los tribunales que declaraba que no era ilegal que los judíos oraran en el Monte del Templo.[303] Si bien no está explícito en las Escrituras, una de las condiciones previas necesarias para restaurar los sacrificios es la capacidad de orar abiertamente en el Monte del Templo.

Se nos dice en Daniel que los sacrificios volverían a tener lugar antes del tiempo de la abominación desoladora. Esto nos dice que habrá una restauración de al menos algunas partes del sistema de sacrificios. Uno podría imaginar que esto será algo figurativo, en lugar de una restauración de los sacrificios reales de animales; pero con todos los preparativos en curso, hay buenas razones para creer que la profecía debe entenderse literalmente. Puede que no sea un regreso a los servicios completos de sacrificio, con la matanza de miles de animales, pero alguna forma de sacrificio sacerdotal podría volver a verse en Israel.

En cuanto a la capacidad actual de Israel para reiniciar el sistema de sacrificios, parece que todo está realmente en su lugar, excepto la voluntad del pueblo y del gobierno para permitirlo. Lo más probable es que los judíos comenzaran restableciendo el sacrificio de la Pascua, también llamado *Korban Pesach*.[304] De acuerdo con la ley judía (basada en *Números 9:10*), el sacrificio de la Pascua se puede hacer incluso cuando no se ha restaurado la pureza ritual total. Respecto a esto, algunos judíos en Israel ya han estado practicando sacrificios de Pascua.[305] Esto ha estado sucediendo anualmente

---

[303] "ISRAEL Corte israelí cuestiona prohibición de oración judía en el Monte del Templo," AJN, 22 de mayo de 2022, https://agenciaajn.com/noticia/corte-israeli-cuestiona-prohibicion-de-oracion-judia-en-el-monte-del-templo-191004

[304] Rabino Jaim Frim. "¿Se puede sacrificar un cordero para Pesaj?" https://daat.org.il/es/shut/se-puede-sacrificar-un-cordero-para-pesaj/

[305] "La policía de Jerusalén autoriza el "sacrificio" de la Pascua al pie del Monte del Templo," *Noticias de Israel*, 26 de marzo de 2018, https://israelnoticias.com/judaismo/sacrificio-de-la-pascua-al-pie-del-monte-del-templo-jerusalem/

desde el 2012.³⁰⁶ La aprobación para realizar un sacrificio oficial podría llegar en cualquier momento, ya que el Sanedrín Naciente ha estado solicitando al gobierno todos los años permiso para realizar un verdadero sacrificio de Pascua, en lugar de solo practicarlo. El Instituto del Templo, el cual está involucrado en muchos de los esfuerzos para reconstruir el templo, incluso tiene una escuela que ha estado entrenando sacerdotes (*kohanim*) desde el 2016.

Sin embargo, un obstáculo importante para realizar cualquier sacrificio en el Monte del Templo es que hacerlo sería visto como una violación del falso "statu quo" que el Waqf jordano quisiera mantener. Es falso porque solo se aplica contra Israel, no contra los palestinos, y se administra de manera inequitativa y caprichosa tanto contra los judíos como contra los visitantes extranjeros del Monte del Templo. Significa que solo los musulmanes tienen libertad para acceder y adorar allí, porque piensan que los no musulmanes profanan la santidad del sitio. Esta condición debe cambiarse si los judíos van a restaurar cualquier tipo de servicio sacrificial. Sin embargo, hay algunas opciones para resolver este dilema. Primero, Israel podría simplemente sacar a Jordania y luego retornar la soberanía total sobre el Monte del Templo. Eso arriesgaría la guerra, pero cuando se trata de una guerra contra Israel, las opciones de Jordania son limitadas, por lo que es poco probable que puedan hacerle daño significativo a Israel. Sin embargo, Hamás y los palestinos radicales probablemente responderían muy negativamente. Israel ciertamente tendría que lidiar con una respuesta de ellos, pero de todos modos tienen que hacerlo regularmente, por lo que puede que no sea un problema tan grande.

Una segunda opción sería establecer la soberanía solo en el tercio norte del complejo del Monte del Templo. Esto dejaría el área con

---

306 Adam Eliyahu Berkowitz. "Ahora se están recolectando piedras para el altar del sacrificio del cordero pascual (Stones For Altar of Pascal Lamb Sacrifice Now Being Collected)," *Israel 365 News*, March 31, 2020, www.israel365news.com/147935/stones-for-altar-of-pascal-lamb-sacrifice-now-being-collected/

la Cúpula de la Roca y la mezquita al-Aqsa bajo el mismo "statu quo", pero de esa manera solo reduciría el tamaño del área bajo su control. Una tercera opción es transferir la administración Waqf del Monte del Templo de Jordania a Arabia Saudita. Los académicos en Arabia Saudita han comenzado a expresar opiniones de apoyo con respecto a permitir que los judíos restablezcan sus prácticas de adoración en el Monte del Templo, negando que Jerusalén sea la ubicación de la "mezquita más lejana" o el tercer lugar más sagrado del Islam.[307] Si esa se convirtiera en la posición oficial saudita sobre el asunto, entonces abriría la puerta a una solución de compromiso de control compartido sobre áreas judías y musulmanas separadas. Sin embargo, bajo cualquiera de esas opciones, los judíos probablemente tendrían que establecer una zona judía santificada y luego definir áreas compartidas, como la parte sur con la Cúpula de la Roca y la mezquita al-Aqsa, como un espacio compartido, llamado *carmelit*.[308] Esto crearía una designación especial bajo la ley judía que permitiría la separación del área y la oportunidad de restaurar la pureza ritual en el lugar donde se realizarían los sacrificios, sin remover las estructuras islámicas en el Monte del Templo. Cualquiera de esas opciones podría permitir la reinstauración de los sacrificios.

Con el creciente conflicto entre las potencias islámicas de Turquía e Irán en el norte, y Arabia Saudita, Jordania, Egipto, Emiratos Árabes Unidos y Baréin como países moderados en el sur, permitir el acceso abierto al Monte del Templo se está convirtiendo en un punto de apoyo que en realidad puede ser favorable a los ojos de los nuevos socios de paz del sur de Israel.[309] Si a los judíos y

---

[307] "¿Es Jerusalén una ciudad islámica sagrada?" *Enlace Judío México*, 30-1-2019, www.enlacejudio.com/2019/01/30/es-jerusalen-una-ciudad-islamica-sagrada/
[308] "La zona exenta (*makom patur*) y la zona intermedia (*carmelit*)." https://ph.yhb.org.il/es/01-21-03/
[309] "Emiraties Imperturbables Ante la Fatwa Que les Prohíbe Rezar en el Monte Del Templo," *Iton Gadol*, 17-11-2020, https://itongadol.com/medio-oriente/emiraties-imperturbables-ante-la-fatwa-que-les-prohibe-rezar-en-el-monte-del-templo

cristianos se les permitiera el acceso abierto al Monte del Templo, como consecuencia disminuiría la importancia de Jerusalén y elevaría la importancia de La Meca y Medina. Esto también podría ayudar a la lucha actual con Turquía e Irán porque aumentaría la supremacía religiosa de los Estados del Golfo aliados alrededor de Arabia Saudita al negar a Turquía e Irán un lugar sagrado islámico alternativo para apoyar sus esfuerzos por restablecerse como líderes del próximo califato. En consecuencia, permitir que los judíos restablezcan su adoración en el Monte del Templo comunicaría que solo La Meca y Medina son de suprema santidad y, por lo tanto, son las naciones moderadas del sur las que están siguiendo la forma más legítima del Islam.

Reconstruyendo el Templo

Una de las principales razones por las que escribí mi primer libro, *The Temple Revealed* (El Templo Revelado), fue porque creo que las Escrituras enseñan que un templo será reconstruido antes del retorno de Jesucristo y antes de la mitad de la tribulación de siete años, la septuagésima semana de Daniel. Considero que esta es una de las próximas señales importantes que saldrán de la tierra de Israel. Veamos las Escrituras que establecen esta expectativa.

Por tanto, cuando en el lugar santo vean la abominación desoladora, de la que habló el profeta Daniel (el que lee, que entienda)...
— Mateo 24:15

*De ninguna manera se dejen engañar. Porque ese día no vendrá sin que antes venga la apostasía, y se manifieste el hombre de pecado, es decir, el hijo de perdición, 4 el cual se opone y se enfrenta a todo lo que se llama Dios o es objeto de culto. Llega al grado de **sentarse en el templo de Dios y de ocupar su lugar**, haciéndose pasar por Dios.*
— **2 Tesalonicenses 2:3-4** (énfasis añadido)

Estos dos testigos del Nuevo Testamento indican que el anticristo cometerá la última abominación desoladora de la que se habla en Daniel 9:27 en "el lugar santo" y el "templo de Dios". Ahora bien, es concebible que esto sea simplemente una alusión a una declaración que el anticristo hará mientras está de pie en el Monte del Templo, pero hay otro versículo que me hace pensar que la reconstrucción del templo será una señal para las naciones antes de que el pleno juicio de Dios se derrame durante la tribulación.

Y cuando mi santuario esté para siempre en medio de ellos, las naciones sabrán que yo, el Señor, santifico a Israel. **– Ezequiel 37:28**

Este versículo llega al final de una secuencia de dos capítulos (*Ezequiel 36-37*) que describe la restauración de Israel de un valle de huesos secos. Creo que debe ser una referencia a un tiempo antes del regreso del Señor porque parece que sería la presencia del Señor, no un templo reconstruido, lo que demostraría que Él santifica a Israel. Por lo tanto, tendría más sentido si esto sucediera antes de su regreso, cuando la reconstrucción del templo ciertamente sería una señal para las naciones.

Amós 9:11 también dice que el refugio caído de David (*sukkah*) será reconstruido, con sus ruinas y paredes restauradas. La mención de sus muros y ruinas sugiere fuertemente que se trata de una referencia a la construcción del templo, no a un tabernáculo temporal. La profecía definitivamente se cumplirá durante el reino milenial, pero hay buenas razones para sospechar que esta profecía también apunta a la reconstrucción de un templo antes de la mitad de la tribulación, como una señal para las naciones.

"*Cuando llegue el día, yo volveré a levantar el tabernáculo de David, que ahora está derribado, y repararé sus grietas y reedificaré sus ruinas. Volveré a edificarlo, como en el pasado.*" **– Amós 9:11**

Cuando el templo se reconstruya un, ya sabemos que Dios ha ordenado que *"mi casa será llamada casa de oración para todos los pueblos"*, y esto es exactamente de lo que hablan los judíos en Israel en la actualidad, cuando hablan de sus planes para reconstruir el templo.[310] Por lo tanto, sus esfuerzos se están alineando para que esta profecía también se cumpla.

Yo los llevaré a mi santo monte, para que se alegren en mi casa de oración. Sus holocaustos y sus sacrificios serán bien recibidos sobre mi altar, porque mi casa será llamada casa de oración para todos los pueblos. — Isaías 56:7

La verdad se revelará con el tiempo, pero ya sea que se reconstruya un templo antes del milenio o no, debemos observar de cerca el Monte del Templo. Aquí es donde se deben ofrecer nuevamente los sacrificios, y si el templo se debe de reconstruir, es donde éste se debe de ubicar. En los últimos años, algunos han tratado de desarrollar argumentos para ubicaciones fuera del Monte del Templo, estos argumentos simplemente se derrumban en frente de la evidencia bíblica, histórica y arqueológica que respalda al Monte del Templo, específicamente el área en el norte que está en línea con la Puerta Dorada.[311] Sin embargo, hay demasiada evidencia de apoyo para el área del Monte del Templo en su conjunto y, al mismo tiempo, una sorprendente falta de evidencia para cualquier área fuera de ella. En todos los casos, las propuestas para áreas fuera del Monte del Templo se basan completamente en presunciones y conjeturas. Reconociendo que la Puerta Dorada actual conserva los restos de la puerta oriental del templo de Salomón, y que la Cúpula de los Espíritus cubre los restos del piso de trilla de Arauna, la

---

[310] "Derechos Humanos Judíos en el Monte del Templo desde una Perspectiva Islámica," *Aurora*, 4 julio de 2018, https://aurora-israel.co.il/derechos-humanos-judios-en-el-monte-del-templo-desde-una-perspectiva-islamica/

[311] Christian Widener. "The Temple Revealed 2 –The Jewish Temple in Jerusalem–Where it Was and Where it Wasn't (en inglés)," 6 de junio de 2021, En YouTube, www.youtube.com/watch?v=dJH1bJ2iWkQ&t=1s

cuestión de la ubicación anterior del templo ya debería haberse resuelto fuera de toda duda razonable.³¹² Desafortunadamente, hasta que se permita la reconstrucción y se puedan hacer excavaciones para confirmar su ubicación anterior, puede ser imposible llegar a un consenso aceptable sobre el tema.

Sin embargo, podríamos considerar que las referencias al anticristo parado en el "templo" y causando la abominación desoladora, mencionadas en Mateo 24 y 2 Tesalonicenses 2, podrían simplemente referirse al área del Monte del Templo y no a una estructura reconstruida. En el libro de los Hechos, leemos que los discípulos se reunían diariamente en el templo (*hieron* - Strong's G2411). Esta palabra se aplica ampliamente para referirse a un templo y toda su área designada, por lo que a menudo se traduce como "atrios del templo" porque el contexto deja en claro que no estaban en el edificio del templo en sí, sino en el complejo del Monte del Templo, o los atrios del templo.

Todos los días se reunían en el templo [hieron], y partían el pan en las casas, y comían juntos con alegría y sencillez de corazón. — **Hechos 2:46**

Pero llegó otro y les dijo: "Escuchen: los hombres que ustedes metieron a la cárcel, están ahora en el templo (hieron), impartiendo enseñanzas al pueblo." — **Hechos 5:25**

Cuando leemos estos pasajes en Hechos que describen a los creyentes en el templo (*hieron*), se entiende que se incluía toda el área, incluidos los atrios y el edificio del templo. Sin embargo, cuando Pablo escribió en 2 Tesalonicenses 2:4 que el hombre de pecado se "establecería en el templo de Dios, proclamándose Dios", usó una palabra diferente, *naos* (Strong's G3485), que se refiere específicamente al lugar más santísimo del edificio del templo en sí. Algunos pueden ver esto también como metafórico,

---

³¹² Widener. *The Temple Revealed*, 23-99.

una referencia a los creyentes en Cristo que son el templo del Espíritu Santo (*1 Corintios 6:19*) y de alguna manera serán profanados. Pero Daniel cuenta 1,290 y 1,335 días desde este acto (*Daniel 12:11-12*), lo que hace difícil ver esto como algo más que un evento literal.

Sin embargo, la Cúpula de los Espíritus se encuentra sobre el área que una vez fue el piso de trilla de Arauna, donde una vez se asentó el lugar santísimo del templo.[313]

Área abierta al norte de la Cúpula de la Roca donde se reconstruirá el templo, o quizás se hará una conferencia de prensa u otra declaración pública. [Foto tomada mirando SE por el autor el 12 de enero del 2020.]

Si el anticristo hace su declaración de ser Dios estando parado en o cerca de este lugar en el Monte del Templo, entonces diría que esto también podría satisfacer el uso gramatical de la palabra *naos*, sin un edificio. Entonces, quién sabe cómo sucederá realmente todo esto; pero cuando la presa finalmente se rompa en el Monte del Templo, probablemente será un con un flujo turbulento.

---

[313] Ibid., 23-56.

Las Dos Alas de la Gran Águila

Otro misterio de la profecía de los últimos días es entender la secuencia de juicios y liberaciones para el estado de Israel y el pueblo judío. Hay docenas de pasajes que prometen juicio y liberación para Israel. Discernir cuáles de esos pasajes ya se han cumplido y cuáles aún pertenecen al futuro, no es tarea fácil. De hecho, diría que no se puede hacer de manera confiable, al menos en general, porque hay muchos períodos de juicio y bendición en la historia de Israel, junto con muchos textos para tratar de resolver. Entonces, ¿dónde nos deja eso? En un lugar de humildad, mayor estudio y vigilancia mientras reflexionamos sobre lo que debemos esperar que suceda en el estado de Israel. Debemos evitar pronunciar el mal y la destrucción sobre Israel en el futuro, basándonos en suposiciones sobre cuándo se aplicarán las profecías de los juicios prometidos por Israel. ¿Por qué? Porque nuestro Dios es clemente, lleno de misericordia y compasión, es lento para la ira y él cederá del mal que ha prometido cuando la gente se arrepienta verdaderamente.

> *En un momento puedo hablar de arrancar, derribar y destruir a una nación o a un reino; pero, si la nación de la cual hablé se arrepiente de su maldad, también yo me arrepentiré del castigo que había pensado infligirles. En otro momento puedo hablar de construir y plantar a una nación o a un reino. Pero, si esa nación hace lo malo ante mis ojos y no me obedece, me arrepentiré del bien que había pensado hacerles. Y ahora habla con los habitantes de Judá y de Jerusalén, y adviérteles que así dice el Señor: "Estoy preparando una calamidad contra ustedes, y elaborando un plan en su contra. ¡Vuélvanse ya de su mal camino; enmienden su conducta y sus acciones!"* — **Jeremías 18:7-11** NVI

Incluso durante el Día del Señor, cuando Dios prometió derramar su ira sobre toda la tierra, también dijo "aún ahora" si la gente se arrepiente, entonces les mostrará compasión. Entonces, especialmente para el pueblo de Dios, a quien él ha llamado por su nombre, ¿no deberíamos orar por su arrepentimiento nacional y esperar cosas mejores para ellos, tal como lo haríamos para nosotros?

Grande y terrible es en verdad el día del Señor, ¿Y quién podrá soportarlo? "Aun ahora", declara el Señor, "vuelvan a Mí de todo corazón, con ayuno, llanto y lamento. Rasguen su corazón y no sus vestidos". Vuelvan ahora al Señor su Dios, porque Él es compasivo y clemente, lento para la ira, abundante en misericordia, y se arrepiente de infligir el mal. ¿Quién sabe si reconsidere y se apiade, y deje tras sí bendición?
— **Joel 2:11b-14a** NBLA

Hay otra razón por la que debemos tener la esperanza e incluso la expectativa de cosas mejores para Israel, particularmente durante el tiempo de la Gran Tribulación. Se nos dice en Apocalipsis 12 acerca de la visión de una mujer a la que se le dan las dos alas de una gran águila para llevarla al desierto. Debemos entender que la mujer representa al pueblo judío, porque dio a luz al hijo varón que "gobernará las naciones con vara de hierro", lo cual es una alusión a Jesucristo. No es una referencia a María, la madre de Jesús, porque el nacimiento de Cristo fue mucho antes de esta profecía. Ella tampoco puede ser identificada como la Iglesia, porque se nos dice que será la descendencia de la mujer que "guarde los mandamientos de Dios y retenga el testimonio de Jesús". Así, lógicamente, la mujer debe representar de alguna manera al pueblo de Israel.[314] La imagen de ella recibiendo alas y siendo protegida en el desierto es una profecía acerca de su rescate.

---

[314] Esto puede referirse solamente a un remanente de Israel, es decir, al verdadero Israel (*Romanos 9:6 – "Porque no todos los que descienden de Israel son israelitas"*), o puede ser un rescate total de la nación de Israel, que conducirá a su arrepentimiento nacional.

Cuando el dragón se dio cuenta de que había sido arrojado a la tierra, persiguió a la mujer que había dado a luz al hijo varón. Pero a la mujer se le dieron **las dos alas de la gran águila** *para que volara a su lugar en el desierto, donde es alimentada* **por un tiempo, y tiempos, y la mitad de un tiempo, para estar a salvo de la serpiente.** *Entonces la serpiente arrojó mucha agua por la boca, para que la mujer fuera arrastrada como por un río. Pero la tierra vino en su ayuda, pues abrió su boca y se tragó el río que el dragón había arrojado por su boca.* **Entonces el dragón** *se llenó de ira contra la mujer y* **se fue a luchar contra el resto de sus descendientes,** *es decir, contra* **los que obedecen los mandamientos de Dios y tienen el testimonio de Jesucristo.**

— Apocalipsis 12:13-17 (énfasis añadido)

Esto genera dos preguntas adicionales. ¿Cuándo sucederá esto y adónde será llevada la mujer? La primera pregunta es la más fácil de responder. Dado que el tiempo de su protección es de 1,260 días (*Apocalipsis 12:6*), lo que equivale aproximadamente a cuarenta y dos meses o tres años y medio, la conclusión más lógica es que esto sucede durante la segunda mitad de la septuagésima semana de Daniel (la Gran Tribulación). En consecuencia, esto también es algo a lo que hay que estar atentos, además de la reconstrucción del templo y la reanudación de los sacrificios. La segunda pregunta, sin embargo, es más difícil. El número de judíos que vivían en Israel en el 2021 era de aproximadamente 6,829,000. ¡Eso es mucha gente para volar a algún lado! Incluso si hubiera una calamidad que causara la muerte de una parte significativa de la población, todavía habría una gran cantidad de personas para albergar. Usando números del 2019, el Aeropuerto Ben Gurion atendió a un promedio de 68,000 pasajeros por día. Durante los días pico, puede haber sido más del doble de ese número, pero evacuar completamente a Israel en avión aún podría llevar más de un mes. Por supuesto, los barcos también podrían usarse, pero evidentemente no es una tarea fácil.

Posiblemente, la referencia también podría ser a otra crisis de refugiados a escala de Siria, donde el mundo vio a 6.5 millones de personas huir a las naciones vecinas durante un período de unos pocos años; sin embargo, los judíos huyendo a los países árabes vecinos sería mucho más problemático que para los sirios. Además, ¿realmente huirían los judíos de Israel? No lo hicieron en el pasado, aún cuando se han enfrentado a una aniquilación casi segura en más de una ocasión. ¿Por qué huirían ante una futura invasión? El punto es que los escenarios para la evacuación total de los judíos de Israel no parecen factibles. Especialmente si consideramos los versículos donde Dios dice que, cuando restaure a los judíos en su tierra en los últimos días, nunca más serán desarraigados.

Haré volver del cautiverio a mi pueblo Israel, y ellos reconstruirán las ciudades destruidas y volverán a habitarlas; plantarán viñas, y de ellas beberán el vino, y plantarán huertos, y de ellos comerán su fruto. Yo los plantaré sobre su tierra, **y nunca más volverán a ser arrancados de ella, pues yo se la di en posesión.**
— **Amós 9:14-15** (énfasis añadido)

Entonces, esto plantea la pregunta, ¿estamos malinterpretando la visión de la mujer a la que se le dan las dos alas de una gran águila? Y en cambio, ¿podríamos estar hablando de la preservación sobrenatural y la protección continua de Israel, justo donde ya están? Si es así, ¿qué significa decir que la mujer está protegida en el desierto *"en su lugar"*? Las palabras griegas son *"eis autos topos"* literalmente "a su lugar". La palabra *topos* (Strong's G5117) significa un lugar, o cualquier porción o espacio que está delimitado (separado de un espacio circundante). Puede referirse a un lugar habitado, como una ciudad, un pueblo o un distrito, y sugeriría que esta palabra también se aplica a cualquier país moderno con fronteras definidas.

La mujer huyó entonces al desierto, a un lugar que Dios le había preparado, para que allí la alimentaran durante mil doscientos sesenta días. — **Apocalipsis 12:6**

Por lo tanto, lo que puede estar a la vista es la continua migración de judíos a Israel para su protección, no el éxodo masivo de judíos de la tierra a la que Dios acaba de regresarlos. Ante una pandemia global y un gran resurgimiento del antisemitismo que comenzó en el 2020, la inmigración a Israel aumentó un 30 por ciento en el 2021, con más de veinte mil judíos regresando a Israel.[315] A medida que las cosas empeoran, es probable que los judíos continúen regresando a la tierra, especialmente a medida que disminuye su sensación de seguridad en sus países actuales.[316] En consecuencia, cuando leemos que la mujer huirá al desierto al lugar preparado para ella por Dios, creo que debemos considerar que el estado renacido de Israel podría ser ese lugar. Eso significa que la mujer que huye representaría al pueblo judío que actualmente vive fuera de la tierra de Israel. También significa que el reino del anticristo no puede dominar la Tierra Hermosa. Una de las suposiciones hechas, basada en una profecía del libro de Daniel, es que el anticristo conquistará a Israel. Esto viene de la declaración de que el anticristo invadirá la Tierra Hermosa y levantará sus tiendas entre los mares y la hermosa Montaña Sagrada.

Invadirá la tierra gloriosa, y muchas provincias serán conquistadas, aunque Edom y Moab, y la mayoría de los hijos de Amón lograrán escapar.

— Daniel 11:41

---

[315] "Más de 27 mil judíos inmigraron este año a Israel, 30% más que en 2020." *Enlace Judio*, 22 diciembre de 2021, https://www.enlacejudio.com/2021/12/22/mas-de-27-mil-judios-inmigraron-este-ano-a-israel-30-mas-que-en-2020/.

[316] Rea Bochner. "America is over. I'm moving to Israel." *Times of Israel*, June 1, 2021, https://blogs.timesofisrael.com/america-is-over-im-moving-to-israel/. En esta publicación de opinión, el autor expresa: "No sé si es posible otro Holocausto en el USA, pero después de lo que he visto últimamente, sí creo que en algún momento los judíos ya no serán bienvenidos aquí". A medida que ese tipo de sentimiento aumenta entre los judíos que viven fuera de Israel, uno solo puede esperar que la inmigración a Israel continúe aumentando.

Plantará las tiendas de su palacio entre los mares y el monte santo y glorioso, pero su fin llegará y no habrá nadie que lo ayude.
— **Daniel 11:45**

A primera vista, estos versículos parecen indicar que Israel será conquistado por un gobernante malvado en los últimos días, que se entiende que es el anticristo. Pero, ¿y si la invasión de un gobernante a la hermosa tierra apunta a la guerra entre Gog y Magog? Además, "invadido" no significa necesariamente que Israel sea conquistado. Fueron invadidos en 1948, 1967 y 1973, con tropas enemigas cruzando el territorio israelí, pero los invasores finalmente fueron derrotados. La referencia a levantar sus tiendas entre los mares y la hermosa montaña sagrada también se puede tomar de dos maneras. Más comúnmente, se entiende que significa que acampará en la montaña sagrada (Monte Moriah, es decir, el Monte del Templo) entre el Mar Mediterráneo y el Mar Muerto. Pero hay otra forma de leer ese versículo: el gobernante establecerá su campamento entre el mar Mediterráneo y Jerusalén, lo que podría estar aludiendo al área de la Franja de Gaza, o no mucho más allá. [*No estoy diciendo que esto es lo que será; Estoy señalando otra forma en que el pasaje podría entenderse.*]

Sin embargo, ese no es el único pasaje con el que tenemos que lidiar. También hay un versículo en el libro de Apocalipsis que sugiere que la ciudad santa será pisoteada por el anticristo durante cuarenta y dos meses. Debido a que sabemos que el anticristo cometerá la abominación desoladora y gobernará las naciones durante cuarenta y dos meses, se supone que controlará Jerusalén durante todo su reinado de cuarenta y dos meses, lo que sugiere que la habrá conquistado y todo Israel.

Pero no incluyas el atrio exterior del templo; no lo midas, porque ha sido entregado a las naciones paganas, las cuales pisotearán la ciudad santa durante cuarenta y dos meses. — **Apocalipsis 11:2** NVI

Pero no es tan simple. Lucas nos dice que Jesús dijo que Jerusalén sería pisoteada (*pateo* –Strong's G3961) "*hasta que los tiempos de los gentiles se cumplan*". O sea, los tiempos en los que estamos viviendo en la actualidad. Así que, cuando Juan escribió que Jerusalén sería pisoteada (también usó *pateo*) por los gentiles durante cuarenta y dos meses, ¿qué quiso decir? ¿Peor de lo que ya había estado experimentando? O, ¿Estaría diciendo que ahora solo sería por cuarenta y dos meses **más**? Y surgen preguntas relacionadas al testimonio de los dos testigos. Es decir, si Jerusalén no está totalmente controlada por el anticristo, entonces, ¿cómo son asesinados los dos testigos en Jerusalén por la Bestia del Abismo; y ¿cómo impiden las naciones que sus cuerpos sean enterrados?

Caerán a filo de espada y serán llevados cautivos a todas las naciones. Jerusalén será pisoteada por los gentiles, hasta que los tiempos de los gentiles se cumplan. — **Lucas 21:24** NBLA

No puedo responder a esas preguntas definitivamente, pero puedo sugerir algunas posibilidades. Primero, parece que los dos testigos mueren en una confrontación directa con la Bestia; no parece que se trata de dos ejércitos enfrentándose. El anticristo será un líder mundial y muy probablemente estará alineado con los palestinos. En ese caso, puede que no tenga ningún problema para entrar en Jerusalén, lo que le permitiría enfrentarse con los dos testigos. En segundo lugar, el hecho de que los representantes de las naciones "no permitirán que se entierren sus cadáveres" sugiere que hay dos grupos. Uno quisiera enterrarlos, pero el otro se lo impide. Ese escenario posiblemente podría cumplirse hoy si se organizara una gran protesta palestina para evitar que alguien enterrara los cuerpos. No es raro que los yihadistas se nieguen a enterrar de inmediato a los enemigos asesinados y, en cambio, dejen sus cadáveres expuestos durante tres días o más, como una forma extrema de castigo y profanación para los enemigos más odiados.[317] Por último, habrá un terremoto, donde siete mil morirán y leemos que los demás darán "gloria al Dios de los cielos". Esto podría estar insinuando el arrepentimiento de los enemigos de Dios o diciéndonos que serán los habitantes judíos restantes quienes darán gloria a Dios, o ambos. De cualquier manera, hay múltiples posibilidades escondidas dentro de estas profecías.

Cuando terminen de dar su testimonio, la bestia que sube del abismo luchará contra ellos y los vencerá, y les dará muerte. Sus cadáveres quedarán tendidos en las calles de la gran ciudad, la que en sentido espiritual se llama Sodoma, y también Egipto, donde el Señor de ellos fue crucificado. Y durante tres días y medio gente de distintos pueblos, tribus, lenguas y naciones verá sus cadáveres, y no permitirá que sean sepultados. Los habitantes de la tierra se alegrarán de la muerte de estos dos profetas; la celebrarán y hasta se harán regalos unos a otros, porque estos dos los habían estado atormentando. Después de tres días y medio, entró en ellos el espíritu de vida enviado por Dios, y se pusieron de pie, y todos los que los vieron se llenaron de temor. Entonces los dos testigos oyeron una fuerte voz del cielo, que les decía: "Suban acá." Y ellos subieron al cielo en una nube, y sus enemigos los vieron. En ese momento hubo un gran terremoto, y a causa del terremoto se derrumbó la décima parte de la ciudad y murieron siete mil personas. Los demás se llenaron de terror y dieron gloria al Dios del cielo. – **Apocalipsis 11:7-13**

---

[317] Arturo Ledezma. "Estado Islámico crucifica a un joven en Siria por fotografiar sus bases." *El Ciudadano*, https://www.elciudadano.com/politica/estado-islamico-crucifica-a-un-joven-en-siria-por-fotografiar-sus-bases/10/18/

Espero que esto ayudará a evitar que hagamos pronunciamientos sobre lo que sucederá con respecto a Israel en el futuro. Necesitamos mantener una mente abierta y no presumir cómo se deben cumplir estos versículos. Esto es especialmente cierto cuando otras suposiciones podrían conducir a escenarios radicalmente diferentes. También quiero alentar a los cristianos a continuar orando y buscando lo mejor para el pueblo judío y la tierra de Israel. ¿Quién sabe qué hará Dios cuando su pueblo, sobre el cual su nombre es invocado, se humille y busque su rostro? Como Salomón oró en la dedicación del Templo en 2 Crónicas 7:12-16…

Entonces, una noche el Señor se le apareció a Salomón y le dijo: "He escuchado tu oración, y he elegido este templo como el lugar en que se ofrecerán sacrificios. Si yo llego a cerrar los cielos para que no haya lluvia, y si mando a la langosta a consumir la tierra, o si envío peste contra mi pueblo, **si mi pueblo, sobre el cual se invoca mi nombre, se humilla y ora, y busca mi rostro, y se aparta de sus malos caminos, yo lo escucharé desde los cielos, perdonaré sus pecados y sanaré su tierra.** *Mis ojos van a estar abiertos, y mis oídos van a estar atentos a la oración que se haga en este lugar. Yo he elegido y santificado esta casa, para que en ella esté mi nombre siempre.* **Mis ojos y mi corazón estarán aquí siempre."**
– **2 Crónicas 7:12-16** (énfasis añadido)

Las Siete Fiestas de Israel

Otro rompecabezas profético de los últimos días se encuentra en el enigma de las fiestas señaladas por el Señor. En Levítico 23, Dios declaró siete días festivos, o fiestas, que debían observarse perpetuamente a lo largo de las generaciones venideras. En la primavera, se les dijo a los judíos que celebraran la Pascua, la Fiesta de los Panes sin Levadura y la Fiesta de las Primicias. Luego, la Fiesta de las Semanas (Shavuot o Pentecostés) llegó cincuenta días después en el verano en el momento de la cosecha del trigo. Finalmente, en el otoño, hubo la Fiesta de las Trompetas (*Rosh Hashaná*), el Día de la Expiación (*Yom Kippur*) y la Fiesta de los Tabernáculos (*Sukkot*).

La razón por la que deberíamos estar estudiando las fiestas de otoño es porque parecen ser proféticas de la segunda venida de Cristo. Sabemos que las primeras cuatro fiestas fueron proféticas, por lo que parece lógico que las tres restantes también lo sean. En caso que no hayas oído hablar de esta idea antes, vemos que las primeras tres fiestas anunciaron la muerte (Pascua), la sepultura (Panes sin levadura) y la resurrección (Primicias) de Jesucristo.

Pero lo que más sorprendente es que todos esos eventos en la vida de Jesús sucedieron literalmente en los días exactos de la fiesta que representaban. Jesús fue crucificado al comienzo de la fiesta de la Pascua, como el cordero que fue inmolado para quitar los pecados del mundo (*Juan 1:29*). Fue sepultado y puesto en la tumba al comienzo de la Fiesta de los Panes sin Levadura, como el pan de vida (*Juan 6:51*) y el que no tenía pecado *(2 Corintios 5:21)*. Y Jesús literalmente resucitó de entre los muertos en la Fiesta de las Primicias, como las primicias de todos aquellos que Dios había venido a redimir (*1 Corintios 15:20*).

Esto fue seguido por el don del Espíritu Santo en el día designado para la Fiesta de las Semanas (Pentecostés). Como parte de la fiesta, había una ofrenda de las primicias de la cosecha del trigo entregada al Señor en el Templo, la cual se cumplió con el don del Espíritu Santo como primicias de salvación (*Romanos 8:23*). Esto sucedió el mismo día del primer Pentecostés después de la resurrección de Cristo, cuando aparecieron lenguas de fuego sobre la cabeza de los apóstoles y de los que estaban reunidos con ellos, y fueron llenados del Espíritu Santo (*Hechos 2:1-4*). También hay razón suficiente para sospechar que Shavuot puede presagiar proféticamente tanto el nacimiento como el rapto de la iglesia.[318] La fiesta celebraba las primicias de la cosecha del trigo, lo cual es una analogía apropiada para la recolección (o cosecha) de la iglesia en el rapto (*Apocalipsis 14:14-16*). La tradición judía también enseña que tanto el nacimiento, como el arrebatamiento de Enoc por Dios, sucedieron en Shavuot. Si esa tradición es correcta, entonces podría presagiar el nacimiento y el arrebatamiento de la iglesia en Pentecostés. Es al menos una idea que vale la pena considerar, mientras esperamos y velamos para la venida del Señor.

Fiesta del Señor	Fecha	Representa	Cumplimiento
Pascua[319]	Nisan 14	Muerte de Cristo – Cordero de Dios	✓Nisan 14, AD 33
Los Panes sin Levadura[320]	Nisan 15	El Pan de Vida	✓Nisan 15, AD 33
Las Primicias[321]	Nisan 16	Resurrección y Vida Nueva	✓Nisan 16, AD 33
Pentecostés	Sivan 6	El Don del Espíritu Santo (¿También alude al Rapto?)	✓Sivan 6, AD 33 (¿Por segunda vez en el Rapto?)

---

[318] Shari Abbott. "¿Ocurrirá el Rapto en Pentecostés (Shavuot)? (Will the Rapture Occur at Pentecost [Shavuot] – *en inglés*)?" *Reasons for Hope* Jesus*, 25 de mayo de 2020, https://reasonsforhopejesus.com/the-rapture-occur-at-pentecost-shavuot/; Jack W. Langford. *The Pentecostal Rapture of the Church of Jesus Christ* (Xulon Press, 2014).

[319] Cristo murió alrededor de las tres de la tarde en Viernes, el 14 de Nisán, y fue puesto en la tumba justo antes de la puesta del sol y el comienzo del día de reposo. [ver "*La Fecha de la Crucifixion*" en *capítulo 5*.]

[320] Esta fiesta dura siete días, pero el primer día que comienza es el día después de la Pascua. El cuerpo de Cristo siendo partido y puesto en una tumba, para que pudiéramos tener vida eterna, se ajusta a la tipología de la fracción de los panes sin levadura.

[321] La Fiesta de las Primicias se iba a ofrecer en conmemoración del día en que los israelitas entraron en la tierra prometida y cosecharon el grano. Debían hacer con ella una ofrenda mecida el día después del sábado (*Levítico 23:9-11*). El día específico no se establece en las Escrituras, pero la tradición oral llegó a ser el día después del Sábado que cae durante la semana de la Fiesta de los Panes sin Levadura. En el año 33 d.C. eso era el 16 de Nisán, un domingo.

Fiesta de las Trompetas (Rosh Hashaná)	Tishri 1-2, o 10 (Jubileo)	¿El Rapto o la Segunda Venida de Cristo?	Tishri 1-2 (o 10), ¿del Año?
Día de la Expiación (Yom Kippur)	Tishri 10	¿Juicio de Trompeta o de Copa?	Tishri 10, ¿del Año?
La Fiesta de los Tabernáculos (Sucot)	Tishri 15-22	¿La Cena del Milenio y las Bodas del Cordero?	Tishri 15-22, ¿del año 2027?

Las fiestas de primavera estaban asociadas con la primera visita de Cristo. También es posible que vuelvan a jugar un papel en el presagio de los eventos que ocurrirán en la segunda visita de Cristo (para gobernar y reinar). Y podría ser una referencia al rapto de la Iglesia cuando Jesús dijo que no volvería a beber del fruto de la vid hasta el día en que lo beba de nuevo con nosotros en el reino del Padre (*Mateo 26:29*).[322] Sin embargo, dado que las fiestas de otoño no jugaron un papel obvio en la primera venida de Cristo, el patrón principal sugiere fuertemente que las fiestas de otoño marcarán el cumplimiento primordial de su segunda visita.

Es interesante señalar que, la mayoría de los judíos celebran al menos dos fiestas importantes, y ambas incluyen una cena: la Pascua judía y Rosh Hashaná. La primera, en primavera, es sombría (*Éxodo 12:6-11*), pero la otra, en otoño, es alegre (*Nehemías 8:10*). Si la fiesta religiosa sombría presagiaba la muerte de Cristo, ¿podría la fiesta alegre representar su futuro regreso para reunirnos? Además, Rosh Hashaná, o la Fiesta de las Trompetas, es una fiesta en la que "nadie sabe el día ni la hora", porque el comienzo de la fiesta está programado con la llegada de la luna nueva. Cuando la luz de la luna creciente se desvanecía por completo, un sacerdote tocaba el shofar marcando el comienzo del comienzo de una luna nueva. Luego, cuando la luz de la luna nueva creciente era observada del otro lado por dos o tres testigos, se tocaba un segundo shofar y se declaraba el

---

[322] Para obtener más información sobre el posible significado futuro de la Pascua, consulte: Snow. *The Passover King* (2020).

día de la fiesta.³²³ Si la luna nueva no se observaba hasta el día siguiente, cuando la media luna ya estaba del otro lado, entonces la fiesta se anunciaba al día siguiente.

Así, se puede decir de Rosh Hashaná que ningún hombre sabe el día ni la hora de la fiesta (puede ser el primer o el segundo día [Tishri 1 o 2]), porque nadie sabía con precisión cuándo se observaría la luna nueva y se declararía el día de la fiesta. Además de tocar el shofar hecho de cuernos de animales, también se tocaban dos trompetas en Rosh Hashaná. Otro dato curioso es que el saludo tradicional de la fiesta es: ¡Que estés inscrito en el Libro de la Vida!³²⁴ Tal referencia puede indicar que esta fiesta estará asociada con la salvación o el rescate del pueblo de Dios. Por último, la fiesta termina con una *tekiah gedolah*, un último toque prolongado del shofar que dura el mayor tiempo posible.³²⁵ ¿Podría la última trompeta antes de la recolección de los santos (*1 Corintios 15:52*) referirse a la *tekiah gedolah* de Rosh Hashaná? El sonido de un cuerno en los festivales también se registra en los Salmos, por lo que tiene sentido fijar nuestra mirada en uno de los festivales con la "última trompeta".

Las fases de una luna nueva

---

³²³ Vea: *Mishná Rosh Hashaná*, capítulos 1 y 3.
³²⁴ Steve Herzig. "Tekiah, Shevarim, Teruah: Una mirada a Rosh Hashaná y Yom Kippur (Tekiah, Shevarim, Teruah: A look at Rosh Hashanah and Yom Kippur)." (articulo en inglés) *Israel My Glory*, septiembre/octubre 2021, https://israelmyglory.org/article/tekiah-shevarim-teruah/
³²⁵ Pastor Ricardo Chaparro D. "El Sonido del Shofar," 14 de noviembre de 2017, https://congregacionensupresencia.org/el-sonido-del-shofar/

Toquemos la trompeta en el novilunio, en el día señalado para nuestra fiesta solemne. Esto es un estatuto para Israel; es una ordenanza del Dios de Jacob. —Salmos 81:3-4

La próxima fiesta para estudiar es Yom Kippur, el Día de la Expiación, un día de ayuno y arrepentimiento que cae en el diez de Tishri. Este día de fiesta pudiera representar el prometido Día del Señor y el retorno de Cristo con sus ejércitos celestiales en la séptima copa (*Apocalipsis 19:11-21* y *Judas 1:14-15*). Por otro lado, también pudiera marcar el comienzo de la ira de Dios en el sexto sello, cuando todas las tribus de la tierra vean al Hijo del Hombre viniendo sobre las nubes, con poder y gran gloria, y clamen a las colinas y a los montes que caigan sobre ellos y los escondan de la ira del Cordero. Una tercera opción es que coincida con el toque de la séptima trompeta. Sin embargo, tendremos que esperar y ver qué significa realmente la fiesta de Yom Kippur: todas estas opciones son posibles. También tenemos que recordar que en el Año del Jubileo, Rosh Hashaná y Yom Kippur caen en el mismo día, el 10 de Tishri. Según mis cálculos, el próximo Jubileo podría ser en el 2027, de modo que estas fiestas pudieran cumplirse el mismo día al final de la Gran Tribulación. Eso también podría significar que el rapto de los santos no es uno de los eventos anunciados proféticamente por estas tres fiestas, en cuyo caso me inclinaría hacia la idea de que un día futuro de Pentecostés también podría ser el rescate prometido del pueblo de Dios. O podría significar que el concepto de un rapto temprano está equivocado, o que simplemente no será en un día de fiesta. Simplemente no podemos esperar poder saber exactamente cómo y cuándo Dios reunirá a sus elegidos antes de que suceda. Y si reconocemos que hay demasiadas posibilidades para poder saber el tiempo exacto del rapto, entonces mantenemos una posición de que "nadie sabe el día ni la hora".[326]

---

[326] Otra opción es que puede haber dos raptos, el primero en la cosecha de la cebada para la Fiesta de las Primicias, y el segundo en la cosecha del trigo en Pentecostés, pero nuevamente, solo tenemos que esperar y ver.

Por último veamos la Fiesta de los Tabernáculos, o de Sucot. Ésta tiene una duración de siete días y está designada a celebrarse debajo de refugios temporales o cabañas. Históricamente, se entiende que esta festividad conmemora el tiempo del Éxodo, pero proféticamente, ¿no podría también señalar el comienzo del reinado milenario de Cristo y la cena de las bodas del Cordero? Después de la séptima copa de la ira de Dios, habrá un gran terremoto y el mundo será arrasado (*Apocalipsis 16:18-20*). Será tan severo que las ciudades de la tierra se derrumbarán, y las islas y las montañas serán movidas o cambiadas.

Entonces hubo relámpagos, voces y truenos, y un gran temblor de tierra. ¡Nunca antes, desde que la humanidad existe, había habido un terremoto tan grande! La gran ciudad se partió en tres, y las ciudades de las naciones se vinieron abajo; entonces Dios se acordó de la gran Babilonia y le dio a beber de la copa que tenía el ardiente vino de su ira, y todas las islas y los montes desaparecieron.
— **Apocalipsis 16:18-20**

En un sentido práctico, parece que la gente necesitará vivir por un tiempo en refugios temporales (*sukkahs*) hasta que las cosas puedan ser reconstruidas. La Fiesta de los Tabernáculos (Sucot), cuando se le ordenó a Israel que pasara una semana cada otoño viviendo en *sukkahs* al aire libre, es tradicionalmente un momento feliz, destinado a pasarlo con amigos y familiares. Y es por eso que esta fiesta nos ofrece una visión convincente de lo que podemos esperar de nuestros primeros días bajo el reinado de Jesucristo, como Rey de reyes y Señor de señores, celebrando juntos la cena de las bodas del Cordero.

¡Alegrémonos y regocijémonos y démosle gloria! Ya ha llegado el día de las bodas del Cordero. Su novia se ha preparado, y se le ha concedido vestirse de lino fino, limpio y resplandeciente. (El lino fino representa las acciones justas de los santos). — **Apocalipsis 19:7-8** NVI

Sin embargo, para ser claros, solo podemos adivinar a qué apuntan estas tres últimas fiestas. No será sino hasta su cumplimiento que entenderemos verdaderamente todo lo que estos festivales simbolizan.[327] De lo que sí podemos estar seguros es que, no importa lo que representen, se cumplirán en los días actuales que le corresponden a su fiesta en los días venideros. Pero no sabemos si los tres festivales restantes se cumplirán en rápida sucesión como los primeros cuatro, o no, lo que trae una última observación. Si el rapto es parte de los festivales de otoño y estos están destinados a cumplirse en una sucesión inmediata, entonces estaría a la vista un rapto principalmente posterior a la tribulación. Por otro lado, si el rapto no está representado por ninguna de las fiestas de otoño, o si Rosh Hashaná se cumple uno o más años antes del juicio final representado por Yom Kippur, entonces aún sería posible una recolección temprana de los santos (por ejemplo, después del sexto sello).

En la tabla de los festividades, la última fiesta, la Fiesta de los Tabernáculos, muestra una fecha posible en el 2027, que proviene de mi lectura de Daniel 9:24-27 y el decreto del Sultán Solimán I en 1537.[328] La fecha todavía tiene un signo de interrogación, porque solo cuando suceden estas cosas podemos estar realmente seguros de haberlas entendido correctamente. Sin embargo, en base a lo que parece una clara correspondencia entre la profecía de Daniel y los decretos muy reales que fueron tallados en piedra y colocados en la plaza y el foso de Jerusalén, finalmente podríamos presenciar el

---

[327] Por ejemplo, se puede argumentar que las fiestas principales que representan ambos advenimientos de Jesucristo estarán relacionadas con las fiestas de primavera de la Pascua, los Panes sin Levadura y las Primicias, y que Pentecostés y las fiestas de otoño estarán representadas por la el derramamiento del Espíritu de Dios, la enseñanza de sus caminos y la renovación de la tierra, cuando Cristo está estableciendo su reino milenial. Creo que eso enfatiza demasiado el significado de la Pascua mientras minimiza el significado de las fiestas de otoño, por lo que no es una visión que he presentado aquí, pero para obtener más información, consulte: Snow. *The Passover King*, 244-5.

[328] Vea capítulo 5: *Setenta Semanas Han Sido Decretadas*.

final de este presente "tiempo de los gentiles," y el fin del pisoteo de Jerusalén, para el 16 de octubre de 2027 (15 de Tishri, 5788 en el calendario judío) cuando Jesús comienza a gobernar y reinar desde allí.

Pero, si no, no será Dios cumpliendo su Palabra lo que estará en cuestión. Sólo será la validez de mi interpretación la que pueda estar en duda. Sin embargo, notarás que no adiviné las fechas de la Fiesta de las Trompetas o el Día de la Expiación en la tabla. Si la cronología actual es correcta, sus cumplimientos podrían verse en los años 2024 a 2027.

Decían: "Te damos gracias, Señor Dios Todopoderoso, el que eres, y el que eras, porque has tomado tu gran poder y has comenzado a reinar."
— **Apocalipsis 11:17**

Los Cuatro Jinetes de Albrecht Dürer, xilografía, c. 1498.

11

LA TRIBULACIÓN Y EL HOMBRE DE PECADO

EL PRINCIPIO DE LOS JUICIOS descritos en el libro de Apocalipsis se inicia con la apertura de un rollo celestial con siete sellos, y los efectos son globales. El Cordero de Dios, Jesucristo, es el único que es digno de romper los sellos del rollo y mirar adentro, porque es el único digno tanto de redimir a la humanidad como de ejecutar el juicio sobre aquellos que se niegan a arrepentirse. Generalmente se supone que la apertura del primer sello también coincidirá con el comienzo de la septuagésima semana de Daniel; sin embargo, no hay referencias bíblicas específicas para probar que este será el caso. No obstante, es lógico y por lo tanto se presume que es una declaración verdadera. Así que, ahora desviamos nuestra atención de Israel hacia el contexto amplio y global de los eventos del fin de los tiempos que la Biblia nos advierte que caerán sobre "todos los que moran sobre la faz de la tierra" (*Lucas 21:35*). Y de nuevo, especularemos acerca de cómo podrían suceder estas cosas, para que podamos estar preparados y ser capaces de reconocer el cumplimiento de las cosas que Dios ha prometido que "deben suceder pronto" (*Apocalipsis 22:6*). Sin embargo, creo que la apertura de los sellos ya ha comenzado, por lo que estas secciones son una mezcla de comparaciones proféticas con hechos reales y conjeturas educadas. [*Si bien las conjeturas pueden resultar incorrectas, su propósito es ayudarte a pensar ampliamente sobre las posibilidades, no enfocar y restringir tus expectativas a mi imaginación limitada.*]

El Jinete del Caballo Blanco

Entonces vi que el Cordero rompió uno de los sellos, y oí que uno de los cuatro seres vivientes me decía con voz de trueno: "¡Ven!" Yo miré, y vi un caballo blanco. El que lo montaba tenía un arco, y le fue dada una corona, y salió para vencer y seguir venciendo. – Apocalipsis 6:1-2

La apertura de los primeros cuatro sellos del rollo del juicio y la redención de Dios describe la cabalgada de cuatro jinetes: los Cuatro Jinetes del Apocalipsis (*Apocalipsis 6:1-8*). Éstos son cuatro iconos temibles del juicio de Dios que comienza a manifestarse. Juntos provocarán la muerte de una cuarta parte de la población mundial. Teniendo en cuenta la población mundial en el 2021, ¡serían poco menos de dos mil millones de personas! Eso significa que para cuando el último jinete, la Muerte, llegue a la escena, habrá millones de personas muriendo todos los días. Algunas personas han asumido que los jinetes pueden representar a personas reales que de forma visible y activa provocarán estas catástrofes. Puede ser, pero creo que es más probable que representen eventos o condiciones específicas, movidos por el poder y la influencia de Satanás, a través de los cuales se cumplirán las cosas profetizadas. El primer sello despachará el jinete del caballo blanco.

Veamos de cerca al jinete del caballo blanco. La expectación de la escena que se está desarrollando, mientras el Cordero de Dios abre los sellos del rollo, es que los efectos de los jinetes serán globales y sin precedentes. Se nos dice que el primer jinete cabalgará para conquistar y someter al mundo, pero sin guerra.³²⁹ En el contexto actual, podría entenderse que sus esfuerzos por conquistar serán a través de medios "pacíficos", como la política, los tratados, la legislación o incluso el uso de la tecnología. Se dice que el jinete lleva un arco. Al igual que en español, el término griego para "arco" (*toxon* – Strong's G5115) no incluye específicamente flechas y no se mencionan flechas en el versículo. Un arco claramente representa una amenaza, pero la falta de flechas puede implicar que no es una amenaza mortal. Un arco también es un arma de larga distancia que viaja por el aire, por lo que el alcance de la amenaza podría ser global. También se nos dice que al jinete se le da una **corona**.

Un Caballo Blanco Encierra al Planeta por Elena Widener

El 11 de marzo del 2020, la Organización Mundial de la Salud (OMS) declaró que el COVID-19, comúnmente llamado coronavirus, se había convertido en una pandemia mundial y el mundo de repente comenzó a cambiar.³³⁰ A diferencia de pandemias del pasado, este virus parecía tener un poder detrás que movió a todos los países del mundo a responder de la misma manera. Este "corona-virus" comenzó a afectar a personas de todo el mundo.

---

³²⁹ Dado que al segundo jinete, sobre el caballo rojo, se le da poder para quitar la paz de la tierra, entonces este primer caballo debe estar conquistando sin guerra (es decir, a través del engaño y movimientos políticos, etc.).

³³⁰ Elena G. Sevillano. "La OMS declara el brote de coronavirus pandemia global," *EL PAÍS*, March 11, 2020, https://elpais.com/sociedad/2020-03-11/la-oms-declara-el-brote-de-coronavirus-pandemia-global.html

Los mercados se colapsaron más espectacularmente que en cualquier otro momento desde 1929 en los EE. UU. Y de manera similar en todo el mundo. Viajes a través del globo se detuvieron de inmediato. Las empresas despidieron a más personas que nunca antes en los EE. UU., y también se ordenó el cierre de las empresas que se consideraban "no esenciales". Implementándose cuarentenas masivas de "refugio en casa" en casi todos los países del mundo, supuestamente para "desacelerar el avance" del virus.

Si bien hubo cierta relajación de las restricciones después de la aprobación y el lanzamiento de las primeras vacunas contra el coronavirus, los bloqueos fueron reemplazados rápidamente por mandatos de vacunas. Los gobiernos de todo el mundo despojaron descaradamente de las libertades personales de sus ciudadanos por el "bienestar" del público. Las agendas de gobernanza global también lograron grandes avances durante la pandemia, como la agenda de El Gran Reinicio presentada por el Foro Económico Mundial en junio del 2020.[331] El arquitecto del plan fue Klaus Schwab. Sin embargo, él comenzó a desarrollarlo y a capacitar a los líderes mundiales que lo adoptarían mucho antes de la pandemia.[332] El plan defiende el capitalismo global de partes interesadas, que es la nueva etiqueta para el fascismo económico. Otros movimientos, como BLM (Las Vidas Negras Importan), Cambio Climático, Teoría Crítica de la Raza e ideología "Woke",[333] se convirtieron en parte del creciente engaño global y en una fuerza poderosa en la

---

[331] https://es.weforum.org/focus/el-gran-reinicio

[332] Joseph Mercola and Ronnie Cummins. *The Truth About COVID-19: Exposing the Great Reset, lockdowns, vaccine passports, and the new normal* [*La verdad sobre el COVID-19: Exponiendo el Gran Reinicio, los confinamientos, los pasaportes de vacunas y la nueva normalidad*] (Chelsea Green Publishing, 2021): 33-51; "Klaus Schwab Se Jacta De Controlar A Los Gobiernos Occidentales," Enero 27, 2022, https://centrojulioirazusta.blogspot.com/2022/01/klaus-schwab-se-jacta-de-controlar-los.html

[333] PETR SVAB. "Ideología Woke imita a precursores de las masacres del totalitarismo, según expertos," *The Epoch Times en español*, 21 de junio de 2021, https://es.theepochtimes.com/ideologia-woke-imita-a-precursores-de-las-masacres-del-totalitarismo-segun-expertos_852379.html

política mundial, haciendo que la metáfora de un cabalgante que sale conquistando y para conquistar parezca adecuada.

Y aunque las noticias informaron regularmente sobre los peligros del coronavirus y las trágicas muertes que se acumulaban debido al "virus mortal", la realidad era que la tasa de mortalidad por el virus era relativamente baja en general. Según los Centros para el Control de Enfermedades (CDC), 375.000 personas murieron en los EE. UU. por COVID-19 en el 2020.[334] Esto significa que COVID cobró una vida por cada mil en el 2020.[335] Y los CDC admitieron que solo el seis por ciento de todas las muertes por COVID-19 no tenía condiciones subyacentes.[336] Según estimaciones de la OMS, 1.8 millones de personas murieron a causa del coronavirus en todo el mundo en el 2020.[337] Pero las muertes por influenza y neumonía en todo el mundo fueron casi 3.6 millones en el 2018.[338] En contexto, el coronavirus representó una amenaza aérea que dio la vuelta al mundo, pero no excepcionalmente mortal; haciéndolo consistente con la metáfora de un jinete con un arco, pero sin flechas.[339]

---

[334] www.cdc.gov/mmwr/volumes/70/wr/mm7014e1.htm
[335] Esto fue respaldado por un aumento en la tasa de mortalidad nacional general en los EE. UU. de 715.2 a 828.7 muertes por cada 100,000 habitantes en 2019 y 2020, respectivamente.
[336] www.cdc.gov/nchs/data/health_policy/covid19-comorbidity-expanded-12092020-508.pdf
[337] www.who.int/data/stories/the-true-death-toll-of-covid-19-estimating-global-excess-mortality
[338] Utilizando los datos de la tasa de mortalidad de la OMS por 100.000 por influenza y neumonía por país y los datos públicos de la población de cada país, hubo un total estimado de 3.579.581 muertes en todo el mundo debido a la influenza y la neumonía en 2018: (www.worldlifeexpectancy.com/cause-of-death/influenza-pneumonia/by-country).
[339] Además, el color blanco del caballo puede ser significativo porque es el color reconocido por la comunidad médica, que controló en gran medida la respuesta al virus.

En muchos sentidos, el coronavirus "conquistó el mundo". Bajo el pretexto de la seguridad, las libertades fueron tomadas agresivamente y arrojadas al viento. La censura se vio por primera vez a escala mundial. Cualquier información que fuera contraria a los hallazgos de la OMS o los CDC se denominaba noticia falsa (o se le daban etiquetas de advertencia) y era motivo para suspender o cancelar las cuentas de las redes sociales. Esto sucedió independientemente de las credenciales médicas de uno o del pedigrí de la información que se compartió. No solo eso, sino que los encierros, las cuarentenas, el distanciamiento social, las capacidades reducidas del personal y los cambios de procedimiento generalizados en casi todo llevaron a una gran escasez de bienes esenciales, pérdidas de empleos, cierres de negocios, industrias turísticas diezmadas en todo el mundo, todo lo cual tuvo un impacto masivo en la economía global. Hubo una pérdida total del 7 por ciento en el PIB global (producto interno bruto), en comparación con el PIB proyectado para el 2020.[340] Esto equivale a una pérdida global de tres trillones de dólares en comparación con el 2019, y alrededor de seis trillones en comparación con lo que se esperaba recaudar en el 2020. Ese tipo de pérdidas e impactos tienen consecuencias a largo plazo.

Observando todos esos efectos podría compararse con ver bajar la marea antes de que un tsunami masivo golpee la costa. Instintivamente sabemos que cuando el océano se retira a un grado tan dramático, lo siguiente que viene es un maremoto. De manera similar, para que todos esos eventos estén verdaderamente asociados con el caballo blanco del Apocalipsis, esos eventos deben ser seguidos por tres jinetes aún más terribles, trayendo guerra, hambruna y muerte a una escala que no se ha visto desde el Gran Diluvio.

---

[340] Eduardo Levy Yeyati and Federico Filippini. "Social and economic impact of COVID-19," *Brookings*, June 8, 2021, https://www.brookings.edu/research/social-and-economic-impact-of-covid-19/

El Jinete del Caballo Rojo

Cuando el Cordero rompió el segundo sello, oí al segundo ser viviente, que gritaba: "¡Ven!" En eso salió otro caballo, de color rojo encendido. Al jinete se le entregó una gran espada; se le permitió quitar la paz de la tierra y hacer que sus habitantes se mataran unos a otros.

— Apocalipsis 6:3-4 NVI

Algún tiempo después de que el caballo blanco cabalga, es seguido por un caballo rojo a cuyo jinete se le da el poder de quitar la paz de la tierra y hacer que los hombres se maten unos a otros. La conquista del jinete del caballo blanco, mediante intrigas y medios no violentos, conduce rápidamente a la violencia cuando se le une el caballo rojo. Bajo los intentos de la élite global de transformar las sociedades en todo el mundo, la guerra y los conflictos son resultados lógicos, incluso planificados.

Cuando estalló la pandemia mundial, hubo un llamado del secretario general de la ONU el 23 de marzo de 2020 para el cese de la guerra y un llamado a la paz mundial debido a la pandemia del coronavirus.[341] Y extrañamente, durante un corto tiempo, casi todos los conflictos importantes del planeta hicieron una pausa.[342] En total, al menos 170 naciones se sumaron al llamado a la paz y al cese total de los conflictos globales.[343] Esos llamados a la paz me

---

[341] Daniel Dickinson. "COVID-19: UN chief calls for global ceasefire to focus on 'the true fight of our lives.'" *UN News*, March 23, 2020, https://news.un.org/en/story/2020/03/1059972

[342] Deirdre Shesgreen. "'War and disease travel together': Why the pandemic push for a global cease-fire is gaining ground," *USA Today*, April 28, 2020, www.usatoday.com/story/news/world/2020/04/28/coronavirus-un-secretary-wants-global-cease-fire-amid-pandemic/5163972002/

[343] "170 estados firman el llamamiento al alto el fuego mundial," *elmercuriodigital*, 25 de junio de 2020, www.elmercuriodigital.net/2020/06/170-estados-firman-el-llamamiento-al.html

recuerdan otro llamado a la paz que fue profetizado hace casi dos mil años.

De repente, cuando la gente diga: "Paz y seguridad", les sobrevendrá la destrucción, como le llegan a la mujer encinta los dolores, y no escaparán.
— **1 Tesalonicenses 5:3**

Pero después de que pasó el impacto inicial de la pandemia de coronavirus y de que se anunció la posibilidad de lanzar una vacuna contra el COVID-19, los conflictos mundiales se reiniciaron donde los habían dejado, también comenzaron a surgir nuevos conflictos y disturbios civiles por todas partes del mundo. Para el 2021, había toda expectativa de que las tensiones globales alcanzarían un punto crítico y que conflictos surgirían en todo el mundo a un ritmo alarmante. Carnegie Endowment for International Peace, el cual le dá seguimiento a las protestas en todo el mundo, informó que en el 2021 hubo 110 países que experimentaron protestas significativas, con más de 230 protestas antigubernamentales surgiendo en todo el mundo.[344] En el 2022, el primer ministro de Canadá invocó los poderes de emergencia y ordenó la represión de las protestas pacíficas de los camioneros canadienses, revelando cuán lejos había avanzado Canadá hacia la tiranía.[345] Al mismo tiempo, las tasas de crímenes violentos aumentaron de forma alarmante tras el inicio de la pandemia del coronavirus. Las tasas de homicidios aumentaron drásticamente en el 2020 en las principales ciudades de los EE. UU.[346] Y hubo muchos indicios de que continuarían aumentando

---

[344] https://carnegieendowment.org/publications/interactive/protest-tracker
[345] Raul Tortolero. "Justin Trudeau: la dictadura del progresismo posmoderno," *PANAM Post*, 16 febrero, 2022, https://panampost.com/raul-tortolero/2022/02/16/justin-trudeau-la-dictadura-del-progresismo-posmoderno/
[346] "¿Cómo se explica el histórico aumento de los homicidios en Estados Unidos?," *BBC News Mundo*, 27 septiembre 2021, www.bbc.com/mundo/noticias-internacional-58714578

en el futuro previsible.³⁴⁷ De manera similar, el Consejo de Relaciones Exteriores tiene un sitio web Global Conflict Tracker que en el 2021 enumeró veintisiete conflictos regionales que no cambiaron o que incluso empeoraron (ninguno estaban mejorando).³⁴⁸

Consejo de Relaciones Exteriores Lista de Conflictos (2021)

- Guerra en Afganistán
- Inestabilidad en el Líbano
- Guerra en Yemen
- Inestabilidad en Egipto
- Conflicto israelí-palestino
- Enfrentamiento entre Estados Unidos e Irán
- Boko Haram en Nigeria
- Guerra Civil en Sudán del Sur
- Violencia en la República Democrática del Congo
- Conflicto: India y Pakistán
- Conflicto en Ucrania
- Disputas Territoriales en el Mar de China Meridional
- Crisis de Corea del Norte
- Violencia criminal en México
- Guerra Civil en Siria
- Inestabilidad política en Irak
- Islamistas en Pakistán
- Guerra Civil en Libia
- Conflicto en Etiopía
- Conflicto entre Turquía y grupos kurdos armados
- Al Shabab en Somalia
- Desestabilización de Malí
- Violencia en la República Centroafricana
- Conflicto: Nagorno-Karabaj
- Crisis Rohingya en Myanmar
- Tensiones – Mar de China Oriental
- Inestabilidad en Venezuela

Para el 2022, el escenario mundial estaba listo para iniciar la Tercera Guerra Mundial. Quizás algún día la historia registre que comenzó el 24 de febrero de 2022, cuando Rusia inició su invasión total de Ucrania.³⁴⁹ Después de ese trágico día, se volvió más difícil imaginar que la paz regresaría al mundo pronto. En conjunto, existe

---

³⁴⁷ "Incrementa preocupación en la Casa Blanca por aumento de crímenes violentos," *CNN Español*, 22-6-2021, https://cnnespanol.cnn.com/2021/06/22/incrementa-preocupacion-casa-blanca-aumento-crimenes-violentos-trax/
³⁴⁸ https://www.cfr.org/global-conflict-tracker/?category=usConflictStatus
³⁴⁹ "Rusia invade Ucrania: cómo fue el inicio de la operación militar ordenada por Putin," *BBC News: Mundo*, 24 de febrero de 2022, www.bbc.com/mundo/noticias-internacional-60514738

amplia evidencia para llegar a la conclusión que para el 2022 el caballo rojo ya estaba cabalgando también.

El Jinete del Caballo Negro

Cuando el Cordero abrió el tercer sello, oí al tercer ser viviente que decía: "Ven". Y miré, y había un caballo negro. El que estaba montado en él tenía una balanza en la mano. Y oí como una voz en medio de los cuatro seres vivientes que decía: "Un litro de trigo por un denario, y tres litros de cebada por un denario, y no dañes el aceite y el vino".

— Apocalipsis 6:5-6 NBLA

Los caballos blancos y rojos son seguidos por un jinete sobre un caballo negro. El jinete tiene una balanza en la mano y grita: *"un litro de trigo por un denario, y tres litros de cebada por un denario"*. La imagen implica que habrá hambruna en la tierra, escasez de alimentos y/o que habrá un aumento dramático en el precio de los alimentos. El salario de todo el día de un trabajador será suficiente solo para comprar su pan, lo que resultará en una hambruna para los pobres. Los efectos serán terribles en lugares como África e India, pero mucho menos en las naciones más ricas. Debido a la declaración *"no dañes el aceite y el vino"*, puede ser solo un inconveniente para los ricos.

Una vez que los bloqueos por la pandemia estuvieron en plena marcha en el 2020, los funcionarios de la ONU comenzaron a advertir sobre "hambrunas de proporciones bíblicas" inminentes y declararon que "la propagación mundial de COVID-19 este año ha provocado 'la peor crisis humanitaria desde la Segunda Guerra Mundial'".[350] Para el 2021, las hambrunas mundiales y la escasez de alimentos estaban en una etapa de crisis y mostraban todos los

---

[350] "ONU advierte de hambruna mundial de «proporciones bíblicas» por la pandemia," Bibliatodo Noticias, 22 de abril de 2020, www.bibliatodo.com/NoticiasCristianas/onu-advierte-de-hambruna-mundial-de-proporciones-biblicas-por-la-pandemia/

indicios de que seguirían empeorando. Los líderes mundiales fueron instados a actuar por representantes del Programa Mundial de Alimentos (PMA), quienes escribieron una carta abierta diciendo que 34 millones de personas estaban al borde de la inanición y 270 millones sufrían por falta de alimentos.[351] Señalaron que múltiples hambrunas estaban estallando a nivel mundial debido a la combinación de la pandemia del coronavirus (o más precisamente la respuesta de los gobiernos a la pandemia) con "conflictos, crisis climática y desigualdad". La carta nombraba específicamente a Yemen, Etiopía, Afganistán, Sudán del Sur, Burkina Faso, República Democrática del Congo, Honduras, Venezuela, Haití, Nigeria, Zimbabue, República Centroafricana, Uganda y Sudán, y afirmaba que millones de personas tenían necesidades urgentes. A fines del 2021, estaba claro que los precios de los alimentos se estaban preparando para aumentos dramáticos.[352]

Y se ha entendido durante mucho tiempo que la inanición no es tanto una función de la falta de alimentos a nivel mundial, sino más bien que las personas más pobres simplemente no tienen dinero para comprarlos.[353] En países como Nigeria, por ejemplo, algunas personas gastan entre el sesenta y el ochenta por ciento de sus ingresos solo en alimentos.[354] O, en algunos casos, debido a conflictos activos e interrupciones en la cadena de suministro, los alimentos simplemente no están disponibles para las personas que los necesitan. Sin embargo, a medida que los precios de los

---

[351] Sarah Johnson. "'People are not starving, they're being starved': millions at risk of famine, NGOs warn," *The Guardian*, April 20, 2021, www.theguardian.com/global-development/2021/apr/20/millions-at-risk-of-famine-without-urgent-help-governments-warned
[352] Megan Durisin. "Food Inflation Heats Up and Energy Crisis May Make It Worse," *Bloomberg*, October 07, 2021, www.bloomberg.com/news/articles/2021-10-07/food-inflation-heats-up-as-global-prices-return-to-decade-high
[353] J. Latham, "There's enough food for everyone, but the poor can't afford to buy it." *Nature*, 404(222) 2000, https://doi.org/10.1038/35005264
[354] Staff. "Nigeria: Families struggle to survive as food prices soar." *Africa News*, April 7, 2021, www.africanews.com/2021/07/03/nigeria-families-struggle-to-survive-as-food-prices-soar/

alimentos continúan aumentando, se prevé que la pobreza provoque que un número cada vez mayor de personas se queden sin alimentos. En consecuencia, vemos que los eventos que comenzaron en el 2020 también prepararon el escenario para el jinete del caballo negro. Los eventos del 2023 a 2025 revelarán cuán graves pueden llegar a ser las hambrunas globales, pero las semillas de la hambruna que se sembraron en el 2020 a 2022 ya son muy alarmantes.

El Jinete del Caballo Pálido

Cuando el Cordero abrió el cuarto sello, oí la voz del cuarto ser viviente que decía: "Ven". Y miré, y había un caballo amarillento [pálido]. El que estaba montado en él se llamaba Muerte, y el Hades lo seguía. Y se les dio autoridad sobre la cuarta parte de la tierra, para matar con espada, con hambre, con pestilencia y con las fieras de la tierra.
– Apocalipsis 6:7-8 NBLA

Las Escrituras indican que existe una relación y causalidad entre los eventos iniciados por el caballo blanco, el caballo rojo y el caballo negro que conducirán a la llegada final del caballo pálido, sobre quien cabalga la Muerte. Podemos suponer esto porque Juan escribe que *"se **les** dio autoridad sobre la cuarta parte de la tierra, para matar con espada, con hambre, con pestilencia y con las fieras de la tierra"*. Por lo tanto, una comprensión razonable de esta secuencia es que el caballo blanco inicia algo que conduce a la guerra, el hambre y, finalmente, la muerte en masa. Además de las muertes causadas por la guerra y el hambre, no es difícil imaginar que podría surgir un nuevo virus que mataría a un número mucho mayor de personas en el futuro. O bien, podrían surgir complicaciones aún más mortales de las vacunas apresuradas contra el coronavirus y las innumerables inyecciones de refuerzo, las cuales han sido las más mortales jamás administradas, según la base de datos del Sistema de Informe de

Eventos Adversos de Vacunas (VAERS).³⁵⁵ Los CDC informó que hubo más de un millón de muertes en exceso en los EE. UU. registradas durante los primeros dos años de la pandemia, la mayoría de las cuales estaban relacionadas con COVID.³⁵⁶ Sin embargo, es probable que casi todas las muertes en exceso fueran, de una forma u otra, causadas por el coronavirus o sus vacunas. Nadie puede predecir cuáles serán las ramificaciones a largo plazo de la pandemia, pero parece que aún puede contribuir a los efectos del caballo pálido.

Dado que los cuatro jinetes juntos eliminarán una cuarta parte de la tierra, estas señales deberían ser imposibles de perder. Los eventos iniciados por el caballo rojo probablemente explotarán en la Tercera Guerra Mundial, una vez que la Muerte llegue a la escena montando un caballo pálido. Pero aquellos que no entienden lo que realmente está sucediendo, confundirán todo esto con otro evento terrible pero convencional. Conectarán todo a una agenda, como el cambio climático, y elegirán a alguien a quien culpar, que, como en los días del emperador romano Nerón, probablemente serán los judíos y los cristianos.

Los días del caballo pálido parecen haber sido también predichos por los profetas del Antiguo Testamento. Es posible que sus terribles predicciones se hayan cumplido en otros momentos de los juicios pasados de Israel o de las naciones, pero se acerca el día en que se cumplirán de una manera como nunca antes se había visto. Nahúm nos dice que esto también será parte del juicio de la gran ramera que engaña a los reyes de la tierra (la Babilonia Misteriosa del Apocalipsis de Juan). El profeta Jeremías parece haber descrito estos tiempos también.

---

[355] https://vaers.hhs.gov
[356] "El exceso de muertes asociado a covid-19 en EE.UU. supera el millón, según las CDC," *Agencia EFE*, 15 de febrero de 2022, www.msn.com/es-es/noticias/nacional/el-exceso-de-muertes-asociado-a-covid-19-en-eeuu-supera-el-millón-según-las-cdc/ar-AATUmo9

Multitud de heridos, montones de muertos, innumerables cadáveres; tropiezan en los cadáveres. Todo por las muchas prostituciones de la ramera, la encantadora, la maestra de hechizos, que seduce a las naciones con sus prostituciones y a los pueblos con sus hechizos.
– Nahúm 3:3b-4 NBLA

"Diles que los cadáveres caerán sobre el campo como estiércol, como manojos de trigo que caen al paso del segador, y que no hay quien los recoja."—Palabra del Señor.
– Jeremías 9:22

Isaías también relató una visión de este período, que se asemeja mucho a Mateo 24 y al sexto sello. Vemos las estrellas en el cielo disolviéndose y los cielos enrollándose como un pergamino, e higos tardíos cayendo de un árbol. Los paralelos de una visión tan única deberían ser inequívocos y confirman que Mateo y Juan estaban hablando del mismo tiempo sobre el cual estaba escribiendo Isaías. Estos versículos son difíciles de contemplar, pero nos ayudan a comprender la seriedad con la que Dios toma el pecado. Sabemos que su paciencia con los hombres no durará para siempre; pero la humanidad no parece estar dispuesta simplemente a retroceder y arrepentirse de sus malos caminos, a temerle a Dios y darle gloria. Isaías describe los cuerpos de los muertos siendo *"arrojados"*. Esto nos dice que habrá tantos cuerpos que no será posible deshacerse de ellos adecuadamente. Partes de la visión coinciden con las señales del sexto sello (*las estrellas del cielo cayeron sobre la tierra, como caen los higos cuando un fuerte viento sacude la higuera—Apocalipsis 6:13*). Por lo tanto, es razonable asociar este momento con las muertes globales resultantes del cuarto sello o con la guerra de Gog-Magog en Israel.

El Señor está enojado con todas las naciones, airado con todos sus ejércitos. Él los ha destruido por completo, los ha entregado a la matanza. Serán arrojados sus muertos, hedor despedirán sus cadáveres, su sangre derretirá las montañas. Se desintegrarán todos los astros del cielo y se enrollará el cielo como un pergamino; toda la multitud de astros perderá su brillo, como lo pierde la hoja marchita de la vid, o los higos secos de la higuera. — Isaías 34:2-4 NVI

La Cronología de los Sellos

Una pregunta, sin respuesta directa, es ¿cuándo ocurrirán todas estas cosas? Hay tres posibilidades. En la primera opción, los sellos se abren (o comienzan a abrirse) mucho antes del comienzo de la septuagésima semana de Daniel. El desafío para los que toman esta posición es identificar a los cuatro jinetes durante un período que dura décadas o siglos, pero que mata específicamente a una cuarta parte de la tierra. Los juicios de los jinetes, aunque de amplio alcance, son específicos en acción y tan masivos que obviamente deben ser parte de los últimos siete años de tribulación. La segunda opción es que los sellos no se empiecen a abrir hasta la segunda mitad de la última semana. Sin embargo, esa opción tampoco es buena. La abominación desoladora debe ser tanto dentro del tiempo de los sellos (basado en *Mateo 24*) como también seguida por un período de 1290 días (*Daniel 12:11*), por ende que los sellos deben comenzar a abrirse antes de eso. Esto nos deja solo la tercera opción lógica, que es suponer que el primer sello se abre al (o cerca del) comienzo de los últimos siete años.

Sin embargo, más allá de saber aproximadamente el inicio, no sabemos cuándo se abrirá cada sello individual. Sin embargo, hemos discutido la evidencia de que el primer sello pudo haberse abierto en el 2020 con la pandemia de coronavirus, seguido por el segundo caballo en el 2021 o el 2022; pero eso no nos ayuda a saber exactamente cuándo se abrirán los otros sellos. Además, cuando se abre un sello, sus efectos pueden tardar varios años en completarse. Por ejemplo, el primer sello establecerá los siguientes tres sellos y seguirá actuando cuando se abra el cuarto sello. De hecho, se podría argumentar que sus efectos se pueden sentir a lo largo de los siete años de la tribulación. Lo que eso significa es que el cuarto sello podría abrirse en una fecha determinada pero aún tardaría un año (o más) en lograr su efecto completo. En otras palabras, incluso si los cuatro sellos se abren en la primera mitad de la tribulación, la muerte de una cuarta parte de la tierra podría no observarse en su totalidad hasta algún momento de la segunda mitad. Esto es algo que hay que tener en cuenta al observar estos cumplimientos.

A la bestia se le dio una boca que hablaba palabras arrogantes y blasfemias, y se le dio autoridad para actuar durante cuarenta y dos meses.
— **Apocalipsis 13:5** NBLA

También hay un misterio con respecto a cuándo la Bestia comenzará su reinado de cuarenta y dos meses respecto a los juicios de los sellos, pero quizás la respuesta se encuentre en la apertura del quinto sello. Cuando el Cordero abre el quinto sello, se nos muestran las almas martirizadas de los santos debajo del altar de Dios. Todos los sellos parecen representar algún tipo de juicio que Dios está comenzando a ejercer contra el hombre. Y, sin embargo, se nos habla del asesinato del pueblo de Dios en el quinto sello (*Apocalipsis 6:9-11*). Una forma de resolver ese dilema es comprender que el quinto sello señala el comienzo del reinado del anticristo durante los cuarenta y dos meses que le han sido asignados. Esto encaja bien porque se nos dice que cuando la Bestia comienza su reinado, también se le da el poder para hacer guerra contra el pueblo santo de Dios y vencerlo. Eso explicaría las almas martirizadas de los creyentes debajo del altar de las que leemos en el quinto sello. Si es así, esto podría significar que el quinto sello sería abierto a la mitad de la septuagésima semana de Daniel.

En cuanto a cuando se abrirán el sexto y séptimo sello, sin embargo, nadie lo sabe. Lo que sí sabemos es que el séptimo sello será marcado por *"silencio en el cielo como por media hora"* (*Apocalipsis 8:1*), y lógicamente este sello sigue de cerca el sexto sello (ya determinamos en el capítulo 6 que está relacionado a *Lucas 17:29*). Deben hallarse en un momento *post-midtribulacional*.

El Anticristo y las Dos Bestias

Con la apertura de los sellos, si no es antes, se puede suponer que el anticristo comenzará a tramar y ejecutar sus planes para tomar la posición que le será otorgada divinamente durante cuarenta y dos meses. Pero lo que realmente queremos saber es, ¿cuándo podrán los creyentes identificar con seguridad al anticristo? Algunos piensan que será claramente reconocible al comienzo de la tribulación de siete años, creyendo que está representado por el jinete del caballo blanco del primer sello. Por el contrario, el anticristo puede ser una figura esquiva hasta que la tribulación esté bien avanzada. Si el anticristo es solo una persona entre muchas que confirman el pacto con Israel, o su apoyo no es público, entonces el siguiente momento profético reconocible no sería hasta que él detenga el sacrificio y la ofrenda de cereal y cometa la abominación desoladora en el medio de los siete años—al comienzo de su reinado de terror de cuarenta y dos meses sobre la tierra.[357] Ahí es cuando se levantará como la Bestia del Mar (*Apocalipsis 13:1-10*) y comenzará a "*combatir contra los santos, y vencerlos*" (*Apocalipsis 13:7*). Cuando llegue ese día, debemos recordar que, aunque a la Bestia se le haya dado poder temporalmente sobre algunos de los santos, no vencerá a la Iglesia.

Y yo te digo que tú eres Pedro, y sobre esta roca edificaré mi iglesia, y las puertas del Hades no podrán vencerla. **– Mateo 16:18**

Después de la ascensión de la bestia del mar, otra bestia surge de la tierra (Apocalipsis 13:11-18). A esta segunda bestia también se le llama el Falso Profeta (Apocalipsis 19:20). Esto implica que hay un misterio sobre la identidad del anticristo con respecto a estas descripciones. ¿Cuál es el misterio? Es que el anticristo parece ambos. Entonces, el término "anticristo" debería ser una combinación de los dos personajes, o el título debería aplicarse más

---

[357] Como leemos en Daniel 9:27 y 2 Tesalonicenses 2:4.

correctamente a solo uno de ellos. Claramente, una persona no puede ser ambas figuras, por lo que hay dudas sobre a cuál se le aplica mejor el título de anticristo. ¿Es el anticristo la bestia del mar que hace guerra contra la tierra, o es el falso profeta que hace señales y prodigios y que obliga a todos a ponerse una marca en la mano derecha o en la frente? De cualquier manera, Satanás, como el dragón, está detrás y dirige tanto a la Bestia como al Falso Profeta. De todos modos, debemos tener en cuenta que en realidad estamos buscando a dos actores malvados, no solo a uno.

También hay múltiples alusiones al anticristo en el Antiguo Testamento. A veces se le llama el "Príncipe" (Daniel 9:24-27), el "Asirio" (Miqueas 5:5-6) y "Gog" (Ezequiel 38). Las descripciones en estos pasajes del Antiguo Testamento nos da mucho más información a la que debemos estar atentos. Con tantas advertencias, es una figura sobre la que debemos permanecer vigilantes; o, como acabamos de discutir, los títulos pueden estar combinados entre las dos bestias.

Él será nuestra paz. Cuando el asirio invada nuestra tierra, y cuando pisotee nuestros palacios, levantaremos contra él siete pastores y ocho príncipes del pueblo. Y ellos pastorearán la tierra de Asiria con espada, la tierra de Nimrod en sus puertas; el nos librará del asirio cuando invada nuestra tierra y pisotee nuestro territorio.

— Miqueas 5:5-6 NBLA

Se han presentado casos sólidos de que el reino de la Bestia surgirá del Medio Oriente e involucrará a fuerzas islámicas radicales, o incluso a un califato musulmán revivido.[358] Sin embargo, otros han argumentado que el reino de la Bestia podría surgir del comunismo y los vestigios del nazismo, nuevamente alegando descendencia del

---

[358] Joel Richardson. *La Bestia del Medio Oriente* (WND Books, 2012), Disponible gratis en línea en: https://joelstrumpet.com/wp-content/uploads/2013/11/LA-BESTIA-DEL-MEDIO-ORIENTE-5.pdf ; Walid Shoebat. *God's War on Terror* (Top Exec. Media, 2008).

imperio romano, como lo hicieron los nazis, quienes afirmaron que eran el Tercer Reich.[359] Incluso puede ser una combinación de los dos.[360] Alguna combinación de los dos ciertamente parece plausible. La forma de neomarxismo que ha estado transformando el siglo XXI puede ser descrita por la ideología "woke", Teoría Crítica de la Raza y Justicia Social.[361] Todo esto se está promulgando sistemáticamente, desde las escuelas primarias hasta las universidades, en el lugar de trabajo a través de programas de educación para empleados patrocinados por el gobierno, e incluso en algunas iglesias.

La imagen de dos ideologías dispares, como el neomarxismo y el yihadismo trabajando juntas, podría incluso interpretarse a partir del sueño de Nabucodonosor de una estatua gigante que representaba los reinos del mundo. Nabucodonosor era la cabeza, y los pies de la estatua representaban el último imperio. Se nos dice que los dedos de los pies serán una mezcla de hierro y barro, lo que implica que la fase final del último reino estará formada por dos pueblos o visiones del mundo completamente diferentes. Sin embargo, de donde sea que venga el anticristo, la Biblia nos dice cómo identificarlo. Por tanto, por su fruto lo conoceremos (*Mateo 7:20*).

El cuarto reino será fuerte como el hierro, y como tal desmenuzará y romperá todas las cosas. Los pies y los dedos que Su Majestad vio, y que eran en parte de barro cocido y en parte de hierro, serán un reino dividido, que tendrá algo de la fuerza del hierro, tal y como Su Majestad vio el hierro mezclado con el barro cocido. Y como los dedos de los pies eran en parte de hierro y en parte de barro cocido, ese reino será en parte fuerte, y en parte frágil. – Daniel 2:40-42

---

[359] H. Lindsey y C. Carlson. *La Agonía del Gran Planeta Tierra*, 1985.
[360] Dave Hunt. *El Día Del Juicio: El Islam, Israel, y las Naciones* (Llamada de Medianoche, 2007): capítulo 2.
[361] Josh Buice. "La Justicia Social Es Un Ataque A La Suficiencia De Las Escrituras," *Evangelio.blog*, 13 de septiembre de 2018, https://evangelio.blog/2018/09/13/la-justicia-social-es-un-ataque-a-la-suficiencia-de-las-escrituras/

Otra sugerencia de dónde debemos buscar la identidad del anticristo proviene de Ireneo.[362] Él asoció la profecía de Jeremías 4 con el hecho de que Dan no se nombra entre las tribus de Israel escogidas entre los 144,000 de Apocalipsis 7.

¡Mírenlo avanzar como las nubes!
¡Sus carros de guerra parecen un huracán!
¡Sus caballos son más veloces que las águilas!
¡Ay de nosotros! ¡Estamos perdidos!
Jerusalén, limpia de maldad tu corazón para que seas salvada. ¿Hasta cuándo hallarán lugar en ti los pensamientos perversos? Una voz anuncia desgracia desde Dan y desde las colinas de Efraín. Adviertan a las naciones, proclámenlo contra Jerusalén: "De lejanas tierras vienen sitiadores lanzando gritos de guerra contra las ciudades de Judá". La rodean como quien cuida un campo, porque ella se rebeló contra mí—afirma el Señor.
— **Jeremías 4:13-17** NVI

Creo que esta es una idea interesante para considerar, pero la mención de Dan podría también ser solo una indicación geográfica de dónde vendrá el ataque contra Jerusalén. Sin embargo, si la asociación de Dan con el anticristo es correcta, entonces podemos entenderla mejor en el contexto de la primera diáspora cuando las tribus del norte de Israel, incluido Dan, fueron conquistadas y dispersadas por todo el imperio. En ese momento, muchos israelitas también fueron asimilados por los asirios. Según la ubicación del sitio arqueológico de Tel Dan en el extremo norte de Israel,[363] habrían sido los primeros en ser conquistados y ya se habrían casado y asimilado con los asirios.[364] Esto también encaja con la

---

[362] Coxe. *Ante-Nicene Fathers*, "Ireneo contra las herejías (Irenaeus Against Heresies), b. V, ch. XXX," v. 1, 559.
[363] https://en.parks.org.il/reserve-park/tel-dan-nature-reserve/
[364] La tribu de Dan estaba originalmente ubicada en la costa, entre Jaffa y Gaza, pero Josué 19:40-48 nos dice que tuvieron que mudarse al norte después de perder su territorio ante los filisteos.

profecía sobre Dan dada por Jacob en Génesis 49, si consideramos más de cerca el significado de "juzgará", *din* (Strong's H1777), que significa juzgar o ejecutar juicio.

Dan juzgará (din) a su pueblo, como una de las tribus de Israel. Dan será como una serpiente, como una víbora junto al camino, que muerde los talones del caballo, y hace caer de bruces al jinete. ¡Tu salvación (Yeshuah) espero, oh Señor! **— Génesis 49:16-18**

Se traduce Génesis 49:16 como "Dan juzgará a su pueblo", pero en la siguiente línea se llama a Dan como "una víbora junto al camino". Agregua a eso el contexto general del juicio de Dios contra los israelitas desobedientes en el capítulo 4 de Jeremías, y el significado más probable de juzgar en este caso podría ser que Dios usará a Dan para castigar a su pueblo y llevarlos al arrepentimiento. Vemos la misma idea en Deuteronomio en las palabras que Moisés pronunció sobre la tribu de Dan antes de morir. Se compara a Dan con un león joven de Basán (Altos del Golán), que podría ser como el león de Judá, pero también podría ser como el diablo que *"anda como un león rugiente, buscando a quien devorar"* (1 Pedro 5: 8).

A Dan le dijo: Tú, Dan, eres un cachorro de león que salta desde Basán. **— Deuteronomio 33:22**

Jeremías nuevamente nombró a Dan cuando describió una amenaza que emergía del norte, una que sonaría como poderosos caballos y haría temblar a toda la tierra. Esta segunda mención de Dan nuevamente puede ser solo geográfica, pero también podría significar que el anticristo tendrá ascendencia judía. Y podría ser puramente histórico, pero el padre de la iglesia Ireneo lo identificó como una profecía de los últimos días relacionada con el anticristo. Entonces, es algo que hay que tener en mente.

Desde Dan se oye cómo resoplan los caballos. Tiembla la tierra al escucharse los relinchos de los corceles. Llegaron y acabaron con la tierra y su abundancia, con la ciudad y sus habitantes. "Es que yo estoy lanzando contra ustedes serpientes y áspides, para que los muerdan. Contra ellas, no hay encantamiento que sirva."—Palabra del Señor.

– Jeremías 8:16-17

El Misterio del Cuerno Pequeño

Otro misterio con respecto a la identidad del anticristo y su ascenso al poder proviene de la identificación de los tres cuernos que Daniel nos dice que serán "arrancados" por el cuerno pequeño. La visión general nos informa que el cuerno pequeño representa al anticristo y que los tres cuernos son gobernantes de naciones o lideres que él derrocará, suplantará o controlará.[365]

Mientras contemplaba yo los cuernos, vi que de entre ellos salía un cuerno más pequeño, y que delante de él fueron arrancados tres de los primeros cuernos. También pude ver que los ojos de este cuerno parecían los de un ser humano, y que hablaba con aires de grandeza.

– Daniel 7:8

La caída de los tres cuernos puede ser algo que solo se verá al comienzo del reinado de cuarenta y dos meses del anticristo, o puede que ya haya comenzado a suceder. De cualquier manera, parece mejor ver esta profecía a través del prisma de las naciones que rodean a Israel en el Medio Oriente. En ese caso, el primer cuerno "desarraigado" podría haber sido Saddam Hussein en Irak, quien fue depuesto en el 2003 y ejecutado en el 2006. Turquía apoyó la invasión estadounidense de Irak desde sus bases aéreas en Ankara. El acuerdo se cerró con el partido AKP recién elegido,

---

[365] La palabra para arrancados, *aqar* (Strong's H6132) solo aparece una vez, aquí en Daniel 7:8, por lo que el sentido de "arrancar" podría tener más matices que simplemente conquistar o matar.

encabezado por Recep Tayyip Erdogan,[366] pero después de la invasión inicial, la relación se deterioró.[367]

Una posibilidad para el segundo cuerno fue Muammar Gaddafi en Libia, quien fue ejecutado en el 2011. Turquía nuevamente participó y apoyó el derrocamiento de Libia al reconocer y respaldar financieramente a los rebeldes libios.[368] Después del derrocamiento de Gaddafi, Turquía comenzó a asegurar sus intereses allí e hizo de Libia parte de su estrategia regional.[369]

Si esas identificaciones son correctas, ¿quién podría ser el tercer cuerno? Tendremos que esperar y ver, pero un candidato es la propia Turquía. El presidente Erdogan ascendió de alcalde de Estambul a presidente y dictador *de facto* de toda la nación a través de intrigas (*Daniel 11:21*), comenzando justo antes de la invasión de Irak. Sin embargo, Turquía también ha estado involucrada en Siria, por lo que el presidente Bashar al-Assad es otra posibilidad. Siria ha estado en problemas desde el inicio de su guerra civil en el 2011, pero hasta ahora Assad ha logrado mantener el control de su país. Rusia, que ha estado operando detrás de los bastidores en la región durante décadas, también podría ser un cuerno. O tal vez, el anticristo surgirá de una alianza entre Rusia, Turquía e Irán, que también podría encajar en la descripción de tres cuernos. En este punto, las identidades de los cuernos aún se desconocen y el cuerno pequeño podría surgir de algún lugar completamente inesperado. [*Es como un misterio de un asesinato con muchos sospechosos, pero nadie*

---

[366] Rosenberg. *Enemies and Allies*, 37.
[367] Soner Cagaptay and Mark Parris. "Turkey after the Iraq War: Still a U.S. Ally?" *Washington Institute*, September 19, 2003, www.washingtoninstitute.org/policy-analysis/turkey-after-iraq-war-still-us-ally
[368] Reuters. "Turkey cuts diplomatic ties with Gaddafi's Libyan gov't." *Jerusalem Post*, July 4, 2011, www.jpost.com/International/Turkey-cuts-diplomatic-ties-with-Gaddafis-Libyan-govt
[369] Ezel Sahinkaya. "Why Is Turkey Involved in Libyan Conflict?" *Voice of America*, June 4, 2020, www.voanews.com/a/extremism-watch_why-turkey-involved-libyan-conflict/6190551.html

sabe quién lo hizo...] Quienquiera que sea el cuerno pequeño, otras siete naciones también entregarán su poder a la Bestia, a través de tratados, sobornos o rendición.

El Número de la Bestia

Aquí hay sabiduría. El que tenga entendimiento, que calcule el número de la bestia, pues es el número de un ser humano, y es el seiscientos sesenta y seis. — **Apocalipsis 13:18**

Conocido como el número de la Bestia, la gente ha estado tratando de adivinar qué significa realmente el número 666 desde que Juan escribió por primera vez el libro de Apocalipsis. Muchos han intentado calcular el número de la Bestia por cada sospechoso imaginable. Ireneo discutió extensamente el tema del número de la Bestia en *Contra las Herejías*, que escribió entre los años 182-187 d.C. El primer punto que aborda es el error del copista en algunos manuscritos al cambiar el número 666 por 616. Aunque Ireneo intentó corregir el registro, aún hay personas considerando la posibilidad de que la variante 616 fué la verdadera intención de las Escrituras.[370] Ireneo escribió extensamente sobre el número de la Bestia, y aunque sus palabras fueron escritas hace más que mil setecientos años, creo que todavía merecen seria consideración:

> Entonces, siendo tal el estado del caso, y encontrándose este número en todas las copias más aprobadas y antiguas [del Apocalipsis], y aquellos hombres que vieron a Juan cara a cara dando su testimonio [al respecto]; mientras que la razón también nos lleva a concluir que el número del nombre de la bestia, [si se cuenta] según el modo de cálculo griego por el [valor de] las letras contenidas en él, ascenderá a seiscientos sesenta y seis... No sé cómo es que algunos han errado siguiendo el modo ordinario de hablar,

---

[370] Shoebat. *God's War on Terror*, 368-369.

y han viciado el número medio en el nombre, deduciendo de él la cantidad de cincuenta, de modo que en lugar de seis décadas tendrán que no hay más que una. [Me inclino a pensar que esto ocurrió por culpa de los copistas, como suele suceder, ya que los números también se expresan con letras; de modo que la letra griega que expresa el número sesenta se expandió fácilmente a la letra Iota de los griegos.] Otros recibieron esta lectura sin examinarla... Estos hombres, por lo tanto, deben aprender [cuál es realmente el estado del caso], y volver al verdadero número del nombre, para que no sean contados entre los falsos profetas. Pero conociendo el número cierto declarado por la Escritura, esto es, seiscientos sesenta y seis... – **Ireneo,** Contra las Herejías [371]

Ireneo escribió para corregir este error de escritura dentro de los noventa años más o menos de la redacción del Apocalipsis de Juan. Él dijo que tenía acceso a las "copias más antiguas", y sabemos que él fue instruido por Policarpo, quien fue discípulo del mismo Juan. Ireneo no solo habría tenido acceso a los manuscritos originales, sino que su maestro Policarpo habría escuchado el número directamente de boca de Juan. Los números son muy importantes en la vida diaria. Es virtualmente imposible confundir un número que ha sido ambos, tanto escrito como enseñado oralmente. En consecuencia, Ireneo tenía todo lo que necesitaba para responder definitivamente a esta pregunta y pronunciar correctamente que la variante 616 era espuria y falsa. Con base en su testimonio, parece prudente aceptar que el verdadero número debe ser incuestionablemente 666. Ahora, veamos qué más enseñó Ireneo sobre el número de la Bestia.

Para empezar, fíjate en la cita anterior, cómo Ireneo afirma que el método apropiado para calcular el número de la Bestia vendrá del

---

[371] Coxe. *Ante-Nicene Fathers,* "Ireneo contra las herejías (Irenaeus Against Heresies), b. V, ch. XXX," v. 1, 558-9.

"modo griego de cálculo por el valor de las letras contenidas en él", lo que hace que suene como si usar el idioma griego sería el método correcto.[372] Esta habría sido una declaración muy clara en ese momento, porque la gente todavía usaba el griego con regularidad. Pero en el mundo moderno, surge una pregunta: ¿Significa eso que el nombre del anticristo tendrá que ser traducido al griego antes de que pueda calcularse? Si es así, eso introduce preguntas adicionales, porque hay muchas formas de transliterar un nombre a otro idioma. ¿Podría también haberse referido simplemente al hecho de que las letras del nombre deben sumarse, como en el método griego, pero utilizando el sistema del idioma del que se deriva el nombre? Tal vez, pero simplemente no lo sabemos. Además, Ireneo continúa diciendo que el número de la Bestia no se puede calcular de manera confiable hasta que el anticristo realice las señales que las Escrituras indican que debemos observar. También advierte a los creyentes que se pueden calcular muchos nombres que suman 666 y, por lo tanto, debemos esperar en el Señor para que lo revele en el momento adecuado.

> Que esperen en primer lugar, la división del reino en diez; luego, en el siguiente lugar, cuando estos reyes estén reinando y comenzando a poner sus asuntos en orden y hacer avanzar su reino, [que aprendan] a reconocer que aquel que vendrá reclamando el reino para sí mismo, y aterrorizará a esos hombres de quien venimos hablando, teniendo un nombre que contenga el número antedicho, es verdaderamente la abominación desoladora...
>
> Por lo tanto, es más seguro y menos peligroso esperar el cumplimiento de la profecía, que estar haciendo conjeturas y buscando cualquier nombre que pueda presentarse, ya que se pueden encontrar muchos nombres que poseen el número mencionado; y la misma pregunta, después de

---

[372] Para una calculadora de gematria en griego, intente: www.greekgematria.epizy.com

todo, permanecerá sin resolver. Porque si se encuentran muchos nombres que poseen este número, se preguntará cuál de ellos llevará el hombre que ha de venir. No es por falta de nombres que contengan el número de ese nombre que digo esto, sino por el temor de Dios y el celo de la verdad...

Sin embargo, no incurriremos en el riesgo de pronunciarnos positivamente sobre el nombre del anticristo; porque si fuera necesario que este nombre se revelara claramente en el tiempo presente, habría sido anunciado por aquel que vio la visión apocalíptica. Porque eso se vio no hace mucho tiempo, pero casi en nuestros días, hacia el final del reinado de Domiciano. Pero ahora indica el número del nombre, para que cuando venga este hombre podamos evitarlo, siendo conscientes de quién es.

– **Ireneo,** Contra las Herejías [373]

Como resultado, me siento incómodo con tratar de identificar al anticristo calculando el número de su nombre antes de que él haya sido revelado. Podría ser recatado y decir que es porque no tengo una mente con suficiente sabiduría, pero mi desconcierto tiene dos fuentes principales. Primero, no existe un método definitivo para calcular un número. Se han sugerido muchos métodos posibles, pero no hay ninguna instrucción en las Escrituras que nos guíe. En segundo lugar, para cualquiera de los métodos, hay un número absurdamente grande de posibles combinaciones de nombres y palabras que se pueden hacer para igualar 666. Claramente, Ireneo esperaba que la iglesia estuviera aquí para ver al anticristo cuando llegara. Por lo tanto, creo que debemos prestar atención a su advertencia y esperar hasta que se revele el anticristo (causando la abominación desoladora) antes de que podamos calcular el número de su nombre con certeza.

---

[373] Ibid., 559-600.

El Que Detiene y el Gran Engaño

También hay otro misterio con respecto al hombre de pecado (es decir, el anticristo). ¿Qué lo detiene, y cuándo será quitado de en medio el que lo detiene? Sabemos que la Bestia tendrá autoridad para gobernar durante cuarenta y dos meses, no siete años, pero ¿cuándo será quitado el que retiene? ¿Y será todo a la vez, o gradualmente durante los tres años y medio anteriores? Veamos de cerca la advertencia de Pablo.

Ustedes saben lo que lo detiene por ahora, para ser revelado a su debido tiempo. Porque el misterio de la iniquidad ya está en acción, solo que aquel que por ahora lo detiene, lo hará hasta que él mismo sea quitado de en medio. Entonces será revelado ese impío, a quien el Señor matará con el espíritu de Su boca, y destruirá con el resplandor de Su venida. La venida del impío será conforme a la actividad de Satanás, con todo poder y señales y prodigios mentirosos, y con todo engaño de iniquidad para los que se pierden, porque no recibieron el amor de la verdad para ser salvos. Por esto Dios les enviará un poder engañoso, para que crean en la mentira, a fin de que sean juzgados todos los que no creyeron en la verdad sino que se complacieron en la iniquidad.

– **2 Tesalonicenses 2:6-12** NBLA

La carta de Pablo a los Tesalonicenses deja claro que estamos hablando del anticristo quien será una de las bestias del Apocalipsis. La frase "para que en su tiempo se manifieste" implica que el retenedor se remueve o comienza a removerse mucho antes de que el anticristo se manifieste "en su tiempo". Tendría sentido que el retenedor comience a retirar su mano tan pronto como se abra el primer sello. También es razonable suponer que la mano que restringe se retirará de forma mesurada, incluso si es relativamente rápido. Creo que también podemos suponer que esto no significa que se eliminen todas las restricciones. Si ese fuera el caso, entonces las hordas demoníacas del Abismo no tendrían límites en absoluto, y seguramente "*nadie sería salvo*" (*Mateo 24:22*).

Algunos han sugerido que el Espíritu Santo es el que detiene, lo cual tiene sentido. El Espíritu Santo es Dios y Dios es, en última instancia, quien restringe y pone límites a todos ya a todo. Y, sin embargo, Dios, quien es omnipresente, nunca puede ser realmente removido. Entonces, eso suena más como el brazo restrictivo del Señor, que en un sentido práctico a menudo se logra a través de su hueste angelical la cual ha estado restringiendo el mal en el mundo desde la Caída del Hombre (o incluso antes, dependiendo de cuándo se rebeló Satanás). También tenemos el testimonio de Daniel de que el arcángel Miguel "se levantará" en los últimos días (es decir, será removido o se le ordenará retirarse).

Cuando llegue el momento, se levantará Miguel, el gran príncipe que está de parte de los hijos de tu pueblo. Serán momentos angustiosos, como jamás los hubo desde que la humanidad existe, pero llegado el momento tu pueblo será liberado, lo mismo que todos los que estén registrados en el libro. — Daniel 12:1

Es cierto que el comentario de Daniel está dirigido al pueblo judío, que no necesariamente incluye a la futura iglesia, pero fíjate que la profecía también se refiere a "*todos los que estén registrados en el libro* [de la Vida]". Por lo tanto, esto sugiere que lo que permite que venga el fin y que el mundo entre en "*momentos angustiosos, como jamás los hubo desde que la humanidad existe*" es la remoción o el retiro de los ejércitos angelicales de Dios, quienes normalmente están luchando "*contra huestes espirituales de maldad en las regiones celestes*" (*Efesios 6:12*). Pero por un corto tiempo, Dios les permitirá causar estragos en la Tierra.

<u>Nota también que la advertencia de Pablo sobre la remoción del que detiene es seguida por un engaño global</u> (*2 Tesalonicenses 2:11-12*). En ese sentido, la mano restrictiva de Dios comenzó a ser

removida en el 2020, permitiendo que las naciones del mundo caigan en un engaño global. La ilusión comenzó con el miedo a la pandemia del coronavirus y rápidamente dio paso a respuestas ilógicas y draconianas tanto de individuos como de gobiernos. El engaño continuará creciendo, hasta y durante el reinado del anticristo; pero ya ha comenzado a destruir la economía mundial y a marcar el comienzo de la gobernanza global, preparando el escenario para su ascenso al poder. También hay evidencia de que tanto los cristianos como los judíos sionistas ya están siendo culpados como la fuente de los problemas del mundo. Y por aterrador que pueda ser este momento, sabemos por Daniel que esto traerá el momento en que todos aquellos cuyo nombre esté escrito en el Libro de la Vida del Cordero serán rescatados. ¡*Aleluya*!

La Marca de la Bestia

Una señal importante que identificará al anticristo y confirmará que su tiempo ha comenzado será la marca de la Bestia.[374] La marca ha sido objeto de un sinfín de especulaciones [*a las que ahora añadiré mis propios pensamientos*], debido a la gravedad del castigo por recibir la marca para los que estén vivos en los días de la Gran Tribulación (*Apocalipsis 14:9-11*). Claramente, es importante discernir esto bien, o no habría un anuncio especial por un ángel del cielo que advierte a los habitantes de la tierra que no reciban la marca.

También se le permitió infundir aliento a la imagen de la bestia, para que ésta hablara y mandara matar a todo aquel que no la adorara. Además, hizo que a todos, grandes y pequeños, ricos y pobres, libres y esclavos, se les pusiera una marca en la mano derecha o en la frente, y que nadie pudiera comprar ni vender si no tenía la marca o el nombre de la bestia, o el número de su nombre.

– **Apocalipsis 13:15-17**

---

[374] Vea Apocalipsis 13:16-17, 14:9-11, 16:2, 19:20, and 20:4.

Pero, ¿qué podría ser realmente la marca? Comencemos con una premisa. Primero, si aceptamos que el regreso del Señor está realmente cerca, entonces la tecnología para la marca de la Bestia ya debe estar en desarrollo y, por lo tanto, podemos pensar razonablemente en cuáles serán sus precursores. Si el regreso del Señor no está cerca, entonces es inútil intentar adivinar cuál será. Por ejemplo, ¿podría una persona del siglo XIX haber concebido las tecnologías que existen en la actualidad? Absolutamente no, solo mira esta representación de la aplicación de la marca de la Bestia, tal como la imaginó un cristiano ruso en el siglo XIX (a la derecha).³⁷⁵

Sin embargo, suponiendo que el momento esté cerca, ¿qué podríamos estar buscando? La Escritura dice que todo el mundo seguirá a la primera bestia, y la segunda bestia les hará recibir una marca, o no podrán comprar ni vender. Dado que parece involucrar a todo el mundo, estamos buscando una transición hacia una forma de gobierno global. La agenda para la gobernanza global avanzó significativamente bajo los encierros del coronavirus, pero el movimiento se ha estado construyendo durante décadas. Sus raíces se remontan al menos a 1945, con la creación de las Naciones Unidas. Después de que estalló la pandemia, se avanzó mucho en agendas como Global Citizen,³⁷⁶ auspiciada por la Organización

---

³⁷⁵ "Apocalipsis de Andrés de Cesarea," Walters W917, c. 1800, www.thedigitalwalters.org/Data/WaltersManuscripts/html/W917/description.html
³⁷⁶ www.globalcitizen.org/es/

Mundial de la Salud, y la idea de ciudadanía global es apoyada por la ONU.[377]

Luego, el control de compra y venta también implica un nuevo sistema de identificación global y potencialmente un nuevo sistema monetario mundial. El desarrollo de las monedas digitales se remonta al 1982.[378] Pero no fue hasta el lanzamiento de Bitcoin en el 2009, utilizando tecnología de autenticación de cadena de bloques, que las monedas digitales realmente comenzaron a ganar terreno.[379] La pandemia en el 2020 creó las condiciones perfectas para que la Reserva Federal comenzara a discutir planes para implementar una nueva criptomoneda federal.[380] Llamada Fedcoin, los conservadores comenzaron casi de inmediato a advertir que podría presentar numerosas amenazas potenciales a las libertades personales.[381] Fedcoin, o algo similar, podría convertirse en una nueva moneda digital del banco central (CBDC), o "dólar digital", para mantener el dólar estadounidense como moneda de reserva mundial.[382] También ha habido un impulso para una identificación permanente, universal y global bajo esfuerzos como ID2020, patrocinado por algunas compañías tecnológicas de renombre.[383] El sitio web analiza algunos conceptos tecnológicos que, en última

---

[377] www.un.org/en/chronicle/article/global-citizenship-new-and-vital-force

[378] David Chaum. "Blind signatures for untraceable payments." In D. Chaum, R.L. Rivest, and A.T. Sherman Bennett (Eds.). *Advances in Cryptology: Proceedings of Crypto 82* (Springer, 1982): 199-203.

[379] Annika Baumann, B. Fabian, and M. Lischke. "Exploring the Bitcoin Network." *WEBIST,* 1 (2014): 369-374, www.scitepress.org/Papers/2014/49373/49373.pdf

[380] "Fed acelera sus planes para un ´dólar digital´," *crónicaeconómica.com,* 21 de mayo de 2021, https://cronicaeconomica.com/mercados-y-divisas/155518/fed-acelera-sus-planes-para-dolar-digital.html

[381] Ron Paul. "La "Fedcoin" el nuevo esquema para la tiranía y la pobreza," *El Nuevo Sistemamundo,* Agosto 4, 2020, https://elnuevosistemamundo.org/la-fedcoin-el-nuevo-esquema-para-la-tirania-y-la-pobreza/

[382] "The Digital Dollar Project: Exploring a US CBDC," Digital Dollar Foundation and Accenture, May 2020, www.banking.senate.gov/imo/media/doc/Giancarlo%20Testimony%20Addendum%206-30-202.pdf

[383] https://id2020.org

instancia, también pueden ser requisitos para la tecnología de la marca de la Bestia. El objetivo es que la identificación sea implantable, de identificación única, imposible de copiar, emitida al nacer y duradera incluso después de la muerte.

Lograr todas esas cosas es un desafío, pero esto puede arrojar algo de luz sobre la pregunta de por qué la Biblia dice que la marca estará "en la mano derecha o en la frente". Una razón podría ser que para cualquier tipo de identificación implantable, sería mejor que se colocara en dos partes diferentes del cuerpo, de modo que, en caso de lesión en un área del cuerpo que contiene la marca, la persona aún sea identificable, siempre y cuando tengan una segunda marca de identificación en otra área. El hecho de que esté específicamente en la mano derecha, probablemente significa que esta será utilizada para la identificación y por lo tanto se debe estandarizar la ubicación. El mundo está buscando ardientemente estas tecnologías para propósitos que suenan razonables en nuestro mundo actual, pero proféticamente, también nos están conduciendo inexorablemente hacia lo que fue profetizado hace miles de años. En este punto de la historia, existen todas las tecnologías necesarias para una marca y podrían implementarse rápidamente bajo la autoridad del anticristo una vez que él comience su reinado de terror.

En cuanto a la gobernanza global, uno podría reflexionar sobre el hecho de que la ONU, la OMS, el Fondo Monetario Internacional (FMI) y otras instituciones gubernamentales globales ya forman un tipo de gobierno global *de facto*. Por lo tanto, ya tenemos, en efecto, un sistema político mundial que está operando con cierto nivel de autoridad sobre casi todos los países del mundo; y les está emitiendo normas y directivas, como si fueran estados subordinados, no naciones soberanas. Pero, ¿cómo se convertirá un nuevo sistema de identificación gubernamental, monetaria y personal en un problema que merezca ser castigado con fuego y azufre? La simple evolución de la tecnología en nuestras vidas no se convertirá de repente en la marca de la Bestia, y no la obtendremos por accidente.³⁸⁴ [*Como en, ¡Ups! ¡Recibí una vacuna y no sabía que tenía un microchip implantable!*] Debe ser algo parecido a inclinarse ante el ídolo de oro de Nabucodonosor (*Daniel 3*). ¿Por qué? Bueno, para explicarlo, primero déjame contarte sobre el proceso de pasar de ser ciudadano de otro país a ciudadano estadounidense naturalizado. Requerimos que los extranjeros que deseen convertirse en ciudadanos de los Estados Unidos renuncien por completo a todas las demás lealtades nacionales. Este es el juramento que todo ciudadano naturalizado debe prestar:

> "Por la presente declaro, bajo juramento, que renuncio absoluta y completamente a toda lealtad y fidelidad a cualquier príncipe, potentado, estado o soberanía extranjero, del cual he sido hasta ahora súbdito o ciudadano; que apoyaré y defenderé la Constitución y las leyes de los Estados Unidos de América contra todos los enemigos, extranjeros y nacionales; que tendré verdadera fe y lealtad a las mismas; que tomaré las armas en nombre de los Estados Unidos cuando lo exija la ley; que prestaré servicio como no combatiente en las Fuerzas Armadas de los Estados Unidos cuando lo requiera la ley; que realizaré trabajos de importancia nacional bajo dirección civil cuando lo requiera la ley; y que asumo esta obligación libremente, sin ninguna reserva mental o propósito de evasión; que Dios me ayude." – **Naturalización Juramento de Lealtad a los Estados Unidos de América** ³⁸⁵

---

³⁸⁴ Eso no significa que no sospeche que el uso de algunas tecnologías relacionadas con la vacuna sean posibles precursores de la marca de la Bestia, ciertamente podrían serlo (ver: https://timetofreeamerica.com/revelation), es solo que no creo que lo sepamos con certeza hasta que el anticristo lo implemente oficialmente, durante el tiempo en que se le dé autoridad para gobernar durante cuarenta y dos meses.

³⁸⁵ www.uscis.gov/citizenship/learn-about-citizenship/the-naturalization-interview-and-test/naturalization-oath-of-allegiance-to-the-united-states-of-america

Bien, eso tiene sentido. Una persona no debe actuar como agente de otro país mientras disfruta de los derechos y privilegios de un ciudadano de los Estados Unidos. Pero este impulso reciente y fortalecido por la ciudadanía global, junto con el juramento de naturalización de EE. UU. y el impulso por una nueva forma de identificación digital implantable y duradera, podría sugerir algo. Cuando finalmente llegue la marca de la Bestia, junto con un sistema de gobierno global, parece que la emisión de la marca también tendrá que ir acompañada de un juramento. El juramento será el objetivo principal y requerirá una aceptación consciente y sincera, al igual que él convertirse en ciudadano de los EE. UU.

Es probable que la marca también tenga algunas acciones y usos muy específicos, pero también servirá como prueba de que se tomó el juramento; será la recompensa que le permita a uno unirse y participar en el nuevo sistema global del anticristo. Tal vez el juramento contenga algo sobre la renuncia a todas las lealtades anteriores a cualquier principado, potentado, estado, soberanía, **o dioses**. También tendrá un compromiso de obedecer y adorar a la Bestia, lo que equivaldrá a inclinarse ante la estatua de oro de Nabucodonosor.

Probablemente conozcas la historia en Daniel 3. El rey Nabucodonosor erigió una estatua de oro gigante de sí mismo para que todo su reino la adorara, pero tres jóvenes judíos llamados Sadrac, Mesac y Abednego se negaron a inclinarse. Fue una época en la que al pueblo de la antigua Babilonia se le dio a elegir: inclinarse y adorar al ídolo, o morir. Pero estos jóvenes judíos en lugar de ceder, declinaron audazmente. Su temor a Dios era mayor que su temor al hombre. Y en su famoso enfrentamiento con el rey Nabucodonosor, valientemente proclamaron su confianza en la capacidad de Dios para salvarlos; sin embargo, entonces dijeron: *"Pero si no lo hace, ha de saber, oh rey, que no serviremos a sus dioses ni adoraremos la estatua de oro que ha levantado"* (*Daniel 3:18* NBLA). Enfurecido, Nabucodonosor calentó el horno siete veces más de lo normal, e hizo que los arrojaran para que los quemaran vivos. Ellos estaban listos para morir ese día, confiando en Dios para su recompensa en el más allá. En cambio, Dios hizo un gran milagro, y ni siquiera los cabellos de sus cabezas se chamuscaron, ni olieron a humo.

¡Qué maravilloso ejemplo! Bajo el reinado del anticristo, los creyentes nuevamente enfrentarán este tipo de amenaza. Se les dirá que adoren a la Bestia y su imagen y que reciban su marca... o mueran. Y allí será donde, si no mucho antes, los cristianos comenzarán a ser encarcelados y asesinados, porque simplemente ellos no estarán de acuerdo con eso.

A cualquiera que me confiese delante de los hombres, yo también lo confesaré delante de mi Padre que está en los cielos. Y a cualquiera que me niegue delante de los hombres, yo también lo negaré delante de mi Padre que está en los cielos. **– Mateo 10:32-33**

Porque todo el que quiera salvar su vida, la perderá; y todo el que pierda su vida por causa de mí, la hallará. **– Mateo 16:25**

La Gran Babilonia

Se nos revela otro misterio, el cual debemos considerar con la mente muy abierta. Primero, se nos advierte que la Babilonia Misteriosa contiene... (tamborillazos por favor)... ¡un misterio! Hay un buen libro sobre este tema,[386] por lo que no cubriré el tema de manera exhaustiva en esta breve sección. Sin embargo, lo que sí puedo hacer es sentar las bases para algunas de las cosas importantes que debemos entender y tomar en cuenta.

En la frente llevaba escrito un nombre misterioso: la gran babilonia madre de las prostitutas y de las abominables idolatrías de la tierra.
– Apocalipsis 17:5 NVI

---

[386] Joel Richardson. *Mystery Babylon: Unlocking the Bible's Greatest Prophetic Mystery* [Misterio Babilonia: Revelando el mayor misterio profético de la Biblia] (WND, 2017).

Leemos que ella es la "madre de las prostitutas". Hay muchas maneras de entender esa declaración, pero su designación como ramera indica que representa la religión falsa. El título "madre" puede significar la primera, la raíz de, la más grande, o todas esas cosas juntas. Hoy en día, la religión falsa más grande en la tierra sería casi indiscutiblemente el Islam, por lo que es difícil no imaginar que jugará un papel importante en los eventos del fin del mundo, pero el ateísmo, el paganismo y el cristianismo apóstata también podrían estar a la vista. La declaración *"y de las abominaciones de la tierra"* puede simplemente referirse a las creencias y prácticas blasfemas generales de la ramera, o puede referirse a un aspecto de la ramera que acepta y promueve las formas más perversas de pecado en la tierra. La idea de que existe una doble naturaleza en la ramera, conocida como la gran Babilonia, se escucha en la proclamación del ángel que dice: *"¡Cayó, cayó la gran Babilonia!"* Al usar "cayó" dos veces, sugiere que la gran Babilonia tiene dos aspectos, lados o encarnaciones diferentes; sin embargo, también puede indicar simplemente cualquiera de los siguientes: Que su caída es grande, que es una caída en dos etapas, o que será destruida en dos momentos diferentes.

Lo siguió otro ángel, el segundo, diciendo: "¡Cayó, cayó la gran Babilonia!, la que ha hecho beber a todas las naciones del vino de la pasión de su inmoralidad". —Apocalipsis 14:8

También leemos que hizo beber a **las naciones** de sus adulterios enloquecedores; lo que significa que estamos buscando una influencia que no sea solo regional, sino global. Durante décadas, el islam ha estado exportando su dogma yihadista por todo el mundo, así que esto coincide, pero la religión falsa de la ciencia y el humanismo también ha estado exportando una forma de neopaganismo en la cultura pop y perversión sexual por todo el mundo, por lo que no es inconcebible que otras cosas también puedan estar a la vista en la designación de la ramera. Cuando se trata de misterios como este, es mejor mantener la mente abierta. Es poco probable que sea una respuesta simple y unidimensional y es posible que solo sea revelado por completo durante la segunda mitad de la tribulación.

La gran ciudad quedó dividida en tres partes, y las ciudades de las naciones cayeron. Y la gran Babilonia fue recordada delante de Dios para darle la copa del vino del furor de Su ira.
— **Apocalipsis 16:19** NBLA

Más adelante leemos acerca de la destrucción de la gran ciudad, Babilonia. Esto trae a la mente una sola ubicación. Algunos comentaristas han sugerido lugares como Roma, Jerusalén, Nueva York e incluso la antigua ciudad de Babilonia. Joel Richardson presenta un caso convincente a favor de Meca en Arabia Saudita, y con buena razón.[387] Pero también leemos que, "*y las ciudades de las naciones cayeron*". Esto pudiera indicar que la gran Babilonia no es solo una ciudad, sino que incluye grandes ciudades del mundo que también actúan como Babilonia. Son "Babilonias pequeñas", como pequeñas ciudades de Babel donde la gente una vez se congregó en un solo lugar en vez de obedecer la palabra del Señor de esparcirse o pulular (*saras* – Strong's H8317) sobre la tierra. La palabra hebrea *saras* también se usa para describir los peces que pululan en el mar; evoca la idea de llenar toda parte, en vez de amontonarse en un solo lugar. Luego, cuando Dios confundió su lenguaje y los esparció sobrenaturalmente sobre la faz de la tierra (*Génesis 11*), entendemos que su mandato de esparcirse no era opcional.

En cuanto a ustedes, sean fecundos y multiplíquense; sí, multiplíquense y llenen (saras) la tierra.
— **Génesis 9:7** NVI

También leemos que la gran ramera "*está sentada sobre muchas aguas*". Esta imagen encaja bien con el país de Arabia Saudita que se encuentra en una península rodeada de mares, pero también puede sugerir que ella se ubica en muchos lugares, evocando una

---

[387] Ibid. p. 195-219.

imagen de las ciudades de las naciones. La referencia a su influencia sobre los habitantes de la tierra también encaja bien con la inclusión de las grandes ciudades de las naciones.

Uno de los siete ángeles que tenían las siete copas, vino y me dijo: "Ven acá, y te mostraré el castigo para la gran ramera, la que está sentada sobre muchas aguas. Con ella han adulterado los reyes de la tierra, y los habitantes de la tierra se han embriagado con el vino de su inmoralidad sexual". — **Apocalipsis 17:1-2**

Podría decirse que también se implica una dualidad en la naturaleza de la bestia sobre la que se sienta la mujer. Se nos dice que sus siete cabezas son siete montes y que también son siete reyes. Esto nos da dos sentidos para entender la naturaleza de la bestia. Desafortunadamente, para entender esto verdaderamente, uno debe tener una *"mente que tenga sabiduría"*, por lo que yo podría no tener suerte allí. Pero en serio… eso claramente significa que esta es una imagen difícil y compleja.

Aquí se verá la mente que tenga sabiduría: Las siete cabezas son siete montes, sobre los cuales se sienta la mujer, y son también siete reyes. Cinco de ellos ya no reinan; uno está reinando, y el otro aún no ha llegado; pero cuando venga, es preciso que reine algún tiempo. — **Apocalipsis 17:9-10**

Continúan los misterios en torno a la gran Babilonia y la imagen de la mujer que monta la bestia. Ella se sienta sobre muchas aguas y gobierna sobre los reyes de la tierra. Ella es una gran ciudad. Es arruinada y quemada con fuego por la Bestia, y sin embargo, Babilonia también es destruida por Dios mismo en Apocalipsis 16:19, con la copa del furor de su ira. Estas imágenes no se contradicen, pero son drásticamente diferentes.

El ángel también me dijo: "Las aguas que has visto, donde está sentada la ramera, son multitud de pueblos, naciones y lenguas. Y los diez cuernos y la bestia que viste aborrecerán a la ramera y la dejarán abandonada y desnuda; devorarán sus carnes, y la quemarán con fuego. Dios ha puesto en el corazón de ellos el ejecutar lo que él se ha propuesto hacer: se pondrán de acuerdo, y entregarán su reino a la bestia, hasta que se cumplan las palabras de Dios. La mujer que has visto es la gran ciudad que reina sobre los reyes de la tierra".
— **Apocalipsis 17:15-18**

La mayor parte de Apocalipsis 18 también se trata del juicio de la gran Babilonia, pero ¿cuándo caerá? ¿Es en un solo momento, o será un evento progresivo y de múltiples etapas? Apocalipsis 18:10 podría darnos la impresión de que es un solo evento repentino debido al uso de la frase "en una hora". Pero considera el uso de la misma frase "en una hora" en el contexto de los diez cuernos en Apocalipsis 17:12. En el pasaje sobre los diez cuernos, "en una hora" es claramente una expresión que denota que será por poco tiempo. Consecuentemente, la caída de Babilonia fácilmente podría ser un caso prolongado que se desarrolla en múltiples niveles.

Aterrorizados al ver semejante castigo, se mantendrán a distancia y gritarán: "¡Ay! ¡Ay de ti, la gran ciudad, Babilonia, ciudad poderosa, porque en una sola hora ha llegado tu juicio!" — **Apocalipsis 18:10 NVI**

"Los diez cuernos que has visto son diez reyes que todavía no han comenzado a reinar, pero que por una hora recibirán autoridad como reyes, junto con la bestia". — **Apocalipsis 17:12 NVI**

Cuando leemos todas estas referencias, parece más probable que estemos viendo una imagen compuesta con varios niveles, de ahí el misterio. Por lo tanto, quiero mantener la mente abierta sobre lo que estoy buscando, considerando las siguientes posibilidades:

1) Las cosas que representan el espíritu de Babilonia en el mundo.
2) Un gran gobierno global de "Babilonia".
3) Un sistema religioso falso como el Islam o la iglesia Cristiana apóstata.
4) Una ciudad específica que es el centro de coordinación para el gobierno de la Bestia.
5) Cualquier ciudad que exhiba el espíritu de Babilonia en todo el mundo.
6) Un líder mundial que simboliza a la mujer que monta la bestia.

Y finalmente, creo que hay una advertencia muy importante para que los santos huyan de Babilonia que se encuentra encubierta en la descripción de su destrucción. El problema es que la utilidad de la advertencia depende de nuestra comprensión de dónde se ubica Babilonia. ¿Cómo podemos huir de un lugar que no podemos identificar? Si no dirijimos a Jeremías, vemos que la advertencia de Juan es una repetición de la misma advertencia que él hizo.

Y oí otra voz del cielo que decía: "Salgan de ella, pueblo mío, para que no participen de sus pecados y para que no reciban de sus plagas".
— **Apocalipsis 18:4** NBLA

¡Salgan de Babilonia! ¡Pónganse a salvo, para que no perezcan por causa de su maldad! ¡Ha llegado la hora de la venganza del Señor, y él le dará su merecido! En las manos del Señor, Babilonia fue una copa de oro que embriagó a toda la tierra; los pueblos bebieron de ella y quedaron aturdidos. En un momento cayó Babilonia, y se hizo pedazos. Lloren por ella, y suavicen con bálsamos su dolor. Tal vez sane. Curamos a Babilonia, y no ha sanado; dejémosla, y volvamos a nuestra tierra, porque su sentencia ha llegado hasta el cielo, ¡se ha elevado hasta las nubes! — **Jeremías 51:6-9**

Si se nos dice que salgamos de un lugar *"para que no participen de sus pecados y para que no reciban de sus plagas"*, entonces deberíamos querer saber dónde es ese lugar. Basado en Apocalipsis 16:19, creo que el título de Babilonia puede aplicarse a cualquier gran grupo de personas donde abunde la maldad. El espíritu de Babilonia impregna nuestra era actual. Ya sea que estés de acuerdo con eso o no, yo recomendaría que cualquiera que viva en medio de una gran ciudad, a menos que sienta que Dios le ha dicho específicamente que se quede allí, debe tratar de encontrar un lugar menos poblado para vivir. Si los alimentos y los suministros se interrumpen por un período prolongado, las grandes ciudades no serán lugares agradables para sobrellevar el juicio inminente que Dios ya está comenzando a derramar sobre la tierra.

¿Es América la Gran Babilonia?

Algunos han sugerido que Estados Unidos podría ser la Babilonia misteriosa.[388] Sé de varias personas que estaban tan convencidas de ello que se mudaron a Costa Rica o Nueva Zelanda, etc. El caso se hace comparando los peores aspectos de América con la descripción de la Babilonia misteriosa, y notando que América no parece jugar un papel principal en los últimos días. Sin embargo, el primer problema con ese razonamiento es que Estados Unidos no es el centro de la Biblia, sino Israel. En segundo lugar, Estados Unidos ni siquiera existía como nación en los tiempos bíblicos, por lo que no hay un nombre históricamente rastreable en las Escrituras. Ya que todas las naciones de la tierra experimentarán el juicio de Dios (*Jeremías 25:15-38*) y él las entregará al poder del anticristo por un tiempo, es lógico suponer que América, como las demás naciones, de alguna manera será sometida. No obstante, existen numerosas referencias positivas que podrían aludir a América.[389] Cierto, es una nación pecadora que ha vivido en la riqueza y el lujo

---

[388] John Price. *The End of America: The Role of Islam in the End Times and Biblical Warnings to Flee America* (Christian House Publishers, 2009): 41-86.
[389] Los mercaderes de Tarsis (*Salmos 72:10, Isaías 60:9, Ezequiel 38:13*); Las islas del mar (*Isaías 24:14-15, 51:5*); Una gran águila (*Apocalipsis 12:14*); Los de occidente (*Oseas 11:10* e *Isaías 59:19*); Las costas occidentales o naves de Quitín (*Daniel 11:30*).

y ha promovido la inmoralidad en todo el mundo; pero Estados Unidos es también la nación cristiana más influyente de la tierra. Es responsable de la mayor parte de la ayuda humanitaria y el apoyo financiero para la evangelización en todo el mundo. Es una dicotomía terrible (*Santiago 3:10-12*), pero no significa que Estados Unidos sea la Babilonia de la tierra o que los creyentes deban huir de allí a alguna otra nación. Por el contrario, América es muy bendecida. No debemos desperdiciar los dones que Dios nos ha dado (*Lucas 12:48*). Que América siga brillando como una luz para las naciones (*Mateo 5:16*) mientras Dios lo permita.

De la misma boca salen bendiciones y maldiciones. Hermanos míos, ¡esto no puede seguir así! ¿Acaso de una misma fuente puede brotar agua dulce y agua amarga? No es posible, hermanos míos, que la higuera dé aceitunas, o que la vid dé higos. Ni tampoco puede ninguna fuente dar agua salada y agua dulce. — **Santiago 3:10-12**

A todo el que se le ha dado mucho, se le exigirá mucho; y al que se le ha confiado mucho, se le pedirá aún más. — **Lucas 12:48b** NVI

Hagan brillar su luz delante de todos, para que ellos puedan ver las buenas obras de ustedes y alaben al Padre que está en el cielo. — **Mateo 5:16** NVI

Ojalá, la discusión sobre la gran Babilonia le ha dado alguna dirección y un contexto más amplio para entenderla. El tiempo revelará el misterio completo de cómo se cumplirán todas estas cosas; hasta entonces, debemos velar y orar para pedir sabiduría para reconocer cuando Dios está obrando para hacer que estas cosas sucedan. [*Que Dios guíe a aquellos que necesitan huir de ciudades, estados o países, que están dominados por un espíritu de Babilonia, para encontrar descanso en pastos más verdes. Amén.*]

La Gran Apostasía y las Falsas Enseñanzas en la Iglesia

Una de las señales más desalentadoras que un verdadero cristiano puede observar es la Gran Apostasía. De hecho, cuando primero comencé a escribir esta sección, estaba planeando mostrar que la apostasía se acercaba rápidamente; sin embargo, estaba equivocado. Ya llegó. Y desafortunadamente, los versículos que nos advierten sobre los falsos creyentes también pueden ser mal utilizados por los falsos creyentes y dirigidos hacia los verdaderos, lo que permitirá que *"se traicionarán unos a otros, y unos a otros se odiarán"*. Yo creo que esto nos dice que las iglesias apóstatas apoyarán al gobierno del anticristo cuando llegue y ayudarán en la persecución de los verdaderos santos. Recordando cómo algunas iglesias apoyaron al gobierno de Hitler en Alemania, no creo que sea muy descabellado.[390] A través del poder de la propaganda, se puede llevar a la gente a seguir nuevas doctrinas, cambiando radicalmente la dirección de un grupo o nación.[391]

Muchos se apartarán de la fe entonces, y se traicionarán unos a otros, y unos a otros se odiarán. Se levantarán muchos falsos profetas, y a muchos engañarán. Y debido al aumento de la iniquidad, el amor de muchos se enfriará. **– Mateo 24:10-12 NBLA**

Jesús fue el primero en advertirnos sobre la apostasía en los últimos días, pero los apóstoles también nos advirtieron sobre este tiempo. Pablo le recordó específicamente a la iglesia de Tesalónica, que estaba preocupada por haber sido "dejada atrás", que había dos señales que precederían el regreso del Señor: 1) la Apostasía, y 2) la revelación del anticristo (recuerda la discusión sobre esto está en el capítulo 6). Pablo también advirtió a Timoteo que, en tiempos posteriores, la gente sería engañada por doctrinas de demonios y

---

[390] Eric Metaxas. *Bonhoeffer: Pastor, Mártir, Profeta, Espía* (Grupo Nelson, 2012).
[391] Erwin W. Lutzer. *When A Nation Forgets God: 7 Lessons We Must Learn from Nazi Germany* (Moody Publishers, 2010): 75-95.

abandonaría la fe.³⁹² Lamentablemente, ahora podemos marcar la primera casilla: la Apostasía ha llegado. Sin embargo, si no estás seguro de eso, te recomiendo el documental en inglés *Enemies Within the Church*, que expone la aceptación de la ideología "woke" por parte de muchos líderes evangélicos e instituciones centrales, y *Wide is the Gate*, que expone cómo el movimiento de la Nueva Era y el misticismo se ha infiltrado en la iglesia.³⁹³

¹Hermanos, con respecto a la venida de nuestro Señor Jesucristo y nuestra reunión con él... ³De ninguna manera se dejen engañar. Porque ese día no vendrá sin que antes venga la apostasía, y se manifieste el hombre de pecado, es decir, el hijo de perdición.
— **2 Tesalonicenses 2:1 y 3**

Pero el Espíritu dice claramente que, en los últimos tiempos, algunos apostatarán de la fe y escucharán a espíritus engañadores y a doctrinas de demonios. — **1 Timoteo 4:1**

Otra forma en que los creyentes han sido colocados en un camino para abandonar la fe es a través de la aceptación de la idea demoníaca de que el crecimiento espiritual debe lograrse a través de antiguas "disciplinas" de formación espiritual. El movimiento ha ganado un gran número de seguidores dentro de la iglesia y adopta prácticas meditativas orientales que no son bíblicas y claramente se derivan del budismo, el hinduismo y las prácticas católicas místicas.

---

392 Se pueden encontrar ejemplos de esto en las vidas de muchos pastores y líderes cristianos que han renunciado repentinamente a su fe (para un ejemplo específico consulte: https://laverdadahora.com/el-famoso-autor-cristiano-joshua-harris-renuncia-al-cristianismo-y-esta-es-la-razon/), y en el crecimiento de falsas enseñanzas en la iglesia, como el misticismo cristiano, el universalismo, la teología del reemplazo y la aceptación de la homosexualidad.

393 "Apostasía en la Iglesia Cristiana," https://contralaapostasia.com/2018/04/23/apostasia-en-la-iglesia-cristiana/ ; *Enemies Within: The Church* (2021), https://enemieswithinthechurch.com; *Wide is the Gate: The Emerging New Christianity*, Vol. 1-3 (2012), https://shop.wideisthegate.com/products/wide-is-the-gate-triple-vol-1-3-pack

³⁹⁴ Incluso los defensores de estos métodos admiten que pueden llevar al contacto con espíritus demoníacos y, por lo tanto, se deben hacer "oraciones de protección" al principio. ³⁹⁵ Y, sin embargo, todavía sostienen que estas "prácticas antiguas", que fueron utilizadas por monjes y místicos, pueden ser redimidas y llevarán a las personas a una conexión más profunda y significativa con Dios. El movimiento ha avanzado rápidamente en los círculos evangélicos durante los últimos diez años y sus "disciplinas" se están haciendo pasar por prácticas cristianas de sana doctrina. A los estudiantes de institutos bíblicos y seminarios se les están enseñando ahora "oraciones de respiración" repetitivas (*Mateo 6:7*), para "experimentar" subjetivamente la Palabra de Dios a través del proceso de "Lectio Divina", y para buscar a Dios en silencio vaciando sus mentes, en lugar de mediante una oración sincera.

También se nos advierte que los burladores serán parte de la apostasía y que causarán divisiones. Ellos seguirán sus propios deseos e instintos, y no tendrán al Espíritu Santo. Sin el Espíritu, no podemos entender las cosas de Dios. Y ellos en su orgullo, se burlarán de lo que no entienden. Por lo contrario, se humillarían y se volverían dóciles como niños pequeños (*Mateo 18:3*), lo cual los llevaría al arrepentimiento y la fe.

Pero éstos blasfeman de las cosas que no conocen; y en las que por instinto conocen se corrompen como animales irracionales.

— Judas 1:10

Pero ustedes, amados hermanos, recuerden lo que antes les comunicaron los apóstoles de nuestro Señor Jesucristo. Ellos les

---

³⁹⁴ Robert Yungen. *A Time of Departing: How ancient mystical practices are uniting Christians with the world's religions*, 2ⁿᵈ ed. (Lighthouse Trails Publishing, 2020).
³⁹⁵ "Contemplative Prayer," *Berean Research*, https://bereanresearch.org/contemplative-prayer/; "When Study Isn't Study," *Grace to You*, September 24, 2012, www.gty.org/library/blog/B120924/; "Dr. Gary Gilley on the Dangers of Spiritual Formation," *The Narrowing Path*, July 14, 2013, https://thenarrowingpath.com/2013/07/14/dr-gary-gilley-on-the-dangers-of-spiritual-formation/

advirtieron: "En los últimos días habrá gente blasfema, que vivirá de acuerdo con sus bajos deseos." Son éstos los que causan divisiones, pues son carnales y no tienen al Espíritu. **– Judas 1:17-19**

Pero el hombre natural no percibe las cosas que son del Espíritu de Dios, porque para él son una locura; y tampoco las puede entender, porque tienen que discernirse espiritualmente. **– 1 Corintios 2:14**

Ser una persona divisiva claramente no es algo bueno. Ellos provocan desacuerdos que separan a las personas en grupos opuestos. Pablo advirtió estrictamente a Tito sobre esto.

Al hombre que cause divisiones, después de la primera y segunda amonestación, recházalo. **– Tito 3:10 NBLA**

Con respecto a las personas que estaban entre el pueblo de Dios y, sin embargo, permanecieron sin ser salvos, Judas los llamó "escollos ocultos, nubes sin agua, árboles sin fruta y desarraigados, dos veces muertos, olas furiosas y estrellas errantes". ¿Y qué les faltaba? El verdadero arrepentimiento.

Estos son escollos ocultos en los ágapes de ustedes, cuando banquetean con ustedes sin temor, apacentándose a sí mismos. Son nubes sin agua llevadas por los vientos, árboles de otoño sin fruto, dos veces muertos y desarraigados. Son olas furiosas del mar, que arrojan como espuma su propia vergüenza; estrellas errantes para quienes la oscuridad de las tinieblas ha sido reservada para siempre. . **– Judas 1:12-13 NBLA**

Jesús contó varias parábolas que también describían a estos creyentes apóstatas. En una, Jesús contó la historia de un agricultor que sembró buena semilla en su campo, pero de noche vino un enemigo y esparció mala hierba (cizaña) entre el trigo (*Mateo 13:24-30*). En lugar de arrancar la mala hierba, el dueño del campo les dijo a los sirvientes que la dejaran entre el trigo, para que no arrancaran accidentalmente nada del buen trigo. En cambio, el dueño prometió separarlos al final después de la cosecha. Esto nos enseña que habrá inconversos entre creyentes verdaderos hasta el final. Judas nos advierte que luchemos *"ardientemente por la fe"* (*Judas 1:3*). Debemos permanecer fieles al Evangelio y rechazar por completo los falsos evangelios como anatemas (*Gálatas 1:8*). Y, sin embargo, los falsos maestros continúan pidiendo que se cambie el Evangelio.[396]

Pero si aun nosotros, o un ángel del cielo, les anuncia otro evangelio diferente del que les hemos anunciado, quede bajo maldición.

– **Gálatas 1:8**

También vemos una visión de la futura apostasía en la carta a la iglesia de Laodicea en Apocalipsis 3:14-22. Juan describe a los creyentes tibios, y da la terrible advertencia de que Dios está a punto de vomitarlos de su boca (v. 16). Encontramos el famoso versículo (v. 20), *"¡Mira! Ya estoy a la puerta, y llamo. Si alguno oye mi voz y abre la puerta, yo entraré en su casa, y cenaré con él, y él cenará conmigo"*. Los creyentes tibios están pasando el rato en la iglesia de Dios, pero no han dejado entrar a Jesús en su corazón. No han respondido a las verdades que han oído, por eso son tibios (v. 15-16). Saben lo suficiente como para estar cómodos y sentir que no necesitan nada; pero no saben que sus pecados están sin cubrir (v. 17). Tienen una falsa sensación de seguridad y están ciegos a la verdad (v. 18). Están en camino a la destrucción. Solo hay una esperanza para ellos, o para cualquiera, (v. 19) que muestren su fervor y se arrepienten.

[14] Escribe al ángel de la iglesia en Laodicea: Así dice el Amén, el testigo fiel y verdadero, el principio de la creación de Dios:
[15] "Yo sé todo lo que haces, y sé que no eres frío ni caliente. ¡Cómo quisiera que fueras frío o caliente! [16] Pero como eres tibio, y no frío ni caliente, te vomitaré de mi boca." [17] Tú dices: "Yo soy rico; he llegado

---

[396] John Shelby Spong. *Por Que El Cristianismo Tiene Que Cambiar O Morir* (Editorial Abya Yala, 2014).

a tener muchas riquezas. No carezco de nada." Pero no sabes que eres un desventurado, un miserable, y que estás pobre, ciego y desnudo. [18] Para que seas realmente rico, yo te aconsejo que compres de mí oro refinado en el fuego, y vestiduras blancas, para que te vistas y no se descubra la vergüenza de tu desnudez. Unge tus ojos con colirio, y podrás ver. [19] A todos los que amo, yo los reprendo y los castigo; así que muestra tu fervor y arrepiéntete. [20] ¡Mira! Ya estoy a la puerta, y llamo. Si alguno oye mi voz y abre la puerta, yo entraré en su casa, y cenaré con él, y él cenará conmigo. [21] Al que salga vencedor, le concederé el derecho de sentarse a mi lado en mi trono, así como yo he vencido y me he sentado al lado de mi Padre en su trono. [22] El que tenga oídos, que oiga lo que el Espíritu dice a las iglesias."
— **Apocalipsis 3:14-22**

Lamentablemente, eso no es lo que sucederá en el caso de muchos. En lugar de escuchar *"lo que el Espíritu dice a las iglesias"*, estas *"irán de mal en peor"*. Estos últimos días los apóstatas encontrarán el tipo de celo equivocado. No solo serán engañados, sino que intentarán activamente convertir a otros a su misma forma de pensar. Esto es exactamente lo que ha estado sucediendo en muchas iglesias y seminarios alrededor del país.

Pero los hombres malos e impostores irán de mal en peor, engañando y siendo engañados. — **2 Timoteo 3:13** NBLA

Estas son sobrías advertencias y nos ayudan a reconocer otra grave señal de que hemos llegado a los últimos días. Las noticias parecen estar siempre repletas de historias de la caída de ministerios y líderes religiosos. A medida que aumenta la división entre el trigo y la cizaña, debemos estar atentos al novio, para que seamos hallados como las vírgenes prudentes que arreglaron sus lámparas y se abastecieron de aceite *(Mateo 25:1-13)*. Examinémonos a nosotros mismos para asegurarnos de que estamos caminando en verdadera fe. Purifiquemos nuestros corazones para los días venideros.

Acérquense a Dios, y Él se acercará a ustedes. Limpien sus manos, pecadores; y ustedes de doble ánimo, purifiquen sus corazones.
— **Santiago 4:8** NBLA

Examínense ustedes mismos y vean si permanecen en la fe; pónganse a prueba ustedes mismos. — **2 Corintios 13:5a**

Pero algunos no volverán al Señor. No se arrepentirán ni arreglarán sus lámparas. Al contrario, seguirán a espíritus engañadores y se apartarán de la fe *(1 Timoteo 4:1)*. Juan nos dice que la apostasía de los creyentes en la última hora estará asociada con la llegada del anticristo *(1 Juan 2:18-19)*, quien llevará esta apostasía actual a su punto álgido. Dado que Juan menciona al anticristo junto con aquellos que *"salieron de nosotros, pero no eran de nosotros"*, podemos inferir que el anticristo atraerá a los falsos creyentes hacia sí mismo.

Hijitos, han llegado los últimos tiempos; y así como ustedes oyeron que el anticristo viene, ahora han surgido muchos anticristos; por esto sabemos que han llegado los últimos tiempos. Ellos salieron de nosotros, pero no eran de nosotros. Si hubieran sido de nosotros, habrían permanecido con nosotros. Pero salieron para que fuera evidente que no todos son de nosotros. – **1 Juan 2:18-19**

Foto del autor en Petra, Jordania el 4 de octubre de 2017.

12

NO TE PREOCUPES, ÉL ESTÁ EN CONTROL

EN DONDE NOS ENCONTRAMOS AHORA, frente a la culminación de toda la obra redentora de Dios, es natural sentirse un poco preocupado o ansioso por lo que vendrá a continuación. De hecho, podría ser fácil correr a unirse a los catastrofistas y fatalistas, y construir búnkeres subterráneos y prepararse para lo peor. Pero no es hora de temer; es hora de levantar la mirada al cielo con anhelo anticipando el retorno de nuestro Señor, dedicados a perseverar hasta que regrese.

De Pie en la Tormenta

Se nos ha advertido que todas estas cosas deben suceder. Preparemos tanto nuestros corazones como nuestras mentes para soportar cualquier prueba que Dios nos presente, sabiendo que *estos sufrimientos insignificantes y momentáneos* (2 Corintios 4:17) *no son dignos de ser comparados con la gloria que nos ha de ser revelada* cuando Cristo regrese (Romanos 8:18 NBLA). No solo eso, sino ¿qué puede hacernos el hombre (Salmos 56:4)? Ni un cabello de nuestra cabeza perecerá (Lucas 21:18). No podemos temerle al hombre, al

Anticristo, o incluso a Satanás y sus secuaces; pero tememos a Dios, y si Dios es por nosotros, ¿quién contra nosotros (*Romanos 8:31*)? ¿Y quién podrá mantenerse en pie frente a la ira venidera de Dios (*Apocalipsis 6:17*)? Solo los justificados por la fe, a quienes Dios da el poder para mantenerse en pie durante el día malvado (*Efesios 6:13*), soportando todas las pruebas, porque el Señor puede sostenernos en pie (*Romanos 14:4 y Judas 1:24-25*).

Porque estos sufrimientos insignificantes y momentáneos producen en nosotros una gloria cada vez más excelsa y eterna. — **2 Corintios 4:17**

Pues considero que los sufrimientos de este tiempo presente no son dignos de ser comparados con la gloria que nos ha de ser revelada.
— **Romanos 8:18** NBLA

Confío en ti, mi Dios, y alabo tu palabra; confío en ti, mi Dios, y no tengo miedo; ¿Qué puede hacerme un simple mortal? — **Salmos 56:4**

Pero ustedes no perderán ni un solo cabello de su cabeza. — **Lucas 21:18**

Entonces, ¿qué diremos a esto? Si Dios está por nosotros, ¿quién estará contra nosotros?
. — **Romanos 8:31** NBLA

El gran día de su ira ha llegado; ¿y quién podrá mantenerse en pie?
— **Apocalipsis 6:17**

Por lo tanto, echen mano de toda la armadura de Dios para que, cuando llegue el día malo, puedan resistir hasta el fin y permanecer firmes.
— **Efesios 6:13**

En pie se mantendrá, porque poderoso es el Señor para sostenerlo en pie.
— **Romanos 14:4b** NBLA

Y a Aquel que es poderoso para guardarlos a ustedes sin caída y para presentarlos sin mancha en presencia de Su gloria con gran alegría, al único Dios nuestro Salvador, por medio de Jesucristo nuestro Señor, sea gloria, majestad, dominio y autoridad, antes de todo tiempo, y ahora y por todos los siglos. Amén. — **Judas1:24-25** NBLA

Viviendo Sin Preocupaciones

En estos tiempos cada vez más tumultuosos, debemos recordar una lección que Jesús enseñó en Lucas 12:22-40 acerca de no preocuparse. Creo que sus palabras se aplican en toda situación, pero especialmente en los últimos días. Si te encuentras dedicando mucho tiempo y esfuerzo a tratar de prepararte ante los problemas que parecen acechar en el horizonte, entonces espero que encuentres algo de sabiduría y consuelo aquí para estos días para ayudarte a estar firme.

A Sus discípulos Jesús les dijo: "Por eso les digo que no se preocupen por su vida, qué comerán; ni por su cuerpo, qué vestirán. Porque la vida es más que el alimento, y el cuerpo más que la ropa. Consideren los cuervos, que ni siembran ni siegan; no tienen bodega ni granero, y sin embargo, Dios los alimenta. ¡Cuánto más valen ustedes que las aves! ¿Quién de ustedes, por ansioso que esté, puede añadir una hora al curso de su vida? Si ustedes, pues, no pueden hacer algo tan pequeño, ¿por qué se preocupan por lo demás?" — **Lucas 12:22-26** NBLA

En esta primera parte del pasaje, leemos muy claramente que no solo no debemos preocuparnos por la comida y la ropa, ¡sino que tampoco debemos preocuparnos por nuestras propias vidas! Jesús nos dice que no podemos agregar ni una sola hora a nuestras vidas. ¿Pero lo creemos? ¿Vivimos de esa manera y tomamos decisiones que demuestran esa fe? ¿O aceptamos los consejos del mundo y basamos nuestras decisiones sobre estos, al igual que el resto de los que no tienen esperanza (*1 Tesalonicenses 4:13*)?

"Consideren los lirios, cómo crecen; no trabajan ni hilan. Pero les digo que ni Salomón en toda su gloria se vistió como uno de estos. Y si Dios viste así la hierba del campo, que hoy es y mañana es echada al horno, ¡cuánto más hará por ustedes, hombres de poca fe! Ustedes, pues no busquen qué han de comer, ni qué han de beber, y no estén preocupados. Porque los pueblos del mundo buscan ansiosamente todas estas cosas; pero el Padre de ustedes sabe que necesitan estas cosas. Pero busquen Su reino, y estas cosas les serán añadidas." **– Lucas 12:27-31** NBLA

En la próxima parte del pasaje, Jesús también nos asegura que no es a través de nuestros propios esfuerzos que obtendremos las cosas que necesitamos. Pero en vez, si confiamos en él y lo servimos, entonces Dios proveerá. Esto plantea dos preguntas: ¿Estamos viviendo una vida de preocupación? ¿Estamos dedicándonos a lo que deberíamos estar haciendo? Nuestras labores deberían estar dirigidas a servir a Dios y su reino, pero que fácilmente pueden cambiar a simplemente tratar de proveer para nosotros mismos y/o prevenir cualquier posibilidad de que un desastre nos perjudique. Cuando nos preocupamos así, estamos desperdiciando energía y recursos que podrían ser mejor utilizados. Confiemos entonces en Dios con todo lo que nos ha dado y seamos buenos administradores de sus dones cuando regrese.

"No temas, rebaño pequeño, porque el Padre de ustedes ha decidido darles el reino. Vendan sus posesiones y den limosnas; háganse bolsas que no se deterioran, un tesoro en los cielos que no se agota, donde no se acerca ningún ladrón ni la polilla destruye. Porque donde esté el tesoro de ustedes, allí también estará su corazón." **– Lucas 12:32-34** NBLA

Cuando los tiempos se ponen difíciles, es natural querer acaparar recursos para nosotros y nuestras familias. Pero, ¿es eso lo que Jesús nos instruye que hagamos? No, en cambio nos llama a seguir siendo generosos, incluso ante el temor. Y promete que nos recompensará por ello. Además, ¿qué te hace pensar que vas a poder conservar y proteger tus cosas frente a la anarquía y la destrucción de los últimos días?

"Estén siempre preparados y mantengan las lámparas encendidas, y sean semejantes a hombres que esperan a su señor que regresa de las bodas, para abrirle tan pronto como llegue y llame. Dichosos aquellos siervos a quienes el señor, al venir, halle velando; en verdad les digo que se ceñirá para servir, y los sentará a la mesa, y acercándose, les servirá. Y ya sea que venga en la segunda vigilia, o aun en la tercera, y los halla así, dichosos son aquellos siervos. Ustedes pueden estar seguros de que si el dueño de la casa hubiera sabido a qué hora iba a venir el ladrón, no hubiera permitido que entrara en su casa. También ustedes estén preparados, porque el Hijo del Hombre vendrá a la hora que no esperan." — **Lucas 12:35-40** NBLA

Además David en los Salmos nos da ánimo para que no temamos, aun cuando pasemos por el valle de sombra de muerte. ¿No piensas que sus palabras pudirán aplicarse al futuro incluyendo a la gran tribulación?

Aunque pase por el valle de sombra de muerte, no temeré mal alguno, porque Tú estás conmigo; Tu vara y Tu cayado me infunden aliento.
— **Salmos 23:4** NBLA

Pero el Salmo 23 no es el unico Salmo que nos da versículos de esperanza. De hecho, una de las descripciones más impactantes de los creyentes que pasan por los días en los que el Señor derramará su juicio sobre la tierra se encuentra en el Salmo 91. Dios promete ser nuestro abrigo (v. 1) y nuestra castillo (v. 2). Él nos salvará de la peste destructora (v. 3), y será nuestro escudo (v. 4). Dios nos dice que no temamos el terror nocturno (v. 5), ni ninguna plaga o pestilencia (v. 6). Incluso nos dice que no nos preocupemos si mil mueren cerca de nosotros, incluso diez mil, a nuestro lado, porque el desastre no se acercará a nosotros (v. 7). Veremos el castigo de los impíos (v. 8). Dice que el Señor es nuestra esperanza y protección (v. 9), entonces ningún mal nos sobrevendrá (v. 10). ¿Por qué no? Porque, si bien Dios puede haber quitado su mano restrictiva sobre el mundo, sus ángeles aún nos cuidarán (v. 11) y protegerán (v. 12). Venceremos al maligno (v. 13) y Dios nos salvará (v. 14). Lo invocaremos en nuestro día de angustia y él nos responderá (v. 15), y veremos la salvación del Señor (v. 16).

¹ El que habita al abrigo del Altísimo y se acoge a la sombra del Omnipotente, ² dice al Señor: "Tú eres mi esperanza, mi Dios, ¡el castillo en el que pongo mi confianza!" ³ El Señor te librará de las trampas del cazador; te librará de la peste destructora. ⁴ El Señor te cubrirá con sus plumas, y vivirás seguro debajo de sus alas. ¡Su verdad es un escudo protector! ⁵ No tendrás temor de los terrores nocturnos, ni de las flechas lanzadas de día; ⁶ no temerás a la peste que ronda en la oscuridad, ni a la mortandad que destruye a pleno sol. ⁷ A tu izquierda caerán mil, y a tu derecha caerán diez mil, pero a ti no te alcanzará la mortandad. ⁸ ¡Tú lo verás con tus propios ojos! ¡Tú verás a los impíos recibir su merecido! ⁹ Por haber puesto al Señor por tu esperanza, por poner al Altísimo como tu protector, ¹⁰ no te sobrevendrá ningún mal, ni plaga alguna tocará tu casa. ¹¹ El Señor mandará sus ángeles a ti, para que te cuiden en todos tus caminos. ¹² Ellos te llevarán en sus brazos, y no tropezarán tus pies con ninguna piedra. ¹³ Aplastarás leones y víboras; ¡pondrás tu pie sobre leones y serpientes! ¹⁴ "Yo lo pondré a salvo, porque él me ama. Lo enalteceré, porque él conoce mi nombre. ¹⁵ Él me invocará, y yo le responderé; estaré con él en medio de la angustia. Yo lo pondré a salvo y lo glorificaré. ¹⁶ Le concederé muchos años de vida, y le daré a conocer mi salvación."

— **Salmo 91:1-16**

Enfrentemos estos días de turbulencia e incertidumbre con confianza y coraje, como Sadrac, Mesac y Abed-nego, quienes se negaron a postrarse ante la estatua que el rey Nabucodonosor había levantado, sin importar las consecuencias. Confiemos en el Señor con nuestras posesiones y sigamos siendo generosos con los menos afortunados. Estemos atentos y listos para el regreso de nuestro Señor para que no seamos tomados por sorpresa y desprevenidos. No nos preocupemos. Y ahora que hemos visto que todas estas cosas están sucediendo, debemos despertar, levantarnos, y alzar la cabeza, ¡porque nuestra redención se acerca!

Cuando estas cosas empiecen a suceder, levántense y alcen la cabeza, porque se acerca su redención. — **Lucas 21:28** NBLA

No Ames al Mundo

También debemos cuidarnos de no poner nuestras esperanzas en las cosas de este mundo, pero en vez en las cosas que han de venir despues. Este mundo está pasando. En vez de esmerarnos en tratar de vivir una última aventura antes de que el Rey regrese, debemos prepararnos diligentemente para su llegada.

No amen al mundo ni las cosas que están en el mundo. Si alguien ama al mundo, el amor del Padre no está en él. Porque todo lo que hay en el mundo, la pasión de la carne, la pasión de los ojos, y la arrogancia de la vida, no proviene del Padre, sino del mundo. El mundo pasa, y también sus pasiones, pero el que hace la voluntad de Dios permanece para siempre. — **1 Juan 2:15-17** NBLA

En cierta forma, esta vida actual es como el juego de mesa Monopoly. Realmente no importa si pudimos construir nuestro hotel en Park Place o si pudimos coleccionar las cuatro estaciones de ferrocarril. Nuestras posesiones o posición en esta vida no tendrán nada que ver con nuestra posición y estatus en la era venidera. Cuanto más podamos ver nuestros activos financieros como dinero de Monopoly, y nuestras propiedades inmobiliarias como casas de plástico y cartas para jugar, más fácil será dirigir nuestra atención a Aquel que nos ha dado todo, en vez de a los objetos que tenemos. En estos últimos días, el amor al dinero, y sus comodidades y placeres asociados, serán una trampa que hará que la gente experimente muchos dolores. Seamos sabios y generosos con todo lo que Dios nos ha dado. No seamos como Demas, quien abandonó a Pablo *"por amor a este mundo"* (2 Timoteo 4:10 NIV).

Porque raíz de todos los males es el amor al dinero, el cual codiciando algunos, se extraviaron de la fe y fueron atormentados con muchos dolores.
— **1 Timoteo 6:10** RVR1995

El Siervo Fiel y Prudente

Al entrar en estos últimos días, es importante que seamos hallados cumpliendo fielmente los deberes que Dios nos ha dado. Ahora es el momento de despertar y arreglar nuestras lámparas para que estemos listos para la llegada del novio (*Mateo 25:6-7*). Dios nos ha dotado a todos de maneras especiales para servir a los demás. Que Dios nos ayude a todos a ser fieles administradores de su gracia, ahora y en los tiempos de prueba.

¿Quién es el siervo fiel y prudente, al cual su señor deja encargado de los de su casa para que los alimente a su tiempo? Bien por el siervo que, cuando su señor venga, lo encuentre haciendo así. — **Mateo 24:45-46**

Ponga cada uno al servicio de los demás el don que haya recibido, y sea un buen administrador de la gracia de Dios en sus diferentes manifestaciones. — **1 Pedro 4:10**

Que Dios te dé sabiduría y perspicacia para comprender todas estas cosas y saber lo que Dios te está guiando a hacer en los días venideros. <u>Estamos atestiguando el final</u>. Más que nunca, necesitamos dedicar tiempo a escuchar la voz del Espíritu Santo, que nos enseña, guía y dirige. Toda verdadera sabiduría y entendimiento viene de Dios. No olvidemos preguntarle, porque a todos nos falta sabiduría para navegar estos días sin precedentes.

Considera lo que digo, y el Señor te dé entendimiento en todo.
— 2 Timoteo 2:7

Tus oídos oirán detrás de ti estas palabras: "Este es el camino, anden en él", ya sea que vayan a la derecha o a la izquierda. — Isaías 30:21 NBLA

Si alguno de ustedes requiere de sabiduría, pídasela a Dios, y él se la dará, pues Dios se la da a todos en abundancia y sin hacer ningún reproche. — Santiago 1:5

¡Maranata!

Yo creo firmemente que hasta aquí llegamos; ha llegado el final. Piensa en todas las señales que hemos repasado en los últimos ocho capítulos. ¿Cuánto más necesitas ver para estar seguro de que ha llegado la última semana de las setenta semanas de Daniel? Hace dos mil años, la gente vio con sus propios ojos que Jesús estaba haciendo señales y prodigios y, sin embargo, muchos, incluidos los fariseos y los maestros de la ley, todavía no creyeron que él era el Mesías. Pero hubo algunos que sí lo hicieron, y sabiamente se hicieron una pregunta muy simple: *"El Cristo, cuando venga, ¿hará más señales que las que éste hace?"* (Juan 7:31). Entonces, te pido que consideres seriamente lo que se ha presentado aquí y que pienses en esta pregunta: **Cuando el tiempo del regreso de Jesucristo realmente haya llegado, ¿habrá aún más señales que todas estas?** Yo creo que no.

Y debido a estas grandes y preciosas promesas, quiero terminar esto con una nota de esperanza. Estos eventos me llenan de emoción. ¡Me emociona ver la Palabra de Dios manifestarse ante mis ojos y saber que viene mi Rey! Me emociona que después de la tribulación de aquellos días (*Mateo 24:29*) él vendrá sobre las nubes con poder y gloria para llevarme con él. Espero que él también venga a llevarte a tí, porque vendrá a buscar a todos los que creen en su nombre y lo siguen. Y debido a que tenemos esta esperanza, debemos afanarnos por preparar nuestros corazones para encontrarnos con el Señor. Purifiquémonos y *"despojémonos también de todo peso y del pecado que tan fácilmente nos envuelve"* para que podamos terminar la carrera que nos ha sido señalada. Tú naciste para un momento como este. Nosotros que estamos vivos y permanecemos hasta la venida del Señor tenemos el honor especial de ver nuestra fe convertida en visión. Y debido a que tenemos esta esperanza, debemos purificarnos (recortar nuestras mechas de velas) para que estemos listos con nuestras lámparas encendidas cuando él llegue.

Pero sabemos que, cuando él se manifieste, seremos semejantes a él porque lo veremos tal como él es. Y todo aquel que tiene esta esperanza en él, se purifica a sí mismo, así como él es puro. – **1 Juan 3:2b-3**

Por tanto, puesto que tenemos en derredor nuestro tan gran nube de testigos, despojémonos también de todo peso y del pecado que tan fácilmente nos envuelve, y corramos con paciencia la carrera que tenemos por delante, puestos los ojos en Jesús, el autor y consumador de la fe, quien por el gozo puesto delante de Él soportó la cruz, despreciando la vergüenza, y se ha sentado a la diestra del trono de Dios. Consideren, pues, a Aquel que soportó tal hostilidad de los pecadores contra Él mismo, para que no se cansen ni se desanimen en su corazón.
– **Hebreos 12:1-3** NBLA

¿Cómo Puedo Ser Salvo?

¿Es Jesucristo tu Señor y Salvador? Si no, ahora es un buen momento para empezar: hoy es el día de la salvación. No endurezcás tu corazón contra Dios, sino sabe que él te ama y no rechazará a nadie que lo invoque.

"Si ustedes oyen hoy su voz, no endurezcan su corazón."– **Hebreos 4:7b**

Por cuanto todos pecaron y están destituidos de la gloria de Dios.
— **Romanos 3:23**

Pero Dios muestra su amor por nosotros en que, cuando aún éramos pecadores, Cristo murió por nosotros. — **Romanos 5:8**

Porque la paga del pecado es muerte, pero la dádiva de Dios es vida eterna en Cristo Jesús, nuestro Señor. — **Romanos 6:23**

"¿Qué debo hacer para heredar la vida eterna?" —**Marcos 10:17b**

Si confiesas con tu boca que Jesús es el Señor, y crees en tu corazón que Dios lo levantó de los muertos, serás salvo. Porque con el corazón se cree para alcanzar la justicia, pero con la boca se confiesa para alcanzar la salvación. Pues la Escritura dice: "Todo aquel que cree en él, no será defraudado." Porque no hay diferencia entre el que es judío y el que no lo es, pues el mismo que es Señor de todos, es rico para con todos los que lo invocan, porque todo el que invoque el nombre del Señor será salvo." — **Romanos 10:9-13**

Te exhorto a orar en tu corazón a Dios y clamar por su ayuda, su amor y su perdón. Elige seguirlo a él leyendo la Biblia y obedeciendo sus mandamientos y enseñanzas. Dios promete que si lo hacemos, su Espíritu inmediatamente comenzará a vivir dentro de nosotros, cambiando nuestros corazones y mentes para que comencemos a tener hambre de sus verdades y los caminos de Dios. Su Espíritu nos da la capacidad de apartarnos de nuestro pecado y obedecerle. Su palabra, la Biblia, nos enseña todo lo que necesitamos saber sobre cómo vivir una vida piadosa. Si has tomado la decisión de seguirlo, debes saber que ahora has sido adoptado como hijo de Dios (*Gálatas 4:4-6*), y Él no te dejará huérfano (*Juan 14:18*). De hecho, él ha prometido que vendrá muy pronto (*Apocalipsis 22:7*). ¡Maranata!

Como un Centinela, foto del autor tomada en Sylvan Lake, SD el 4 de agosto de 2020.

Epílogo

Felicitaciones, ¡has llegado al final del libro! Tu comprendes la gravedad de la evidencia que se ha presentado aquí y estás listo para comenzar a compartir esta información. Eso es increíble, porque la hora es realmente tarde y la gente necesita ser advertida. Sin embargo, también puedes encontrar que algunos no están listos para escuchar sobre este tipo de evidencia. Una respuesta natural, cuando las personas se enfrentan a verdades que no están preparadas para aceptar, es buscar la forma de negarlas. Vemos esta respuesta de Porcio Festo, el procurador romano que llevó a Pablo a defender su caso ante el rey Agripa. Pablo les contó su testimonio y les explicó por qué los líderes judíos lo acusaban. Pero luego Pablo comenzó a hablar sobre el Mesías y el cumplimiento de la profecía. ¡Ups! Declaró que Jesús de Nazaret, el crucificado por los romanos, no sólo era el Mesías, sino que también había resucitado de entre los muertos. Y Jesús no era solo para los judíos, también era una luz para los gentiles. Pablo los llevó de lo teórico a lo práctico... y ellos no estaban preparados para ello.

"Pero Dios me ha ayudado hasta hoy, y así me mantengo firme, testificando a grandes y pequeños. No he dicho sino lo que los profetas y Moisés ya dijeron que sucedería: que el Cristo padecería y que, siendo el primero en resucitar, proclamaría la luz a su propio pueblo y a los gentiles." — **Hechos 26:22-23** NVI

Como vemos, no fue la recitación de lo que los profetas habían declarado lo que incomodó a Festo. Sino que fué la declaración de que los acontecimientos actuales, que habían sucedido ante sus propios ojos, eran su cumplimiento. Pablo los estaba llamando a dar cuenta de lo que habían presenciado, y a Festo eso no le gustó.

Al llegar Pablo a este punto de su defensa, Festo interrumpió. —¡Estás loco, Pablo! —le gritó—. El mucho estudio te ha hecho perder la cabeza. —No estoy loco, excelentísimo Festo —contestó Pablo—. Lo que digo es cierto y sensato. El rey está familiarizado con estas cosas, y por eso hablo ante él con tanto atrevimiento. Estoy convencido de que nada de esto ignora, porque no sucedió en un rincón. Rey Agripa, ¿cree usted en los profetas? ¡A mí me consta que sí! — **Hechos 26:24-27** NVI

Después de la incredulidad de Festo y de acusar a Pablo de estar loco, Pablo le respondió claramente, con una respuesta resuelta pero amable: *"No estoy loco, excelentísimo Festo. Lo que digo es cierto y sensato"*. Luego, Pablo volvió su atención al rey Agripa e intentó que conectara los puntos entre lo que los profetas habían escrito y lo que había sucedido públicamente. Pablo sabía que tanto el rey Agripa como Festo estarían al tanto de ellos ya que no sucedieron *"en un rincón"*. Los paralelos entre cómo la gente enfrentó esos días de cumplimiento profético en el primer siglo y cómo la gente está respondiendo a la profecía hoy en día deberían ser inequívocos. No todos podrán aceptar que las cosas que han estado sucediendo en el mundo que nos rodea están en tan perfecta alineación con la palabra profética de Dios. Ha habido tantos intentos fallidos en el pasado de conectar eventos reales con lo que Dios ha ordenado divinamente en la Biblia que tal pronóstico moderno ha sido considerado poco confiable, incluso por muchos cristianos. Pero esto es lo que Pablo nos advirtió que sucedería en los últimos días. Dijo que la gente se burlaría de la idea de que el regreso del Señor podría estar cerca, así que nosotros también deberíamos esperar esto.

Ante todo, sepan esto: que en los últimos días vendrán burladores con su sarcasmo, siguiendo sus propias pasiones, y diciendo: "¿Dónde está la promesa de Su venida? Porque desde que los padres durmieron, todo continúa tal como estaba desde el principio de la creación".

Pues cuando dicen esto, no se dan cuenta de que los cielos existían desde hace mucho tiempo, y también la tierra, surgida del agua y establecida entre las aguas por la palabra de Dios, por lo cual el mundo de entonces fue destruido, siendo inundado por el agua. Pero los cielos y la tierra actuales están reservados por Su palabra para el fuego, guardados para el día del juicio y de la destrucción de los impíos.

— **2 Pedro 3:3-7** NBLA

Sabiendo esto, agregué casi cuatrocientas notas a pie de página para proporcionar explicaciones más profundas y documentos de origen para que todo aquí pueda verificarse, para que sepa a dónde ir para obtener recursos adicionales para respaldar discusiones profundas con tu familia y amigos. Sabiendo lo que sabes ahora, es importante compartir esta información con tantas personas como puedas.

Un Centinela sobre el Muro

Oseas nos habla de una situación similar a la entrevista de Pablo con Festo y Agripa. Él comparó al profeta con un centinela y dijo que "el profeta es considerado un necio, el inspirado un maníaco" cuando los pecados del pueblo son grandes. Eso describe la respuesta de Festo a Pablo cuando compartió que Jesús era el cumplimiento de todas las profecías mesiánicas. A causa de su pecado y dureza de corazón, ni Festo ni Agripa estaban preparados para escuchar cómo Dios había cumplido su Palabra ante sus propios ojos.

Han llegado los días del castigo, han llegado los días de la retribución. ¡Que lo sepa Israel! Es tan grande tu maldad, y tan intensa tu hostilidad, que al profeta se le tiene por necio, y al hombre inspirado por loco. El profeta, junto con Dios, es el centinela de Efraín, pero enfrenta trampas en todos sus caminos, y hostilidad en la casa de su Dios.
— **Oseas 9:7-8** NVI

El trabajo del vigilante o centinela sobre el muro es advertir a la gente dentro de la ciudad ANTES de que el enemigo llegue a las puertas. Una vez que el enemigo está a las puertas, cualquiera puede verlo, pero la gente ya no tendrá tiempo de prepararse para el asedio. La analogía del centinela es buena para alguien a quien Dios ha llamado a permanecer alerta en cuanto a los cumplimientos proféticos.

"A ti, hijo de hombre, te he puesto por centinela del pueblo de Israel. Por lo tanto, oirás la palabra de mi boca, y advertirás de mi parte al pueblo."
— **Ezequiel 33:7** NVI

No todos están llamados a ser centinelas de la misma manera, pero como creyentes, todos estamos llamados a dar una advertencia a aquellos que están bajo amenaza de perecer. Dios incluso va tan lejos como para advertir a los centinelas que si no hacen sonar una advertencia cuando viene una espada contra la tierra, entonces los hará responsables por la sangre del pueblo que no advirtieron pero debieron haber advertido. Así que seamos fieles para hablar las verdades del Señor a aquellos que necesitan oírlas.

El Señor me dirigió la palabra: "Hijo de hombre, habla con tu pueblo y dile: 'Cuando yo envío la guerra a algún país, y la gente de ese país escoge a un hombre y lo pone por centinela, si este ve acercarse al ejército enemigo, toca la trompeta para advertir al pueblo. Entonces, si alguien escucha la trompeta, pero no se da por advertido, y llega la espada y lo mata, él mismo será el culpable de su propia muerte. Como escuchó el sonido de la trompeta, pero no le hizo caso, será responsable de su propia muerte, pues si hubiera estado atento se habría salvado.' Ahora bien, si el centinela ve que se acerca el enemigo y no toca la trompeta para prevenir al pueblo, y viene la espada y mata a alguien, esa persona perecerá por su maldad, pero al centinela yo le pediré cuentas de esa muerte". – Ezequiel 33:1-6 NVI

¿Qué Pasa si Esto no es Realmente el Fin?

La gloria por todo este trabajo le pertenece a Dios, pero las críticas las acepto humildemente solo para mi. He hecho todo que he podido por presentar esta obra de escatología práctica de la manera más fiel y confiable posible, como una ofrenda sin defecto ni mancha (*Levítico 22:21*). La preponderancia de la evidencia de que Dios está cumpliendo su Palabra y preparando el escenario para el pronto regreso de Cristo es abrumadora, y es mucha más evidencia de la que jamás haya visto ninguna generación cristiana anterior. La respuesta sabia es prepararse, porque *"el prudente ve el mal y se esconde, pero los ingenuos pasan y reciben el daño (Proverbios 22:3* RVR1995)". Incluso si queda más tiempo del que estoy pensando, la evidencia nos dice que estamos en otro cambio de paradigma en la historia humana: otro momento de "Torre de Babel" está encima de nosotros. Y esta vez, me imagino que Dios simplemente nos disperse de nuevo y nos permita intentarlo una vez más durante otros miles de años. Pero no puedo prometer que no leerás esto en el 2028; sin embargo, si es así, que conste en acta que todas estas cosas eran verdaderas y, sin embargo, no era el final. Pero incluso si ese es el caso, simplemente probará las advertencias de Salomón, quien nos recuerda en Eclesiastés que nadie, excepto Dios, conoce verdaderamente el futuro.

Pero pesa sobre el hombre un gran problema, y es que éste no sabe lo que va a pasar, ni cuándo pasará, ni hay tampoco nadie que se lo diga.
— Eclesiastés 8:6b-7

Cuando apliqué mi corazón a conocer la sabiduría y a ver la tarea que ha sido hecha sobre la tierra (aunque uno no durmiera ni de día ni de noche), y vi toda la obra de Dios, decidí que el hombre no puede descubrir la obra que se ha hecho bajo el sol. Aunque el hombre busque con afán, no la descubrirá; y aunque el sabio diga que la conoce, no puede descubrirla.
— Eclesiastés 8:16-17 NBLA

Por eso he tratado de separar cuidadosamente lo que realmente sucedió de lo que creo que puede suceder a continuación. Salomón tiene razón. No conocemos el futuro. No podemos saber exactamente cómo Dios va a cumplir las cosas que aún no han sucedido. Pero podemos ver las señales y prepararnos, diciendo: *"Pero yo y mi casa serviremos al Señor"* (*Josué 24:15*). Y sabiendo que es tarde, podemos estar listos y parados a la puerta cuando él venga (*Lucas 12:35-38*). Esta es la expresión adecuada de la Doctrina de la Inminencia: reconocer que siempre debemos estar listos para su regreso porque no podemos tener una comprensión perfecta de todas las cosas que nos han dicho a las que debemos estar atentos. Por lo tanto, velamos... y nos mantenemos listos. Entonces, incluso si me equivoco en mis conclusiones con respecto a lo que viene a continuación, aún diré que fue correcto aprovechar la oportunidad de compartir esto, sabiendo lo que sé ahora. Porque la única opción es compartir o no compartir, *¡Esa es la cuestión!* Y creo firmemente que valió la pena el riesgo. Considera también las palabras de Teddy Roosevelt, quien sabía lo que es enfrentarse a grandes cosas mientras se arriesga a la posibilidad de un gran fracaso. En su famosa cita, a menudo titulada "El Hombre en la Arena", está la lección de que es mejor intentar y fallar que no hacer nada. Y aunque su fe en Dios no era muy conocida, era un cimiento firme en su vida.[397]

> No es el crítico quien cuenta; ni aquél que señala cómo el hombre fuerte se tambalea, o dónde el autor de los hechos podría haberlo hecho mejor. El reconocimiento pertenece al hombre que está en la arena, con el rostro desfigurado por el polvo y el sudor y la sangre; quien se esfuerza valientemente; quien yerra, quien da un traspié tras otro, pues no hay esfuerzo sin error ni fallo; pero quien realmente se empeña en lograr su cometido; quien conoce grandes entusiasmos, las grandes devociones; quien se consagra a una causa digna; quien en el mejor de los casos encuentra al final el triunfo inherente al logro grandioso, y quien en el peor de los casos, si fracasa, al menos fracasa atreviéndose en grande, de manera que su lugar jamás estará entre aquellas almas frías y tímidas que no conocen ni la victoria ni la derrota. – **Theodore Roosevelt** [398]

Y si lo piensas bien, la parábola de los talentos en Mateo 25:14-30 nos enseña lo mismo. Al siervo que tuvo miedo y escondió su talento en la tierra, su amo lo llamó siervo malo y negligente. Entonces el amo le quitó el talento que se le había dado al siervo y lo arrojó a las tinieblas de afuera. Dios no nos ha dado su luz, dones, fuerza y sabiduría para que nos quedemos al margen, enterrando sus talentos en la arena mientras esperamos su regreso. De hecho, él espera que usemos sus talentos para hacer avanzar su reino. Que Dios nos ayude a todos a ser valientes por causa del Evangelio, usando nuestros dones y viviendo por fe, en los días venideros...

---

[397] Thomas Kidd. "Lecciones de la fe de Theodore Roosevelt en el centenario de su muerte (*artículo en inglés*)." *The Gospel Coalition*, Enero 6, 2019, www.thegospelcoalition.org/blogs/evangelical-history/lessons-faith-theodore-roosevelt-centennial-death/
[398] Theodore Roosevelt. "Ciudadanía en una República", Abril 23, 1910, https://freeman.la/el-discurso-de-roosevelt-que-conquistara-a-todo-montanista/

Atestiguando el Fin por Christian Widener, c. 2019.

POSTFACIO

MI VIAJE PERSONAL PARA PUBLICAR ESTE LIBRO comenzó en el 2008. Estaba estudiando la profecía de los últimos tiempos e investigando lo que se necesitaba antes de que los judíos de Israel pudieran comenzar a reconstruir su templo y restaurar los sacrificios. Esa investigación finalmente me condujo a escribir mi primer libro, **El Templo Revelado**, pero al principio del proceso, hice un descubrimiento sorprendente. La ciudad de Jerusalén y sus murallas habían sido reconstruidas por segunda vez en el período de 1537 a 1541 por el sultán Solimán I, lo que yo supuse que debió haber sido iniciado por un decreto. Y razoné que el decreto podría haberse emitido incluso hasta dos años antes de que comenzara la construcción real. Eso me dio una ventana de 1535 a 1538 para un decreto. También entendí que comúnmente se enseñaba que el decreto de Daniel debe contarse con un año de 360 días (no 365), lo que equivale a 476, 4 años en lugar de 483 años (seis sietes y sesenta y dos sietes). Eso me dio un rango de fechas tempranas del 2011 a 2014. Era una posibilidad convincente, pero ¿qué sucedió en esos días? *Nada.*

Sabía que también podría ser un año de 365 días, lo que daría un rango de fechas del 2018 a 2021, pero no estaba seguro de si podría ser un año de 360 días la primera vez y luego un año de 365 días la segunda vez, o simplemente un año de 365 días ambas veces. Sin poder corroborar completamente la fecha del decreto o el método adecuado para contar los años llegado ese punto, no sentí que fuera el momento adecuado para intentar publicar mis hallazgos, especialmente para una nueva interpretación potencialmente controvertida de Daniel 9, y no tenía una plataforma de escritura desde la que lanzarme de todos modos. Simplemente compartí la idea con amigos y familiares a lo largo de los años mientras hablábamos sobre la posibilidad de estar en los últimos tiempos, y seguí observando y resolviendo los detalles. Luego mi vida se volvió extremosamente ocupada en el trabajo, y lo dejé todo a un lado durante algunos años.

Sin embargo, en abril de 2019, sentí que Dios estaba hablando a mi corazón y diciéndome que escribiera *El Templo Revelado*, y me puse a trabajar en ello de inmediato. Para octubre de 2019 tenía un primer borrador. Luego pasó el 2020. El mundo se vino abajo, se firmaron tratados de paz y, globalmente, era obvio que algo había cambiado. Y finalmente encontré un libro sobre las inscripciones otomanas en Jerusalén, el cual estaba traducido al inglés. En este libro, encontré decretos en una plaza y un foso tallados en piedra, y una fecha, de principios de enero de 1537. Entonces comencé a compartir la idea con amigos y familiares. Recibí excelentes preguntas e instrucciones para fortalecer mi caso, pero también sentí que era demasiado pronto para la mayoría de las personas. Además, todavía tenía que publicar mi libro del templo, lo que finalmente sucedió el 9 de octubre de 2020, y luego entré en modo de publicación de libros.

Pero el fuego en mi vientre para liberar estos hallazgos no desaparecía. Estaba bastante seguro de que Dios me estaba llamando a escribir un libro de profecías que incluyera los hallazgos de Daniel 9, pero seguía sintiendo que me decía: "todavía no".

POSTFACIO || 415

Luego, en el otoño de 2021, se reventó la presa. Era hora de escribir. Así como los israelitas se sintieron movidos en sus corazones para traer ofrendas para el tabernáculo de Dios en el Monte Sinaí, yo sabía en mi corazón que Dios me estaba llamando a hacer esto.

Y todo aquel a quien impulsó su corazón y todo aquel a quien movió su espíritu, vino y trajo la ofrenda del Señor … —Éxodo 35:21a NBLA

El primer borrador solo tomó alrededor de tres meses, porque me di cuenta de que ya había estado escribiendo fragmentos durante los últimos dos años. La edición y composición tipográfica tomó otros tres meses. Le debo un gran agradecimiento a mi esposa y a mis padres por ayudarme con la primera ronda de ediciones, a Mary Caudle y Caroline Limbaugh por revisar el manuscrito, y a mi hija Elena por las hermosas ilustraciones las cuales contribuyó. Ahora que salió el libro, oro para que Dios lo use para advertir y equipar a su iglesia para lo que está por venir. Debido a la oportunidad de estos eventos, la ventana 2020-2027 incluso ahora se está probando. No sabremos con certeza si todas estas cosas realmente significan que estamos en el final hasta que lleguemos allí, pero no sería un buen vigilante si esperara hasta que el enemigo estuviera a las puertas para hacer sonar la alarma.

Siento que puede que haya esperado demasiado para publicar estas cosas, pero confío en que Dios me estaba impidiendo hacerlo antes. Por lo tanto, no creo que sea tarde, sino que llegará en el tiempo señalado. En el subtítulo del libro, dice: "Las setenta semanas de Daniel y el decreto final que todos se perdieron", pero hubo algunas personas que comenzaron a captar esta idea y trataron de que la gente se diera cuenta.[399] No puede haber monopolio en la verdad,

---

[399] "A Mirroring of Daniel's 70 Weeks." March 11, 2011, http://watchfortheday.org/70weeksrepeat.html ; Speaking Truth in Love. "PROPHECY ALERT! Does 2020 begin Daniels 70th week," *YouTube*, December 1, 2019, https://youtu.be/8PBCqIGNe9Q ; Doug. "Daniel's 70th Week & Fig Tree Generation—Is Our Time Running Out?" Blog, July 30, 2020, https://wickedprepping. com/daniels-70th-week-fig-tree-generation-is-our-

y encuentro alentador que Dios obra a través de todos nosotros de diferentes maneras y en diferentes momentos.

Sin embargo, al esperar tanto tiempo, creo que el mundo ha llegado al punto en que puedo llamar a alguien más a la pared y pedirles que miren hacia la niebla y la distancia y me digan si ellos también ven al enemigo que se acerca, y lo harán. ¡dirán que sí! "¡Suena la alarma!" Si hubiera llamado demasiado pronto, me temo que se habrían acercado a la pared, habrían mirado hacia la niebla y no habrían visto nada, y me habrían declarado tonto y regresarían a la cama.

Del mismo modo, es como si todos hubiéramos estado esperando una entrega muy especial. Aunque las expectativas pasadas por su llegada se han defraudado muchas veces, sabemos con absoluta certeza que algún día vendrá nuestro Señor. Su retorno—cuando el novio vendrá por las vírgenes prudentes (*Mateo 25:10*)—no se puede retrasar ni cancelar, pero se puede perder. Entonces, seguimos observando, y después de casi dos milenios, nuevamente vemos signos de su regreso en el horizonte. No podemos más que esperar la confirmación de que Él ciertamente viene y traerá con Él la tan esperada perla de gran precio (*Mateo 13:46*). Ten la seguridad de que Dios cumplirá su Palabra exactamente como lo ha declarado y planeado desde antes de la fundación del mundo, en el momento exacto.

¿Estamos ahora verdaderamente presenciando el final, cuando el Señor finalmente regrese para restaurar todas las cosas? Creo que sí, pero incluso si él no viene en este momento, todavía estaré esperando y observando, porque su regreso no se puede retrasar ni cancelar. De hecho, él viene pronto (*Apocalipsis 22:7*).

"Por tanto, Yo vengo pronto. Bienaventurado el que guarda las palabras de la profecía de este libro." — **Apocalipsis 22:7** NBLA

---

time-running-out/; T.W. Tramm. *Summer Is Near: Why 2021 Could Be a Pivotal Year in Bible Prophecy* (Lulu, 2021).

ACERCA DEL AUTOR

D R. CHRISTIAN WIDENER ES UN ESTUDIANTE BÍBLICO, investigador e ingeniero. Es el autor de *El Templo Revelado: La Verdadera Ubicación del Templo Judío Oculto a Plena Vista*. Su interés en la profecía y la arqueología bíblica proviene de una pasión por la apologética y la confiabilidad de los relatos literales e históricos de la Biblia, así como sus predicciones proféticas para la tribulación venidera, el templo de los últimos días y el regreso de Jesucristo para reunir "todas las cosas del cielo y de la tierra bajo una sola cabeza" (*Efesios 1:10*). Si bien las Escrituras incluyen muchas cosas que pueden ser difíciles de creer o entender, el Dr. Widener cree que la Biblia es confiable y que puede probarse científicamente y razonarse lógicamente, siempre que los hechos sean separados de sus interpretaciones. Él cree que la Biblia, y no fuentes externas o especulaciones seculares modernas basadas en suposiciones naturalistas, es el testimonio preeminente sobre el pasado.

El Dr. Widener tiene un doctorado en ingeniería mecánica, con énfasis en materiales y fabricación de la Wichita State University (Universidad Estatal de Wichita) y fue profesor asociado titular en la South Dakota School of Mines and Technology (Escuela de Minas y Tecnología de Dakota del Sur). En su carrera profesional, fue un empresario exitoso y un experto reconocido internacionalmente en los campos de deposición y procesamiento de metales en estado sólido, fabricación aditiva y reparación.

Ahora escribe y bloguea de tiempo completo sobre profecía, arqueología bíblica y la defensa científica de las Escrituras. Es el fundador y gerente de End Times Berean, LLC.

Puedes seguirlo en su sitio web (www.endtimesberean.com), Facebook (@christianwidenerphd), Twitter (@Dr_C_Widener), o consultar su boletín informativo, End Times Berean Watchman Report (www.endtimesberean.com/newsletter).

Christian vive en Black Hills de Dakota del Sur, con su esposa y sus cuatro hijos.

SOLI DEO GLORIA

www.EndTimesBerean.com

¿Ahora que?

Estás interesado en formas de ayudar, ¿y a correr la voz sobre estas cosas? Esto es lo que puedes hacer:

1. Por favor cuéntale a otros acerca de este libro y diles que es tiempo para preparárse para el regreso de Cristo.
2. Comparte cómo te ha impactado este libro en una reseña en Amazon u otros sitios web.
3. Sígueme en mi sitio web: EndTimesBerean.com.
4. Suscríbete a mi boletín de noticias mientras estás allí: *The End Times Berean Watchman Report (solo en inglés)*.
5. Envíame un correo electrónico (en inglés o español) a: Christian@EndTimesBerean.com

¡Gracias por leer mi libro! ¡Espero que tengas aceite extra listo y la mecha de tu lámpara recortada, porque el novio viene pronto!

Que seamos encontrados listos cuando el Señor venga (*Lucas 12:38*).

¡Maranata!

— Christian Widener

www.ingramcontent.com/pod-product-compliance
Lightning Source LLC
Chambersburg PA
CBHW070906160426
43194CB00034B/2073